UTB 4567

Eine Arbeitsgemeinschaft der Verlage

Böhlau Verlag · Wien · Köln · Weimar
Verlag Barbara Budrich · Opladen · Toronto
facultas · Wien
Wilhelm Fink · Paderborn
A. Francke Verlag · Tübingen
Haupt Verlag · Bern
Verlag Julius Klinkhardt · Bad Heilbrunn
Mohr Siebeck · Tübingen
Nomos Verlagsgesellschaft · Baden-Baden
Ernst Reinhardt Verlag · München · Basel
Ferdinand Schöningh · Paderborn
Eugen Ulmer Verlag · Stuttgart
UVK Verlagsgesellschaft · Konstanz, mit UVK/Lucius · München
Vandenhoeck & Ruprecht · Göttingen · Bristol
Waxmann · Münster · New York

PsychoMed compact – Band 9

Die Reihe wurde begründet von Prof. Dr. Hans Peter Rosemeier (†) und Prof. Dr. Nicole von Steinbüchel; sie wird herausgegeben von Prof. Dr. Elmar Brähler und Prof. Dr. Nicole von Steinbüchel.

Ben Godde · Claudia Voelcker-Rehage · Bettina Olk

Einführung Gerontopsychologie

Mit 26 Abbildungen und 2 Tabellen

Ernst Reinhardt Verlag München Basel

Prof. Dr. *Ben Godde* lehrt Neurowissenschaften und neurobiologische Grundlagen der Psychologie an der Jacobs University Bremen.

Prof. Dr. *Claudia Voelcker-Rehage* lehrt Sportpsychologie (Prävention und Rehabilitation) und Neurokognition der Bewegung an der TU Chemnitz.

Prof. Dr. *Bettina Olk* lehrt Kognitive Psychologie und Neuropsychologie an der HSD Hochschule Döpfer in Köln und ist in der Gerontopsychiatrie im St. Augustinus Memory-Zentrum in Neuss tätig.

Bibliografische Information der Deutschen Nationalbibliothek

Die Deutsche Nationalbibliothek verzeichnet diese Publikation in der Deutschen Nationalbibliografie; detaillierte bibliografische Daten sind im Internet über <http://dnb.d-nb.de> abrufbar.

UTB-Band-Nr.: 4567
ISBN 978-3-8252-4567-2

Printed in Germany
Einbandgestaltung: Atelier Reichert, Stuttgart
Covermotiv: © tbel / Fotolia.com
Satz: Rist Satz & Druck GmbH, 85304 Ilmmünster

Ernst Reinhardt Verlag, Kemnatenstr. 46, D-80639 München
Net: www.reinhardt-verlag.de E-Mail: info@reinhardt-verlag.de

Inhalt

Hinweise zur Benutzung dieses Lehrbuches

Zur schnelleren Orientierung werden in den Randspalten Piktogramme
benutzt, die folgende Bedeutung haben:

 Merksatz

 Literaturempfehlung

 Begriffserklärung, Definition

 Beispiel

 Forschungen, Studien

 Fragen zur Wiederholung am Ende des Kapitels

Vorwort

Was ist Alter und Altern? Vor dem Hintergrund des demografischen Wandels gewinnt diese Frage zunehmend an Bedeutung, für die alternden Menschen selbst, aber auch für Familienangehörige, pflegende und betreuende Personen und für alle anderen, die beruflich und privat mit älteren Menschen, mit Alter und mit Altern zu tun haben. Während manche eher die Entwicklung hin zu einer alternden Gesellschaft mit immer mehr dementen und pflege- bzw. betreuungsbedürftigen Menschen betonen, zeichnen andere ein eher positives Bild des bis ins hohe Alter gesunden, aktiven und auch sozial engagierten älteren Menschen. Welches Bild vom Alter und vom Altern ist realistischer? Diese Frage lässt sich nicht allgemein beantworten. Wie wir heute wissen, ist Altern ein hochgradig individueller Prozess mit Gewinnen und Verlusten auf biologischer und psychologischer Ebene, der zudem von genetischen Faktoren genauso beeinflusst wird, wie vom eigenen Verhalten und dem gesellschaftlichen Umfeld. Das bedeutet aber auch, dass sich das eigene Altern sowohl positiv als auch negativ beeinflussen lässt.

Mit diesem Lehrbuch wollen wir deshalb einen verständlichen Überblick über die aktuellen Erkenntnisse zu den biologischen und psychologischen Grundlagen und Mechanismen des Alterns geben und auf dieser Basis Ansatzpunkte für ein erfolgreiches und gesundes Altern im Sinne der Lebensspannenpsychologie aufzeigen. Das Buch integriert zu diesem Zweck Theorien, aktuelle empirische Befunde und Anwendungsbeispiele aus verschiedenen Disziplinen der modernen Altersforschung (z. B. Biologie, Neuro- und Bewegungswissenschaften, Psychologie). Wir beschränken uns dabei nicht auf das geistige Altern, sondern verstehen Alterns- und Entwicklungsprozesse als die Interaktion von Körper und Geist. Aus diesem Grund räumen wir den körperlichen Alternsprozessen und ihrer Bedeutung für das erfolgreiche Altern in diesem Buch ausreichend Platz ein. Auch die Rolle des sozialen Kontexts (Arbeit, Familie, Gesellschaft) für die Altersentwicklung wird thematisiert. Schließlich werden gesundes und erfolgreiches Altern von pathologischen Alternsprozessen und im Alter häufig auftretenden Krankheiten abgegrenzt.

Wir möchten mit diesem Buch eine Lücke schließen, die uns während unserer langjährigen lehrenden, wissenschaftlichen und beratenden Tätigkeit bewusst wurde. Das Buch ist an einen breiten Leserkreis von Studierenden, Dozenten und Praktikern in den Fächern Psychologie, Neurowissenschaften, Gerontologie, Bewegungs- und Sportwissenschaft, Medizin oder auch Physiotherapie und Pflegewissenschaften gerichtet. Leser ohne Grundlagenkenntnisse in Biologie und Psychologie werden ebenso angesprochen wie Studierende im Aufbaustudium oder Dozentinnen und Dozenten, die sich einen Überblick über das Forschungsgebiet verschaffen wollen. Das Buch ist somit sowohl für die universitäre Lehre in Bachelor- und Masterprogrammen als auch für die praxisnahe Ausbildung geeignet.

Wie auch immer Sie dieses Buch nutzen – ob als studentische Pflichtlektüre, zur beruflichen Weiterbildung oder als interessierter und mit Sicherheit irgendwann einmal mit dem Altern konfrontierter Laie – wir hoffen, Ihnen damit die unterschiedlichen Perspektiven auf das Alter(n) näherbringen zu können.

Zu guter Letzt geht unser Dank an den Ernst Reinhardt Verlag, insbesondere an Frau Ulrike Landersdorfer, und an die vielen Helferinnen und Helfer, die mit der Korrektur und Zuarbeit zur Entstehung dieses Buches beigetragen haben.

März 2016
Ben Godde, Claudia Voelcker-Rehage, Bettina Olk

1 Alter und Altern

Alter(n) ist mit einer Reihe körperlicher und kognitiver Funktionseinbußen sowie mit Veränderungen der Persönlichkeit und der sozialen
Beziehungen verbunden. Altern birgt aber nicht nur Defizite und damit
auftretende Probleme, es ist auch durch Kompetenzen, Potenziale und
Chancen gekennzeichnet. Dementsprechend wird seit den 1970er-Jahren
das Stereotyp eines durch Defizite und Verluste geprägten Alter(n)s von
der Entwicklungsforschung und der Gerontologie als zu einseitig und
unvollständig zurückgewiesen und durch ein differenzierteres Altersbild ersetzt, das auch die Facette des „produktiven" und „erfolgreichen"
Alter(n)s umfasst. Neben den unbestrittenen Krisen und Verlusten werden in dieser Sicht auf das Alter(n) auch die Chancen und Optionen
eines erfolgreichen Alterns betont. Natürlich verschiebt sich die Balance zwischen Zugewinn und Abbau, besonders im hohen Alter (ab ca.
80 Jahren), zugunsten des Letzteren. Aber dennoch kann eine gesunde
ältere Person nach dem Renteneintritt noch einige gesunde Lebensjahr-
zehnte erwarten, verbunden mit einer Reihe körperlicher und kognitiver
Herausforderungen, aber auch vielen neuen Erfahrungen.

1.1 Definition von Alter und Altern

**Altern als unidirek-
tionaler Prozess**

Die traditionelle, bis in die 1960er Jahre dominierende biologische
Perspektive auf das Altern beschreibt dieses als eine Phase zunehmender
Seneszenz und stellt es der Reifung in der frühen Entwicklungsphase
und einer Phase relativer Stabilität im frühen und mittleren Erwachse-
nenalter gegenüber. Demzufolge wäre das Altern ein unidirektionaler
Prozess, der durch einen Verlust an biologischen und psychologischen
Funktionen gekennzeichnet ist.

**Altern als lebens-
langer Prozess**

Diesem Ansatz wurde in der Mitte des letzten Jahrhunderts die von
K. Warner Schaie, Paul B. Baltes, James E. Birren, John R. Nesselroad
und anderen begründete Lebensspannenperspektive gegenübergestellt.
Damit veränderte sich die Entwicklungsforschung insbesondere in der
Psychologie. Die bis dahin vorherrschende biologisch- und psycholo-
gisch-reduktionistische und an Altersgruppen ausgerichtete Sichtweise
wurde abgelöst. Im Mittelpunkt steht die Erforschung der Entwicklung

über die Lebensspanne und der Interaktion von biologischen und kulturellen Faktoren mit individuellem Verhalten (Lerner & Overton, 2010). Dieser Ansatz beruht auf der Beobachtung, dass Entwicklungsprozesse über die Reifung hinaus das ganze Leben lang bis zum Tod andauern können. Demzufolge ist Altern ein lebenslanger Entwicklungsprozess, der durch Veränderungen gekennzeichnet ist, die mehr oder weniger zwangsläufig mit zunehmendem Alter auftreten. Diese Veränderungen sind in verschiedenen Lebensphasen unterschiedlich stark ausgeprägt und geschehen mit unterschiedlicher Geschwindigkeit. Altern beginnt also nicht etwa erst in der Lebensmitte oder gar am Ende des Lebens und Entwicklung ist nicht auf den Anfang des Lebens beschränkt (Baltes, 1990). Obwohl innerhalb einer Spezies alle Individuen ähnliche und vorhersagbare Entwicklungsschritte durchlaufen, führt die Tatsache, dass mit zunehmendem Alter die Umwelt einen immer größer werdenden Einfluss auf Entwicklungs- und Alterungsprozesse bekommt, zu einer hohen Individualität dieser Entwicklungs- und Alternsprozesse.

Nach Johnson und deHaan (2011) ist genetisch und evolutionär bedingt ein Teil der Entwicklungsprozesse für alle gleich. Ein anderer, sehr vom sozialen Umfeld abhängiger Teil ist für Personen in diesem Umfeld sehr ähnlich. Ein dritter Teil schließlich hängt vom individuellen Umfeld und dessen Einflüssen ab. Alle drei Teile bestimmen unsere Individualität.

Dabei ist das soziale Umfeld zum Beispiel der Ort, in dem man lebt, die Schule, die Einkommensstruktur. Das individuelle Umfeld betrifft Personen im selben sozialen Umfeld unterschiedlich: die eigene Familienstruktur, der Freundeskreis, das eigene Einkommen.

Nach Hertzog et al. (2008) wird der individuelle Altersverlauf durch die biologisch-physiologischen, psychologischen und kulturellen Ressourcen bestimmt, die uns zur Verfügung stehen. Auch der eigene Lebensstil, das Ernährungsverhalten und die berufliche Tätigkeit beeinflussen das Altern. Das Altern ist also plastisch, d. h. sein Verlauf und damit der Zeitpunkt, zu dem Funktionseinbußen im Alltag wirksam werden, kann positiv und negativ beeinflusst werden (Abbildung 1.1).

Plastizität von Altern und Entwicklung

Die Begriffe Alter und Altern sind dabei zu unterscheiden. Altern beschreibt die zeitgebundenen Veränderungsprozesse eines Menschen, die sich aus der Wechselwirkung von biologischen Prozessen, Umwelteinflüssen und individuellen Entscheidungen ergeben. Das Alter hingegen bezeichnet einen Zustand zu einem gegebenen Zeitpunkt und ist folglich als Ergebnis des Alterns oder der Entwicklung zu verstehen. Die Vielgestaltigkeit der Einflüsse, aus denen sich das Altern speist,

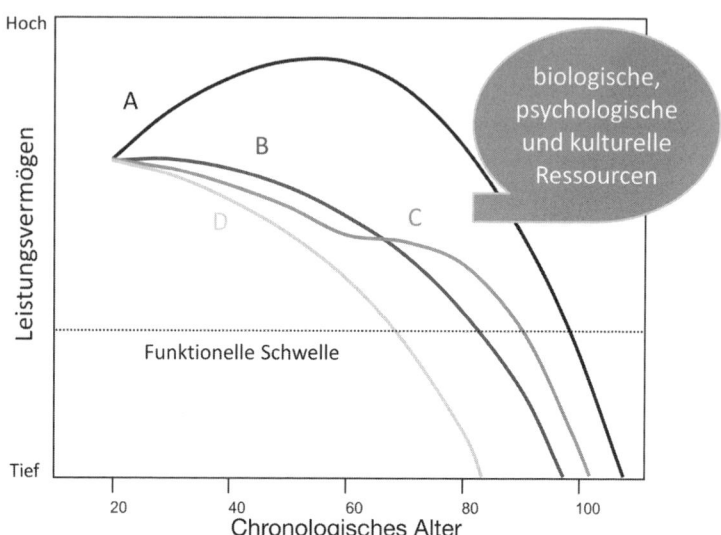

Abb. 1.1: Plastizität von Entwicklungsverläufen und ihre Beeinflussbarkeit durch interne und externe Ressourcen (nach Hertzog et al., 2008). Gezeigt sind vier Beispiele (A–D) für mögliche hypothetische Entwicklungsverläufe.

führt über den Lebensverlauf zu wachsenden Unterschieden zwischen den Menschen und reduziert damit den Informationswert des kalendarischen Alters (Kapitel 2).

Normative und nicht-normative Einflüsse

In der Lebensspannenpsychologie spricht man von normativen und nicht-normativen Determinanten von Entwicklungs- und Altersverläufen. *Normative altersbedingte Einflüsse* sind Faktoren, die alle Individuen eines bestimmten Alters in ähnlicher Weise betreffen (z. B. biologische Reifung, Hörverlust im Alter, Verlangsamung der Informationsverarbeitung im Gehirn). *Normative historisch-bedingte Einflüsse* sind Faktoren, die mit bestimmten historischen Ereignissen oder Perioden verknüpft sind bzw. in historischen Perioden auftreten (z. B. durch Kriege). *Nicht-normative oder idiosynkratische Faktoren* sind individuelle Lebensereignisse (z. B. Unfälle, Heirat, Beruf).

Intrinsische und extrinsische Faktoren

In der biologischen Altersforschung wird eher von intrinsischen und extrinsischen Faktoren gesprochen, die das Altern beeinflussen. Unter *intrinsischen Faktoren* verstehen wir unveränderliche mit einer Person verknüpfte Faktoren, wie z. B. genetisch festgelegte Eigenschaften und Prozesse. *Extrinsische Faktoren* werden noch einmal unterteilt in Lebensstile oder Verhaltensweisen (z. B. Ernährung, körperliche Aktivität, Stress) und Umweltfaktoren (z. B. Umweltgifte, Temperatur, Traumata).

In diesem Zusammenhang spricht man auch von primärem und sekundärem (biologischem) Altern. Das *primäre Altern* wird als ein Prozess betrachtet, der überwiegend genetisch gesteuert wird. Er ist von intrinsischen Faktoren abhängig und trotz guter Gesundheit und der Abwesenheit von Krankheiten üblicherweise mit dem Älterwerden eng verknüpft. *Sekundäres Altern* demgegenüber wird durch die externen Faktoren bestimmt. Demzufolge treten primäre Alterseffekte eher zwangsläufig mit dem Älterwerden auf, während sekundäre Alterseffekte häufig durch entsprechende Maßnahmen und Verhaltensweisen vermieden oder zumindest verringert werden können.

Primäres und sekundäres Altern

Der wechselseitige Einfluss von internen und externen Faktoren auf das Altern und die Entwicklung kommt auch in der sogenannten „Nature-Nuture"-Debatte zum Ausdruck. Hierbei geht es darum, wie hoch im Verhältnis zu Umwelteinflüssen der Einfluss der genetischen Information auf die Entwicklung ist. Besonders heftig diskutiert wird diese Frage seit Jahrzehnten in Bezug auf die Intelligenz. Mal sehen sich die Befürworter einer starken Rolle der Genetik bestätigt, z. B. durch Zwillingsstudien, mal schlägt das Pendel eher zur Seite der Verfechter starker Umwelteinflüsse aus. Was wir jedoch mit Sicherheit heute wissen ist, dass beide Faktoren die Entwicklung, auch beispielsweise der Intelligenz, maßgeblich beeinflussen.

Nature-Nuture-Debatte

Das Alter und Altern sind nicht ein- sondern mehrdimensional. So lässt sich beispielsweise das kalendarische (oder chronologische) Alter vom biologischen, psychologischen, sozialen und subjektiven Alter unterscheiden. Während das biologische (oder auch funktionale) Alter(n) vor allem die biologischen und physiologischen Funktionen und Prozesse im Körper betrifft, umfasst das psychologische Altern Facetten wie etwa die Entwicklung und Alterung des Geistes, der Persönlichkeit oder auch der sozialen Bezogenheit (Kessler et al., 2010). Das soziale Alter hingegen bezeichnet die Zugehörigkeit zu einer Alterskategorie und drückt die damit einhergehende Übernahme oder den Verlust von altersgebundenen Rollen und Positionen aus (Settersten & Mayer, 1997).

Mehrdimensionalität

Im Arbeitskontext wird die Kategorie „alt" anders als im Alltag vergeben. Man würde im Alltag niemals eine 50-jährige Person als alt bezeichnen. Im Arbeitskontext passiert dies jedoch schon ab einem Alter von 45 Jahren (Kessler et al., 2010).

Das subjektive Alter schließlich beschreibt, ob ich mich selbst jünger oder älter fühle, als es meinem tatsächlichen kalendarischen, biologischen, psychologischen oder sozialen Alter entspricht, und wird häufig im Vergleich zu Personen gleichen kalendarischen Alters bestimmt.

Der subjektiven Wahrnehmung des Alters, die weder mit dem kalendarischen noch dem biologischen, psychologischen oder sozialen Alter übereinstimmen muss, kommt in Bezug auf die Lebenszufriedenheit, die eigene Produktivität und sogar auf die Lebenserwartung eine große Bedeutung zu (Staudinger, 1996; 2008). Wir schätzen jedoch nicht nur unser eigenes Alter, sondern auch das anderer Personen ein und haben Vorstellungen darüber, was das Altern mit uns selbst macht, und durchaus unterschiedliche Vorstellungen davon, was das Altern mit anderen im Allgemeinen macht.

Mehrdirektionalität Lange Zeit wurde Altern als ein eher eindimensionales Phänomen des biologischen Abbaus betrachtet. Die unterschiedlichen Alternsdimensionen weisen aber durchaus unterschiedliche Verläufe auf. So zeigen viele biologische Funktionen absteigende Verläufe, wohingegen zum Beispiel manche Persönlichkeitsmerkmale, soziale Kompetenz oder auch Erfahrung positive Verläufe oder Stabilität aufweisen. Anstatt früherer, eher defizitorientierter Sichtweisen, dominieren deshalb heute differenziertere Annahmen zur Multidimensionalität und Multidirektionalität der menschlichen Entwicklung. Diese betonen, dass die menschliche Entwicklung zu jedem Alter durch Gewinne und Verluste gekennzeichnet ist. Nach Baltes (1987) verändert sich allerdings mit zunehmendem Alter das Verhältnis zwischen beiden zu Ungunsten der Gewinne.

Die Multidirektionalität und -dimensionalität des Alterns kann am Beispiel der Kognition verdeutlicht werden. Wie in Kapitel 6 dargestellt ist, lassen sich für verschiedene Dimensionen der Kognition unterschiedliche Entwicklungsverläufe beschreiben, die entweder durch einen Abbau im Alter (z. B. Verarbeitungsgeschwindigkeit, Arbeitsgedächtnis) oder durch Stabilität und Zuwachs (z. B. sprachliche Fertigkeiten, Wissen) gekennzeichnet sein können.

Variabilität Altern und Entwicklung weisen aber nicht nur ein hohes Maß an Multidimensionalität und Multidirektionalität auf, sondern auch eine große Variabilität. Diese kennzeichnet das Ausmaß, in dem die Leistung oder andere Merkmale eines Einzelnen oder einer Gruppe stabil sind. Die Differenzierung unterschiedlicher Lebensverläufe und die damit im Zusammenhang stehende Verschiedenheit von Fähigkeiten bei älteren Menschen sind in unserer alternden Gesellschaft von hoher Bedeutung.

Diese Variabilität im Alter und die damit im Zusammenhang stehenden positiven oder negativen Veränderungen in den individuellen Fähigkeiten bergen auch individuelle Entwicklungspotenziale. Variabilität liegt aber nicht nur zwischen verschiedenen Personen vor (interindividuelle Variabilität), sondern auch zwischen und innerhalb von einzelnen Funktionsbereichen einer Person (intraindividuelle Variabilität).

> *Interindividuelle Variabilität (Diversität)* spiegelt Unterschiede *zwischen Personen* wider. *Intraindividuelle Variabilität* bezeichnet Unterschiede *innerhalb einer Person* in unterschiedlichen Dimensionen oder Facetten *(Dispersion)* oder innerhalb einer Dimension zu verschiedenen Zeitpunkten *(Inkonsistenz)* (Bunce et al., 2004).

Auch Entwicklungsverläufe zeigen eine hohe interindividuelle Variabilität. So bleibt die kognitive Leistungsfähigkeit bei manchen Menschen bis ins hohe Alter stabil oder nimmt sogar noch zu, während sie bei anderen nach einem Höhepunkt im jungen Erwachsenenalter stetig abnimmt. Abbildung 1.2 zeigt beispielhaft, anhand der Daten der Seattle Longitudinal Study zum kognitiven Altern (Schaie, 2005), dass auch im hohen Alter von über 80 Jahren die Hälfte der Teilnehmer und Teilnehmerinnen noch Stabilität oder sogar Zugewinne in der Leistungsfähigkeit aufweisen.

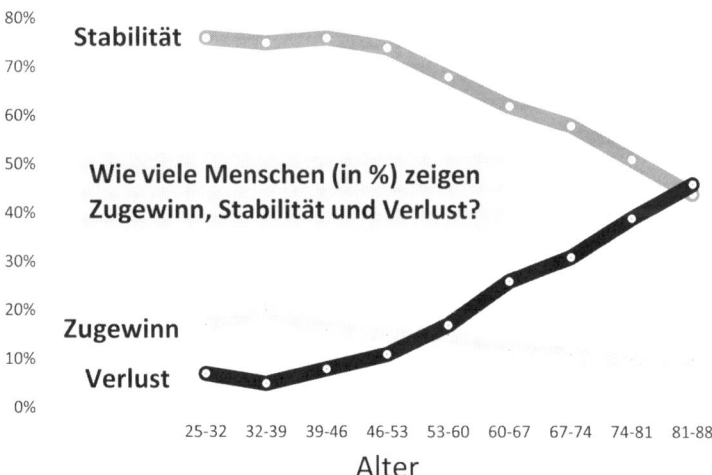

Abb. 1.2: Anteil von untersuchten Personen, die entweder Stabilität, Abbau oder Zuwachs in kognitiver Leistung über einen Zeitraum von sieben Jahren zeigten (nach Schaie, 2005).

Die Betrachtung der intraindividuellen Variabilität gewinnt vor allem in der neurokognitiven Altersforschung zunehmend an Bedeutung, da die kognitive Leistung älterer Erwachsener häufig eine höhere Inkonsistenz aufweist als die jüngerer Personen und dies mit kognitiven Leistungseinbußen einher geht (MacDonald et al., 2003).

1.2 Zusammenfassung

Entwicklung und Altern sind lebenslange Prozesse, wobei Altern selbst als Entwicklungsprozess angesehen wird. Das Alter besteht neben dem kalendarischen oder chronologischen Alter aus vielen weiteren Facetten, wie dem biologischen Alter, dem psychologischen Alter, dem sozialen Alter oder dem subjektiven Alter, die innerhalb eines Individuums sehr unterschiedlich ausgeprägt sein können. Der Alternsprozess wird durch die Wechselwirkung von internen Faktoren (z.B. Genetik, Biologie), Verhaltensweisen und Lebensstilen (z.B. Ernährung, Aktivität, Beruf) und externen Faktoren (soziales Umfeld, sozioökonomischer Status) bestimmt. Dieser Prozess ist multidimensional, multidirektional, variabel und plastisch, d.h. beeinflussbar.

1.3 Fragen zum Kapitel

1. Wie wird Alter und Altern aus der traditionellen biologischen Perspektive verstanden?

2. Wie wird Alter und Altern aus der Perspektive der Lebensspannenpsychologie verstanden?

3. Welche Faktoren beeinflussen den individuellen Altersverlauf?

4. Was unterscheidet „Alter" von „Altern"?

5. Was ist primäres und sekundäres Altern?

6. Worum geht es bei der „Nature-Nurture-Debatte?

7. Was versteht man unter der Multidimensionalität des Alters?

8. Was versteht man unter der Multidirektionalität des Alters?

9. Welche Arten der Variabilität von Altersverläufen gibt es?

2 Theorien des Alterns

Im folgenden Kapitel wird Altern aus Sicht der Biologie und der Psychologie dargestellt. Auf soziale und soziologische Theorien des Alterns sei hingewiesen (Bengtson, 2008). Diese werden aber aufgrund des biologisch-psychologisch orientierten Ansatzes dieses Buches nicht besprochen.

Im Sinne der Biogerontologie wird der Alternsprozess als die Summe an Veränderungen definiert, die zu einem Funktionsverlust von Zellen, Geweben und Organen und in letzter Konsequenz zum Tod führen (Hayflick, 2007). Biologisches Altern wird somit als ein Abbauprozess verstanden, der mit dem Abschluss der ontogenetischen Entwicklung (oder Maturation) beginnt und zwangsläufig und irreversibel ist.

Altern als Abbauprozess

Psychologische Theorien beschäftigen sich dagegen vor allem mit Veränderungen von Kompetenzen im physischen, psychischen und sozialen Bereich über die gesamte Lebensspanne. Dabei wird auch das Altern als Entwicklungsprozess aufgefasst, der je nach Betrachtungsebene multidirektional und multidimensional verläuft und durch positive und negative Veränderungen (Plastizität) gekennzeichnet ist (Kapitel 1).

Altern als Entwicklungsprozess

Diese unterschiedlichen Betrachtungsweisen schließen sich keineswegs gegenseitig aus, sondern beschreiben jeweils unterschiedliche Schwerpunkte in der Betrachtung des Entwicklungs- bzw. Alternsprozesses.

2.1 Altern aus Sicht der Biologie

Wann beginnt das biologische Altern?

Im Rahmen biologischer Alternstheorien werden hauptsächlich drei Lebensphasen unterschieden: Während der Kindheits- und Jugendentwicklung (Ontogenie) werden Veränderungen im Sinne von Wachstums- und Reifungsprozessen (Maturation) interpretiert, die der Ausbildung und Perfektionierung von körperlichen Funktionen dienen. In dieser Phase werden Veränderungen also positiv gedeutet. Daran

Maturation, Reproduktion und Altern

schließt sich eine Phase der Stabilität und Reproduktion an, die als adulte Form bezeichnet wird und im Vergleich zu den anderen beiden Phasen nur wenige Jahre andauert.

Bereits im Alter von 25–30 Jahren folgt die sogenannte Postentwicklungsphase (Postontogenie). In dieser Phase, so die Annahme, sind (biologische) Wachstums- und Entwicklungsprozesse abgeschlossen und das biologische Altern beginnt. Altern wird damit eindeutig von Entwicklung und Lernen abgegrenzt, wie es im Rahmen von psychologischen Alterstheorien (Kapitel 6: Psychologisches Altern) diskutiert wird.

In Ansätzen wird versucht, biologische und psychologische Alter(n)stheorien zu integrieren und auch mit sozialen bzw. soziologischen Theorien in Beziehung zu setzen. Somit wird auch das biologische Altern zunehmend als Entwicklungsprozess mit Verlusten, Stabilität und Gewinnen in verschiedenen Funktionsbereichen aufgefasst (Kapitel 5). Der Einfachheit halber und zum besseren Verständnis orientieren wir uns in diesem Kapitel jedoch am traditionellen Begriff des biologischen Alter(n)s.

Seneszenz Altersveränderungen auf Ebene der Zelle, Gewebe oder Organe sind in der Regel schädlich für den Organismus und können mit späteren Funktionseinbußen verbunden sein, ohne allerdings notwendigerweise zu Krankheiten führen zu müssen. Mehren sich diese physiologischen Abbauprozesse und sind primäre und sekundäre Altersveränderungen (Kapitel 1) mit ausgeprägten Funktionseinbußen verbunden oder führen zu Krankheiten, spricht man auch von einem Status der Seneszenz. Dieser wird in der Regel im höheren Alter erreicht.

Menschen werden immer älter

Die Lebenserwartung steigt kontinuierlich an (Abb. 2.1). Durch bessere medizinische Versorgung und verbesserte Lebensumstände lässt sich nach Fries (2005) die Morbidität aber länger hinauszögern als die Mortalität. Die Phase der Seneszenz wird also kürzer („Compression of morbidity").

Inter- und intraindividuelle Variabilität Abbildung 2.2 fasst exemplarisch Altersveränderungen in verschiedenen Organen und Körperfunktionen zusammen. Dabei sollte (wie bereits in Kapitel 1 angesprochen) berücksichtigt werden, dass die dargestellten Veränderungen Mittelwerte beschreiben und die individuellen Veränderungen deutlich nach oben oder unten von diesen Mittelwerten abweichen können *(interindividuelle Variabilität)*. Auch laufen einzelne biologische Alterungsprozesse nicht alle zur gleichen Zeit und auch nicht gleich intensiv ab *(intraindividuelle Variabilität)*.

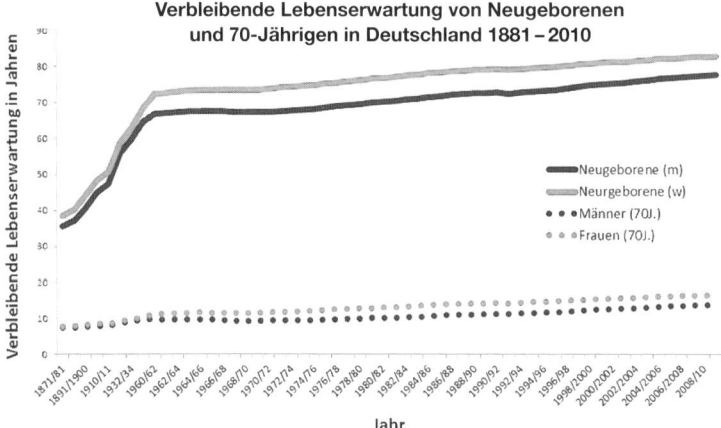

Abb. 2.1: Verbleibende Lebenserwartung von Neugeborenen und 70-Jährigen in Deutschland 1881–2010 (Statistisches Bundesamt, o. J.). Die Zunahme der Lebenserwartung von Neugeborenen bis in die 1960er Jahre beruht vor allem auf einer Abnahme der Säuglingssterblichkeit. Seitdem nimmt die verbleibende Lebenserwartung von Neugeborenen (durchgezogene Linie) wie auch von Menschen jenseits der 70 (gepunktete Linie) stetig zu.

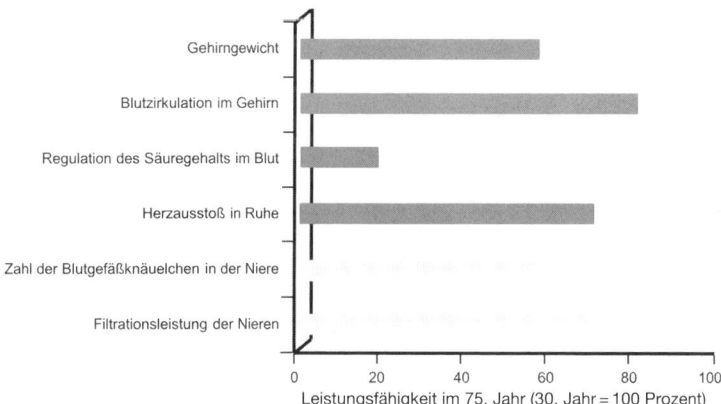

Abb. 2.2: Die Leistungsfähigkeit der Organe des menschlichen Körpers eines 75-Jährigen im Vergleich zu einem 30-Jährigen (in Prozent) (nach Hahn, 1998).

Biologische Alternstheorien

Biologische Alter(n)stheorien versuchen entweder das „*Warum*" *(ultimate Theorien)* des Alterns zu erklären oder das „*Wie*" (*proximate Theorien;* Abbildung 2.3). Diesen zwei Perspektiven können wiederum zahlreiche Einzeltheorien zugeordnet werden (Ho et al., 2008). Mittlerweile wird allerdings davon ausgegangen, dass es nicht die eine biologische Alter(n)stheorie gibt, mit der alle Alter(n)sphänomene erklärt werden können und die eine befriedigende Antwort auf die Frage liefert, was darüber entscheidet, wie alt wir werden und wie alt wir werden könn(t)en. Die Theorien des Alterns bilden vielmehr ein Mosaik. Altern ist dabei eher das Resultat der Interaktion verschiedener Charakteristika und Prozesse als das eines einzelnen Prozesses (siehe auch „Nature-Nuture"-Debatte, Kapitel 1).

! Biologische Alternstheorien bilden ein Mosaik an Erklärungsansätzen für das wie und warum des Alterns.

Warum altern wir? *Ultimate Theorien* verstehen Altern aus Sicht der Evolutionstheorie als Ergebnis eines deterministischen Programms und fragen nach dem „*Warum*". Gründe für ein solches evolutionär entstandenes genetisches Alterungsprogramm sind in Fortpflanzungs- und Rekombinationsstrategien und in Strategien zur Begrenzung der Population zu sehen. Mit der Fortpflanzung auftretende Rekombinationen des Erbguts erlauben eine selektive Anpassung an sich verändernde Umweltbedingungen. Um eine Überpopulation zu vermeiden, sind dabei schnellere Zyklen des Generationswechsels mit kürzeren Lebensspannen, also früherer Alterung korreliert (Ho et al., 2008). Die Mehrzahl der Theorien dieser Perspektive befasst sich mit der Wirkung von Genen auf das biologische Altern im Sinne eines programmierten Zelltods oder von Genen, deren Produkte das Altern beschleunigen oder hinauszögern. Sie werden deshalb auch als *Theorien des programmierten Alterns* bezeichnet.

Wie altern wir? *Proximate Theorien* fragen nach dem „*Wie*" und sehen das Altern in der Regel als Folge stochastischer Abbau- und Schädigungsprozesse über die Zeit. In diesem Sinne ist Altern und schließlich Tod eine Folge abnehmender Reparaturkapazität für akkumulierende Fehler und Schäden auf zellulärer Ebene. Sie werden deshalb auch unter den *Schadens- oder Schädigungstheorien* zusammengefasst. Es besteht dabei keine einheitliche Systematik. Die proximaten Theorien beleuchten Altern auf unterschiedlichen Ebenen, wobei molekulare Theorien über-

Biologische Alternstheorien

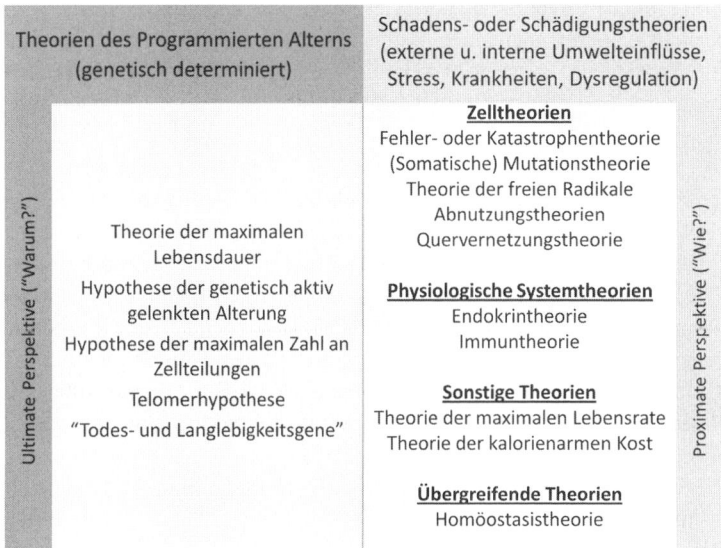

Theorien des Programmierten Alterns (genetisch determiniert)	Schadens- oder Schädigungstheorien (externe u. interne Umwelteinflüsse, Stress, Krankheiten, Dysregulation)

Ultimate Perspektive ("Warum?")

Theorie der maximalen Lebensdauer
Hypothese der genetisch aktiv gelenkten Alterung
Hypothese der maximalen Zahl an Zellteilungen
Telomerhypothese
"Todes- und Langlebigkeitsgene"

Zelltheorien
Fehler- oder Katastrophentheorie
(Somatische) Mutationstheorie
Theorie der freien Radikale
Abnutzungstheorien
Quervernetzungstheorie

Physiologische Systemtheorien
Endokrintheorie
Immuntheorie

Sonstige Theorien
Theorie der maximalen Lebensrate
Theorie der kalorienarmen Kost

Übergreifende Theorien
Homöostasistheorie

Proximate Perspektive ("Wie?")

Abb. 2.3: Biologische Alternstheorien.

wiegen. Auch sind die gleichen Theorien z.T. mit unterschiedlichen Namen belegt. Derzeit existieren etwa 300 Alternstheorien (Beyer, 1997), die jeweils unterschiedliche Phänomene des Alternsprozesses auf unterschiedlichen Ebenen von der Einzelzelle bis zu Funktionssystemen aufgreifen oder beschreiben.

Theorien des programmierten Alterns

Programmtheorien (auch genetische Theorien genannt) des Alterns entstanden aus Befunden, die zeigen, dass die Lebensspanne innerhalb von Säugetier-Spezies sehr konstant ist, zwischen Spezies aber stark variiert. Auch scheint die maximale Lebensdauer der Menschen in den letzten Jahrhunderten und Jahrtausenden unverändert etwa 120 Jahre zu betragen. Gezeigt wurde außerdem, dass Menschen mit langlebigen Eltern und Großeltern länger leben als Personen, deren Eltern vor dem 50. Lebensjahr starben.

Maximale Lebensdauer

Die meisten Theorien dieser Perspektive gehen von genetisch gesteuerten Alterungsprozessen aus, die letztendlich zum Tode führen. So stirbt der Organismus nach der *Hypothese der genetisch aktiv gelenkten Alterung* nach einer ‚programmierten' Zeit. Sehr prominent ist die Hypothese, dass die maximale Zahl an Zellteilungen genetisch bestimmt und damit eine Art biologische Lebensuhr genetisch programmiert ist.

Die meisten unserer Körperzellen werden regelmäßig ersetzt, wobei alternde, funktionell abbauende Zellen durch neue Zellen ersetzt werden, die deren Funktion übernehmen. Hayflick und Moorhead (1961) zeigten, dass, mit Ausnahme der Knochenmarksstammzellen und Krebszellen, Zellen in vitro eine begrenzte Teilungsfähigkeit haben. Nach Erreichen des Zellteilungslimits gehen diese Zellen in eine Art Ruhezustand über, der als zelluläre Seneszenz bezeichnet werden kann und mit dem Absterben der Zelle endet. So können sich Bindegewebszellen in einem Nährmedium bis zu 50-mal teilen, aber nicht öfter.

Telomerhypothese Im Zusammenhang mit den Befunden von Hayflick und Moorhead wurde als ein Erklärungsansatz die sogenannte *Telomerhypothese* entwickelt, die heute zu den populärsten Alternstheorien zählt. Voraussetzung für eine vollständige Replikation der Chromosomen ist es, dass ihre Enden verlängert werden. Hierfür sorgt das Enzym Telomerase. In allen ausgereiften Zellen des Menschen und der Säugetiere wird keine Telomerase mehr gebildet, sodass es mit jeder Replikation zu einer Verkürzung der Chromosomen kommt. Unterschreiten diese eine kritische Länge, sterben die Zellen ab.

Todesgene Viele Forscher sind auf der Suche nach sogenannten „*Todesgenen*" oder „*Langlebigkeitsgenen*". So sind zum Beispiel Gene identifiziert worden, die mit erhöhtem Stoffwechsel und zellulären Stressreaktionen assoziiert werden können. Beide Phänomene werden als Ursachen oder Verstärker des zellulären Alterns aufgefasst. Die Existenz solcher Gene wird aber auch angezweifelt, da sie biologisch keinen Selektionsvorteil bieten und daher während der Evolution verloren gegangen sein müssten.

Eine generelle Kritik an den genetischen Alternstheorien beruht auf Befunden, dass sich statistisch die Unterschiede in der Lebensdauer von Menschen nur zu maximal 30 % durch genetische Ursachen erklären lassen.

Es gibt genetisch bedingte Krankheiten, die zum Teil durch Symptome gekennzeichnet sind, die dem natürlichen Alterungsprozess ähnlich sind, aber schon im frühen Erwachsenenalter oder sogar der Kindheit einsetzen (z. B. Progeria; s. Kasten). Durch das Studium dieser Krankheiten hoffen Forscher, den genetischen Grundlagen des Alterns auf die Spur zu kommen.

Progeria

Progeria bezeichnet verschiedene Krankheitsbilder, wie zum Beispiel das Werner-Syndrom und das Hutchinson-Gilford-Syndrom (HGPS), bei denen ein vorzeitiges körperliches Altern zu beobachten ist. Von diesen Krankheiten betroffene Patienten sind bei Geburt noch unauffällig, zeigen aber ab der Pubertät (Werner-Syndrom) oder sogar ab dem ersten Lebensjahr (HGPS) einen bis zu zehnmal schnelleren Alterungsverlauf. Dieser äußert sich u. a. in mangelndem Wachstum, Arterienverkalkung, Verlust des Fettgewebes in der Unterhaut, Osteoporose, Haarausfall und schwacher Stimme. Während beim Werner-Symptom auch ein verstärktes Tumorwachstum zu beobachten ist, ist dies bei HGPS nicht der Fall. Auch mit dem Altern oftmals assoziierte neurodegenerative Erkrankungen treten bei HGPS nicht auf. Die Lebenserwartung liegt bei etwa 50 (Werner-Syndrom) bzw. 14 Jahren (HGPS).

Beim Werner-Syndrom handelt es sich um eine autosomal-rezessiv vererbte Krankheit, bei der eine Mutation des Chromosoms 8 zu einer Verkürzung der Telomere in der DNA führt (s. Telomerhypothese), wodurch die Zellteilungsrate deutlich beschränkt wird. Eine kausale Therapie und Heilung ist nicht möglich, es können lediglich Symptome und Komplikationen – auch präventiv – behandelt werden.

HGPS beruht hingegen auf einer Spontanmutation auf einem DNA-Strang des Chromosoms 1 (autosomal-dominat), die zu Defekten in einem Protein führt, das verschiedene regulatorische Funktionen bei der DNA-Transkription hat und den Zellkern stabilisiert (Lamin A oder „Progerin"). Neuere Therapieansätze mit einem Enzym, das die Bildung von defektem Lamin A unterdrückt, scheinen in Tierversuchen vielversprechende Ergebnisse zu zeigen, sind beim Menschen aber noch in der Erprobungsphase.

Schadens- oder Schädigungstheorien

Die Schadens- oder Schädigungstheorien umfassen die *genetischen und somatischen Zelltheorien* und die *physiologischen Systemtheorien*. Dabei sehen die genetischen und somatischen Zelltheorien das biologische Altern als Folge von Schädigungen der zellulären Bausteine des Lebens. Physiologische Systemtheorien betrachten das Altern als Folge von kumulativen Störungen ganzer Körpersysteme, wie zum Beispiel des Immun-, des Hormon- oder des zentralen Nervensystems.

Alle diese Theorien gehen davon aus, dass durch Gebrauch sowie durch verschiedene innere und äußere Faktoren und Einflüsse Schäden auf molekularer, zellulärer oder systemischer Ebene hervorgerufen werden, die, wenn die vorhandenen Reparaturmechanismen nicht mehr ausreichen, zu Störungen im physiologischen Gleichgewicht und in verschiedenen Körperfunktionen führen. Die ultimative Folge dieses Prozesses ist dann der Ausfall des Gesamtsystems, also der Tod.

> Zu den bedeutendsten Zelltheorien zählen die Fehler- oder Katastrophentheorie, die (Somatische) Mutationstheorie, die Theorie der freien Radikale, die Abnutzungstheorien und die Quervernetzungstheorien (Abb. 2.3).

Die *Fehler- oder Katastrophentheorie* besagt, dass das Altern auf einem Ungleichgewicht zwischen sich akkumulierenden DNA-Schädigungen und den vorhandenen Reparaturmechanismen beruht. Solche DNA-Schädigungen treten nach der *(Somatischen) Mutationstheorie* spontan auf oder können durch verschiedene Mechanismen, wie z. B. *freie Radikale* (s. Kasten), Strahlen oder DNA-Viren, bedingt werden. Die Anzahl der Schädigungen und Mutationen nimmt mit zunehmendem Alter zu. Wenn Schäden nicht mehr ausreichend repariert werden können, kommt es zu zellulären Dysfunktionen und in der Folge zu Altern und Seneszenz.

Nach den *Abnutzungstheorien* (englisch: „wear and tear theories") wird der Körper als eine Art Maschine verstanden, die ebenso wie Letztere mit der Zeit, also mit dem Gebrauch, abgenutzt und schließlich funktionsunfähig wird. Diese Abnutzung kann auf allen Ebenen stattfinden, von der Zelle über Gewebe bis zu komplexen Organen. Als Beispiel kann das Muskel-Skelett-System dienen, das im Alter vermehrt von Arthrose betroffen ist.

> *Roger Bacon* (1220–1292) war einer der ersten, die eine Art „wear-and-tear" Theorie vorschlug. Ihm zufolge ist Altern das Ergebnis von übermäßigem Verbrauch und Abnutzung der körperlichen Reserven.

Bei den *Quervernetzungstheorien (englisch: „cross-linking theories")* werden die molekularen Veränderungen an intra- und extrazellularen Makromolekülen, wie zum Beispiel Kollagen, DNA und RNA, in den Mittelpunkt der Betrachtung gestellt. *Durch eine vermehrte Quervernetzung im Kollagen nimmt zum Beispiel die Elastizität von Geweben, wie zum Beispiel des Herzmuskels oder des Bindegewebes, ab (Kollagentheorie).*

Auch die DNA kann durch Quervernetzungen beeinträchtigt werden, wenn hochreaktive Atome oder Moleküle, zum Beispiel freie Radikale, an die DNA-Doppelhelix binden. Normalerweise werden solche Bereiche durch die Reparaturmechanismen der Zelle herausgeschnitten und die defekte DNA bei der Zellteilung auf Grundlage des anderen Doppelhelixstranges korrigiert. Sind allerdings beide komplementären Stränge der DNA betroffen oder der Reparaturmechanismus zu langsam, können sich Quervernetzungen in Form von langen Molekülen zwischen den beiden Strängen bilden. Dadurch wird das Auslesen der genetischen Information entscheidend beeinträchtigt. Die Folge sind auch hier Schäden in Zellen und Geweben und verminderte Funktionen.

Die *Theorie der freien Radikale,* schließlich wurde Mitte der 1950er Jahre von Harman (1956) propagiert. Freie Radikale sind hochreaktive Substanzen, die in allen Zellen als Zwischenprodukte des Zellstoffwechsels entstehen. Sie können zum einen DNA, Fette, Proteine und andere Moleküle oxidieren und dadurch schädigen und zum anderen können sie auch weitere Radikale und verwandte Oxidantien erzeugen und so zerstörerische Kettenreaktionen in Gang setzen. Nach Behl und Moosmann (2008) gilt die Theorie der freien Radikale und des oxidativen Stresses trotz leichter Modifikationen bis heute als eine der plausibelsten Erklärungen für den biologischen Alternsprozess.

Im Körper besteht ein vielfältiges Schutzsystem gegen schädliche freie Radikale. Dazu gehören körpereigene Enzyme oder Antioxidantien wie Bilirubin. Auch mit der Nahrung aufgenommene Antioxidantien wie Betakarotin oder die Vitamine C und E können freie Radikale neutralisieren, d. h. sie zerstören die schädigenden freien Radikale. Allerdings bleiben die induzierten Schäden bestehen. Vor allem aber wird das Antioxidans selbst durch die Übertragung eines Elektrons auf das freie Radikal zu einem neuen Radikal. Gegebenenfalls kann die Wirkung dieses neuen freien Radikals schädlicher sein als die des dadurch neutralisierten. Dies ist der Grund dafür, dass hohe zugeführte Dosen von Vitamin E das Krebsrisiko erhöhen und nicht senken. Unter normalen Bedingungen sind die körpereigenen Verteidigungsmechanismen ausreichend. Wichtig: Nicht alle freien Radikale sind schädlich. Freie Radikale sind zum Beispiel Teil des Immunsystems. In Makrophagen oxidieren und töten sie Bakterien.

Physiologische Systemtheorien

Systemische Alternstheorien betrachten Altersveränderungen in größeren Funktionsbereichen wie dem neuroendokrinen System oder dem Immunsystem (zu Altersveränderungen im zentralen Nervensystem, Kapitel 5).

Die *Endokrintheorie* besagt, dass die biologische Uhr durch die Hormone die Geschwindigkeit des Alterns steuert. Als Beispiel wird hier häufig die Menopause bei Frauen angeführt. Weiterhin wirken Hormone auf das Wachstum, den Stoffwechsel, die Temperaturregulation und auf Entzündungs- und Stressreaktionen.

Die *Immuntheorie* basiert zum einen auf der Erkenntnis, dass mit zunehmendem Alter die Fähigkeit des Immunsystems abnimmt, Antikörper gegen Fremdkörper zu bilden (Abwehr von Infektionen nimmt ab) und dass zum anderen im höheren Alter Autoimmunvorgänge zunehmen (Zunahme chronischer Autoimmunkrankheiten). Diese stehen mit dem Auftreten von seniler Demenz und verschiedenen Gefäßerkrankungen in Beziehung (Platt, 1991).

Das Immunsystem wird durch eine Vielzahl von Genen reguliert, die auf einem einzigen Chromosom liegen und als Histokompatibilitätskomplex (MHC) bezeichnet werden. Diese Gene sind für die Ausprägung verschiedener Komponenten des Immunsystems verantwortlich. Etwa ab der Pubertät kommt es zu einer Abnahme der Lymphozyten in der Thymusrinde und einer Verringerung der T-Lymphozyten im Thymus und im peripheren Blut. Ab etwa dem 30. Lebensjahr nimmt der Serumspiegel der Thymushormone ab, sodass die Adaptationsfähigkeit gegenüber unterschiedlichen Umwelteinflüssen abnimmt, die Infektanfälligkeit zunimmt und es zum Auftreten von Autoimmunphänomenen und -krankheiten sowie zu einer erhöhten Inzidenz von bösartigen Geschwülsten kommt (Platt, 1991).

Da jedoch Altersveränderungen auch in vielen Organismen auftreten, die kein Immunsystem besitzen und darüber hinaus das Immunsystem durch übergeordnete hormonelle Regulation kontrolliert wird, ist die grundsätzliche ursächliche Bedeutung für den Alternsprozess umstritten.

Sonstige biologische Theorien

Im Zusammenhang mit den oben genannten Schadenstheorien werden noch zwei weitere Theorien diskutiert, die vor allem die Wirkung von Stoffwechselprozessen in den Blick nehmen.

Die *Theorie der maximalen Lebensrate* (Rubner, 1908) geht davon aus, dass die zum Verbrauch zur Verfügung stehende Energiemenge über die Lebensspanne für jedes aerobe Lebewesen identisch ist, sich die Lebenserwartung eines Organismus also umgekehrt proportional zu seiner massenspezifischen Stoffwechselrate verhält. Untersuchungen zu diesen Thesen werden hauptsächlich an Vögeln durchgeführt, die aufgezeigten Beziehungen sollen aber auch für Säugetiere und den Menschen gelten (Prinzinger, 1990).

Theorie der maximalen Lebensrate

Die *Theorie der kalorienarmen Kost* sieht ebenfalls einen Zusammenhang zwischen Energieaufnahme und Lebenserwartung. Untersuchungen an Nagetieren zeigen, dass diese bei einer Kost, deren Kalorienzahl 30 bis 50 % unter denen der Kontrolltiere liegt, länger gesund bleiben und länger überleben als die „wohlgenährten Artgenossen". Dabei erhöht sich nicht nur das durchschnittliche, sondern auch das maximale Alter (Weindruch et al., 2001).

Theorie der kalorienarmen Kost

Die positiven Auswirkungen einer kalorienarmen Kost betreffen in erster Linie die sog. Biomarker, also die Parameter, die sich im Alter ungünstig verändern, wie Blutdruck, Insulin- und Blutzuckerspiegel. Die Hypothese besagt, dass aufgrund der sparsamen ausgewogenen Ernährung (keine Mangelernährung) die Zellteilung in einigen Geweben langsamer abläuft (Krebs tritt seltener auf), der niedrigere Blutzuckerspiegel die Sklerotisierung von Geweben verzögert und die Entstehung freier Radikale eingeschränkt wird, sodass sie weniger Schaden an den Mitochondrien anrichten. Die Übertragbarkeit dieser Befunde auf den Menschen ist allerdings bis heute noch nicht abschließend belegt.

Ende der 1980er Jahre wurden in den USA zwei unabhängige Studien gestartet, um die Effekte einer kalorienarmen Ernährung auf die Lebenserwartung von Affen zu untersuchen – eine am US National Institute on Aging (NIA) in Bethesda, Maryland, die andere am Wisconsin National Primate Research Center (WNPRC) in Madison. Obwohl erste Zwischenberichte auf einen positiven Zusammenhang hindeuteten, konnten die 2012 im Fachblatt Nature veröffentlichten endgültigen Ergebnisse der NIA-Studie diesen nicht bestätigen. Altersbedingte Krankheiten wie Diabetes, Krebs oder Herz-Kreislauf-Erkrankungen schienen lediglich etwas verzögert aufzutreten. In der WNPRC-Studie war hingegen die Überlebensrate der

kalorienreduzierten Experimentalgruppe gegenüber der Kontrollgruppe signifikant erhöht. Allerdings wird diese Studie wegen methodischer Besonderheiten in der Fachwelt kritisch diskutiert (Austad, 2012).

Übergreifende Theorien

Die meisten oben beschriebenen genetischen Schadens- und Systemtheorien werden nicht uneingeschränkt akzeptiert. So ist z. b. für die Theorie der kalorienarmen Kost und die Theorie der maximalen Lebensrate unklar, ob die in Tierversuchen und/oder in vitro nachgewiesenen Phänomene auch auf den Menschen übertragbar sind. Einige Theorien, wie z. b. die Fehler-Katastrophentheorie und die Abnutzungstheorie, sind z. t. in Studien widerlegt worden. Sie sind eher von historischem Interesse. Und für wieder andere Theorien, wie z. b. für die Kollagentheorie, die Mutationstheorie und die Theorie der freien Radikale, ist die direkte Verknüpfung mit dem Alterungsprozess (noch) unklar.

Da die verschiedenen Körpersysteme hochgradig integrativ miteinander vernetzt sind, bewirken Altersveränderungen an einer Stelle auch insgesamt ein Ungleichgewicht und verringerte Effektivität des gesamten Systems.

Einbußen im Immunsystem erfordern verstärkte zentralnervöse und hormonelle Kontrollprozesse und machen den Körper empfänglicher für Krankheiten. Das Immunsystem ist seinerseits auf ein funktionierendes Zentralnervensystem und Hormonsystem angewiesen.

Viele Forscher gehen deshalb nun dazu über, Alternsprozesse in ihrer Gesamtheit und auf bestimmte physiologische Organisationsstufen bezogen (z. B. Organ, Zelle) zu beschreiben. Dabei differenzieren sie nicht ausdrücklich zwischen einzelnen Alternstheorien.

Angeborene und somatische Mutationen im Laufe des Lebens (z. B. durch Umweltgifte) können den Elektronentransport in der Atmungskette (Energieproduktion) behindern. Die Folge ist eine verstärkte Bildung freier Radikale (die bei der Atmungskette als Nebenprodukte entstehenden freien Sauerstoffradikale werden aufgrund der größeren Menge nicht alle von Schutzenzymen abgefangen), die die DNA schädigen können. Dies führt dann zu weiteren Mutationen und damit zu einer nachlassenden Energieproduktion. An diesem Beispiel wird sehr schön das Zusammenspiel zweier Alternstheorien, der Mutationstheorie und der Theorie der freien Radikale, deutlich.

Diese Sichtweise wird in der Homöostasistheorie des Alterns aufgegriffen und mit den zellulären Alternstheorien zusammengeführt.

Homöostasistheorie

> **Homöostasis** beschreibt ein dynamisches Gleichgewicht der physiologischen Vorgänge, bei denen geringe Abweichungen auf einer Ebene durch entsprechende Adaptionsprozesse auf anderen Ebenen ausgeglichen werden und dadurch die Funktion stabil erhalten werden kann.

Normale Schwankungen oder kurzzeitige kleinere Abweichungen von der Funktion (z. B. bei Krankheiten) können normalerweise toleriert werden, ohne dass es zu Schädigungen oder Funktionseinbußen kommt. Die Homöostasistheorie besagt nun, dass mit dem Alter, durch die Anhäufung von Veränderungen auf verschiedensten Ebenen und durch eine Verringerung des adaptiven Potenzials selbst, der allostatische Druck zu groß wird. Dies bedeutet, dass größere oder langandauernde Abweichungen von der Norm nicht mehr ausgeglichen werden können und es somit zu bleibenden Veränderungen und Schädigungen kommt.

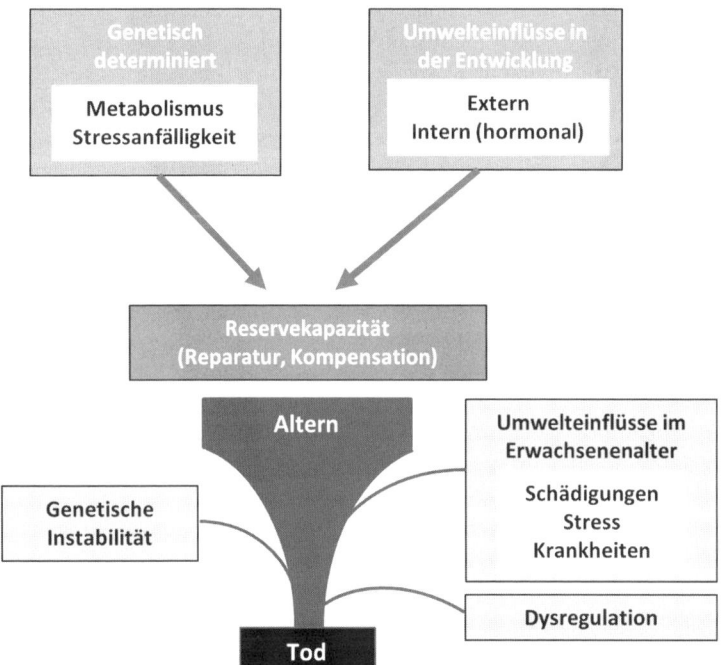

Abb. 2.4: Zusammenhang zwischen genetischen Theorien, Schädigungs- und Systemtheorien (modifiziert nach Jazwinski, 1996).

Beispielhaft können Alterseffekte auf die Homöostase bei der Temperaturregulation beschrieben werden: Altersbedingt kommt es häufig zu strukturellen und funktionellen Veränderungen der Haut, der Durchblutung und der Muskelmasse. Zusammen mit ebenfalls altersbedingten Veränderungen in den peripher- und zentralnervösen Strukturen zur Messung der Körpertemperatur wird die Temperaturregulation nachhaltig beeinträchtigt. Dadurch erhöht sich die Anfälligkeit für Krankheiten.

Der Zusammenhang zwischen genetischen Theorien, Schädigungs- und Systemtheorien ist in Abbildung 2.4 zusammengefasst.

Bedeutung biologischer Alternstheorien für Gehirn und Geist

Nervenzellen teilen sich nicht Das Gehirn ist, wie andere Organe des menschlichen Körpers, vom Altern betroffen. Deshalb lassen sich Theorien des biologischen Alterns auch auf das Gehirn anwenden. Nervenzellen werden im Gegensatz zu anderen Körperzellen nicht ständig erneuert, sondern können ein Leben lang erhalten bleiben. Das Hayflick-Limit spielt für diese Zellen also keine Rolle. Nervenzellen sind damit allerdings zeitlebens und kumulativ allen negativen Einflüssen ausgesetzt, die die Funktion zunehmend stärker einschränken und schließlich zum Tod der Nervenzelle führen können.

Eine Ausnahme bildet der Hippocampus. In dieser Gehirnregion, die besonders für Lernen und Gedächtnis von Bedeutung ist, werden ständig neue Nervenzellen gebildet (Neurogenese) und unter Bildung neuer Synapsen (Synaptogenese) in die bestehenden Netzwerke eingebaut. Allerdings hat im Hippocampus auch der Abbau von Nervenzellen eine funktionelle Bedeutung, da dadurch die Knüpfung neuer Netzwerke ermöglicht wird. Auch Neurogenese und Synaptogenese (die Ausbildung von Synapsen) im Hippocampus sind dem generellen Alterungsprozess unterworfen und nehmen im Alter ab.

Insbesondere die Quervernetzungstheorie spielt für das Altern des Gehirns eine wichtige Rolle. Sogenannte Plaques, akkumulierende große Eiweißmoleküle, werden mit pathologischen Altersveränderungen bei der Alzheimerkrankheit in Verbindung gebracht. Die Plaques alleine können die Alzheimer-Demenz aber nicht erklären (Kapitel 8).

Neben den Nervenzellen bestehen das Gehirn sowie das gesamte Zentralnervensystem aber auch aus weiteren Zellen und Geweben, wie zum Beispiel den Gliazellen und den Blutgefäßen, die vor allem für die Versorgung und den Erhalt der Nervenzellen zuständig sind. Das Altern dieser Strukturen im Sinne der genannten Alternstheorien hat natürlich auch Auswirkungen auf die Funktionstüchtigkeit des Gehirns.

Seit den 1990er Jahren gewinnt der neue Ansatz einer Neurowissenschaft der lebenslangen Entwicklung (Lifespan developmental neuroscience) eine zunehmende Bedeutung in Forschung und Lehre, ohne allerdings schon in bedeutendem Ausmaß Einzug in die Lehrbücher gehalten zu haben.

Im Sinne dieses neuen Ansatzes wird – wie in der Psychologie auch die neurobiologische Entwicklung nicht mehr als bereits mit der Maturation abgeschlossen bezeichnet und das Altern als reiner Abbau- oder Degenerationsprozess gesehen. Vielmehr werden Prinzipien der Kindheits- und Jugendentwicklung auf Veränderungen im Erwachsenenalter bis ins hohe Alter übertragen, wobei Einflüsse durch Umweltfaktoren oder Lebensstile und -erfahrungen zunehmend an Bedeutung für eine positive oder negative Entwicklung erlangen.

Wichtig bleibt dabei, solche eher „natürlichen" Entwicklungsprozesse, die bis ins hohe Alter auftreten können, von solchen abzugrenzen, die auf pathologischen Faktoren beruhen, denen wiederum biologische Faktoren (s. o.) zugrunde liegen (Kapitel 5: Altern des Gehirns).

2.2 Altern aus Sicht der Psychologie: ein lebenslanger Entwicklungsprozess

Während somit bei biologischen Alternstheorien die Frage nach den Mechanismen, die letztendlich zum Tod führen, im Mittelpunkt steht, will die Psychologie der Lebensspanne eine andere Frage beantworten: Wie verändert sich die Qualität des Lebens über die Lebensspanne in der Interaktion der verschiedenen Funktionsbereiche und mit der Umwelt und wie lässt sie sich beeinflussen?

In der Entwicklungspsychologie hat die Betrachtung des Alterns etwa seit den 1960er Jahren zunehmend an Bedeutung gewonnen. Vor allem in der Lebensspannenpsychologie (z. B. Baltes, 1990) wird seitdem der Begriff der Entwicklung auf die gesamte Lebensspanne bezogen, denn auch Altern ist Entwicklung. Biologische Veränderungen stellen hierbei nur einen Teilbereich dar. Altern umfasst demnach nicht

Entwicklung als lebenslanger Prozess

nur Abbauprozesse und damit Einschränkungen von Kompetenzen, sondern Zuwächse im Sinne von Kompetenzerweiterungen im physischen, psychischen und sozialen Bereich.

Gewinne und Verluste Jede Entwicklungsphase ist dabei durch Gewinne und Verluste („Gains and losses") gekennzeichnet, wobei in jungen Jahren die Zugewinne und in späteren Jahren die Verluste überwiegen. Auf biologischer Ebene sind die Verluste im höheren Alter stärker ausgeprägt als bei jüngeren Menschen. In anderen Bereichen, wie zum Beispiel in persönlichkeitsbezogenen und anderen psychologischen Parametern, gibt es aber auch vermehrt Zugewinne oder Stabilität im höheren Alter.

 Weisheit ist ein Beispiel für einen Entwicklungsprozess, der nicht mit der Geburt, sondern erst in späteren Phasen der Lebensspanne beginnt und durch steten Zugewinn gekennzeichnet ist. Dabei bezieht sich Weisheit auf den Bereich der wissensreichen Pragmatik der Intelligenz (Dittmann-Kohli & Baltes, 1983). Hauptkriterium für Weisheit ist Wissen, d. h. Fakten und Fertigkeiten bezogen auf Lebensfragen. Weise Menschen zeichnen sich dadurch aus, dass sie ihre im Laufe des Lebens erworbene Expertise bzgl. schwieriger und unsicherer Lebenssituationen nutzen, um zu reifen Urteilen zu kommen und gute Ratschläge zu geben (Staudinger, 1990). Weisheit stellt den Prototyp der pragmatischen Altersintelligenz dar. Weisheit beinhaltet z. B. Wissen über die Veränderungen, Bedingungen und geschichtliche Abhängigkeit von Leben. Staudinger (1990) führt fünf Kriterien an, um das Wissen in diesen Bereichen näher zu beschreiben:

- faktisches Wissen über grundlegende Fragen des Lebens,
- strategisch-heuristisches Wissen über den Umgang mit grundlegenden Fragen des Lebens,
- Denken in Kontexten des Lebensverlaufs und der gesellschaftlichen Entwicklung,
- relativierendes Denken im Blick auf Wertvorstellungen und Lebensziele,
- Denken, das die Ungewissheit des Lebens berücksichtigt und bewältigt.

Altern verläuft als Entwicklungsprozess im Verständnis der Entwicklungspsychologie der Lebensspanne *multidimensional und multidirektional*. Das heißt, die Richtung der ontogenetischen Veränderungen variiert nicht nur beträchtlich zwischen verschiedenen Verhaltensbereichen (z. B. Intelligenz versus Emotion), sondern auch innerhalb einer Verhaltenskategorie (z. B. fluide versus kristalline Intelligenz). So können in ein- und demselben Entwicklungsabschnitt und Verhaltensbereich manche Verhaltensweisen Wachstum und andere Abbau zeigen (Kapitel 6: Psychologisches Altern).

Die unterschiedlichen Entwicklungsverläufe der fluiden und kristallinen Intelligenz (vgl. Abbildung 6.1) illustrieren das Konzept der *Multidirektionalität*. Die Veränderungen in verschiedenen Bereichen der menschlichen Entwicklung sind intraindividuell unterschiedlich. Eine multidirektionale Entwicklung behält sich demnach vor, die Richtung der Entwicklung offen zu lassen.

Multidirektionalität

Der Begriff *Multidimensionalität* beschreibt unterschiedliche Dimensionen innerhalb der menschlichen Entwicklung. Entwicklungsprozesse einer Person finden demnach in mehreren Dimensionen bzw. Verhaltenskategorien statt, die, wie beschrieben, unterschiedliche Entwicklungsverläufe aufzeigen können. So lassen sich u. a. physische, kognitive, emotionale und soziale Dimensionen der Entwicklung über die Lebensspanne unterscheiden. Die einzelnen Dimensionen lassen sich wiederum in weitere Komponenten oder Konstrukte (z. B. fluide und kristalline Intelligenz) differenzieren. Die multidimensionale Betrachtung bietet die Möglichkeit, unterschiedliche Altersverläufe für verschiedene Dimensionen empirisch zu festigen.

Multidimensionalität

In der Entwicklungspsychologie – aber auch der Entwicklungsbiologie – wurde bei der Analyse von Entwicklungsverläufen lange Zeit der Standpunkt vertreten, dass Entwicklungs- und Alternsprozesse kaum beeinflussbar sind. Seit den frühen 1970er Jahren gewinnt jedoch das Grundkonzept der Variabilität zunehmend an Bedeutung. Beruhend auf der Erkenntnis, dass Entwicklungsverläufe variabel sind und jeder Verlauf einer von vielen möglichen ist, zeigen Befunde, dass

Variabilität

- Menschen unterschiedlich schnell altern,
- innerhalb einer Person verschiedene Fähigkeiten und Verhaltensbereiche unterschiedlich schnell und anders altern und
- Alternsprozesse von Verhaltensweisen, Lebensbedingungen und Lebenserfahrungen einer Person beeinflussbar sind.

Es können zwei Typen der Variabilität unterschieden werden. Während *interindividuelle Variabilität* Unterschiede zwischen Personen bezüglich bestimmter Verhaltensvariablen beschreibt, bezieht sich der Begriff der *intraindividuellen Variabilität* auf Unterschiedlichkeiten bzw. die Veränderbarkeit innerhalb einer Person bezüglich verschiedener Verhaltensvariablen oder hinsichtlich einer bestimmten Variable über die Zeit hinweg (Abbildung 2.5, Kapitel 6: Psychologisches Altern).

Inter- und intraindividuelle Variabilität sind Ausdruck der *Plastizität von Entwicklungsverläufen.* Sie zeigen, wie unterschiedlich Entwicklungsverläufe, in Abhängigkeit interner und externer Einflussfaktoren

Plastizität

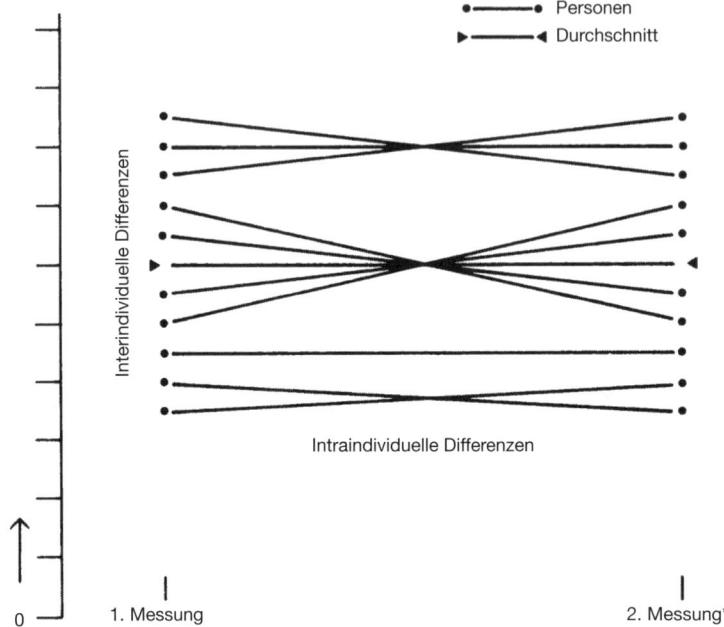

Abb. 2.5: Beziehung zwischen interindividuellen und intraindividuellen Differenzen (Baltes & Kindermann, 1985).

* 1. und 2. Messung können sich im Zeitpunkt, in der Testbedingung oder in der Verhaltensweise unterscheiden.

auch bei gleichen genetischen Voraussetzungen, sein können. Plastizität wird sowohl durch biologische Voraussetzungen (wie Gene) bestimmt als auch durch Umwelt und Erfahrung (leistungsfördernde Unterstützung u. Ä.). Sie ist die Konsequenz der dynamischen Interaktion oder Verschmelzung von Charaktermerkmalen des Organismus eines Individuums und spezifischer Erfahrungen, die über die Lebensspanne gesammelt werden (Lerner, 1998).

 Plastizität „[…] bezeichnet das Potential, welches Individuen zu verschiedenen Verhaltensformen und Entwicklungsverläufen befähigt" (Baltes, 1990, S. 11).

Der Begriff der Plastizität von Entwicklungsverläufen ist zentral für die Psychologie der Lebensspanne (Baltes, 1990) und auch in den Neurowissenschaften, welche sich mit dem Altern beschäftigen (Kapitel 5 und 6). Plastizität meint Veränderungen auf Neuro- und Verhaltensebene, innerhalb eines begrenzten Bereichs minimaler und maximaler Leistungsfähigkeit.

In der Psychologie der Lebensspanne beschreibt der Begriff Plastizität das Potenzial des normativen Entwicklungsverlaufs im Alter, innerhalb eines Individuums, und kann sich sowohl auf kognitive Funktionen als auch auf Persönlichkeitsmerkmale beziehen. Plastizität zeigt
sich dabei sowohl im Bereich der Mechanik als auch der Pragmatik der
Intelligenz (s. Kapitel 6). Beispielsweise kann eine ältere Person dem
zu erwartenden kognitiven Abbau durch kognitiv anfordernde Tätigkeiten oder kognitives Training entgegenwirken (s. Kapitel 9).

In den Neurowissenschaften wird unter Plastizität die Veränderbarkeit des Gehirns in Folge von Erfahrung und Interaktion mit der Umwelt verstanden. Nach Mora et al. (2007) bestimmen individuelle Lebensstile und Eigenschaften der Umwelt, ob Gehirnplastizität induziert
wird und ob das zu einer Verbesserung oder auch Verschlechterung der
Hirnfunktionen und kognitiven Leistung führt.

Eine „klassische" Studie von Kliegl et al. (1989) verdeutlicht, dass Plastizi-
tät auch im Alter erhalten bleibt. Die Aufgabe von vier jüngeren (M = 22.8
Jahre) und 20 älteren Erwachsenen (M = 71.7 Jahre) bestand in dem Erin-
nern von 40 Wörtern, die den Probanden jeweils im Prä- und Posttest
vorgelegt wurden. Zwischen Prä- und Posttest wurden die Probanden in
eine Erinnerungstechnik, die „Methode der Orte" eingewiesen. Hierbei
stellt man sich in Gedanken z. B. den Weg zur Arbeit vor und legt unter-
wegs an markanten Orten die zu merkenden Begriffe ab. Während sich
die jüngeren und älteren Erwachsenen im Prätest nicht signifikant in ihrer
Behaltensleistung unterschieden, ändert sich dieses Bild nach Beendigung
der Trainingssitzungen. Durch das Training wurden bei beiden Alters-
gruppen beträchtliche Leistungssteigerungen erreicht, die jüngeren Er-
wachsenen erzielten jedoch signifikant höhere Zugewinne als die älteren
Erwachsenen. Für das Konzept der Plastizität bedeutet dies, dass zwar in
beiden Altersgruppen eine hohe Plastizität besteht, dass diese bei den
Jüngeren aber größer sein kann als bei den Älteren.

Lange Zeit glaubte man, dass sich die Persönlichkeit ab einem Alter
von ca. 30 Jahren nicht mehr verändert (Costa & McCrae, 1998).
Neuere Befunde zeigen Plastizität jedoch auch für Persönlichkeitsmerkmale wie Offenheit, emotionale Reife oder Neurotizismus
(Kessler & Staudinger, 2007; Staudinger et al., 1993).

Kontextualismus

Entwicklung wird sowohl durch biologische Voraussetzungen (z. B.
Gene) bestimmt als auch durch Umwelt und Erfahrung (z. B. leistungsfördernde Unterstützung). Darüber hinaus muss Entwicklung auch im

Kontext betrachtet werden. Im Sinne des *Kontextualismus* resultiert jeder individuelle Entwicklungsverlauf aus der Wechselwirkung dreier Systeme von Entwicklungseinflüssen: normativ altersbedingte, normativ historisch bedingte und nicht normative/idiosynkratische Einflüsse. Jede dieser Ursachen beeinflusst die individuelle Entwicklung und bewirkt die kontinuierliche Veränderung.

Normative altersbedingte Einflüsse

Normative altersbedingte Einflüsse umfassen organismische und umweltbezogene Merkmale, die zu vorhersagbaren Verhaltensänderungen führen und eine variable Altersbindung zeigen. Hierzu zählen das Lebensalter, die Genetik, das Wachstum, die Reifung, das Geschlecht, die psychischen und kognitiven Faktoren, die Bewegungsbiografie, die sozialkulturelle und materiale Umwelt.

Normative historisch bedingte Einflüsse

Normative historisch bedingte Einflüsse charakterisieren eine feste Bindung an geschichtliche Zeitdimensionen und kulturwandelbezogene Einflüsse, wie langfristige, dem epochalen historischen Wandel unterliegende Wertorientierungen oder periodenspezifische historische Wertewandel (politische, technologische Veränderungen, Zeittrends usw.). Von zentraler Bedeutung sind der Kulturkreis, die Volks- und Gruppenzugehörigkeit, die Familie, die Schule und der Freundeskreis.

Nichtnormative Einflüsse

Nichtnormative Einflüsse zeigen keine auffälligen Beziehungen zu altersgebundenen und geschichtlichen Faktoren. Sie treten im Lebenslauf unerwartet auf (z. B. Unfälle, Verletzungen, Krankheiten, aber auch Naturkatastrophen, Wirtschaftskrisen oder Kriege).

Selektion, Optimierung und Kompensation

Baltes und Baltes (1990) entwickelten das *Modell der Selektion, Optimierung und Kompensation (SOK),* um gewinn- und verlustbezogene Entwicklungsverläufe im Erwachsenenalter umfassend zu beschreiben. Ausgangspunkt ist eine sich mit zunehmendem Alter verschlechternde Gewinn-Verlust-Bilanz. Diese ergibt sich aus einer Verringerung der biologischen Ressourcen und zugleich aus einer in unserer Gesellschaft unbefriedigenden „Kultur des Alterns".

Strategie für erfolgreiches Altern

Als geeignete Strategien zur Bewältigung dieser Negativ-Bilanz sehen die Autoren Selektion, Optimierung und Kompensation, die es ermöglichen sollen, auch im Alter ein zwar eingeschränktes, aber selbstwirksames Leben zu führen. Demnach ist der koordinierte Einsatz von Selektion, Optimierung und Kompensation zentral für eine erfolgreiche Entwicklung. *Selektion* meint die Entwicklung, Auswahl und Festlegung auf bestimmte Ziele, um die begrenzten Ressourcen zu fokussieren. *Optimierung* bezieht sich auf die Entwicklung und Investition von Ressourcen zum Erreichen der ausgewählten Ziele. *Kompensation* hebt die Entwicklung und Investition von Ressourcen hervor, die den Folgen von Verlusten entgegenwirken sollen.

Als Beispiel für eine erfolgreiche Umsetzung des SOK-Modells sei hier der Pianist Rubinstein angeführt. Um seine Konzerte „erfolgreich" gestalten zu können, spielte Rubinstein mit zunehmendem Alter immer weniger Stücke (= Selektion), übte diese häufiger (= Optimierung) und kompensierte Probleme bei schnellen Passagen durch betont langsames Spielen der vorausgehenden Passagen (= Kompensation). Krampe (1994) erbringt für ältere erfolgreiche Pianisten den Nachweis, dass die verlangsamte motorische Geschicklichkeit durch wissensbasierte antizipatorische Bewegungsabläufe ausgeglichen wird. Ähnliches wurde auch für ältere Büroangestellte beim Schreibmaschineschreiben berichtet. Eine verlängerte Reaktionszeit wurde dadurch kompensiert, dass der zu bearbeitende Text antizipatorisch weiter vorausgelesen wurde (Salthouse, 1991, Kapitel 9: Interventionen). Sehr hoch entwickelte und eingeübte Fähigkeiten sowie das damit verbundene Wissen bedeuten Expertise, welche eng mit Weisheit (s. o.) verknüpft ist (Baltes & Smith, 1990).

2.3   Zusammenfassung

Die Ursachen menschlicher Seneszenz bleiben im Großen und Ganzen noch ein Rätsel. In der Gesamtheit leisten die biologischen Alternstheorien bzw. -hypothesen Erklärungen für das komplexe Phänomen Altern. Dabei beleuchten sie jeweils nur Ausschnitte des komplexen biologischen Alterns auf einer Erklärungsebene (Molekül, Zelle, Organ, Organismus) und damit ein spezifisches Phänomen der Alterung. So hat zum Beispiel – vereinfacht ausgedrückt – die Programmtheorie die Replikation der DNA, die Fehler-Katastrophentheorie die Reparatur von Replikationsfehlern und die Mutationstheorie Mutationen an der DNA zum Gegenstand. Die beschriebenen Prozesse wirken jedoch nicht isoliert, sondern z. T. ineinander und bedingen sich z. T. gegenseitig.

Die Theorien widersprechen sich aber teilweise auch, stellen konkurrierende Auffassungen dar. So könnte z. B. die Hypothese der genetisch aktiv gelenkten Alterung als konkurrierend zu den meisten anderen Theorien angesehen werden: Ist die Lebensdauer genetisch vorprogrammiert, kann den anderen Theorien ein Erklärungswert für das primäre Altern abgesprochen werden, sie können damit, im Sinne der proximaten Perspektive, höchstens das sekundäre Altern beschreiben.

Unabhängig davon, wie das primäre Altern auf molekularer oder zellulärer Ebene abläuft oder zustande kommt, die Sekundärerscheinungen auf höherer Organisationsstufe sind gleichartig. Es kommt zu Einschränkungen der Zellfunktion und zum Zelltod, mit entsprechenden Folgen für die Struktur und Leistung der einzelnen Organe. Letztendlich führt biologisches Altern zum Tod.

In der Entwicklungspsychologie, vor allem in der Lebensspannenpsychologie, wird Altern als Entwicklung verstanden, die durch Verluste und Gewinne, Plastizität und Variabilität gekennzeichnet ist. Alternde Individuen besitzen die Fähigkeit zur Kompensation. Altern wird als multidimensional und multidirektional verstanden und muss im Kontext betrachtet werden.

Weiterführende Literatur

Baltes, P. B. (1990). Entwicklungspsychologie der Lebensspanne: Theoretische Leitsätze. Psychologische Rundschau. 41: 1 – 24.

Bengtson, V. L. (2008). Handbook of Theories of Aging. Springer Publishing Company, New York.

Ho, A. D., Wagner, W., Eckstein, V. (2008). Was ist Alter? Ein Mensch ist so alt wie seine Stammzellen. In: Was ist Alter(n), Ursula M. Staudinger und Heinz Häfner (Hrsg.). Springer, Berlin Heidelberg.

2.4 Fragen zum Kapitel

1. Welche Lebensphasen des Alterns werden in der Biologie unterschieden und wodurch sind diese gekennzeichnet?

2. Was ist unter dem Begriff Seneszenz zu verstehen?

3. Welche zwei grundlegenden Perspektiven in den biologischen Alternstheorien gibt es und wie unterscheiden sich diese?

4. Auf welchen Vorstellungen beruht die Theorie der maximalen Lebensdauer?

5. Was haben Schadens- und Schädigungstheorien gemeinsam?

6. Wie können freie Radikale zum Alterungsprozess beitragen?

7. Welche Theorien postulieren einen Zusammenhang zwischen der Energieaufnahme und Alterungsprozessen?

8. Wie wird die Notwendigkeit übergreifender Theorien des Alterns begründet?

9. Was besagt die Homöostasistheorie?

10. Worin unterscheidet sich der Hippocampus in Bezug auf die Neubildung von Nervenzellen von anderen Hirnregionen?

11. Worin unterscheidet sich das Altern aus psychologischer Sicht von den biologischen Alternstheorien?

12. Auf welcher Ebene sind „Gewinne" im Alter zu erwarten und weshalb?

13. Was ist unter einer multidimensionalen und einer multidirektionalen Entwicklung im Altersverlauf zu verstehen?

14. Welche Bedeutung hat die Plastizität (im Altersverlauf)?

15. Welche Theorie basiert auf der Annahme einer sich verschlechternden Gewinn- und Verlustbilanz und welche Kernaussagen zur Bewältigung werden dieser Theorie zugeordnet?

3 Methoden der Altersforschung

Wissenschaftliche Forschung bedeutet, ausgehend von bestehenden oder neu aufgestellten Theorien oder Modellen Fragestellungen abzuleiten, die diese Theorien oder Modelle bestätigen, erweitern oder widerlegen sollen. Dazu werden Hypothesen generiert, die mit geeigneten Untersuchungsmethoden und Untersuchungsdesigns überprüft werden. Die Basis dafür bilden Daten, die auf unterschiedlichste Art und Weise erfasst oder erfragt, analysiert und interpretiert werden (Abbildung 3.1). Zum detaillierten und vertiefenden Studium von Forschungsmethoden sei auf die zahlreichen entsprechenden Lehrbücher verwiesen. In diesem Kapitel werden wir ausführlich diejenigen Untersuchungsmethoden und Untersuchungsdesigns vorstellen, die insbesondere für die Neuro- und Gerontopsychologie von Bedeutung sind. Dabei beschränken wir uns auf Methoden, die beim Menschen angewandt werden. Das Kapitel gliedert sich dazu in drei Teilbereiche. Zunächst werden Studiendesigns vorgestellt, die geeignet sind, Altersveränderungen zu beschreiben. Von besonderem Interesse sind solche Designs, die es erlauben, tatsächliche Alters- und Alterungseffekte von Kohorteneffekten oder Effekten, die auf bestimmten historischen Ereignissen beruhen, zu unterscheiden. Danach werden quantitative und qualitative Methoden der Datengewinnung und Datenanalyse auf Verhaltens-

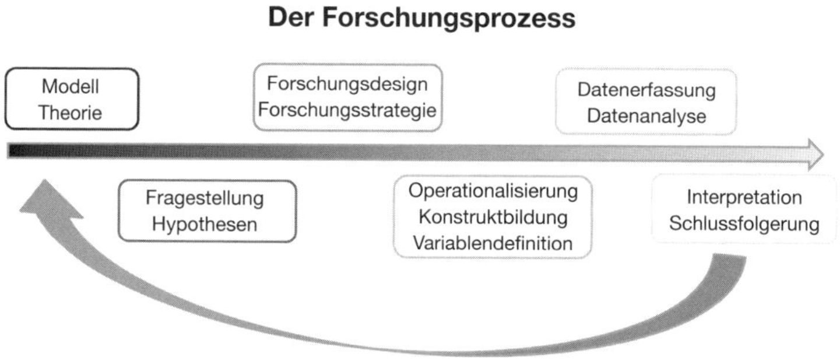

Der Forschungsprozess

Abb. 3.1: Forschungsprozess von der Theorie über das Experiment zum Erkenntnisgewinn.

ebene vorgestellt. Im letzten Teil geht es dann um moderne bildgebende Verfahren der Hirnforschung. An Beispielen werden Vor- und Nachteile sowie mögliche Einsatzbereiche der vorgestellten Designs und Methoden diskutiert und Möglichkeiten zur Analyse der gewonnenen Daten aufgezeigt.

3.1 Untersuchungsdesigns

Die spezifische Forschungsfrage bestimmt, neben dem Zugang zu Versuchsgruppen und Versuchsdaten, das zu verwendende Untersuchungsdesign. Als Goldstandard der Forschung gilt vielfach das experimentelle Design. Hierbei wird eine sogenannte unabhängige Variable, zum Beispiel die Aufgabenschwierigkeit, manipuliert und der Effekt dieser Manipulation auf eine oder mehrere abhängige Variablen, zum Beispiel die kognitive Leistung, gemessen. Aus einem solchen Design lässt sich schließen, dass Ausprägungen der unabhängigen Variable unterschiedliche Werte der abhängigen Variablen erklären oder verursachen können.

Quasi-experimentelle Studien

Üblicherweise wird in Altersstudien das Lebensalter (chronologisches Alter) als unabhängige Variable verwendet und dessen Wirkung auf oder sein Zusammenhang mit abhängigen Variablen wie der Leistungsfähigkeit in verschiedenen Aufgaben, der Gesundheit oder der Gehirnfunktion untersucht (zu unterschiedlichen Altersbegriffen vgl. Kapitel 1). Allerdings ist die Variable Alter nicht wirklich unabhängig, das heißt, sie kann nicht manipuliert und Versuchspersonen können nicht randomisiert zu Altersgruppen zugeordnet werden. Deshalb spricht man bei Altersstudien von quasi-experimentellen Designs. Alter wird zwar als unabhängige Variable behandelt und kann verwendet werden, um Unterschiede zwischen Untersuchungsgruppen zu beschreiben. Es kann aber nicht darauf geschlossen werden, dass Alter Unterschiede in der abhängigen Variablen verursacht. Lebensalter wird deshalb auch als Trägervariable für andere, häufig mit dem Alter eng verknüpfte Faktoren bezeichnet (Trautner, 1978). Dazu gehören zum Beispiel der Bildungsstand, der sozioökonomische Status, die subjektive und objektive Gesundheit und andere psychophysische Faktoren, die die zu untersuchende abhängige Variable ebenfalls beeinflussen und die Ergebnisse verzerren können. In der Altersforschung ist man deshalb bestrebt, mögliche Effekte dieser sogenannten konfundierenden Variablen und Faktoren auszuschließen, um mit höherer Wahrscheinlichkeit tatsächliche Alterseffekte zu finden. Um Alterseffekte

Variablen in der Altersforschung

und Altersunterschiede als solche identifizieren zu können, müssen mit geeigneten statistischen Verfahren die Effekte der konfundierenden Variablen kontrolliert werden. Dies ist umso wichtiger, je länger diese Faktoren ihre Wirkung entfalten können, also im höheren Alter. Da sich im Verlauf des Lebens die Effekte der konfundierenden Faktoren kumulativ auswirken, ist folglich die Vorhersagekraft des Alters allein in der Regel relativ gering. Oder anders ausgedrückt, scheinbar zu beobachtende Alterseffekte können in Wirklichkeit ihre Ursache im langfristigen Wirken der konfundierenden Faktoren haben.

Kohorte und Messzeitpunkt Zwei Faktoren, die insbesondere in der Altersforschung von großer Bedeutung sind und Alterseffekte vortäuschen können, sind die Kohorte, zu der der jeweilige Proband gehört, und der Zeitpunkt der Messung (Tabelle 3.1). Die Kohorte wird durch das Jahr oder die historische Periode bestimmt, in der die Person geboren wurde. Sie wird häufig auch als Generation bezeichnet. Personen einer Kohorte erfahren in der Regel ähnliche historische und soziale Einflüsse, die Personen jüngerer oder älterer Kohorten nicht erfahren. In einem Altersgruppenvergleich kann ein Kohorteneffekt also einen Alterseffekt vortäuschen. Ebenso verhält es sich mit dem Messzeitpunkt, also dem Jahr oder der Periode, in der die abhängige Variable einer Person erhoben wird.

Personen gleichen Alters gehören zum gleichen Messzeitpunkt unausweichlich auch zur gleichen Kohorte. Deshalb ist es in diesem Fall unmöglich zu sagen, ob ein Effekt bezüglich der abhängigen Variablen ein Alterseffekt ist oder auf gemeinsamen Erfahrungen beruht. Eine Lösung wäre die Messung von Personen gleichen Alters zu verschiedenen Messzeitpunkten. Dies birgt aber die Gefahr, dass sich Untersuchungsmethoden und verwendete Untersuchungsmedien oder auch die Erfahrung der Probanden mit diesen Medien über die Jahre verändern. In der Altersforschung wurden deshalb verschiedene Verfahren entwickelt, um Alterseffekte mit möglichst hoher Wahrscheinlichkeit identifizieren zu können.

Tab. 3.1: Übersicht wichtiger Begrifflichkeiten.

Begriff	Definition	Gemessen wird …
Alter	Chronologisches Alter	Veränderung innerhalb des Individuums
Kohorte	Jahr der Geburt	Spezifische historische Einflüsse
Messzeitpunkt	Datum des Tests	Aktuelle Einflüsse auf das Individuum

Als **Kohorteneffekte** werden in der Entwicklungsforschung Verhaltensunterschiede zwischen Personengruppen (Kohorten) bezeichnet, die darauf zurückzuführen sind, dass die Personen in einem bestimmten Zeitraum geboren sind und daher in bestimmten Phasen der Entwicklung vergleichbaren Umwelteinflüssen ausgesetzt waren/sind.

Periodeneffekte beeinflussen relativ unabhängig vom Alter das Verhalten aller Personen einer Population.

Ein häufig verwendetes Design ist die *Querschnittsstudie*. In einer Querschnittsstudie werden Personen unterschiedlichen Alters zum selben Messzeitpunkt befragt oder ihr Verhalten gemessen. Schlussfolgerungen zum Effekt des Alters auf Variablen, wie zum Beispiel die Leistung in bestimmten Aufgaben, werden dabei aus dem Vergleich zwischen Personen unterschiedlichen Alters, z. B. jungen und alten Personen, zu einem Zeitpunkt gezogen. Dazu werden die Probanden in der Regel in Altersgruppen zusammengefasst, sodass keine kontinuierliche Abdeckung der gesamten Altersspanne notwendig ist.

Querschnittsstudien

Der Vorteil von Querschnittsdesigns liegt darin, dass die Versuchspersonen nur zu einem einzigen Zeitpunkt untersucht werden müssen und dadurch der zeitliche Aufwand der Untersuchung und die Belastung der Probanden minimiert werden.

Problematisch ist allerdings, dass dieses Design keine Auskunft über Veränderungen von Individuen geben kann, sondern mittlere altersbezogene Veränderungen über einen Altersvergleich geschätzt werden. Querschnittsstudien bergen überdies die Gefahr von Kohorten- und Periodeneffekten, indem gefundene Unterschiede auf historisch bedingt unterschiedlichen Lebensumständen und Ereignissen beruhen können. Auch besteht die Gefahr der Selektion bestimmter Individuen, insbesondere innerhalb der älteren Gruppe. Untersucht werden diejenigen, die bis zu diesem Zeitpunkt, aus welchem Grund auch immer, überlebt haben und die körperlich (noch) in der Lage sind, an der Studie teilzunehmen (Abbildung 3.2). Querschnittliche Designs erfordern deshalb eine sorgfältige Auswahl der Versuchsgruppen. Auch muss sichergestellt (*„validiert"*) werden, dass die verwendeten Testprozeduren für die verschiedenen Altersgruppen und damit Alterskohorten gleichermaßen geeignet und vertraut sind. Schlussfolgerungen bezüglich eventueller Alterseffekte sind zumeist vorläufig und sollten in nachfolgenden Studien repliziert werden.

> **Säkularer Trend**
>
> Es gibt zahlreiche Hinweise aus Kohortenstudien, dass veränderte Lebensweisen, wie veränderte Ernährung und verbesserte medizinische Versorgung, im letzten Jahrhundert zu einer Zunahme der Körpermasse und einer beschleunigten körperlichen Entwicklung geführt haben. Auch die Intelligenzleistung zeigt einen solchen säkularen Trend mit einem kontinuierlichen Anstieg über die vergangenen Jahrzehnte („Flynn-Effekt"), der vermutlich ebenfalls mit den veränderten Lebensbedingungen zusammenhängt. Zeigen Ältere heutzutage eine schlechtere kognitive Leistung als junge Erwachsene, könnte dies darin begründet sein, dass sie schon als Kinder ein schlechteres Ausgangsniveau hatten.

Korrelationsstudien *Korrelationsstudien* sind eine spezifische Form der Querschnittsstudien. Dabei gibt es jedoch keine abhängigen oder unabhängigen Variablen, sondern die zu untersuchenden Variablen – z. B. Alter und kognitive Leistung – werden miteinander in Beziehung gesetzt und auf einen Zusammenhang getestet. Der sogenannte Korrelationskoeffizient gibt Auskunft über die Stärke des Zusammenhangs (hier zwischen Alter und kognitiver Leistung).

Der Wert einer Korrelation kann sich zwischen -1 und +1 bewegen. Ein **Korrelationskoeffizient** von 0 bedeutet, dass keine Korrelation vorliegt. Ein negativer (-) Korrelationskoeffizient bedeutet, dass eine Variable zunimmt, während die andere abnimmt. Ein positiver (+) Korrelationskoeffizient bedeutet, dass beide Variablen zu- oder abnehmen.

Korrelative Designs erlauben keine kausalen Aussagen, etwa in dem Sinne, dass z. B. aufgrund des Alters die kognitive Leistung schlechter sei. Es lässt sich für dieses Beispiel lediglich schließen, dass Ältere in der Regel neben dem höheren Lebensalter *auch* eine schlechtere kognitive Leistung aufweisen.

Der Vorteil des korrelativen Designs liegt insbesondere darin, dass keine Altersgruppen gebildet werden müssen, sondern Alter als kontinuierliche Variable verwendet werden kann (Abbildung 3.2).

Korrelationen können scheinbare Zusammenhänge zwischen Variablen vorspiegeln, wenn beide gleichermaßen oder gegensätzlich von einer dritten Variablen beeinflusst werden. Aus dem Befund, dass ein aktiver Lebensstil positiv mit der kognitiven Leistung älterer Personen korreliert, folgt also keineswegs, dass ein aktiver Lebensstil die kognitiven Fähigkeiten im Alter verbessert oder umgekehrt. So könnte z. B. eine hohe Bildung sowohl einen aktiven Lebensstil als auch die kognitive Leistung positiv beeinflussen, und es könnte dadurch zu einer hohen Korrelation zwischen diesen beiden Variablen kommen.

Korrelationsstudien mit Alter als Variable erfordern in der Regel hohe Fallzahlen, um einerseits einen großen Altersbereich (optimaler Weise den gesamten Lebensverlauf) abzudecken und andererseits genügend statistische Erklärungskraft (statistische Power) für die Kontrolle der konfundierenden Faktoren zu haben. Verwendet werden deshalb häufig große Datensätze aus repräsentativen Umfragen oder Panelstudien mit vielen hundert bis mehreren tausend Individuen.

Eine große sozial- und verhaltenswissenschaftliche Panelstudie in Deutschland ist das sogenannte Sozio-ökonomische Panel (SOEP, s. Linkliste im Anhang). Diese jährliche repräsentative Befragung von ca. 30.000 Personen in fast 11.000 Haushalten läuft bereits seit mehr als 30 Jahren. Auskunft geben die Teilnehmer u. a. zu Einkommen, Beruf, Bildungs- und Familienstand sowie zu Gesundheitsfragen und psychologischen Aspekten, wie z. B. der kognitiven Leistung oder Persönlichkeitsmerkmalen. Diese Studie erlaubt es, individuelle Veränderungen über die Zeit miteinander oder mit langfristigen sozialen oder gesellschaftlichen Veränderungen in Beziehung zu setzen.

Solch große Datensätze wie das SOEP können außer mit Korrelationsanalysen auf unterschiedliche Art und Weise ausgewertet werden. Hierzu gehören die *(multiple) Regression*, die *logistische Regression, Strukturgleichungsmodelle (SEM)* oder *hierarchische lineare Modelle (HLM)*.

Die *(multiple) Regression* erlaubt im Unterschied zur einfachen Korrelationsanalyse, die Vorhersagekraft einer unabhängigen Variablen (z. B. Alter) auf die abhängige Variable, aber auch die spezifische und gemeinsame Vorhersagekraft verschiedener unabhängiger Variablen, wie z. B. Alter, Bildung und Gesundheit zu untersuchen. In der Tat findet man häufig, dass scheinbare Alterseffekte (gefunden in der Korrelations- oder einfachen Regressionsanalyse) gar nicht primär dem Alter zugeschrieben werden dürfen, sondern die Vorhersagekraft des Alters geringer wird oder verschwindet, wenn weitere Faktoren in das Regressionsmodell aufgenommen werden. Insbesondere erlauben solche multivariaten Regressionsmodelle jedoch Aussagen über kausale Zusammenhänge, indem die statistische Signifikanz wechselseitiger Einflüsse (von x auf y und von y auf x) bestimmt und verglichen werden kann.

Multiple Regression

Logistische Regression

Mithilfe der *logistischen Regression* testen Forscher die Wahrscheinlichkeit, dass ein Individuum einen bestimmten Wert auf einer Ja/Nein-Skala erhält, also zum Beispiel eine hohe Wahrscheinlichkeit hat, an Demenz zu erkranken, oder zu der Gruppe der *Survivors* zu gehören, also derjenigen Mitglieder einer Kohorte, die bis zum Messzeitpunkt überleben. *Strukturgleichungsmodelle* oder *hierarchische lineare Modelle* erlauben gegenüber der multiplen und logistischen Regression noch komplexere Aussagen über die Zusammenhänge zwischen gemessenen und auch über nicht gemessene, sogenannte *latente Variablen*.

Latente und manifeste Variablen

Unter **latenten Variablen** versteht man theoretische Konstrukte, die sich nicht direkt beobachten lassen und deshalb durch sogenannte manifeste, d.h. messbare Variablen, operationalisiert werden müssen. Von beobachteten **manifesten Variablen** kann auch auf das Vorhandensein von latenten Variablen geschlossen werden.

Längsschnittdesigns

In *Längsschnittdesigns* werden dieselben Probandengruppen (z.B. unterschiedliche Altersgruppen) wiederholt zu verschiedenen Messzeitpunkten untersucht, um Veränderungen im Entwicklungsverlauf festzuhalten. So können gemeinsame Entwicklungsmuster sowie individuelle Unterschiede erkannt werden. Aber auch längsschnittliche Studien haben Nachteile (Abbildung 3.2). Diese sind beispielsweise, neben dem zeitlichen Aufwand und der wiederholten Belastung der Probanden, Veränderungen der ursprünglichen Stichprobe durch mögliches Ausscheiden einzelner Teilnehmer *(Selektionseffekte)*. Auch können durch Wiederholungen der Tests Bekanntheit und Vertrautheit zu verfälschten Ergebnissen führen *(Testwiederholungseffekte)*. Auch bei längsschnittlichen Designs muss der Kohorteneffekt berücksichtigt werden.

Selektionseffekte

Die Anforderungen einer Studie an die Teilnehmer können bereits die Auswahl der Stichprobe beeinflussen. Beispielsweise kann die Teilnahme an einer Studie erfordern, dass die Probanden dazu in der Lage sind, zur Testung das Forschungsinstitut zu besuchen. Potenzielle Teilnehmer, die hierzu nicht mobil genug sind, werden somit von vornherein ausgeschlossen.

Auch kann im Verlauf der Studie ein solcher Selektionseffekt durch das Ausscheiden von einzelnen Teilnehmern entstehen und die Endstichprobe beeinflussen. Um diesem Problem begegnen zu können, müssen Selektivitätsanalysen durchgeführt werden. Hierbei wird untersucht, ob sich die Stichprobe am Ende der Studie in wesentlichen Kriterien signifikant von der Ausgangsstichprobe unterscheidet. Wenn dies der Fall ist, muss das mit geeigneten statistischen Verfahren kontrolliert werden. Auch ist es erforderlich, geeignete Maßnahmen zu ergreifen, um die Studienteilnehmer zu motivieren, bis zum Ende an der Studie teilzunehmen.

Die bisher vorgestellten quer- und längsschnittlichen Designs lassen keine Trennung der altersbedingten, historisch bedingten und nicht-normativen (nicht zeitgebundenen) Einflüsse zu. Zur Lösung dieses Problems werden in Sequenzdesigns deshalb quer- und längsschnittliche Untersuchungsansätze verbunden. So kann die querschnittliche Sequenz beispielweise einen wiederholten Vergleich unterschiedlicher Altersgruppen zu verschiedenen Messzeitpunkten und damit unterschiedlicher Kohorten umfassen. Dabei umfasst die längsschnittliche Sequenz eine zu verschiedenen Zeitpunkten beginnende längsschnitt- **Sequenzdesigns**

Vor- und Nachteile von Forschungsdesigns

Korrelation
+ Beziehungen zwischen Variablen
– Keine Kausalzusammenhänge

Experiment
+ Schlussfolgerungen über Kausalzusammenhänge
– Im Labor: künstliche Bedingungen
– Im Feld: geringere Kontrolle

Querschnitt
+ Kein Dropout
+ Keine Übungseffekte
– Mögliche Kohorten- und Selektionseffekte
– Keine Information über Entwicklungsverläufe

Längsschnitt
+ Information über Entwicklungsverläufe
– Übungs- und Kohorteneffekte
– Mögliche Dropouteffekte

Sequenz-Kohorten-Studie
+ Kontrolle für Kohorteneffekte
+ Erlaubt längs- und querschnittliche Vergleiche
– Zeit- und kostenaufwendig

Abb. 3.2: Vor- und Nachteile von Forschungsdesigns

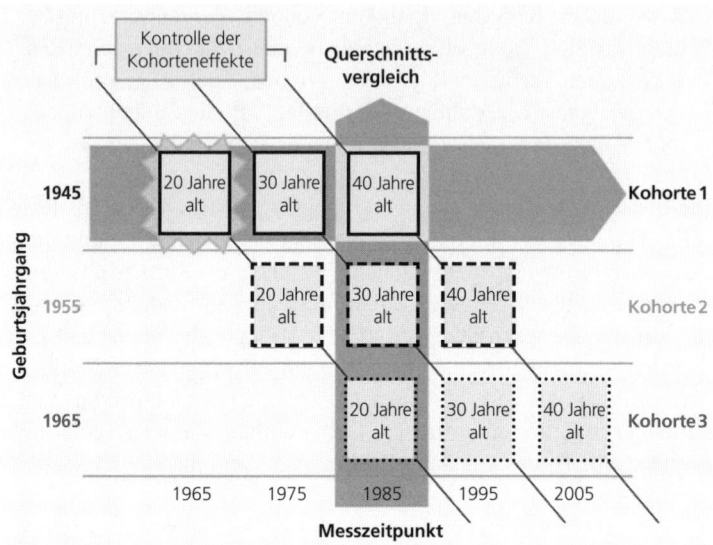

Abb. 3.3: Prinzip des Sequenziellen Kohortendesigns zur Erforschung unterschiedlicher Einflüsse auf die Entwicklung: Alters- und lebenszeitgebundene Einflüsse wirken auf alle Individuen einer Altersgruppe unabhängig von der historischen Zeit (Kontrolle der Kohorteneffekte). Historisch bedingte Einflüsse sind nur zu einer bestimmten historischen Zeit wirksam und Individuen unterschiedlicher Kohorten werden deshalb durch diese Faktoren in unterschiedlichen Lebensaltern beeinflusst. Nicht-normative (nicht zeitgebundene) Einflüsse können nur bei einzelnen Kohorten, Altersgruppen oder Individuen auftreten.

liche Untersuchung von Stichproben unterschiedlicher Geburtskohorten, aber gleichen Alters zu Studienbeginn. So werden verschiedene Altersgruppen über mehrere Jahre hinweg beobachtet (Abbildung 3.3). Kohorteneffekte zeigen sich durch den Vergleich von Personen desselben Alters, aber verschiedener Jahrgänge. Zeitlich umschriebene historische Einflüsse (Periodeneffekte) können ebenfalls identifiziert werden. Ein prominentes Beispiel für ein Kohortensequenzdesign ist die Seattle Longitudinal Study.

Seattle Longitudinal Study

Die Seattle Longitudinal Study wurde im Jahre 1956 von Karl Warner Schaie initiiert und ist eine der größtes Studien weltweit, die sich in einem sequenziellen Kohortendesign mit der kognitiven und psychologischen Entwicklung über die Lebensspanne beschäftigt. Die Ausgangsstichprobe umfasste 500 Teilnehmer im Alter zwischen 20 und 60 Jahren. Alle 7 Jahre werden die Teilnehmer erneut zu Befragungen und Untersuchungen eingeladen. Da altersbedingt und aus anderen Gründen immer wieder Teilnehmer ausscheiden, werden zu jeder Welle auch wieder neue Teilnehmer rekrutiert. So haben bis heute über 6000 Menschen zwischen 20 und 101 Jahren an der immer noch laufenden Studie teilgenommen.

3.2 Methoden der Datengewinnung auf der Verhaltensebene

Datentypen

Daten werden dahingehend unterschieden, ob sie individuell oder aggregiert erhoben und interpretiert werden, ob es sich um Primär- oder Sekundärdaten handelt und ob sie durch Selbst- oder Fremdbeurteilung bzw. -beobachtung gewonnen werden. Des Weiteren werden qualitative und quantitative Daten unterschieden.

Individualdaten geben sehr spezifisch Auskunft über ein Individuum. Ihr Nachteil ist, dass sie in der Regel keine Verallgemeinerung erlauben. *Aggregatdaten* sind hingegen gemittelte Daten über eine Gruppe von Personen mit bestimmten Merkmalen (z. B. Personen gleichen Alters). Dabei treten individuelle Unterschiede in den Hintergrund.

Individualdaten und Aggregatdaten

Unter *Primärdaten* versteht man diejenigen Daten, die im Rahmen einer Studie oder Befragung nur für diesen Zweck erhoben werden. Häufig werden diese Daten jedoch in einer größeren Datenbank zusammen mit Primärdaten aus anderen Studien gespeichert und zusammengeführt. Diese sogenannten *Sekundärdaten* können dann als Datenbasis für weiterführende oder völlig neue Studien dienen.

Primär- und Sekundärdaten

Für ein Experiment oder eine Studie macht es einen Unterschied, ob die Daten vom Befragten/Untersuchten *selbst berichtet* werden, oder ob sie vom Studienleiter durch Beobachtung oder über spezifische Tests im Experiment gewonnen werden. So spiegeln objektive Gesundheitsdaten nicht immer den subjektiven Gesundheitszustand wider. Selbst- und Fremdbeurteilung haben Vor- und Nachteile. Einige Daten, z. B. Fragen nach dem subjektiven Erleben, können nur mittels Selbstbeurteilung erfasst werden. Ein Nachteil der Selbstbeurteilung ist jedoch, dass es nicht immer zuverlässig möglich ist, Auskunft zu geben.

Selbst- und Fremdbeurteilung

Dies trifft z. B. bei der Untersuchung unbewusster Prozesse zu. Selbstreporte haben auch den Nachteil, dass ihre Richtigkeit oder Genauigkeit nicht leicht nachzuprüfen ist. Antworten können durch falsche Erinnerungen oder durch den Wunsch, die „richtige" oder eine vermutlich vom Interviewer gewünschte Antwort zu geben, verfälscht werden („soziale Erwünschtheit").

Fremdbeurteilung liefert in der Regel objektivere und zuverlässigere Daten. Fremdbeurteilung ist aber nicht bei allen Fragestellungen ausreichend, z. B. wenn das subjektive Erleben von Interesse ist. Zur Fremdbeurteilung kann neben dem Messen von objektiven Daten (z. B. Größe oder Gewicht) auch die Befragung von Personen gehören, die den Teilnehmer/die Teilnehmerin gut kennen. Oft kann eine Kombination von Selbst- und Fremdbeurteilung sinnvoll sein.

Qualitative und quantitative Daten

Qualitative Verfahren haben vorrangig das Ziel, die gesamte Bandbreite an Meinungen, Sichtweisen und Erfahrungen zu erfassen. Qualitative Daten lassen sich nicht direkt numerisch ausdrücken, sondern werden in der Regel in schriftlicher oder audiovisueller Form erhoben und tragen konkrete Bedeutungen. Hierbei sind die Antworten nicht durch den Experimentator vorgegeben, sondern müssen anschließend in aufwendigen Verfahren standardisiert und zu Konzepten zusammengefasst werden.

Quantitative Daten sind hingegen abstrakt und zahlenmäßig darstellbar, wie z. B. physiologische Messwerte, Fragebogenskalenwerte oder Ergebnisse aus psychologischen Leistungstests. Befragungen zur Erfassung quantitativer Daten sind stark standardisiert und sind an der Ausprägung vorgegebener Meinungen, Eigenschaften oder Fähigkeiten interessiert. Der Vorteil liegt in der guten Vergleichbarkeit bezüglich der erfragten Faktoren über Versuchsgruppen hinweg.

Zur Datenerhebung und -erfassung werden verschiedene Untersuchungsmethoden verwendet, die im Folgenden vorgestellt werden.

Untersuchungsstrategien

Laborexperimente

Zur Erfassung der psychischen oder physischen Leistungsfähigkeit werden überwiegend *standardisierte Tests im Labor* durchgeführt. Auch Persönlichkeitsmerkmale oder Verhaltensmuster in bestimmten Situationen können im Labor untersucht werden. Solche Laboruntersuchungen haben den Vorteil, dass die Versuchsbedingungen und die Reaktionen der Probanden sehr gut kontrolliert und erfasst werden können. Häufig werden Leistungstests am Computer durchgeführt, aber auch auf Arbeitsblättern dargeboten (sogenannte Papier- und Bleistifttests). Die sehr objektive und systematische Durchführung solcher Labortests gibt dem Versuchsleiter die Sicherheit, dass Ergebnisse tatsächlich auf der Manipulation der gewählten unabhängigen Variablen beruhen und nicht durch andere Faktoren, wie z. B. die Stimme des Experimentators, die Qualität der Stimuli oder die Zeitdauer ihrer Präsentation hervorgerufen werden.

Allerdings sind Ergebnisse aus dem Labor nicht unbedingt auf das tägliche Leben – gerade älterer Probanden – übertragbar. Dafür sind mehrere Gründe denkbar. Einerseits ist eine Laborsituation und das dort angewandte Stimulations- und Aufgabenmaterial sehr ungewohnt für die Probanden und gerade ältere Personen könnten Schwierigkeiten haben, sich daran zu gewöhnen. In der Folge sind sie möglicherweise stärker abgelenkt oder benötigen einen Teil ihrer kognitiven Ressourcen zur Anpassung an die Umgebung und die Aufgaben. Andererseits entwickeln ältere Personen in ihren natürlichen Umgebungen häufig Kompensationsstrategien, die ihnen helfen gute Leistungen in kognitiven oder anderen Aufgaben zu erzielen. In der künstlichen Welt des Labors sind solche Strategien dann aber häufig nicht anwendbar, was zu Funktionseinbußen im Vergleich zur Realität führt. Für die Entscheidung, ob eine Laborstudie oder eine Studie in einer realen Situation durchgeführt werden soll, muss somit bedacht werden, ob die Leistung im Alltag oder die theoretische Leistungsfähigkeit unter bestimmten Bedingungen untersucht werden soll.

Limitationen von Laborstudien

- Die Umgebung ist sehr unnatürlich und kann dazu führen, dass sich die Probanden ebenfalls unnatürlich verhalten.
- Die Probanden wissen, dass sie beobachtet und einem Leistungstest unterzogen werden.
- Personen, die an einer Laborstudie teilnehmen, sind möglicherweise nicht repräsentativ für ihre Altersgruppe.
- Standardisierte Tests setzen voraus, dass die Versuchspersonen in verschiedenen Situationen gleich reagieren oder dieselbe Leistung zeigen.

Typische Ansätze, die vor allem in der Kognitions- und Neuropsychologie zur Anwendung kommen, sind die *mentale Chronometrie* und das *Testing-the-Limits*-Paradigma.

In vielen kognitions- und neuropsychologischen Experimenten wird die Reaktionszeit der Probanden gemessen. Dieser Ansatz geht u. a. auf F. C. Donders (1818 – 1889) zurück. Donders nahm an, dass Aufgaben in elementare mentale Prozesse aufgeteilt werden können und dass

Mentale Chronometrie

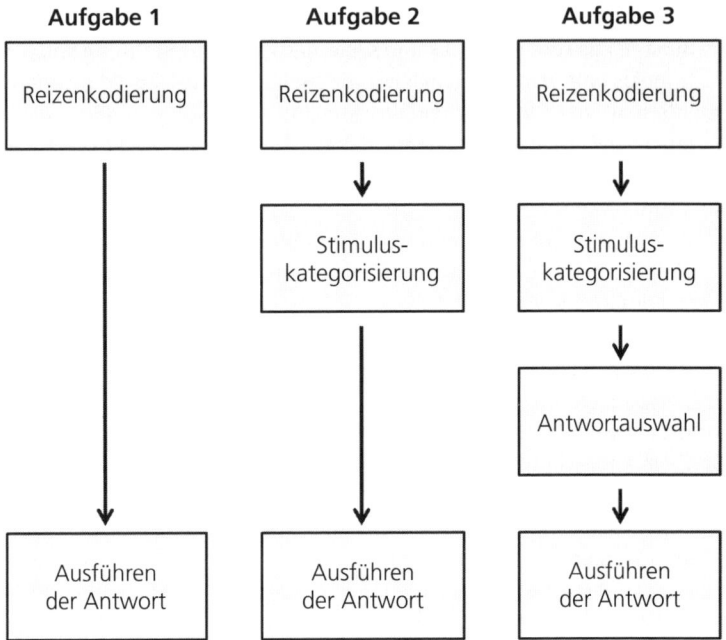

Abb. 3.4: Bei der Subtraktionsmethode wird die Reaktionszeit, die für Aufgabe 1 benötigt wird, von der Reaktionszeit für Aufgabe 2 abgezogen, um den Zeitbedarf des Teilprozesses „Stimuluskategorisierung" zu bestimmen. Um den Zeitbedarf des Teilprozesses „Antwortauswahl" zu ermitteln, wird die Reaktionszeit für Aufgabe 2 von der Reaktionszeit für Aufgabe 3 subtrahiert.

jeder Prozess eine bestimmte Zeit in Anspruch nimmt. Mittels der Subtraktionstechnik (Abbildung 3.4) kann diese Zeit gemessen werden. Dieser Ansatz war sehr einflussreich und die Subtraktionstechnik ist auch heute noch sehr weit verbreitet, um die zeitliche Struktur mentaler Prozesse zu untersuchen.

Zur Illustration der Subtraktionstechnik stelle man sich vor, dass Probanden drei Aufgaben bearbeiten. In der ersten Aufgabe soll einfach nur eine Antworttaste gedrückt werden, wenn ein beliebiger Reiz erscheint, z. B. der Buchstabe „A" oder „B". Die involvierten kognitiven Prozesse sind das Wahrnehmen des Reizes und das Ausführen der Antwort. In der zweiten Aufgabe soll die Taste nur bei „A" gedrückt werden. Hier muss also noch zusätzlich zum Wahrnehmen des Reizes und dem Ausführen der Antwort unterschieden werden, um welchen Reiz es sich handelt. In der dritten Aufgabe soll bei der Darbietung des „A" die linke und beim „B" die rechte Taste gedrückt werden. Hierbei sind auch Wahrnehmen des Reizes, Unterscheiden des Reizes und Ausführen der Antwort wichtig, allerdings muss noch die richtige Antwort ausgewählt werden.

Unter dem Begriff *„Testing the Limits* (TtL)" sind Teststrategien subsummiert, bei denen es nicht um die Erhebung eines momentanen Zustandes, sondern um die Erfassung des Potenzials geht. Hierzu werden die gezielte Interventionsforschung und im Speziellen auch Studien zur Testung des Lernpotenzials gezählt. Als eine grundlegende Prämisse von TtL gilt, dass entwicklungs- und altersbedingte Unterschiede umso stärker hervortreten, je näher man an die absoluten Leistungsgrenzen herankommt. „Testing the Limits" hat somit zum Ziel, Reserven zu mobilisieren und leistungshemmende Faktoren zu minimieren, um die (kognitive) Plastizität zu quantifizieren (Kühl & Baltes, 1988).

Testing the Limits

Bei Experimenten mit älteren Personen ist zu beachten, dass Verarbeitungsprozesse und Reaktionen generell verlangsamt sind. Bei der mentalen Chronometrie, aber auch bei anderen Tests, mit denen Reaktionszeiten gemessen und interpretiert werden, muss deshalb diesbezüglich kontrolliert werden.

Mit *Feldstudien oder Beobachtungen* unter natürlichen Bedingungen will man einige Limitationen der Laborstudien umgehen. Hierbei werden die Probanden unter realen Bedingungen beobachtet und ihr Verhalten aufgezeichnet, ohne diese Bedingungen zu manipulieren oder zu kontrollieren. Eine beliebte Alltagssituation für ein solches Experiment in der Altersforschung ist der Straßenverkehr. Hier müssen die Versuchspersonen gleichzeitig auf viele verschiedene Reize reagieren und ein Ziel verfolgen. Aus dem Vergleich der Leistung in einer solchen realen Verkehrssituation mit der Leistung in ähnlichen Tests im Labor lassen sich ebenfalls Rückschlüsse darauf ziehen, inwieweit die Leistung Älterer durch die künstliche Situation im Labor beeinflusst wird.

Feldstudien und Beobachtungen

Die modernen technologischen Entwicklungen machen es heute möglich, mit sogenannten „virtual realities" auch im Labor sehr realitätsnahe Bedingungen zu schaffen. Es ist zu erwarten, dass diese Methoden in Zukunft noch besser erlauben, ökologisch valide und dennoch optimal kontrollierte Versuchsbedingungen zu schaffen. Aufgrund der Weiterentwicklung von „Eye trackern", Geräten zur Blickbewegungsmessung, können Blickbewegungsdaten auch in der Realität gemessen werden, z. B. während einer realen Autofahrt. Blickbewegungen geben beispielsweise Auskunft darüber, worauf ein Proband seine Aufmerksamkeit richtet.

Weitere Strategien zur Datengewinnung

Fragebögen und Interviews

Fragebögen und Interviews werden verwendet, um Informationen über eine Gruppe oder unterschiedliche Gruppen von Personen zu erhalten, die dann für eine größere Population mit ähnlichen Merkmalen generalisiert werden können. Der Umfang solcher Befragungen kann von einem einseitigen Fragebogen bis zu mehrstündigen Interviews reichen. Der Vorteil von Fragebögen liegt darin, dass diese gleichzeitig an viele verschiedene Personen verteilt werden können und damit die Zahl der Untersuchten deutlich höher ist als im Labor. So erreicht man über das World Wide Web heute viele tausend Teilnehmer gleichzeitig. Interviews, sei es persönlich oder telefonisch, sind hingegen ähnlich aufwendig wie Laboruntersuchungen und werden häufig an einer deutlich kleineren Stichprobe durchgeführt. Mit Fragebögen und Interviews können sowohl *qualitative* als auch *quantitative* Daten im *Selbstreport* erfasst werden.

Strukturierte und nicht strukturierte Interviews

Bei qualitativen Interviews unterscheidet man *strukturierte* (standardisierte), *teilweise strukturierte* (teilstandardisierte) und *unstrukturierte* (nicht standardisierte) Verfahren. In (teilweise) strukturierten Interviews sind die Fragen je nach Antwort der Befragten vorgegeben, sodass die nachträgliche Standardisierung der Antworten und die Vergleichbarkeit erleichtert werden.

Fallstudien

Um einen umfassenden und detaillierten Eindruck von einer einzelnen Person zu gewinnen, verwendet man sogenannte *Fallstudien*. Der Fokus liegt auf den Charakteristiken des Individuums und seinen persönlichen Erfahrungen. Fallstudien werden in der Regel im medizinischen Umfeld durchgeführt, wenn individuelle Diagnosen und daraus abzuleitende Therapien erforderlich sind. Gewonnene Daten aus Fallstudien können nicht generalisiert werden.

Fokusgruppen

Eine weniger formale Forschungsstrategie ist die *Fokusgruppe*. Darunter versteht man ein Treffen mit mehreren Teilnehmern zu einem bestimmten Thema. Diskussionen in Fokusgruppen werden vom Diskussionsleiter bezüglich des gewünschten Themas gesteuert. Das Ziel

kann sein, konkrete Forschungsfragen für zukünftige Studien zu identifizieren oder Eindrücke über die Einsetzbarkeit eines Messinstru-
ments oder einer Intervention zu erhalten. Solche Fokusgruppen haben
den Vorteil, dass sie schon im Vorfeld einer geplanten Studie wichtige
Probleme und konfundierende Faktoren deutlich machen können, die
dann in der Studie selbst noch berücksichtigt werden können. Dies ist
vor allem dann von Vorteil, wenn erst wenig wissenschaftlich gesicher-
tes Wissen bezüglich des Forschungsthemas vorhanden ist. Nachteilig
ist, dass die Methode offensichtlich wenig standardisierte Daten liefert,
die weder einfach noch systematisch analysiert werden können.

Die Ergebnisse einzelner Studien – Laborstudien, Befragungen, **Metastudien**
Fallstudien – können in *Metastudien* zusammengefasst werden. Voraus-
gesetzt, die Daten der Einzelstudien sind ausreichend beschrieben oder
zugänglich. Die Ergebnisse der einzelnen Studien lassen sich mit geeigneten statistischen Verfahren vergleichen und zu einer größeren
Stichprobe zusammenfassen. Die Schlussfolgerungen aus solchen Metastudien sind in der Regel noch aussagekräftiger und besser generali-
sierbar als die der Einzelstudien.

Zu Trainings- oder Interventionsstudien werden häufig auch *Evalua-* **Evaluationsstudien**
tionsstudien durchgeführt. Diese haben zum Ziel, die Wirksamkeit,
Effektivität und Machbarkeit der jeweiligen Intervention zu belegen
oder zu quantifizieren.

3.3 Methoden der Hirnforschung

Einschneidende methodische Entwicklungen in der Hirnforschung
während der letzten beiden Jahrzehnte haben nicht nur zu einem enor-
men Aufschwung der kognitiven Neurowissenschaften geführt, sondern auch zu einem neuen Verständnis der Veränderungen des Gehirns
während des Alterns unabhängig von pathologischen Altersveränderungen und Alterskrankheiten. So kann die Struktur und Funktion des
Gehirns zwischen Individuen oder Altersgruppen verglichen, mit Ver-
haltensleistungen in Beziehung gesetzt oder auch über die Zeit in ihrer
Veränderung beobachtet werden.

Zu nennen ist hier zunächst einmal die *Magnetresonanztomografie*
(MRT), mit der sich nicht nur sehr hoch aufgelöst die anatomische
Struktur des Gehirns und seiner verschiedenen Bereiche und Gewebe
darstellen lässt, sondern als funktionelle MRT auch die Funktionsweise
des Gehirns sichtbar gemacht werden kann. Man kann dem Gehirn also
quasi bei der Arbeit zusehen. Aber auch neurophysiologische Verfahren

mit hoher zeitlicher und räumlicher Auflösung wie die Magnetenzephalografie (MEG) und die Elektroenzephalografie (EEG) erleben aufgrund neuer technischer Möglichkeiten eine Renaissance.

Jede der im Folgenden beschriebenen Methoden kann aber nur einzelne Facetten der Struktur und Funktion des Gehirns darstellen und weist dabei spezifische Vor- und Nachteile auf. Diese sind zum Teil technischer Natur, hängen aber auch mit der Ebene der neuronalen Verarbeitung zusammen, die durch die jeweilige Methode betrachtet wird.

Magnetresonanztomografie Die *MRT-Untersuchung* liefert hochaufgelöste anatomische Schnittbilder des Gehirns, die ähnlich wie bei der *Computertomografie* (CT) von Computerprogrammen dreidimensional dargestellt werden können. Dabei ist die MR-Untersuchung vollkommen nicht-invasiv, das heißt, es werden keine radioaktiven Teilchen verwendet oder Kontrastmittel gespritzt. Die Methode beruht auf den magnetischen Eigenschaften der Protonen (Wasserstoffkerne) als Bestandteile der Wassermoleküle im Gewebe. Da sich der Wassergehalt und damit die Wirkung der Protonen im Bereich des starken MR-Magneten (üblich sind heute 1,5 oder 3 Tesla) in einzelnen Geweben unterscheidet, können im MR-Bild verschiedene Strukturen des Gehirns (graue Substanz, weiße Substanz, Ventrikel, luftgefüllte Hohlräume etc.) unterschieden und sichtbar gemacht werden. Die resultierenden Bilder dienen einerseits zur neuroradiologischen Diagnostik von pathologischen Veränderungen im Gehirn. Andererseits lassen sich mit geeigneten Messsequenzen und analytischen Verfahren aber auch die Dicke und Volumina der grauen und weißen Substanz im gesamten Gehirn oder in einzelnen Gehirnstrukturen bestimmen.

Auch wenn die MRT eine nicht-invasive Methode ist, müssen dennoch wegen des sehr starken Magnetfeldes wichtige Sicherheitsbestimmungen und Ausschlusskriterien eingehalten werden. So dürfen Personen mit Herzschrittmachern oder Implantaten aus Metall grundsätzlich nicht im MRT untersucht werden, es sei denn, die Implantate sind nicht magnetisch. Auch muss beachtet werden, dass kleinere Metallteile wie z. B. Münzen oder Kleidungsbestandteile und Accessoires aus Metall vorher abgelegt werden, weil sie sonst durch das starke Magnetfeld zu gefährlichen Geschossen beschleunigt oder stark erhitzt werden können.

Diffusion tensor imaging Die *diffusionsgewichtete Bildgebung* („Diffusion tensor imaging, DTI") im MRT misst die Diffusion der Wassermoleküle im Gewebe. Die Diffusion innerhalb von Faserverbindungen in der weißen Substanz ist nur quer entlang der Fasern wegen der sie umgebenden

Myelinschicht möglich. Mit dieser Methode kann der dreidimensionale Verlauf der Nervenfasern im Gehirn und deren Integrität dargestellt werden.

Die gewonnenen strukturellen und anatomischen Daten dienen darüber hinaus als Basis für die Lokalisation und Interpretation der im Folgenden beschriebenen funktionellen Hirnmessungen.

Die *funktionelle MRT* (fMRT) ist eine Variante der MRT, mit der die **Funktionelle MRT** Aktivierung von Gehirnbereichen während bestimmter Aufgaben oder Verarbeitungsprozesse dargestellt werden kann. Allerdings wird nicht direkt die neuronale Aktivität gemessen, sondern eine daraus resultierende Veränderung in der Sauerstoffsättigung des umliegenden Gewebes. An Hämoglobin gebundener Sauerstoff verändert die magnetischen Eigenschaften des Blutes und führt dadurch zu einer Abschwächung des MR-Signals. Deshalb spricht man vom Sauerstoff auch als endogenem Kontrastmittel und vom *BOLD-Signal* („Blood oxygenation level dependent").

> Als BOLD (**B**lood **O**xygenation **L**evel **D**ependent)-Signal bezeichnet man das von der Sauerstoffsättigung des Gewebes abhängige Signal, das man mit der funktionellen MRT aufzeichnet.

Es handelt sich dabei um ein indirektes Signal, das zudem wegen der zugrundeliegenden *hämodynamischen Prozesse* mit einer mehrsekündlichen Verzögerung auftritt, sodass die zeitliche Auflösung dieser Methode eher gering ist. Neuere, auf komplexen statistischen Verfahren basierende, analytische Methoden erlauben es dennoch, funktionelle und sogar kausale, d.h. sich gegenseitig induzierende Konnektivitätsmuster zwischen aktivierten Hirnregionen zu definieren. Bei der Nutzung der fMRT in der Altersforschung muss beachtet werden, dass das BOLD-Signal auf physiologischen Prozessen beruht, die u.a. von der Durchblutung des Gehirns abhängig sind. Es ist also zu prüfen, ob eventuelle Altersunterschiede in der Aktivierung im Gehirn tatsächlich auf neuronalen Aktivitätsunterschieden beruhen oder etwa auf altersbedingten Veränderungen der *Hämodynamik*.

Eine neue Entwicklung der letzten Jahre stellt das *Arterial Spin* **Arterial Spin** *Labeling* (ASL) dar. Mit ASL kann nachvollzogen werden, zu welchem **Labeling** Zeitpunkt eines Verarbeitungsprozesses wohin im Gehirn Blut fließt und damit Energie verbraucht wird. Zu diesem Zweck werden die Wasserstoffatome in einer zum Gehirn führenden Arterie durch einen magnetischen Impuls ausgerichtet und dann gemessen, wann und wo im Gehirn diese „markierten" Wasserstoffatome ankommen.

Zu den bildgebenden Verfahren gehören weiterhin die *Positronen-Emissionstomografie* (PET) und die *Nah-Infrarot-Spektroskopie* (NIRS).

Positronen-Emissions-Tomografie Mit PET steht eine weitere Methode zur Verfügung, mit der Stoffwechselprozesse sichtbar gemacht werden können, die als Grundlage für die Funktionsweise des Gehirns angesehen werden können. Hierzu werden in der Regel intravenös kurzlebige, schwach radioaktive Substanzen injiziert, die sich in bestimmten Zielregionen des Gehirns anreichern. Beim Zerfall dieser Substanzen entstehen Positronen, die im PET-Scanner aufgefangen werden und daher ein Rückschluss auf den Ort ihres Zerfalls möglich ist. Verwendet werden zum Beispiel radioaktive Zuckermoleküle, die sich in funktionell aktiven Gehirnbereichen akkumulieren. Es gibt aber auch sogenannte spezifische *Tracer* für einzelne *Neurotransmitter* wie Dopamin oder Acetylcholin oder deren *Rezeptoren*. So kann mit dieser Methode die Wirkungsweise und Aktivität dieser Neurotransmitter und Rezeptoren oder die Wirkung bestimmter Medikamente untersucht werden.

Nah-Infrarot-Spektroskopie Wie die fMRT nutzt NIRS den Zusammenhang zwischen neuronaler Aktivität und Blutfluss bzw. Sauerstoffsättigung. Allerdings werden hier nicht Unterschiede in den magnetischen Eigenschaften des Gewebes sichtbar gemacht, sondern Differenzen in der Lichtabsorption von sauerstofffreiem und -gesättigtem Hämoglobin. Hierzu wird der Schädel mit Nahinfrarotlicht mittels eines Lasers oder einer Leuchtdiode als Lichtquelle bestrahlt. Dieses Licht dringt 1 – 2 Zentimeter in das Gehirn ein und wird zum Teil vom Hämoglobin absorbiert. Nicht absorbierte Lichtteilchen wandern weiter und treten an anderer Stelle wieder aus dem Schädel aus, wo sie mit lichtempfindlichen Sensoren gemessen werden. Da in aktiven Bereichen des Gehirns mehr sauerstoffreiches Blut benötigt und zugeführt wird, entspricht der Anteil des absorbierten Lichts der neuronalen Aktivierung im Gewebe. Nachteil dieser Methode ist neben einer eher geringen räumlichen Auflösung von mehreren Zentimetern die geringe Eindringtiefe des Lichts in das Gehirn. Dadurch ist die Methode nur geeignet, neuronale Aktivität in den äußeren Schichten des Gehirns sichtbar zu machen. Zu den Vorteilen zählt demgegenüber, dass die Methode mittlerweile unter sehr realitätsnahen Bedingungen und sogar während der Bewegung angewendet werden kann.

EEG und MEG Im Gegensatz zu fMRT, PET oder NIRS, die die Aktivität des Gehirns indirekt über die Messung von Stoffwechselaktivität messen, lässt sich mit der *Elektroenzephalografie* (EEG) und der *Magnetenzephalografie* (MEG) die elektrische bzw. magnetische Aktivität von Nervenzellen im Gehirn direkt beobachten. Beim EEG wird über auf dem Schädel platzierte Elektroden das elektrische Feld gemessen, das durch die Aktivität der Nervenzellen im Gehirn entsteht. Das MEG misst demgegenüber mit hochempfindlichen Sensoren, die in einem geschlossenen, helmartigen System über dem Kopf positioniert werden, das magnetische Feld, das durch den elektrischen Strom im Gehirn generiert wird. Beide Methoden messen dabei mit hoher zeitlicher Auflösung sowohl endogen generierte elektrische *Oszillationen* als auch aufgaben- oder reizabhängige Veränderungen in den *Amplituden* und *Latenzen* der elektrischen und magnetischen Signale.

> Für MEG müssen die Sensoren mit flüssigem Helium gekühlt werden, um Supraleitfähigkeit zu garantieren. Aus diesem Grund sind die Sensoren, die sogenannten Squids („superconducting quantum interference devices") in geschlossenen, helmförmigen Apparaturen untergebracht, die an den Kopf angelegt werden.

Die räumliche Auflösung von EEG und MEG hängt von der Anzahl der verwendeten Elektroden bzw. Sensoren ab. Gebräuchlich sind heutzutage beim EEG 64 – 128 Kanäle, beim MEG ca. 256 bis zu 512. Die begrenzende Größe beim EEG ist der zur Verfügung stehende Platz auf dem Schädel, beim MEG die Größe der Sensoren. Wenn man nur an der elektrischen Aktivität in bestimmten Arealen des Gehirns interessiert ist, verwendet man häufig nur wenige, spezifisch über den entsprechenden Orten befestigte EEG-Elektroden. Problematisch ist mit EEG und MEG die Lokalisation von neuronaler Aktivität in tiefen Regionen des Gehirns. Da mit beiden Methoden nur das elektrische bzw. magnetische Feld an der Oberfläche gemessen werden kann, muss die mögliche Quelle (oder die möglichen Quellen) für dieses Feld berechnet werden. Dieses sogenannte „inverse Problem" hat jedoch in der Regel keine einzelne eindeutige Lösung. Aufgrund von Vorannahmen oder Messungen mit anderen bildgebenden Verfahren (z.B. der fMRT) wird dann die wahrscheinlichste Lösung bestimmt.

Auch wenn das EEG schon Anfang des letzten Jahrhunderts eine bedeutende Rolle in der Hirnforschung gespielt hat und routinemäßig eingesetzt wurde, gab es auch hier in den letzten Jahren methodische Entwicklungen, die zu einer Art Renaissance dieser Methode in der Neuropsychologie geführt haben. Dazu gehören sowohl technische Fortschritte, mit immer mehr und gegenüber den Nervenimpulsen immer empfindlicheren Elektroden, sowie auch enorme Fortschritte in Bezug auf die Analyse der gewonnenen Daten. Letzteres gilt genauso natürlich auch für die oben genannten bildgebenden Verfahren.

Inzwischen gibt es EEG-Systeme zu kaufen, die drahtlos im Feld und auch in Bewegung genutzt werden können, ohne das EEG-Signal maßgeblich zu beeinflussen.

Gehirnstimulation   Neben der Messung von Gehirnfunktionen versuchen Forscher heute auch zunehmend, Gehirnaktivität von außen zu beeinflussen, um etwas über die zugrunde liegenden Mechanismen und die Arbeitsweise des Gehirns zu erfahren. Verbreitete Verfahren sind in der Forschung die *transkranielle Magnetstimulation* (TMS) und die transkranielle Gleichstromstimulation (tDCS; *transcranial direct current stimulation*).

Transkranielle   Bei der TMS nutzt man die Tatsache, dass durch Stromfluss in einer
Magnetstimulation Spule ein Magnetfeld erzeugt wird. Durch ein sehr schnelles Umschalten der Stromrichtung in der Spule und damit des Magnetfeldes wird wiederum unterhalb der Spule ein schwaches elektrisches Feld erzeugt. Die Stärke dieses elektrischen Feldes reicht aus, um die Nervenfortsätze *(Axone)* in dessen Bereich zu aktivieren oder zu inhibieren. Ob es zu Aktivierung oder Hemmung kommt, hängt insbesondere von der Stimulationsfrequenz ab – Frequenzen von 5 Hz und höher sind aktivierend, während Frequenzen um 1 Hz oder niedriger inhibierend wirken. TMS kann zum Beispiel genutzt werden, um ganze Hirnareale kurzzeitig ganz auszuschalten. Mit parallel durchgeführten Verhaltensexperimenten kann man dann untersuchen, ob die betreffenden Areale an einer bestimmten Aufgabe oder Funktion beteiligt oder sogar für diese unbedingt notwendig sind. Beide Arten der TMS werden überdies in der Therapie genutzt, um Über- oder Unteraktivierung von Gehirnbereichen zu behandeln (z.B. bei Depression oder Lernstörungen). TMS ist bei sachgerechter Anwendung nicht schmerzhaft oder invasiv. Wird es in der Nähe von Muskeln, z.B. des Gesichts oder des Nackens, angewendet, kann es jedoch zu vorübergehenden Kopf- oder Muskelschmerzen kommen. Auch aus diesem Grund wird TMS zunehmend durch tDCS ersetzt.

Transkranielle   Bei der tDCS wird über zwei Elektroden auf dem Schädel ein
Gleichstrom- schwaches elektrisches Feld direkt im Gehirn induziert. Dieses elektri-
stimulation sche Feld reicht gerade aus, um die elektrische Aktivität an den Synapsen im Gehirn zu verstärken oder abzuschwächen. Die Ströme sind in der Regel allerdings zu schwach, um direkt Nervenimpulse zu induzieren. Deshalb wird tDCS als Methode der Neuromodulation bezeichnet. Vor allem für den Patienten oder Probanden ist diese Methode noch weniger unangenehm als die TMS. Heute ist sie deshalb und wegen der geringen Kosten sowohl in der klinischen Forschung als auch in der Grundlagenforschung sowie in der Therapie weit verbreitet.

Strukturelle oder anatomische Daten sind in der Regel eng mit den neurobiologischen Mechanismen kognitiven oder psychologischen Alterns verknüpft. So ist es sehr wahrscheinlich, dass Atrophie im Gehirn Leistungseinbußen hervorruft. Andererseits lassen sich strukturelle Maße in Altersstudien nur schwer direkt mit Verhaltensdaten verknüpfen. Sie zeigen zum Messzeitpunkt das Ergebnis einer längeren oft lebenslangen Entwicklung mit entsprechend zahlreichen internen und externen Einflüssen.

Kombination verschiedener Methoden

Funktionelle Aktivierungsstudien lassen sich hingegen direkt zum Verhalten in Beziehung setzen und sind damit im Besonderen geeignet für die Untersuchung von funktionellen Reorganisations- und Kompensationsprozessen im alternden Gehirn. Im Unterschied zu strukturellen Methoden fällt es bei funktionellen Messungen allerdings schwer, zwischen neurogenen (biologisches Altern) und psychogenen (verändertes Verhalten) Ursachen zu unterscheiden.

Der Königsweg der neuropsychogerontologischen Forschung besteht heute darin, verschiedene Methoden, zum Beispiel (f)MRT und EEG miteinander zu kombinieren und somit die jeweiligen Vorteile der einzelnen Methoden zu nutzen. Allerdings erhöht dieses Vorgehen auch den Aufwand für die Untersuchenden und die Untersuchten.

Biologisches Altern wird trotz moderner Verfahren in Medizin und Neuropsychologie auch heute noch überwiegend an Tieren untersucht, wie zum Beispiel an Fruchtfliegen (Drosophila) oder Fadenwürmern (Nematoden). Aus Sicht der Forschung betrachtet ist der Vorteil dabei, dass diese Tiere sehr schnelle Generationszyklen haben, also schnell altern. Auch ist ihr Genom bereits sehr gut entschlüsselt und weniger komplex als bei Säugetieren, sodass altersbezogene Gene einfacher identifiziert werden können. Häufig werden auch Mäuse untersucht. Mäuse sind mit dem Menschen näher verwandt und Untersuchungen an Mäusen bieten die Möglichkeit, bestimmte Gene an- oder abzuschalten (Knock-out-Mäuse).

3.4 Zusammenfassung

In der Altersforschung gibt es eine Reihe von methodischen Rahmenbedingungen, die beachtet werden müssen und die über diejenigen bei üblichen neuropsychologischen Studien an Studenten oder jungen Erwachsenen hinausgehen. Besonders längsschnittliche Untersuchungen und Kohortendesigns haben in der Altersforschung eine große Bedeutung. Da der Alterungsprozess über Jahrzehnte von internen (biologischen, genetischen) und externen (Umwelt, Verhalten) Faktoren beeinflusst wird, altert im Prinzip jeder Mensch unterschiedlich. Für diese individuellen Faktoren muss ebenso kontrolliert werden, wie für eventuelle Kohorten- oder Selektionseffekte.

Experimentelle Designs und Testaufgaben müssen an die veränderte Leistungsfähigkeit und das Erfahrungswissen älterer im Vergleich zu jüngeren Probanden angepasst werden, um valide Ergebnisse zu erhalten. Gerade ältere Menschen leiden oft an multiplen Erkrankungen, die neuropsychologische Testergebnisse beeinflussen oder verfälschen können. Auch bei der Anwendung neurowissenschaftlicher Methoden zur Untersuchung des Gehirns müssen Erkrankungen berücksichtigt werden.

Weiterführende Literatur

Leonhart, R. (2008). Psychologische Methodenlehre/Statistik. Ernst Reinhard, München, Basel.

Toga A.W. & Mazziotta J.C. (2002). Brain Mapping: The Methods. Academic Press, San Diego.

3.5 Fragen zum Kapitel

1. Weshalb wird in der Altersforschung häufig von quasi-experimentellen Designs gesprochen? Wie unterscheiden sich diese gegenüber „rein" experimentellen Designs?

2. Welche Variablenarten spielen in der (Alters-)Forschung eine besondere Rolle?

3. Inwiefern können Kohortenzugehörigkeiten Alterseffekte vorspiegeln?

4. Wie wird bei einer Querschnittsuntersuchung vorgegangen?

5. Welche Vor- und Nachteile bringt ein querschnittliches Untersuchungsdesign mit sich?

6. Worüber können Korrelationsstudien Aussagen treffen und wo liegen die Grenzen bezüglich des Aussagegehalts solcher Studiendesigns?

7. Welche statistischen Verfahren zur weiteren Auswertung einfacher Korrelationsstudien gibt es?

8. Was versteht man unter längsschnittlichen Designs? Welche Vor- und Nachteile bringen diese mit sich?

9. Welche unterschiedlichen Datentypen gibt es und was zeichnet den jeweiligen Typus aus?

10. Welche Schwierigkeiten können bei der Datengewinnung aus der Selbstbeurteilung auftreten?

11. Geben Sie ein Beispiel für quantitative Daten. Wo liegen die Vorteile dieser Daten?

12. Welche Vor- und Nachteile bringt die Datenerfassung per Laborexperiment mit sich und wo liegt der Unterschied zu Feldstudien?

13. Wofür eignen sich Fokusgruppen und wo liegen die Schwierigkeiten dieser Methode?

14. Worin unterscheiden sich MRT und EEG bezüglich der Art der Datengewinnung und welche Aussagen lassen sich über die räumliche und zeitliche Auflösung der jeweiligen Methode treffen?

15. Worin unterscheiden sich strukturelle von funktionellen Untersuchungsmethoden des Gehirns?

4   Physisches Altern

Altern geht mit einer Reihe biologischer Veränderungen einher, verbunden mit einer Reduktion der physischen Reservekapazität (Abbildung 4.1). Diese Altersveränderungen beruhen auf strukturellen (Gewebe, Organe, Zellbausteine) und physiologischen (Zellteilung, Hormone, Immunsystem etc.) Alterungsprozessen. Mit zunehmendem Alter kommt es u.a. zu Veränderungen des Bewegungsapparates (z.b. Knochendichte, Muskel-Fett-Verteilung), des Herz-Kreislauf-Systems (z.b. maximale Herzfrequenz und maximale Sauerstoffaufnahme, Blutdruck), der Funktionsfähigkeit der inneren und äußeren Organe (z.b. Magen- und Darmtrakt, Harn- und Geschlechtstrakt, Auge, Ohr) und des Stoffwechsels. In der Folge können wichtige Körperfunktionen ebenso beeinträchtigt sein wie sensorische oder motorische Funktionen.

❗ Auch das Gehirn bleibt vom biologischen Altern nicht verschont. In der Folge können Einbußen der kognitiven Leistung, der Wahrnehmung oder der motorischen Kontrolle auftreten (s. auch Kapitel 5).

Altersveränderungen resultieren oft auch in Veränderungen des äußeren Erscheinungsbildes und prägen damit unsere Vorstellung vom Altern. Viele physiologische Veränderungen, wie z.b. die Abnahme der maximalen Herzfrequenz, sind allerdings nach außen kaum sichtbar und treten erst in extremen Belastungssituationen in Form von Funktionseinbußen in Erscheinung.

Ursachen des biologischen Alterns   Die Ursachen der biologischen Veränderungen im Alter liegen in intrinsischen (genetischen, Kapitel 1) und extrinsischen (z.b. toxische Substanzen, Lebensstil) Faktoren. Damit treten viele Altersveränderungen weder zwangsläufig mit gegebenem Umfang auf noch sind sie unwiderruflich. Sie können durch einen geeigneten Lebensstil oder Interventionen durchaus verzögert, vermieden oder kompensiert und teilweise sogar wieder rückgängig gemacht werden. Umgekehrt können z.b. beruflich bedingte Belastungen, wie chronischer Stress, fehlende Pausen und monotone Anforderungen, entscheidend zum Altern beitragen.

Altersveränderungen beginnen früh   Die Veränderungen der körperlichen Erscheinung und der Abbau von Körperfunktionen beginnen in der Regel bereits ab dem mittleren Erwachsenenalter, also etwa ab dem 30. bis 40. Lebensjahr (Ab-

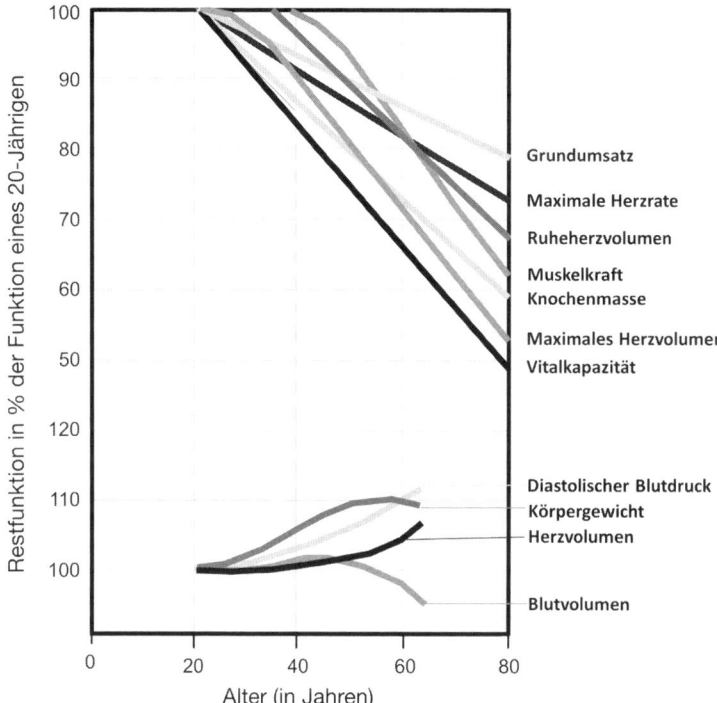

Abb. 4.1: Altern verschiedener Körpersysteme (nach Whitbourne & Whitbourne, 2001).

bildung 4.1). Die Prozesse verlaufen allerdings so langsam, dass viele Veränderungen noch nicht oder kaum bemerkbar sind, sondern erst im späteren Leben, oftmals auch erst im hohen Alter, deutlich in Erscheinung treten. Besonders im sogenannten vierten Alter (ab ca. 80 Jahre) nimmt die Verletzlichkeit des Organismus, d. h. die Anfälligkeit für gesundheitliche Störungen und funktionelle Einbußen, erkennbar zu.

In der Folge betrachten wir insbesondere die nachstehenden physischen Funktionen, da sie auch für das psychologische Altern und das Altern des Gehirns und seiner Funktionen relevant sind:

- *sensorische Funktionen* (u. a. Sehen, Hören, Tastsinn),
- *motorische Funktionen* (u. a. Haltungs- und Bewegungsapparat, Gleichgewicht, Gang, Handgeschicklichkeit)
- *Herz-Kreislauf-Funktionen* (u. a. maximale Sauerstoffaufnahme, Vitalkapazität).

4.1 Sensorische Funktionen

Sehen

Schon ungefähr ab dem 30. Lebensjahr kommt es allmählich zu altersbedingten Veränderungen im Sehsystem. Diese Veränderungen betreffen sowohl die Struktur und Funktion des Auges und der Lichtrezeptoren als auch den Sehnerv, also die Reizweiterleitung zum Gehirn. Der Großteil der Menschen mit schweren Sehbeeinträchtigungen (ca. 70 %) ist jedoch 60 Jahre oder älter, und es bestehen große interindividuelle Unterschiede. Etwa 30 % der Menschen im Alter von 85 Jahren und älter erleben eine so starke Verringerung des Sehvermögens, dass dadurch ihr Alltag beeinträchtigt wird.

Altersweitsichtigkeit Eine Verdickung und Versteifung der Linsen und eine Schwächung der Augenmuskeln führt zu einer Abnahme der *Akkomodationsfähigkeit,* also der Fähigkeit, durch entsprechende Krümmung der Linse das Bild scharf auf der Netzhaut abzubilden. Der nächste Punkt des schärfsten Sehens („Nahpunkt") rückt dabei weiter in die Ferne. Ist der Nahpunkt so weit vom Auge entfernt, dass ein scharfes Sehen von nahen Gegenständen oder in der Hand gehaltenen Texten ohne optische Hilfsmittel (z. B. Lesebrille) nicht mehr möglich ist („die Arme werden zu kurz"), spricht man von Alters(weit)sichtigkeit *(Presbyopie).*

Dämmerungssehen Eine ganze Reihe von Veränderungen am Auge führen im Alter zu weiteren Sehschwierigkeiten. So schrumpft der maximale Durchmesser der Pupille bei geringen Lichtintensitäten von 7–8 mm im Alter von etwa 20 Jahren auf ca. 4 mm im Alter von etwa 80 Jahren. Hinzu kommt, dass Glaskörper und Linse weniger lichtdurchlässig werden und besonders das kurzwellige (blaue) Licht verstärkt absorbieren. Diese Veränderung in der Lichtabsorption äußert sich dann in einer leichten Gelbfärbung der Linse, die auch von Laien mit bloßem Auge erkennbar ist. Trübt sich die Linse grau oder wird gar teilweise undurchsichtig, spricht man von einem Katarakt (s. u.). Insgesamt ist die Menge des Lichts, das die Netzhaut erreicht, im Alter um bis zu 2/3 reduziert. Somit wird das Sehen im Dämmerlicht schwieriger und ältere Menschen benötigen zum Lesen eine stärkere Beleuchtung. Die Sehfähigkeit bei dämmrigem Licht nimmt zweimal so stark ab wie am Tage.

Farbensehen Die geringere Lichtausbeute des Auges hat auch Auswirkungen auf die Wahrnehmung von *Helligkeits- und Farbkontrasten.* Da gerade in der Fovea (dem Bereich des schärfsten Sehens) ausschließlich die für das Farbensehen zuständigen Zapfen vorhanden sind, diese aber besonders viel Licht benötigen, sind insbesondere das Farbensehen, die

Unterscheidung von Objekten und Gesichtern und das Lesen betroffen. Auch die Tiefenwahrnehmung ist von guten (Farb-)Kontrasten abhängig und damit im Alter schwieriger. Probleme mit der Farbunterscheidung treten allerdings bis zum 80. Lebensjahr hauptsächlich bei geringer Beleuchtung auf, ansonsten scheint das visuelle System einschließlich des Gehirns über Mechanismen zu verfügen, um diese Einbußen durch zusätzliche Verrechnungsschritte kompensieren zu können.

Ein besonders eindrückliches Beispiel für die veränderte Farbwahrnehmung im Alter ist oftmals bei älteren Frauen mit blondierten Haaren zu beobachten: Sie färben ihr Haar häufig bis in den Blaubereich hinein, weil dieser ihnen (noch) blond erscheint.

Veränderungen in der Linse und dem Glaskörper wie z. B. eine höhere Lichtdurchlässigkeit der Hornhaut des Auges führen zu einer stärkeren Lichtstreuung im Auge. Dies erhöht die Empfindlichkeit für grelles Licht (Blendung). Auch die Adaptation an die Dunkelheit, z. B. beim Wechseln von einer hell erleuchteten zu einer dämmrigen Umgebung, wird schwieriger und dauert länger, weil die Pupille weniger flexibel ist. **Dunkeladaptation und Blendung**

Alle Veränderungen am Auge führen zu Seheinbußen, die unmittelbare Auswirkungen auf die Alltagsgestaltung besitzen. So bereiten z. B. Probleme des Nahsehens Schwierigkeiten beim Lesen kleiner Schriftgrößen. Probleme älterer Menschen mit der Tiefenwahrnehmung und der Adaptation an Dunkelheit erhöhen die Wahrscheinlichkeit zu stolpern (das Betreten eines Kinos nach Beginn der Vorstellung wird schwieriger), beim Autofahren wird es in der Dämmerung und nachts schwieriger, Fußgänger zu erkennen. Die erhöhte Lichtempfindlichkeit führt zu einer verstärkten Blendung durch entgegenkommende Fahrzeuge. Für die Wahrnehmung und Wiedererkennung von Gesichtern sind unter anderem Farben und Kontraste sehr wichtig, sodass sich Auswirkungen auch auf soziale Interaktionen ergeben. **Auswirkungen im Alltag**

Während die sogenannte Altersweitsichtigkeit durch das Tragen einer Brille kompensiert werden kann, sind die weiteren beschriebenen Veränderungen gar nicht oder nur operativ zu behandeln.

Zur Unterstützung der Sehleistung sollte auf eine gute Beleuchtung der Arbeitsplätze, kontrastreiche Bildschirme, ausreichend große und gut lesbare Schriften (z. B. 12 Punkt, keine Serifen) (Adams & Hoffman, 1994) sowie auf deutliche Kontrastmarkierungen (z. B. an Bedienelementen und auf der Tastatur) geachtet werden. Weiterhin sollten grelles Licht sowie bestimmte Farbzusammenstellungen wie Blau-Grün-Kontraste vermieden werden.

Pathologische Veränderungen des Auges

Die oben beschriebenen Veränderungen in der Funktion des Auges und ihre Folgen für das Sehen sind mit zunehmendem Alter normal und müssen von pathologischen (krankhaften) Veränderungen abgegrenzt werden. Krankhafte Veränderungen, die mit zunehmendem Alter häufig zu beobachten sind, sind Katarakt, Glaukom und altersbedingte Makuladegeneration (AMD).

Beim *Katarakt* (auch Grauer Star genannt) handelt es sich um eine unnatürlich starke Trübung der Linse, die langsam immer weiter voranschreitet. Die Linse wird undurchlässig für Licht und das Bild dadurch matt und verschwommen, die Farbintensität und die Kontraste gehen verloren.

Glaukome (auch Grüner Star genannt) sind Schädigungen des Sehnervs, die z. B. durch erhöhten Augeninnendruck oder Durchblutungsstörungen verursacht werden. Es kommt zu Gesichtsfeldausfällen in den von den geschädigten Sehnerven betroffenen Bereichen der Retina.

Die *Altersbedingte Makuladegeneration* AMD bezeichnet eine Zerstörung von Sinneszellen in der Fovea (Sehgrube), also dem Bereich des schärfsten Sehens und der Farbwahrnehmung. Diese beiden Funktionen sind deshalb besonders betroffen: Genau dort, wo man gezielt hinschaut, verschwindet das Bild. Die etwas seltenere „nasse" Form der AMD wird durch eine krankhafte Vergrößerung der Blutgefäße und ein Ausbluten aus den Gefäßen verursacht. Bei der häufigeren „trockenen" AMD degenerieren die lichtempfindlichen Pigmentzellen in der Retina, die Zapfen und Stäbchen werden unwiderruflich geschädigt.

Hören

Etwa 30 % aller Personen im Alter von 65 Jahren oder älter leiden unter Einschränkungen des Hörvermögens. Dabei nimmt das Hörvermögen von Männern im Allgemeinen früher und etwa doppelt so schnell ab wie das von Frauen. Ein Unterschied, den man auf eine stärkere Lärmbelastung in einigen von Männern dominierten Berufen zurückführt (Brant & Fozard, 1990).

Ursachen für eine Schwerhörigkeit sind in allen Bereichen der beteiligten Organe zu finden: im Außenohr (Ohrmuschel und Gehörgang), im Mittelohr mit den Gehörknöchelchen, im Innenohr, der so-

genannten Hörschnecke oder Cochlea, in der sich die auf die Schall-
empfindung spezialisierten Haarsinneszellen befinden, und auch im
Bereich der Hörnerven oder der Hörrinde im Gehirn. Je nach Ursprung
oder Ursache spricht man deshalb auch von einer *Schallleitungsschwerhörigkeit*, wenn Außen- und Mittelohr gestört sind, einer Schallempfindungsstörung, wenn das Innenohr betroffen ist, und von einer
neuralen bzw. zentralen Schwerhörigkeit, wenn Veränderungen des
Hörnervs oder des Gehirns ursächlich sind.

Schallleitungsschwerhörigkeit

Altersbedingte Ursachen für eine Schallleitungsschwerhörigkeit
sind Veränderungen im Außen- und Mittelohr, die die Effektivität
der Weiterleitung der Schallwellen ins Innenohr vermindern.
Dazu gehören:

- Die vermehrte Produktion von Ohrenschmalz und Verstopfung des Gehörgangs,
- die Versteifung und geringere Flexibilität von Trommelfell
  (Übergang vom Außen- zum Mittelohr) und Basilarmembran
  (Übergang vom Mittel- zum Innenohr),
- und die Abnahme der Beweglichkeit der Gehörknöchelchen.

Im Falle einer Schallempfindungsstörung in Folge von altersbedingten **Alters-**
Veränderungen des Innenohrs spricht man von der Altersschwerhörig- **schwerhörigkeit**
keit *(Presbyakusis)*. Ursächlich hierfür ist vor allem ein sich mit der
Lebenszeit akkumulierender Verlust von Haarsinneszellen durch me-
chanische Beschädigungen in Folge zu lauten Schalls, durch sogenannte
ototoxische Substanzen (manche Antibiotika), durch Infektionen des
Innenohrs oder auch durch eine reduzierte Blutversorgung.

Haarsinneszellen können schon durch einmalige sehr laute Geräusche mechanisch geschädigt werden. Da diese Schäden irreversibel
sind, ist es zur Vorbeugung der Altersschwerhörigkeit ratsam, von
Kindheit an die Ohren vor zu lauten Geräuschen (z. B. beim Musik-
hören mit „In-Ear-Kopfhörern" oder in der Disko) zu schützen. Wichtig ist ggf. auch ein Gehörschutz am Arbeitsplatz.

Zu den funktionellen Einbußen in Folge einer Presbyakusis gehören:

- ein Absinken der Hörschwelle (Schwierigkeiten bei der Wahrnehmung leiser Töne, besonders bei hohen Frequenzen),
- eine erhöhte Lautstärkeempfindlichkeit,

▦ eine erhöhte Empfindlichkeit für Hintergrundrauschen und Echos,
▦ Störungen des Sprachverständnisses und
▦ Ohrgeräusche (Tinnitus).

Erstes Anzeichen einer beginnenden Altersschwerhörigkeit ist ein bemerkbarer Gehörverlust hoher Frequenzen. Allmählich geht die Beeinträchtigung auf alle Frequenzen über, so dass es im späteren Leben schwieriger wird, menschliche Sprache und leise Geräusche zu erkennen (Abbildung 4.2).

Obwohl die betroffenen Personen Probleme im leisen bis mittleren Lautstärkebereich haben, reagieren sie häufig sehr empfindlich im lauten Bereich (Rekrutierung, Lautheitsausgleich), d.h. trotz eines Hörverlustes bleibt die „Unbehaglichkeitsgrenze" im Bereich eines „Normalhörers" (Hellbrück, 1996).

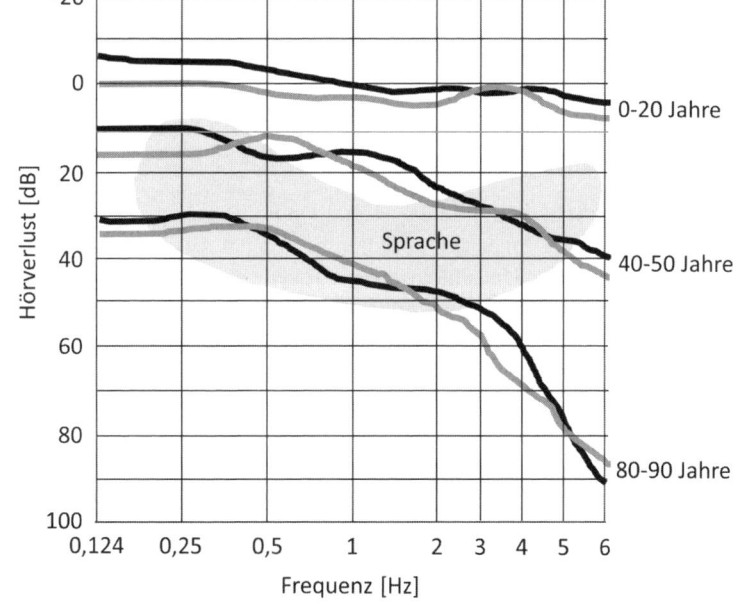

Abb. 4.2: Altersbedingte Schallempfindungsstörungen bei Männern (schwarz) und Frauen (dunkelgrau). Bei der Altersschwerhörigkeit sind vor allem die hohen Frequenzen des Sprachbereichs (hellgrau) betroffen. Dadurch ist das Verständnis von Konsonanten erheblich gestört, was z. B. zu Schwierigkeiten beim Verständnis ähnlich lautender Wörter führt (z. B. Unterscheidung von schlägt und pflegt) (nach Schmidt, Unsicker & Birbaumer et al., 2003).

Zusätzlich wird das Unterscheiden komplexer Tonmuster schwieriger. **Komplexe** Das kann z. B. dazu führen, dass im Getöse des Verkehrs gesprochene **Tonmuster** und nicht gesprochene (z. B. Hupen) Warnungen nicht immer korrekt verstanden und interpretiert werden. Sobald der Fernseher oder das Radio läuft, kann einer Unterhaltung nicht mehr gefolgt und das Telefonklingeln oder das Klopfen an der Tür nicht gehört werden (s. Kasten Cocktail-Party-Effekt).

Schwierigkeiten bei der auditiven Sprachwahrnehmung können häufig durch andere Faktoren kompensiert werden. So kann in einer Unterhaltung der Kontext des Gesprochenen genutzt werden, um undeutlich oder gar nicht wahrgenommene Wörter im Geiste zu korrigieren oder zu ergänzen. Ein mit Alter und Erfahrung anwachsender Wortschatz und ausgeprägtes Sprachvermögen sind hier von großem Vorteil (Kapitel 6).

Eine andere Möglichkeit zur Kompensation von Problemen beim Sprachverständnis aufgrund von Altersschwerhörigkeit ist die Nutzung visueller Informationen. Lippenbewegungen gehen dem Schall bis zu 250 ms voraus. Auch ungeübte Lippenleser können mithilfe ihrer Erfahrung aus unzähligen persönlichen Gesprächen unter Augenkontakt diese Information nutzen, um den zu erwartenden Laut unbewusst vorherzusehen und diesen, auch wenn er rein auditiv nicht eindeutig wahrgenommen werden kann, richtig zu deuten.

Ein Beispiel für eine neurale Störung im Alter sind Probleme bei der **Mislokalisation** Lokalisierung von Schallquellen. Die Schalllokalisation beruht auf unterschiedlichen Entfernungen der beiden Ohren zur Schallquelle und damit auch Unterschieden in den Laufzeiten der entsprechenden Signale von den beiden Ohren zum Gehirn. Da im Alter oftmals die Geschwindigkeit der Reizweiterleitung in den peripheren Nerven reduziert ist, kann es zu Fehlern in der Berechnung und damit zu Mislokalisationen kommen. Hier können visuelle (oder auch taktile) Signale bei der Lokalisation helfen.

„Cocktail-Party-Effekt"

Unter dem „Cocktail-Party-Effekt" versteht man die Fähigkeit, in einer Umgebung mit mehreren sich überlagernden Schallquellen, z. B. einer Cocktail-Party, einzelne Geräusche der jeweiligen Quelle zuzuordnen, die Geräusche einer Quelle zu verstärken und diejenigen anderer Quellen zu unterdrücken. Auf diese Weise kann man z. b. den Worten eines bestimmten Sprechers folgen, auch wenn mehrere Menschen gleichzeitig und gleich laut sprechen. Für diesen Effekt ist das binaurale (also das beidohrige) Hören unbedingt erforderlich, weil es die genaue Lokalisation der ausgewählten Schallquelle erfordert. Ältere Menschen haben deshalb zunehmend Schwierigkeiten, den Cocktail-Party-Effekt zu erzielen.

Hörverlust hat zwar einen geringeren Einfluss auf die Selbstversorgung als Sehverlust, kann aber ebenfalls die Alltagsgestaltung beeinträchtigen. Auch wirkt er sich negativ auf viele Bereiche der Kognition aus (Kapitel 6). Bei Schwerhörigkeit sind Hörgeräte und niedrige Hintergrundgeräusche hilfreich. Außerdem hilft langsames, deutliches Sprechen und guter Augenkontakt. So können ältere Menschen durch die Beobachtung des Gesichtsausdrucks, der Gesten und Lippenbewegungen das gesprochene Wort interpretieren. Bei allen Maßnahmen sollte unbedingt die Lautstärkeempfindlichkeit beachtet werden.

Tastsinn

Ebenso wie beim Sehen und Hören beginnt die Alterung des Tastsinns, also der taktilen Wahrnehmung, schon ab dem frühen bis mittleren Erwachsenenalter. Der Abbau beschleunigt sich jedoch ab einem Alter von ca. 45 Jahren und ab dem 70. Lebensjahr sind fast alle älteren Menschen von Veränderungen des Tastsinns betroffen (Reuter et al., 2012).

Altersbedingte Veränderungen der taktilen Wahrnehmung haben eine große Bedeutung für die Selbstständigkeit im Alter. Ob beim Greifen von Objekten, beim Schnüren von Schuhbändern oder bei der Orientierung im Dunkeln kommt dem Fühlen im Alltag eine Schlüsselrolle zu. Gerade der Tastsinn an den Fingerspitzen ist dabei von großer Wichtigkeit, um zum Beispiel Berührungen wahrzunehmen, kleine Objekte zu unterscheiden, Oberflächen zu identifizieren oder auch Bewegungen von Objekten zwischen den Fingern oder in der Hand zu erkennen.

Wie beim Hören lassen sich auch in Bezug auf den Tastsinn altersbedingte Veränderungen in der Peripherie (also der Haut), in der Reizweiterleitung und in der zentralnervösen Verarbeitung feststellen. Mit zunehmendem Alter kommt es zu einem Verlust von Rezeptoren in bestimmten Hautregionen und zu einer Verlangsamung der Blutzirkulation in den Extremitäten. Zusammengenommen können diese Veränderungen zu einer reduzierten Empfindlichkeit gegenüber Be-

rührungen, Vibrationen und Bewegungen, besonders an den Fingerspitzen, aber auch an Armen, Schultern und Wangen (Stuart et al.,
2003) führen.

Auch wird die Haut mit dem Alter weniger elastisch und bekommt
Falten. Ob und wie sich diese Veränderungen auf die Empfindlichkeit
der Haut und die Verarbeitung taktiler Reize auswirken, ist aber noch
ungeklärt. Die wissenschaftlichen Befunde sind diesbezüglich widersprüchlich.

Im Bereich der Reizweiterleitung lässt sich mit zunehmendem Alter
ebenfalls eine Abnahme der Zahl und Dichte der Nervenfasern beobachten. Da dadurch unter anderem auch die Leitungsgeschwindigkeit
abnimmt, kann weniger Information mit geringerer Genauigkeit verarbeitet werden.

*Studien zeigen, dass die Fähigkeit, schnelle Vibrationen auf der Hautober-
fläche zu erkennen und zu unterscheiden, stärker vom Alter beeinträchtigt
ist als die Unterscheidung langsamer Vibrationen (z. B. Gescheider, 1997).
Da unterschiedliche Rezeptoren in der Haut auf schnelle und langsame
Vibrationen spezialisiert sind, deuten diese Befunde darauf hin, dass bestimmte Rezeptor-Typen von den Altersveränderungen stärker betroffen
sind als andere.*

Die Abnahme in der taktilen Wahrnehmung kann auch zu Problemen bei feinmotorischen Bewegungen, wie z. B. der Bedienung von
Touch-Screens, dem Umblättern von Buchseiten und Ähnlichem
führen. So sollte beispielsweise im Rahmen der Handynutzung auf
ausreichend große und stabile Tasten geachtet werden.

*Einbußen in der taktilen Wahrnehmung sind vermutlich zumindest teil-
weise auf fehlende Übung und Nutzung der Hände zurückzuführen. In
Experimenten an alten Ratten wurde gezeigt, dass bestimmte Prozesse bei
der zentralnervösen Verarbeitung von taktilen Reizen auf den Hinterpfoten nur dann verändert waren, wenn die Tiere sehr träge waren, sich kaum
bewegten und damit nur noch wenige sensorische Erfahrungen machten.
Wurden die Tiere dazu veranlasst, sich wieder wie junge Tiere zu bewegen,
konnten diese scheinbar „altersbedingten" Veränderungen der taktilen
Wahrnehmung der Hinterpfoten vermieden oder sogar rückgängig gemacht werden (Godde et al., 2002).*

*Auf den Menschen übertragen lässt sich aus dieser Studie schließen,
dass der häufige Gebrauch der Hände im höheren Alter einem Abbau der
sensorischen Leistung entgegenwirken kann.*

*Auch beruflich bedingte häufige Nutzung und damit Stimulation der
Finger korreliert mit einer besseren Leistung Älterer in taktilen Aufgaben
(Reuter et al., 2012).*

Weitere Sinne

Neben Sehen, Hören und Tastsinn sind auch weitere Sinne wie der Geruchssinn, der Geschmackssinn oder der Temperatursinn vom Altern betroffen. Generell lässt sich sagen, dass auch hier die Unterscheidungsfähigkeit nachlässt und dass diese Veränderungen Auswirkungen auf den Alltag haben können. Veränderungen in der Temperaturwahrnehmung, zum Teil beruhend auf Veränderungen in der Haut, haben direkte Auswirkungen auf die Temperaturregulation des Körpers. Höhere Schwellen für bestimmte Geschmacksrichtungen und geringe Unterscheidungsfähigkeit von Speisen und Gewürzen können zu Appetitlosigkeit führen. Ähnliches gilt für den Geruchssinn. Da Geschmack und Geruch auch eine besondere Bedeutung für die Beurteilung von Lebensmitteln und die Identifizierung von ungenießbaren Speisen haben, können sich daraus auch Gefahren im Alltag ergeben.

> Gewisse Einbußen in der Geruchswahrnehmung sind im Alter normal. Riechstörungen können jedoch auch auf eine Alzheimer-Erkrankung (Kapitel 8) hinweisen und sollten deshalb entsprechend abgeklärt werden.

4.2   Motorische Funktionen

Haltungs- und Bewegungsapparat

Der Haltungs- und Bewegungsapparat setzt sich aus Knochen, Gelenken, Muskeln, Sehnen, Bändern und Faszien zusammen. All diese Komponenten stehen miteinander in Verbindung mit dem Ziel der Haltung, Bewegung und Fortbewegung. Auch steht der Haltungs- und Bewegungsapparat mit den inneren Organen, dem Herz-Kreislauf-System und dem Nervensystem in Verbindung.

Knochen

Normalerweise werden unsere Knochen über die gesamte Lebensspanne auf-, ab- und umgebaut. Im Erwachsenenalter wird die Knochenbildung langsamer und kann eventuell nicht mehr mit dem Abbau Schritt halten. Das Ergebnis ist ein Abbau des Knochengewebes. Ab etwa dem 30. oder 40. Lebensjahr kann eine durchschnittliche Abnahme der Knochenmasse von etwa 1 % pro Jahr beobachtet werden. Bei einem stärkeren Rückgang der Knochenmasse (mehr als 2 – 3 % pro Jahr) spricht man von *Osteoporose*. Viele ältere Erwachsene, insbesondere Frauen, leiden unter Osteoporose.

> **Osteoporose** ist eine häufige Alterserkrankung des Knochens, die zu einer erhöhten Anfälligkeit für Frakturen führt. Sie ist gekennzeichnet durch eine Abnahme der Knochendichte sowie der Knochensubstanz und -struktur.

Die Abnahme der Knochenmasse im Alter ist u. a. zurückzuführen auf hormonale Veränderungen (Abnahme des Östrogenspiegels in der Menopause; ein Grund, warum Frauen häufiger betroffen sind), Mangelernährung sowie Bewegungsmangel. Bewegung und kalziumreiche Ernährung wirken dem entgegen. Während eine kalziumreiche Ernährung sowie eine Östrogentherapie den Knochenabbau reduziert, stärkt Bewegung den Knochenaufbau. Die mechanischen Kräfte, die während körperlicher Aktivität auf den Knochen wirken, stärken die Knochendicke und -dichte.

Auch die Zusammensetzung der Knochen ändert sich über die Lebensspanne. Der Knochen wird porös und neigt wegen seiner geringeren Festigkeit eher zum Knochenbruch als ein normaler Knochen. Insbesondere trifft dies für die Hüftknochen sowie die Wirbel zu.

Veränderungen der Mikrostruktur der Wirbelsäule, die zu einer Verformung der Wirbelkörper und damit verbunden der gesamten Wirbelsäule führen, sind unter anderem verantwortlich für eine Veränderung der Körperhaltung und Abnahme der Körpergröße im Alter.

Körpergröße und Körpergewicht

Insgesamt ist die Körpergröße über das Erwachsenenalter stabil und nimmt im Alter leicht, um bis zu 8 cm, ab. Dies wird u. a. auf die Veränderungen der Wirbelsäule, die Abnahme der Knochendichte (insbesondere bei Personen mit Osteoporose) und auf extrinsische Faktoren (z. B. Mangelernährung, Krankheiten) zurückgeführt. Das Körpergewicht nimmt im Mittel ab dem 20. Lebensjahr weiter zu, was insbesondere auf Veränderungen des Lebensstils zurückzuführen ist. Allerdings zeigen ältere Erwachsene als Resultat von Inaktivität (Rückgang von Muskelmasse) und verändertem Ernährungsverhalten (Reduktion des Fettgewebes) im Mittel wieder einen Gewichtsverlust. Dieser ist bei aktiven Älteren nicht zu beobachten.

Muskulatur

Muskelmasse Die etwa 700 Skelettmuskeln unseres Körpers ermöglichen es uns, uns zu bewegen, das Gleichgewicht zu halten, Reflexe wie Schlucken oder Atmen zu kontrollieren und die Körpertemperatur aufrechtzuerhalten. Auch das muskuläre System verändert sich im Alter. Zwischen dem Alter von 20 bis 50 Jahren nimmt die Muskelmasse im Mittel geringfügig, um etwa 10 %, ab. Zwischen dem Alter von 50 bis 80 Jahren beträgt die Abnahme dann im Mittel etwa 30 %. Es wird angenommen, dass die Abnahme hauptsächlich die schnellen Typ-II-Fasern (s. Kasten „Muskelfasertypen") betrifft, allerdings ist dies noch nicht eindeutig geklärt. Dabei kann der Abnahme der Muskelmasse durch einen aktiven Lebensstil sowie eine ausgewogene Ernährung und die Ausübung regelmäßigen Krafttrainings entgegengewirkt werden. Mangelernährung und ein inaktiver Lebensstil begünstigen den voranschreitenden Abbau der Muskelmasse hingegen.

Muskelfasertypen

Muskeln werden in langsame und schnelle Fasern unterschieden, die jeweils über unterschiedliche Nervenbahnen innerviert werden. Die sogenannten schnellen („fast twitch"- oder FT-) Muskelfasern können sehr schnell reagieren und ermöglichen kräftige Kontraktionen. Sie ermüden aber schnell. Da sie im Mikroskop hell erscheinen, werden sie auch heller (weißer) Muskelfasertyp genannt. Der dunkle (rote) Muskelfasertyp („slow twitch"- oder ST-Faser) reagiert langsamer auf Reize und hat dabei eine längere Kontraktionszeit. Er ermüdet sehr viel langsamer. Der Intermediärtyp (FTO) liegt in seinen Eigenschaften zwischen den schnellen und langsamen Fasertypen. Im Gegensatz zum schnellen Muskelfasertyp, der kaum vermehrt werden kann und dessen Anteil an der Gesamtmuskulatur vermutlich genetisch determiniert ist (der amerikanische Springer und Sprinter Carl Lewis soll 90 % FT-Fasern gehabt haben), spricht vieles für die Umwandlung der schnellen FT-Fasern in ST-Fasern durch Ausdauertraining.

Muskel-Fett-Verteilung

Der Körper besteht aus vielen verschiedenen Geweben. Das Körpergewicht ist eine beschreibende Größe für die Körpermasse, während die Körperzusammensetzung verschiedene Komponenten berücksich-

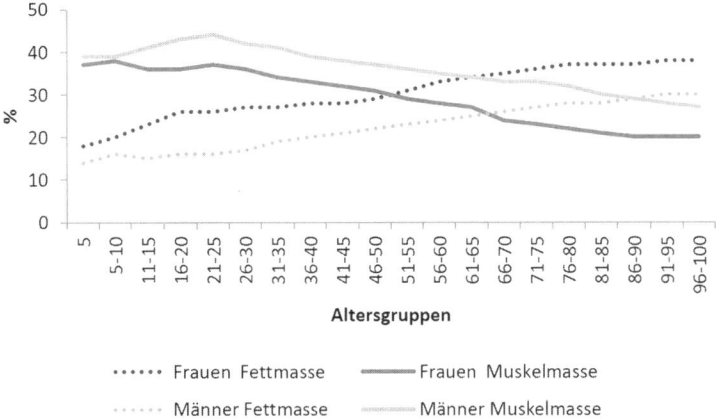

Abb. 4.3: Körperzusammensetzung in Abhängigkeit vom Alter und Geschlecht. Fett- und Muskelmasse in % (nach Penven et al., 2012).

tigt. In der Regel wird der Körper in zwei Komponenten, Fettmasse und fettfreie Masse, eingeteilt (Abbildung 4.3). Zur fettfreien Masse gehören Wasser, Proteine (also Muskeln) und Knochen. Haupteinflussfaktoren auf die Körperzusammensetzung sind, neben genetischen Voraussetzungen, Ernährung, Krankheit und körperliche Aktivität.

Personen können das gleiche Körpergewicht und die gleiche Körpergröße, aber dabei eine sehr unterschiedliche Körperzusammensetzung haben. Eine Person kann beispielweise sehr muskulös und dünn sein und ein Großteil ihres Körpergewichts ist auf Muskulatur zurückzuführen, während eine andere Person gleichen Gewichts inaktiv und untersetzt ist und eine geringe Muskelmasse aufweist. Bei letzterer Person wird ein Großteil ihres Gewichts durch das Fettgewebe bestimmt. Auch innerhalb einer Person kann es zu beträchtlichen Veränderungen der Körperzusammensetzung kommen. Ein ehemaliger Athlet mag weniger wiegen als während seiner aktiven Zeit, gleichzeitig aber eine Kleidergröße mehr tragen. Er hat nun weniger Muskeln, die schwerer als Fettgewebe aber kompakter sind, aber besteht aus mehr Fett, das weniger wiegt aber auch mehr aufträgt. Insgesamt nimmt der Anteil der fettfreien Masse an der Körperzusammensetzung im Erwachsenenalter ab und der Fettanteil zu.

> Die Bedeutung der Körperzusammensetzung für die Gesundheit wird an folgendem Studienergebnis deutlich: Daten des Cooper Instituts in Texas (USA) und der Aerobics Center Longitudinal Study (Lee et al., 2011) zeigen, dass übergewichtige Personen mit einer guten kardiovaskulären Fitness (Ausdauerleistungsfähigkeit) ein ähnliches Mortalitätsrisiko aufweisen wie normalgewichtige Personen mit einer vergleichbaren Fitness (Kapitel 9).

Übergewicht und Adipositas

Übergewicht und Adipositas (Fettleibigkeit) stellen ein wachsendes gesundheitliches Problem dar, insbesondere für die Entwicklung chronischer Krankheiten. In Deutschland hat sich in den letzten 20 Jahren die Zahl der Übergewichtigen verdreifacht. Im Erwachsenenalter sind etwa die Hälfte der Personen übergewichtig oder adipös (Robert Koch-Institut, 2010). Mit dem Alter nimmt Übergewicht zu, wobei Personen der unteren Bildungsgruppen, insbesondere Frauen, stärker gefährdet sind. Nicht nur Übergewicht, auch die Verteilung des Körperfetts birgt Gesundheitsrisiken. Ein zu hoher Anteil an viszeralem Fett (inneres Bauchfett), der gerade bei (älteren) Männern vermehrt vorkommt, kann sich auch bei normalgewichtigen Personen gesundheitsschädlich auswirken. Das viszerale Fett ist sehr stoffwechselaktiv und produziert besonders viele Fettsäuren, die in der Leber in andere Fette umgebaut werden und ein Risiko für Folgeerkrankungen, wie Diabetes und Bluthochdruck, bergen.

Der **Body Mass Index (BMI)** wird ermittelt, indem das Körpergewicht (in Kilogramm) durch die Körpergröße (in Metern zum Quadrat) geteilt wird. Normal ist ein BMI zwischen 18,5 und 25. Übergewicht besteht bei 25 bis 30. Ab 30 spricht man von Fettsucht (Adipositas). Der BMI ist allerdings nicht unumstritten, da er wenig über die Körperzusammensetzung aussagt. Ein hoher BMI kann beispielsweise auch durch viel Muskelmasse, höhere Knochendichte und viele andere Faktoren verursacht sein. Mittlerweile wird häufig das **Taille-Hüft-Verhältnis,** also das Verhältnis von Bauch- zu Hüftumfang, verwendet. Es soll bei Männern kleiner als 1,0 und bei Frauen kleiner als 0,85 sein. Dieses Maß ignoriert das Verhältnis von Körpergewicht und Körpergröße und stützt sich allein auf die Körperformen und liefert damit Informationen, wo die Fettdepots sitzen.

Altersveränderungen in der Körperzusammensetzung beeinflussen die pharmakologischen Wirkeigenschaften von Medikamenten, sodass Dosierungen und Einnahmezeiten, die für junge Personen geeignet sind, nicht notwendigerweise für ältere Personen adäquat sind. Da Veränderungen der Körperzusammensetzung mit Krankheiten und Funktionen in Verbindung stehen können (z. B. Osteoporose), ist es nützlich, Veränderungen in der Körperzusammensetzung regelmäßig zu prüfen.

Kraft

Wenn Muskeln kontrahieren, produzieren sie Kraft. Diese Kraft ist für viele Alltagsaktivitäten, wie das Gehen, aber auch für soziale Aktivitäten oder arbeitsbezogene Aktivitäten essenziell. Im Alter ist Kraft notwendig, um einfache Alltagsaktivitäten auszuführen, um mobil zu bleiben oder auch um seine Hobbys auszuüben. Wenn eine bestimmte Schwelle unterschritten ist, kann selbst das Aufstehen von einem Stuhl Probleme bereiten.

Die Kraft erwachsener Frauen beträgt etwa 60 bis 80 % der Kraft der Männer. Die größten Unterschiede finden sich in der Arm- und Schulterkraft und weniger in der Oberkörper- oder Beinkraft. Über das Erwachsenenalter bleibt die Kraft zunächst konstant und nimmt dann ab dem Alter von 40 Jahren leicht und ab 60 Jahren deutlicher ab. Die Abnahme betrifft hauptsächlich die schnellen Typ-II-Fasern, sodass die Maximalkraft und die Schnelligkeit am Stärksten von Altersveränderungen betroffen sind. Auch ist der Kraftverlust für die oberen Extremitäten geringer als für die unteren. Ein Rückgang der Kraft beeinträchtigt beispielsweise die Fortbewegung und erhöht auch das Risiko für Stürze im Alter. Trainierte Personen zeigen einen geringeren oder zu einem späteren Zeitpunkt erfolgenden Rückgang der Kraft. Welcher Anteil im Rückgang der Kraft auf Alternsprozesse und welcher auf Nichtgebrauch zurückzuführen ist, ist unklar.

Altersrekorde im Sport verdeutlichen, dass Personen, die aktiv (geblieben) sind, auch im Alter sehr hohe körperliche Leistungen erreichen können bzw. ihre Leistung bis ins hohe Alter auf einem hohen Niveau erhalten können. Auch im Alter ist die Kraft trainierbar. So untersuchten Fiatarone et al. (1990) die Trainierbarkeit der Beinkraft bei 86- bis 96-jährigen Personen, die mehrere chronische Erkrankungen und funktionelle Einschränkungen aufwiesen. Schon nach 8 Wochen zeigten diese im Mittel eine Kraftzunahme um mehr als 170 %!

Bindegewebe

Faszien Das *Bindegewebe* (auch *Faszien* genannt) durchzieht als körpereigenes Netzwerk aus Taschen, Beuteln, Umhüllungen und Strängen unseren Körper von oben nach unten, von außen nach innen und von vorne nach hinten. Seine Architektur passt sich kontinuierlich an die Anforderungen an, d.h. es verändert ständig seine Länge, Stärke und Gleitfähigkeit. Im alternden Menschen verliert das fasziale Gewebe seine charakteristische wellenförmige Struktur, was mit einem Verlust der elastischen Bewegungsqualität einhergeht. Mangelnde Beweglichkeit, aber auch Schmerzen können die Folge davon sein. Allerdings kann durch adäquate und regelmäßige Dehnbelastungen der Aufbau der Kollagenstruktur (pro Jahr wird etwa die Hälfte der Kollagenfasern im Körper erneuert) auch im Alter angeregt werden, sodass sich eine jugendliche Struktur ausbildet.

Gang und Gleichgewicht

Haltungs- und Gleichgewichts-kontrolle Neben den motorischen Systemen sind verschiedene sensorische Systeme an der Haltungs- und Gleichgewichtskontrolle beteiligt. Das vestibuläre System im Innenohr (Gleichgewichtssinn) und das visuelle System liefern uns Informationen über unsere Körperposition im Raum. Das proprioceptive (Stellungssinn der Muskeln) und das kinästhetische (Kraft- und Bewegungssinn) System informieren uns über die Position unserer Körperteile, die Anordnung unserer Körperteile zueinander und über Körperbewegungen. Veränderungen der Haltungs- und Gleichgewichtskontrolle im Seniorenalter gehen mit einer Reihe physiologischer Veränderungen, insbesondere des Nervensystems (z.B. Nervenleitgeschwindigkeiten), einher. Veränderungen in den genannten sensorischen Systemen (z.B. Auge, Ohr) können ebenso dazu beitragen, wie ein Kraftverlust in den unteren Extremitäten und im Rumpf.

Kontrolle von Bewegungen ❗ Unser gesamtes Verhaltensrepertoire setzt sich aus (gesteuerten) Bewegungen zusammen, die durch motorische Systeme in Gehirn und Rückenmark kontrolliert werden. Diese motorischen Systeme befähigen uns, Haltung und Gleichgewicht zu bewahren, den Körper, die Gliedmaßen und die Augen zu bewegen sowie uns durch Sprache, Gestik und Mimik zu verständigen. Motorische Systeme übersetzen Nervenimpulse in Kontraktionskraft der Muskeln und rufen so Bewegung hervor.

Selbst für einfache Bewegungen, wie das Vorstrecken der Hand, müssen verschiedene Gelenke bewegt und die Verteilung der Körpermasse berücksichtigt werden. Das Vorstrecken der Hand erfordert die Kontraktion der Beinmuskeln, um die Schwerpunktverschiebung auszugleichen. Auch müssen die mechanischen Eigenschaften der Muskeln, Knochen und Gelenke in Betracht gezogen werden (Ghez & Gordon, 1996). Motorische Systeme übertragen zeitlich exakt aufeinander abgestimmte Befehle auf viele Muskelgruppen. Um diese Aufgaben zu bewältigen, erhalten sie kontinuierlich sensorische Informationen über die Lage und Ausrichtung des Körpers und der Gliedmaßen sowie über den Kontraktionsgrad der Muskeln. Dies wird unter dem Begriff der Sensomotorik zusammengefasst.

Aufgaben motorischer Systeme

Über die afferenten Bahnen werden die sensorischen Informationen aus der Haut bzw. anderen reizaufnehmenden Organen zum Gehirn geleitet. Anhand dieser Informationen erteilt das Gehirn den Muskeln Befehle, die über die efferenten Bahnen zu den Motoneuronen im Rückenmark absteigen, über welche dann die Muskelinnervation erfolgt.

Sensorik und Motorik

Die motorischen Systeme unterliegen dabei einer dreifachen Kontrolle durch a) das Rückenmark, b) die absteigenden Bahnen aus dem Hirnstamm und c) die motorischen Gebiete der Großhirnrinde (Kortex). Daneben zählen auch der Thalamus sowie zwei unabhängige subkortikale Systeme – die Basalganglien und das Kleinhirn – zu den motorischen Zentren. Aufgrund der hierarchischen Organisation ist es beispielsweise möglich, dass auf Rückenmarksebene ohne die Beteiligung der höheren Zentren Reflexe erzeugt werden. Bei einer zielgerichteten Armbewegung wird z. B. das Bewahren des Gleichgewichts über eine andere Bahn kontrolliert als das Heben des Arms.

motorische Kontrollinstanzen

Das Gehen ist eine fundamentale Fertigkeit, die über die gesamte Lebensspanne genutzt wird. Das zugrundliegende Timing des Gehens, also die zeitliche Abfolge in der Aktivierung unterschiedlicher Muskelgruppen, verändert sich nicht über die Lebensspanne. Mit Veränderungen des Körpers und der Umgebung können sich allerdings andere Komponenten des Gehens ändern, wie die Schrittlänge und Schrittweite, die Zehenstellung, die Gelenkextension, die Beckenrotation und die Gehgeschwindigkeit. Veränderungen der Gehmuster im Alter können auf Übung, Krankheiten oder auch Veränderungen des Körpergewichts zurückgeführt werden. Beim gesunden älteren Menschen sind diese Veränderungen eher gering.

Gehen

Stürze

Fast ein Drittel der 65-Jährigen und Älteren sowie die Hälfte der 80-Jährigen und Älteren stürzen jährlich mindestens einmal (Robert Koch-Institut, 2002). Stürze führen in 10 bis 20 Prozent der Fälle zu Verletzungen und in ca. 5 Prozent der Fälle zu Frakturen (Robert Koch-Institut, 2002). Nur ca. ein Drittel der Patientinnen und Patienten erlangen nach einer hüftnahen Oberschenkelhalsfraktur ihre bisherige Kompetenz in den grundlegenden Aktivitäten des täglichen Lebens, wie z. B. Essen und Körperpflege, wieder. Nur ein Fünftel erlangt die frühere Kompetenz in instrumentellen Aktivitäten des täglichen Lebens zurück, die Voraussetzungen für selbstständiges Leben sind (z. B. Einkaufen, Kochen, Haushaltstätigkeiten) (Robert Koch-Institut, 2002).

Mehr als 90 Prozent aller Stürze haben keine isolierte Ursache, sondern sind als multifaktoriell verursacht anzusehen. Neben Erkrankungen mit Störungen der neuromuskulären Koordination und des Gleichgewichts zählen zu den auslösenden Faktoren kardiovaskuläre Erkrankungen, Herzrhythmusstörungen mit verminderter Hirndurchblutung, Sehstörungen, die Einnahme bestimmter Medikamente (z. B. Beruhigungsmittel, Medikamente gegen Depressionen) (Bundesministerium f. Familien, Soziales, Frauen und Jugend, 2002) sowie Faktoren der räumlichen Umwelt (glatter Fußboden, schlechte Beleuchtung, Schnee und Glatteis). Knapp ein Drittel aller Gestürzten äußern Angst vor weiteren Stürzen (Robert Koch-Institut, 2002).

Präventive Maßnahmen, wie eine Verringerung von Barrieren in der Umwelt oder die Verbesserung der Mobilität und der allgemeinen Fitness, können Stürze und sturzbedingte Verletzungen reduzieren. Dazu gehören Übungsprogramme, die auf Kraftzuwachs, eine Verbesserung des Gleichgewichts sowie auf die Absolvierung von zwei oder mehreren Aufgaben gleichzeitig ausgerichtet sind.

Multitasking Kognitive Anforderungen an die Haltungs- und Gangkontrolle steigen im Alter. Im Alltag ist man ständig mit Doppel- oder sogar Mehrfachaufgaben konfrontiert, zum Beispiel beim Auto- oder Fahrradfahren, beim Überqueren einer Straße oder wenn man einen Schlüssel in der Tasche sucht, während man eine Treppe hinaufsteigt. Solche Doppel- oder Mehrfachaufgaben stellen eine große Herausforderung für das Gehirn dar. Denn auch eine eigentlich automatisierte Bewegung, wie zum Beispiel das Gehen, das Treppen steigen oder auch das Aufrechterhalten des Gleichgewichts im Stehen oder in der Fortbewegung, erfordert Gehirnkapazität. Dies wird insbesondere bei älteren Menschen beobachtet, da bei ihnen motorische Aufgaben häufig weniger automatisiert ablaufen als bei jüngeren. Gleichzeitig haben ältere Personen weniger kognitive Ressourcen zur Verfügung (Kapitel 6), was zu Leistungseinbußen oder Problemen führen kann, wenn zwei oder mehr Aufgaben gleichzeitig erledigt und die vorhandenen Ressourcen auf beide Aufgaben verteilt werden müssen.

So lösen ältere Personen, die auf einem wackeligen Untergrund stehen, eine kognitive Aufgabe schlechter als wenn sie auf festem Boden stehen. Können die Teilnehmer sich jedoch gleichzeitig an einem Geländer festhalten, steigt ihre kognitive Leistungsfähigkeit wieder (Lindenberger et al., 2000). Ähnliches lässt sich auch im Alltag beobachten: Ältere Personen bleiben beim Spazierengehen oft stehen, wenn sie gleichzeitig mit einer anderen Person sprechen und einen Gedanken klarer fassen oder ausdrücken möchten. Dies weist darauf hin, dass bei der gleichzeitigen Lösung einer motorischen und kognitiven Aufgabe die insgesamt vorhandenen Gehirnressourcen oft nicht für die optimale Lösung beider Aufgaben ausreichen, sodass eine oder beide Aufgaben nicht mehr optimal bewältigt werden können.

Handgeschicklichkeit

Die Handgeschicklichkeit, auch als Auge-Hand-Koordination, Feinkoordination oder Feinmotorik bezeichnet, meint eine präzise Kontrolle der Hand bzw. der Finger. Also eine feinmotorische Abstimmung von Hand- und Fingerbewegungen auf wahrgenommene Reize. Sie ist besonders für die Ausführung von Alltagsaktivitäten (z.B. die Bedienung von Geräten, Auto fahren, Umblättern von Buchseiten) von Bedeutung.

Jette et al. (1990) zeigten, dass eine verminderte Handgeschicklichkeit einen größeren Einfluss auf die Ausführung von Aktivitäten des täglichen Lebens nimmt als Beeinträchtigungen im Sehen oder Hören. Außerdem ist die Funktionsfähigkeit der Hand eine exzellente Vorhersagevariable für die Wahrscheinlichkeit, dass ältere Menschen eine Langzeitbetreuung (Altenpflege) in Anspruch nehmen müssen.

Die Handgeschicklichkeit nimmt je nach Bewegungsform und beanspruchter Muskulatur etwa ab dem 3. Lebensjahrzehnt ab (Abbildung 4.4). Der deutlichste Rückgang ist jedoch ab etwa dem 60./65. Lebensjahr zu verzeichnen.

Altersveränderungen

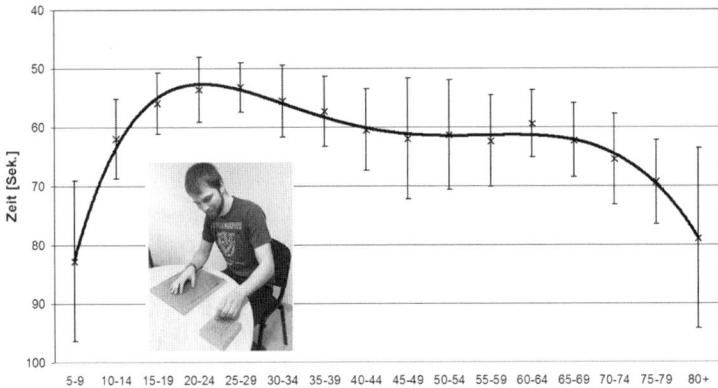

Abb. 4.4: Altersabhängige Veränderungen in der Feinmotorik („Stifte umstecken" aus der Motorischen Leistungsserie nach Schoppe) über die Lebensspanne (Mittelwerte und Standardabweichungen). Eigene Daten, die im Rahmen der MODALIS-Studie (Voelcker-Rehage & Wiertz, 2003) an Personen zwischen 6 und 89 Jahren gewonnen wurden (n = 1149).

Ältere Menschen sind in der Regel langsamer und weniger genau in der Ausführung feinmotorischer Bewegungen. Sie produzieren beispielsweise überschießende Kräfte, wenn sie aufgefordert werden, Objekte unterschiedlicher Gewichte oder mit unterschiedlichen Oberflächenbeschaffenheiten anzuheben oder zu halten. Ältere Menschen haben auch oftmals Probleme, ihre Kraft im Bereich sehr kleiner Kräfte, wie es z. B. für die Bedienung einer Computermaus oder das Abstellen eines Gegenstandes notwendig ist, exakt zu dosieren oder ihre Kraft gezielt zu reduzieren (Voelcker-Rehage & Alberts, 2005).

 Potenzielle Ursachen für eine zunehmende Variabilität in der Kraftsteuerung der oberen Extremitäten und besonders im Bereich der Hände und Finger im Alter sind vielfältig. Dazu gehören altersabhängige Veränderungen der taktilen Empfindungen, ein Verlust an Muskelmasse, Veränderungen im Verhältnis der Fasertypen sowie eine verringerte Nervenleitgeschwindigkeit (Ketcham & Stelmach, 2001). Auch ein Verlust und die damit einhergehende Vergrößerung der motorischen Einheiten (eine motorische Nervenzelle mit allen von ihr innervierten Muskelzellen) wurde beschrieben. In der Folge wird die fein abgestufte Kontrolle der Muskelbewegungen geringer. Außerdem werden eine gleichzeitige Aktivierung agonistischer und antagonistischer Muskeln sowie eine variablere Entladungsrate (elektrische Aktivität) der motorischen Einheiten als Ursachen

*für die beobachteten Altersveränderungen angeführt. Degenerative Ver-
änderungen im motorischen Kortex, Kleinhirn und den Basalganglien sowie ein Verlust an Neuronen im Rückenmark sind weitere Ursachen für
eine verminderte Handgeschicklichkeit im Alter.*

Studien zeigen aber auch, dass ältere Menschen durchaus in der Lage
sind, ihre feinmotorischen Bewegungen zu verbessern bzw. neue koordinative Bewegungen zu lernen (Shumway-Cook & Woollacott, 2001).

**Handgeschicklich-
keit ist trainierbar**

Mit dem Alter einhergehende Veränderungen der Bewegungskontrolle haben direkten Einfluss auf die Benutzung von Alltagstechni-
ken, z.B. von Computer-Bedienelementen. So haben ältere Menschen größere Probleme, einen Cursor mit der Computermaus gezielt zu platzieren. Ein Lösungsvorschlag in diesem Zusammenhang
ist eine Veränderung des Verhältnisses der Bewegungsgeschwindig-
keit der Maus zum Cursor sowie eine Vergrößerung der Icons auf
dem Computermonitor. Zur Unterstützung der Feinmotorik sollte
insgesamt auf ausreichend große Bedienelemente, eine hohe Stabilität der Elemente sowie eine einfache Handhabbarkeit geachtet
werden.

4.3 Herz-Kreislauf-Funktionen

Das Herz-Kreislauf-System, oder auch kardiovaskuläres System (be-
stehend aus dem Herz und Blutgefäßen) genannt, transportiert alle Substanzen, die für den Zellstoffwechsel benötigt werden, und schützt den
Körper vor Blutverlust, Keimen und Giftstoffen. Das kardiovaskuläre
System transportiert Sauerstoff und Nährstoffe zu und Abfallprodukte
aus allen Körperzellen. Das optimale Funktionieren des Herz-Kreislauf-Systems ist zum Erhalt der Gesundheit, der physischen Funktionen,
der Versorgung des Gehirns und der Lebensqualität notwendig. Dabei
verfügt unser Körper über sehr hohe Leistungsreserven. In Ruhe bzw.
unter submaximalen Bedingungen sind bis auf eine Erhöhung des systolischen Blutdrucks kaum funktionelle Altersveränderungen des
Herz-Kreislauf-System zu verzeichnen, die die Leistungsfähigkeit beeinträchtigen. Unter maximaler Belastung hingegen (z.B. maximale
Sauerstoffaufnahme, maximale Herzfrequenz etc.) werden diese sichtbar. Das heißt, Altersveränderungen im Herz-Kreislauf-System sind so
gering, dass sie unter Ruhebedingungen den Anforderungen des Körpers genügen. Krankheiten führen in diesem Fall eher zu Beschwerden
im Alter als körperliche Abbauprozesse.

**Kardiovaskuläres
System**

Eine Analyse bei über 23.700 älteren Teilnehmern einer prospektiven Kohortenstudie ergab, dass Faktoren, die ein hohes Risiko für Gefäßerkrankungen darstellen, wie hoher Blutdruck, hoher Cholesterinspiegel, Diabetes und Rauchen, auch negativ mit der kognitiven Leistung in Zusammenhang stehen (Unverzagt et al., 2011).

Die Leistungsfähigkeit des Herz-Kreislauf-Systems wird durch verschiedene strukturelle Altersveränderungen bedingt, wie z. B.:

- Verdickung der Blutgefäßwände und des linken Ventrikels,
- Versteifung der Aorta und der Arterien,
- Größenzunahme der linken Herzkammer.

Respiratorisches System Eine Abnahme der Vitalkapazität ist häufig schon ab dem 40. Lebensjahr zu beobachten. Die Vitalkapazität beschreibt die Luftmenge, die man nach vorheriger maximaler Einatmung maximal ausatmen kann. Eine hohe Vitalkapazität ist günstig, da sie die Versorgung mit Sauerstoff (auch bei Anstrengung) gewährleistet. Im Alter zwischen 30 und 80 Jahren geht die Vitalkapazität um etwa 50 % zurück, da die Elastizität des Lungengewebes ab- und seine Steifigkeit zunimmt. Wie schon für das kardiovaskuläre System beschrieben, ist die Leistungsreserve des respiratorischen Systems unter Normalbedingungen ausreichend. Nur unter Maximalbedingungen werden Funktionseinschränkungen sichtbar.

Aerobe Leistung

Ein Maß, um die Leistungsfähigkeit des kardiovaskulären Systems unter Belastung zu messen, ist die aerobe Kapazität. Sie gibt das maximale Sauerstoffaufnahmevermögen pro Zeiteinheit an. Die relative maximale Sauerstoffaufnahme (Sauerstoffaufnahme bezogen auf das Körpergewicht einer Person) verringert sich (bei Untrainierten um etwa 10 % pro Lebensdekade, etwa ab der 3. Dekade; Tabelle 4.1).

Alter	Männer	Frauen
20–29	43 ± 7.2 12	36 ± 6.9 10
30–39	42 ± 7.0 12	34 ± 6.2 10
40–49	40 ± 7.2 11	32 ± 6.2 9
50–59	36 ± 7.1 10	29 ± 5.4 8
60–69	33 ± 7.3 9	27 ± 4.7 8
70–79	29 ± 7.3 8	27 ± 5.8 8

Tab. 4.1: Normwerte für maximales Sauerstoffaufnahmevermögen in ml·kg^{-1}·min^{-1} (Mittelwerte und Standardabweichungen, obere Zeile) und METS (Metabolische Äquivalente, 3.5 ml·kg^{-1}·min^{-1}, untere Zeile) in Abhängigkeit vom Alter und Geschlecht (nach Fletcher et al., 2001).

Es ist noch nicht abschließend geklärt, ob der Rückgang der aeroben Leistung ausschließlich auf Altersveränderungen zurückzuführen ist oder auf Nichtgebrauch. Allerdings nimmt die maximale Sauerstoffaufnahme auch bei Personen ab, die im Alter weiter trainieren, der Rückgang kann jedoch reduziert werden. Zudem können Ältere – unabhängig davon, ob sie in jüngeren Jahren trainiert haben – in jedem Alter durch ein gezieltes Training ihre maximale Sauerstoffaufnahme verbessern. Die relativen Trainingsgewinne sind dabei vergleichbar zu jüngeren Erwachsenen, auch wenn die absoluten Zuwächse geringer sind (Kapitel 9).

4.4 Zusammenfassung

Auf physischer Ebene bringt der Alterungsprozess strukturelle und physiologische Einbußen mit sich. Diese Einbußen äußern sich in Funktionseinbußen der Sensorik und der Motorik sowie des Herz-Kreislauf-Systems und betreffen eine Reihe untergeordneter Einheiten, wie die Sinnesorgane und Nerven, die Knochen und Muskeln oder auch die Blutgefäße. Dabei können Veränderungen „rein" altersbedingt, aber auch pathologisch sein und in unterschiedlichem Ausmaß die jeweiligen Strukturen beeinflussen. Häufig haben diese Veränderungen weitreichende Auswirkungen, wenn es um den Erhalt der Selbstständigkeit im Alter, der Handlungsfähigkeit im Berufsleben und/oder die soziale Teilhabe geht.

Altersabhängige Veränderungen der biologischen Systeme und die damit verbundenen Leistungseinbußen und auftretenden Krankheiten sind zwar nicht oder nur in geringem Ausmaß revidierbar, wohl aber ist der Zeitpunkt und der Ausprägungsgrad ihres Auftretens häufig beeinflussbar, wenn geeignete Präventions- und Rehabilitationsmaßnahmen zum Tragen kommen (Kapitel 9).

Weiterführende Literatur

Spirduso, W. W., Francis, K. L. & MacRae, P. G. (2005). Physical Dimensions of Aging. Human Kinetics, Champaign, IL.
Schmidt, R. F., Lang, F. & Heckmann, M. (2011). Physiologie des Menschen. Springer, Berlin Heidelberg.
Carlson, N. R. (2004). Physiologische Psychologie. Pearson Studium, München, Boston.

4.5 Fragen zum Kapitel

1. Welche physischen Funktionseinbußen haben auch für das psychologische Altern Relevanz?

2. Erläutern Sie je zwei pathologische und zwei natürliche Veränderungen des Auges.

3. Worin unterscheiden sich Schallleitungsstörung, Schallempfindungsstörung und neurale bzw. zentrale Schwerhörigkeit? Beschreiben Sie daraus resultierende Einschränkungen.

4. Was ist Osteoporose, worauf ist diese zurückzuführen und wie kann der Entwicklung entgegengewirkt werden?

5. Wie entwickelt sich die Körperzusammensetzung (im Mittel) im Alter und weshalb ist das Wissen um die Zusammensetzung der Körpermasse von Relevanz?

6. Wie entwickelt sich die Kraft und welche Bedeutung hat Krafttraining im Alter?

7. Was wird unter dem Begriff „motorische Systeme" zusammengefasst und wofür sind diese zuständig?

8. Weshalb steigt das Sturzrisiko im hohen Alter? Auf welche Ursachen kann eine vermehrte Sturzanfälligkeit zurückgeführt werden?

9. Wie können sich Verschlechterungen in der Handgeschicklichkeit äußern und was können Ursachen für diese Verschlechterung sein?

10. Was versteht man unter Reservekapazität des Herz-Kreislauf-Systems und in welchem Ausmaß unterliegt dessen Funktionalität altersbedingten Veränderungen?

11. Was versteht man unter dem respiratorischen System und welchen Altersveränderungen (strukturell und funktional) unterliegt es?

5 Altern des Gehirns und Neuroplastizität

Primäre Altersveränderungen im Gehirn betreffen sowohl die Struktur bzw. die Anatomie des Gehirns, also sein Erscheinungsbild, als auch die Funktion, also die Art und Weise, wie es bestimmte Aufgaben löst. Im Folgenden werden beide Formen von Altersveränderungen des Gehirns beschrieben.

Unser Gehirn ist ein besonders anpassungsfähiges Organ, das sich über den gesamten Lebenszyklus immer wieder verändert und dadurch an spezifische Anforderungen anpasst. Neue Anregungen und Aufgaben haben hierauf ebenso einen Einfluss wie Unterforderung oder Nichtgebrauch. Daher gehen wir in diesem Kapitel auch auf die Bedeutung der bis ins hohe Alter erhaltenen Plastizität für das Altern des Gehirns und den Erhalt der Leistungsfähigkeit bis ins höhere Alter ein.

5.1 Einführung in den Aufbau des Gehirns

Das Gehirn besteht aus Großhirn, Kleinhirn, Zwischenhirn, Mittelhirn und Nachhirn. Das Großhirn ist der größte und höchstentwickelte Hirnabschnitt und ist in zwei Hemisphären geteilt, die in der Mitte über einen dicken Nervenstrang (Corpus Callosum oder Balken) miteinander verbunden sind. Das Großhirn ist die evolutionär jüngste Gehirnstruktur und bei höheren Säugern, vor allem dem Menschen, sehr stark ausgeprägt.

Strukturen im Großhirn, die in der Altersforschung eine große Rolle spielen, sind die aus dem Frontal- oder Stirnlappen, dem Parietal- oder Scheitellappen, dem Temporal- oder Schläfenlappen und dem Okzipital- oder Hinterhauptslappen bestehende Großhirnrinde (Kortex; Abbildung 5.1) und der evolutionär ältere Hippocampus, der vor allem mit Gedächtnisfunktionen in Beziehung gebracht wird. Aber auch subkortikale Strukturen wie der Thalamus im Zwischenhirn, eine Relaisstation für die ein- und ausgehende Information, die an vielen kognitiven, emotionalen und motorischen Prozessen beteiligten Basalganglien und das Kleinhirn (Cerebellum), das für viele Lern- und Automatisierungsprozesse wichtig ist, sind hier zu nennen.

Weiße und graue Substanz Die Großhirnrinde besteht aus einer 2 – 4 mm dicken Schicht von Nervenzellkörpern und deren Dendriten (Fortsätze zur Signalaufnahme). Aufgrund ihrer Färbung werden die Neurone als graue Substanz bezeichnet (Abbildung 5.3). Die weiße Substanz besteht aus den subkortikalen Nervenfasern und Nervenbahnen. Diese ziehen aus der Rinde in das Innere des Großhirns und beinhalten die Axone, das sind diejenigen Fortsätze der Nervenzellen, die Nervenimpulse von den Neuronen wegleiten. Die weiße Färbung entsteht durch das Myelin, das die Nervenfasern umgibt und sowohl zum Schutz als auch zur elektrischen Isolierung der Nervenfasern dient.

Rindenfelder und Funktionszentren Funktionell wird der Kortex in die sogenannten Rindenfelder oder Funktionszentren eingeteilt (Abbildung 5.1). Den Rindenfeldern bzw. dem Zusammenspiel verschiedener Rindenfelder werden bestimmte Funktionen, wie z. B. die Verarbeitung von Sinneseindrücken (sensorische Felder), die Koordination von Bewegungen (motorische Felder) oder das Denken und Erinnern (Gedanken- und Antriebsfelder), zugeschrieben. Die meisten Funktionszentren kommen symmetrisch in jeder Hemisphäre vor, wobei diese homologen Strukturen häufig für unterschiedliche Aspekte der entsprechenden Funktion zuständig sind. So werden in den Hemisphären jeweils sensorische Reize von der gegenüberliegenden (kontralateralen) Körperhälfte verarbeitet und auch die Motorik der kontralateralen Gliedmaßen und Körperbereiche gesteuert (z. B. steuert die rechte Hemisphäre die linke Hand). Einige Zentren sind jedoch nur in der linken oder rechten Hirnhälfte lokalisiert, wie z. B. das Sprachzentrum in der linken Hemisphäre (für weitere neurowissenschaftliche Grundlagen z. B. Kandel et al., 2012; Birbaumer & Schmidt, 2010, sowie Links zu Gehirn-Atlanten im Anhang).

5.2 Veränderungen des Gehirns über die Lebensspanne

Das Gehirn unterliegt über die gesamte Lebensspanne einer ständigen Veränderung, die (bislang) weder über einen einzelnen Mechanismus erklärt werden kann noch deren zeitliche Abfolge und Ausprägungsgrad eindeutig zu benennen sind.

Gehirnalterung Zu nennen sind zunächst einmal primäre, nicht beeinflussbare Altersveränderungen. Diese Prozesse betreffen sowohl die Struktur bzw. die Anatomie des Gehirns, also sein Erscheinungsbild, als auch die Funktion, also die Art und Weise, wie bestimmte Aufgaben gelöst werden. Dabei werden diese Prozesse in vielen Fällen über molekulare

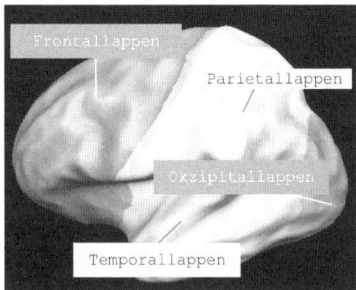
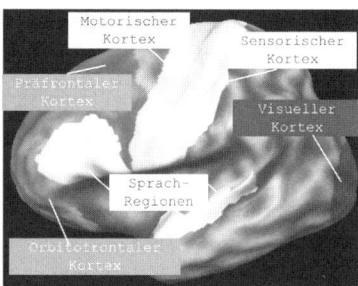
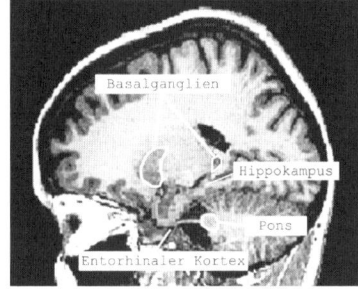

Abb. 5.1: Dargestellt sind einige wichtige in diesem Buch genannte Hirnstrukturen und funktionelle Areale.

Veränderungen induziert. Viele dieser Altersveränderungen gehen mit Fehlfunktionen bzw. Ausfällen von Molekülen oder Zellen einher, die sich schließlich in Form von Leistungseinbußen in unterschiedlichen Bereichen manifestieren (Seneszenz):

- verminderte Lern- und Gedächtnisleistungen,
- verminderte Leistungsfähigkeit bzgl. kognitiver, motorischer und sensorischer Aufgaben,
- verminderte Regenerationsfähigkeit.

Es gibt jedoch auch (altersbedingte) neuronale Veränderungen, die **Plastizität** nicht primär altersbedingt und zwangsläufig destruktiv sind, sondern auf eine hohe Plastizität des alternden Gehirns hinweisen. Neue Anregungen und Aufgaben sind hierfür ebenso von großer Bedeutung wie Unterforderung oder Nichtgebrauch. Auch kann das Gehirn älterer Menschen altersbedingte Defizite in kognitiven oder motorischen Funktionen kompensieren, indem es andere, in jungen Jahren für diese Aufgaben nicht benötigte Bereiche daran beteiligt. Die Plastizität des Gehirns, die zwar in ihrem Ausmaß abnimmt, aber trotzdem bis ins hohe Alter erhalten bleibt, ist somit eine Ressource, die dem Alterungs-

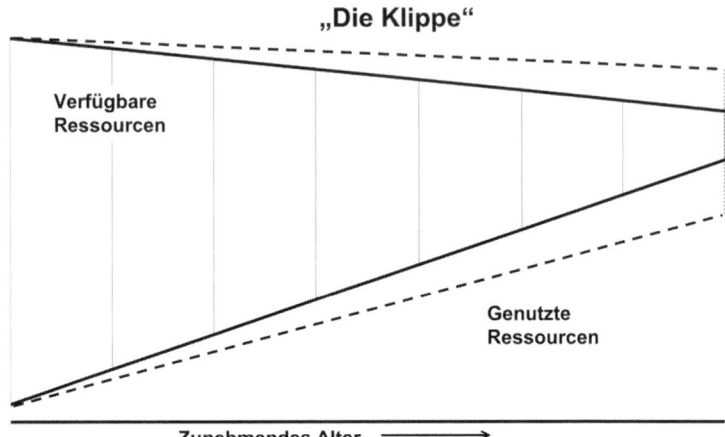

Abb. 5.2: „Die Klippe". Mit zunehmendem Alter müssen mehr Ressourcen genutzt werden, um die Leistungsfähigkeit zu erhalten. Gleichzeitig nimmt aber die Menge an nutzbaren Ressourcen ab (durchgezogene Linien). Die Wahrscheinlichkeit für Leistungseinbußen ist umso höher, je näher man der „Klippe" kommt, an der die vorhandenen Ressourcen nicht mehr ausreichen. Die Menge an vorhandenen und genutzten Ressourcen kann durch individuelle Verhaltensweisen und Gewohnheiten beeinflusst werden (gestrichelte Linie) (in Anlehnung an Spirduso, 1995).

prozess des Gehirns entgegenwirken kann. Erst wenn diese und andere Ressourcen (z.B. Gesundheit, Bildung) nicht mehr ausreichen, um das Altern des Gehirns zu kompensieren, kommt es zu Leistungseinbußen (Abbildung 5.2: „Die Klippe").

Primäre Alterungsprozesse und plastische Anpassungsprozesse des Gehirns können ähnliche Ausprägungen und Verläufe aufweisen und sind nicht immer eindeutig voneinander zu unterscheiden. In den folgenden Abschnitten werden beide Typen von Veränderungen im alternden Gehirn ausführlich dargestellt.

5.3 Strukturelle und physiologische Veränderungen des Gehirns

Strukturelle Veränderungen

Strukturelle Veränderungen betreffen die graue und weiße Substanz und die mit Flüssigkeit gefüllten Hohlräume (Ventrikel und sogenannte Spalträume) des Gehirns (Abbildung 5.3). Die Dichte und Dicke der

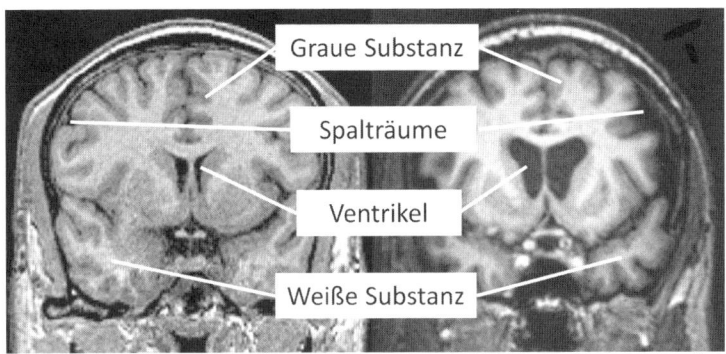

Abb. 5.3: Querschnitt eines jungen (links) und eines alten (rechts) Gehirns dargestellt mittels Magnetresonanztomografie (MRT).

grauen Substanz ändern sich ebenso wie die Dichte und Mikrostruktur der weißen Substanz. In der Folge nimmt das Gehirnvolumen in unterschiedlichen Bereichen ab und das Gehirngewicht verringert sich. Mit der Volumenabnahme der grauen und weißen Substanz nimmt das Volumen der Ventrikel und Spalträume zu. Dies wiederum ist verbunden mit einer Zunahme der Gehirnflüssigkeit.

Veränderungen der grauen Substanz

In Bezug auf die graue Substanz war seit den 1950er Jahren die Ansicht verbreitet, dass die Anzahl der Nervenzellen (Neurone) im Gehirn mit dem Alter abnimmt. Inzwischen weiß man jedoch, dass die Neuronenzahl je nach Gehirnregion im Alter nur geringfügig reduziert ist oder sogar konstant bleibt. **Volumen**

Im erwachsenen Gehirn gehen mit jedem Tag ca. 10.000 Nervenzellen verloren. Aber auch wenn diese Zahl sehr hoch erscheint, sind es bei insgesamt ca. 100 Milliarden Nervenzellen nur etwa 10 % der ursprünglichen Nervenzellen, die wir im Verlauf unseres gesamten Lebens einbüßen. Dabei variiert die Gesamtzahl an Neuronen im Gehirn individuell um bis zu 300%, also deutlich mehr. Im Unterschied zu Krankheiten wie Alzheimer sind Zellverluste somit nicht generell bedeutsam für funktionelle Einbußen während des normalen Alterns. Je nach betroffener Gehirnregion kann allerdings auch eine geringe Abnahme an Nervenzellen signifikante Effekte auf die Leistungsfähigkeit haben. Dies gilt vor allem für kleine Strukturen, wie die Basalganglien (s. u., Absatz zu Dopamin).

Entsprechend wird ein geringeres Volumen der grauen Substanz im Alter nicht mehr auf einen vermehrten Zelltod zurückgeführt, sondern auf eine geringere Vernetzung zwischen den Nervenzellen (Peters, 2002). Es bilden sich vor allem die Dendriten zurück, also diejenigen Nervenfortsätze, die der Aufnahme synaptisch übertragener Information dienen, und die sogenannten Spines, das sind Ausstülpungen der Dendriten, durch die deren Oberfläche vergrößert wird und mehr Synapsen auf den Dendriten Platz finden. Neben einem Abbau von Dendriten und Spines findet man auch einen Rückgang wichtiger Versorgungsstrukturen des Gehirns, wie der Blutkapillaren und der Gliazellen. Letztere stellen die Verbindung zwischen Blutkapillaren und Neuronen dar und bilden eine Schutz- und Stützschicht für die Nervenzellen.

Veränderungen der weißen Substanz

Mikrostruktur Nicht nur das Volumen, sondern auch die Mikrostruktur und Integrität der weißen Substanz verändert sich. Dabei verringern sich sowohl die Dichte als auch die Myelinisierung der Axone. Fasern splitten auf oder weisen Verdickungen auf. Diese Veränderungen in der weißen Substanz werden als sogenannte *Hyperintensitäten* (white matter hyperintensities, WMH) als hellweiße Flecken im Magnetresonanzbild sichtbar und werden häufig als Basis für die altersabhängige Verlangsamung kognitiver, motorischer und sensorischer Prozesse betrachtet. Das System der Informationsweitergabe arbeitet weniger effizient.

> Die verlangsamte Reizweiterleitung wird im Rahmen der **„General slowing theory"** (Cerella, 1990) als ein genereller Faktor („common cause") für eine geringere Verarbeitungskapazität und damit Leistungsfähigkeit des Gehirns betrachtet.

Strukturelle Veränderungen sind regionsspezifisch

Regionen altern unterschiedlich Die größte Abnahme des Volumens ist für den Nucleus Caudatus (Teil der Basalganglien), das Kleinhirn, den Hippocampus und den präfrontalen, also den vordersten Teil des Kortex, beschrieben worden. Geringere Veränderungen lassen sich im entorhinalen Kortex (einem Teil des sogenannten limbischen Systems) und kaum Veränderungen im visuellen Kortex, das ist die Sehrinde im okzipitalen Kortex, finden (Park & Reuter-Lorenz, 2009; Raz & Rodrigue, 2006). Die Ergebnisse variieren allerdings etwas je nach Studie. Insbesondere zum visuellen Kortex gibt es widersprüchliche Befunde.

Im Kortex werden auch für die Integrität der weißen Substanz die größten Veränderungen für anteriore (frontale) Regionen beschrieben. Die Zahl der WMHs ist in frontalen Regionen ebenfalls am größten. Die im Vergleich zum posterioren (hinteren) Teil des Gehirns stärkere Alterung des frontalen Gehirns wird als anterior-posteriorer Gradient bezeichnet.

Anterior-posteriorer Gradient

Strukturelle Veränderungen zeigen unterschiedliche Zeitverläufe. Angaben zur zeitlichen Veränderung des Gehirnvolumens variieren für die graue und weiße Substanz und die Ventrikel. Das Volumen der grauen Substanz nimmt ab dem 20. bis zum 80. Lebensjahr nahezu linear ab (Fotenos et al., 2005). Für die weiße Substanz wird im Mittel erst ab Mitte der 5. Dekade ein Abbau beschrieben, bis dahin wird Stabilität oder auch Wachstum beobachtet. Das Volumen des Ventrikelsystems nimmt um etwa 2,9 % pro Jahr zu, wobei diese Rate im hohen Alter auf 4,3 % ansteigt (Raz & Rodrigue, 2006). Von den Volumenänderungen sind allerdings nicht alle Hirnareale gleichermaßen betroffen.

Die Abnahme des Gehirnvolumens schreitet im höheren Alter also schneller voran.

Schnellere Abnahme im Alter

In einer Längsschnittstudie mit mittelalten und älteren Erwachsenen beobachteten Raz et al. (2010) bereits nach 15 Monaten eine signifikante Schrumpfung des Hippocampus, des entorhinalen Kortex, des orbitofrontalen Kortex und des Kleinhirns, wobei der Hippocampus wiederum mit zunehmendem Alter eine beschleunigte Volumenabnahme zeigte. Schrumpfungsprozesse für den Nucleus caudatus (einen Teil der Basalganglien), die präfrontale subkortikale weiße Substanz und das Corpus Callosum traten erst verzögert nach 30 Monaten auf. Über den gleichen Untersuchungszeitraum fanden die Autoren keine signifikante Veränderung für den seitlichen präfrontalen und den primären visuellen Kortex, das Putamen (einen anderen Teil der Basalganglien) und den Pons (Brücke, Teil des Nachhirns).

Die größten interindividuellen Unterschiede in der Schrumpfungsrate wurden dabei für den seitlichen präfrontalen Kortex, das Kleinhirn und für die weiße Substanz gefunden. Hingegen waren die Schrumpfungsraten für den orbito-frontalen und visuellen Kortex recht einheitlich über alle Individuen.

In einem nächsten Schritt konnten die Autoren dann für zwei Regionen der weißen Substanz Faktoren identifizieren, die mit einer Schrumpfung im Zusammenhang standen. Eine Volumenabnahme des Corpus Callosum wurde durch eine Hypertonie (Bluthochdruck) begünstigt. Geschlecht und eine genetische Prädisposition spielten bei der Alterung des Pons eine

Rolle: Frauen und Trägers des APOE4 Allels (die Variation eines Gens, das für ein wichtiges Protein im Gehirn kodiert und auch mit der Alzheimer Krankheit in Beziehung gebracht wird) zeigten deutliche Rückgänge.

Volumenabnahme und Funktionseinbußen

Bis heute gibt es nur wenige Längsschnittstudien zum Zusammenhang von Volumenveränderungen und Funktionseinbußen im Alter. Viele Ergebnisse beruhen auf Querschnittsdaten, sodass Kohortenunterschiede eine Rolle spielen und Alterseffekte vortäuschen können. Auch wenn aus diesem Grund viele Ergebnisse kritisch diskutiert werden und nicht immer konsistent und replizierbar sind, scheint es doch so zu sein, dass ein Verlust von Hirnmassevolumen im Alter mit einer Verschlechterung kognitiver Funktionen assoziiert ist.

Insbesondere das Volumen des Hippocampus und des präfrontalen Kortex stehen mit kognitiven Leistungen im Alter in Beziehung. So sind bei Älteren beispielsweise nachlassende Exekutivfunktionen (Aufmerksamkeitssteuerung, Handlungsauswahl, Inhibition unwichtiger Information; Kapitel 6) mit einem Rückgang des Volumens der grauen Substanz im präfrontalen Kortex und schlechtere Gedächtnisleistungen (z. B. Kurzzeitgedächtnis) mit einem Rückgang des Volumens im Hippocampus korreliert (Raz et al., 1998).

Physiologische Veränderungen

Enzyme und Neurotransmitter

Einige Enzyme, die am Aufbau von Neurotransmittern oder deren Rezeptoren beteiligt sind, verlieren mit fortschreitendem Alter ihre Wirksamkeit. Dies gilt unter anderem für die Proteasen (Enzyme, die für den Abbau von Eiweißen zuständig sind) und für Enzyme, die freie Radikale und andere Ionen inaktivieren, die die Proteine und das Genom schädigen können. Dadurch sind z. B. eine Verminderung der Zahl wichtiger Rezeptoren sowie eine reduzierte Ausschüttung von Neurotransmittern zu beobachten. Da die Transmittermenge die Signalübertragung unmittelbar beeinflusst, können geringere Transmitterspiegel (zum Beispiel von Glutamat, Dopamin oder Acetylcholin) zu einer verlangsamten bzw. ineffektiveren Informationsverarbeitung und somit zu Leistungseinbußen, sowohl bezüglich kognitiver als auch sensorischer und motorischer Aufgaben, führen.

Dopamintheorie des Alterns

Dopamin (DA), bzw. das dopaminerge System ist an vielen Verarbeitungsprozessen im Gehirn, aber auch am Lernen beteiligt. So steht beispielsweise die Konzentration von DA im Striatum und der Substantia Nigra, zwei Kerngebieten der Basalganglien, mit der Gehleistung und der Balance im Alter sowie mit der feinmotorischen Kontrolle im Zusammenhang. Für höhere kognitive Funktionen hat das DA-System ebenfalls eine wichtige Bedeutung. Studien zeigten eine Assoziation zwischen der Anzahl von Dopaminrezeptoren und der Dichte der Dopamintransporter und der Leistung in Exekutivfunktionen und dem Arbeitsgedächtnis bei älteren Erwachsenen. Veränderungen im Dopaminsystem werden deshalb eine wichtige Rolle für den Alterungsprozess zugeschrieben.

Abnahme des Dopamins

Veränderungen im DA-System sind, wie schon für die strukturellen Veränderungen beschrieben, ebenfalls nicht für alle Gehirnstrukturen gleich ausgeprägt. Vom frühen zum späten Erwachsenenalter zeigt sich eine deutliche Abnahme der DA-Produktion in der Substantia Nigra von 5–7 % pro Dekade (Kaasinen et al., 2000). Ein Rückgang von DA-Rezeptoren und DA-Transportermolekülen erfolgt ebenfalls mit einer Rate von 5–10 % pro Dekade und betrifft insbesondere den Thalamus, den frontalen Kortex, den temporalen Kortex und das Striatum. Obwohl die meisten Studien einen negativen linearen Zusammenhang zwischen Alter und DA finden, zeigt sich in einigen Studien auch ein kurvenlinearer Rückgang mit einer beschleunigten Abnahme im höheren Alter, insbesondere für die D2-Rezeptoren und die DA-Transportermoleküle (für einen Überblick Reeves et al., 2002). Die Gründe für die Abnahme im DA-Stoffwechsel sind vielfältig. Hierzu zählen beispielsweise allgemeine Mechanismen, die die prä- und postsynaptische Reifung des DA-Systems während der neuronalen Entwicklung regulieren (Bäckman & Farde, 2001).

Zu weiteren molekularen Veränderungen im Alter zählt eine Zunahme der Viskosität (Zähflüssigkeit) von Zellmembranen, die die Axonendigungen umhüllen. Ebenso zeigen sich altersabhängige Veränderungen der Fettzusammensetzung des Myelins, was sich auf die Geschwindigkeit und Effizienz der Impulsübertragung von Nervenfasern auswirken kann. So nimmt die Reizleitungsgeschwindigkeit der Nerven pro Dekade um etwa 5 % ab. **Myelin**

Eine weitere molekulare Veränderung, die sich negativ auf Gedächtnis- bzw. Lernleistungen auswirken kann, ist ein mit zunehmendem Alter verminderter Glucosespiegel. Dieser wiederum kann zu einem erhöhten Cortisolspiegel führen. Das Stresshormon Cortisol kann vor allem schädigend auf den Hippocampus wirken und somit verminderte Gedächtnis- bzw. Lernleistungen verursachen. **Cortisol**

Andere Hormone Ebenso tragen weitere hormonelle Veränderungen, wie ein geringerer *Testosteronspiegel* bzw. ein sinkender *Melatoninspiegel* zu Leistungseinbußen bei. Während Ersterer für zellwachstumsfördernde Prozesse von Relevanz ist, hat Melatonin eine schlaffördernde bzw. neuroprotektive Wirkung, so dass auftretende Defizite in diesen Bereichen z. B. auch regenerative Prozesse behindern können.

Hämodynamik

Durchblutung Eine ausreichende Durchblutung des Gehirns bis in die Mikrokapillaren (feinste Gefäßverzweigungen) hinein ist von großer Wichtigkeit für die Versorgung der Nervenzellen mit Nährstoffen und Energie und damit für die Gehirnleistung. Durch Veränderungen in den Gefäßen kommt es im Alter zu einer generellen Beeinträchtigung der Hämodynamik, also des Blutflusses im Gehirn. Nicht nur kann hierdurch die Versorgung wichtiger Gehirnbereiche mit Nährstoffen und Energie nicht ausreichend sichergestellt werden. Auch ist durch einen verzögerten Blutfluss in vielen Bereichen die notwendige lokale Erhöhung der Sauerstoffversorgung bei Aktivität verlangsamt und erniedrigt. Gerade bildgebende Verfahren des Gehirns wie die funktionelle Magnetresonanztomografie (MRT), deren Messsignal auf der Hämodynamik beruht (Kapitel 3), zeigen deshalb häufig verringerte Aktivierungen im Alter – auch in Gehirnregionen, in denen noch keine oder nur geringe strukturelle Veränderungen gemessen werden können, wie z. B. dem okzipitalen Kortex.

Altersbedingte Veränderungen im Gehirn:

- ▪ Moderater Verlust von Neuronen.
- ▪ Starke Abnahme neuronaler Verbindungen.
  - – Bis zu 17 % Abnahme im Laufe des Erwachsenenlebens.
  - – Ca. 5 % der Fasern von Aufsplitterung und/oder Verdickungen sind betroffen.
- ▪ Veränderungen im Neurotransmittersystem.
  - – Verringerte Neurotransmitterproduktion.
  - – Abnahme der Zahl der Rezeptoren.
  - – Verringerte Effizienz der Neurotransmitter.
- ▪ Beeinträchtigte Blut- und Sauerstoffversorgung.
  - – Die relative Sauerstoffsättigung des Blutes nimmt um einen Prozentpunkt pro Dekade ab.

Altersveränderungen führen zu geringerer Hirnaktivierung und zu Störungen der Kommunikation zwischen Nervenzellen und Gehirnbereichen. Pathologische Veränderungen unterscheiden sich vom normalen Alterungsprozess z. B. durch einen deutlich stärkeren Neuronenverlust von bis zu 50 % oder das Auftreten von Fibrillenbündeln und Plaques bei Alzheimer (Kapitel 8).

5.4 Veränderungen in der Funktionsweise des Gehirns

Altersveränderungen in der Funktionsweise des Gehirns werden vor allem mit funktioneller Bildgebung (fMRT, PET) und mit dem EEG untersucht. Während die funktionelle Bildgebung erlaubt, sich mit hoher räumlicher Auflösung Veränderungen in der Aktivierungsstärke verschiedener Areale und der Topografie dieser Aktivierungen anzuschauen, ist ein EEG besonders geeignet, die zeitliche Dynamik der neuronalen Prozesse zu untersuchen und daraus auf Veränderungen in kortikalen Verarbeitungsstrategien mit dem Alter zurückzuschließen (Kapitel 3).

> Der Begriff **Topografie** beschreibt das Muster, also die Verteilung der funktionellen Aktivierungen bei einer bestimmten Aufgabe oder einem Verarbeitungsprozess.

Die beschriebenen strukturellen und physiologischen Veränderungen des Gehirns spiegeln sich auch in den funktionellen Aktivierungen wider. Dies sind diejenigen Aktivierungen im Gehirn, die bei der Lösung oder Ausführung einer bestimmten Aufgabe oder in einem bestimmten Verarbeitungszustand beobachtet werden. Altersbedingte Veränderungen in den funktionellen Aktivierungen zeigen sich sowohl in Veränderungen der Aktivierungsstärke, gemessen als BOLD-Signal mit funktioneller MRT als auch als Veränderungen der Amplitude oder Power des EEG-Signals und in einer veränderten Ausdehnung der Aktivierungen.

Funktionelle Aktivierungen

Eine verlängerte Latenz spezifischer EEG-Komponenten wird mit verzögerter Reizweiterleitung in peripheren und zentralen Bahnen und damit auch mit Veränderungen vor allem der weißen Substanz in Beziehung gesetzt. Auch die Topografie, also die Beschreibung, welche Hirnregionen in einem bestimmten Zustand aktiviert und wie diese Regionen miteinander vernetzt sind, ist mit dem Alter Veränderungen unterworfen und kann mit fMRT und EEG beschrieben werden.

Latenz und Topografie

Bei älteren Erwachsenen geht die Lösung bestimmter Aufgaben häufig mit einer im Vergleich zu jüngeren Erwachsenen veränderten

Inanspruchnahme einzelner Gehirnbereiche einher; das gilt für kognitive Aufgaben gleichermaßen wie für die sensorische, die motorische und die emotionale Verarbeitung. Dabei werden in einem alternden Gehirn sowohl Aktivitätszunahmen als auch Aktivitätsabnahmen beobachtet. Die zu findenden Phänomene sind also vielfältig und multidirektional und werden im Folgenden näher erläutert.

Default- (Leerlauf-) Netzwerk

Das Default-Netzwerk ist ein Netzwerk von Gehirnregionen vor allem im medialen präfrontalen, temporalen und parietalen Kortex, das aktiv ist, wenn das Gehirn sich in einem wachen Ruhezustand befindet und das Individuum nicht auf eine bestimmte Aufgabe fokussiert ist. Es spiegelt also interne Verarbeitungszustände wider, die unabhängig von externen Einflüssen oder bewusst ausgeführten Aufgaben ablaufen. Normalerweise wird das Default-Netzwerk unterdrückt, wenn das Gehirn zu einer kognitiven Aufgabe wechselt.

Default-Netzwerk   Allerdings zeigen ältere Erwachsene eine deutlich geringere Fähigkeit, das Default-Netzwerk während einer Aufgabe zu deaktivieren, als jüngere Personen. Diese Altersunterschiede werden deutlicher, je anspruchsvoller die Aufgabe ist (Park & Reuter-Lorenz, 2009).

Alpha-Oszillationen   Eine Entsprechung zum Default-Netzwerk sind im EEG ausgeprägte Alpha-Oszillationen, die verstärkt während Ruhe auftreten und bei sensorischer Wahrnehmung und motorischen und kognitiven Aufgaben in den beteiligten Arealen zusammenbrechen. Auch diese aufgabenabhängige Desynchronisierung ist im Alter weniger stark ausgeprägt. Manche Theorien sprechen auch von Defiziten in der selbstinitiierten Kontrolle und Aktivierung von aufgabenabhängigen Gehirnregionen. Dies passt zu Befunden, dass man bei älteren Erwachsenen, die durch geänderte Verarbeitungsstrategien (z. B. visuelle statt auditive Enkodierung) gute Leistungen erzielen können, oft normale Aktivierungsmuster findet.

Geringere Aktivierung

Mit der fMRT findet man bei älteren Personen im Vergleich zu jüngeren oft eine reduzierte Aktivierung in den spezifisch an einer gegebenen Aufgabe beteiligten Hirnregionen (Reuter-Lorenz & Lustig, 2005). Diese geringere Aktivierung geht häufig einher mit schlechteren Leistungen in den jeweiligen kognitiven Aufgaben.

Frontale Unteraktivierung

Die altersabhängige Unteraktivierung betrifft häufig den präfrontalen Teil des Kortex und damit eine Region, die vor allem für das Arbeitsgedächtnis und die exekutive Kontrolle, das heißt z. B. für die Enkodierung und den Abruf von Informationen sowie die Steuerung von Aufmerksamkeit wichtig ist (Nyberg et al., 2003 a). Geringere Aktivierung der hippocampalen Formation steht im Zusammenhang mit verschlechterter Gedächtnisleistung und der Fähigkeit, Neues zu entdecken und darauf die Aufmerksamkeit zu richten. Unteraktivierungen findet man auch in sensorischen Netzwerken.

Geringere Aktivierungen werden als Zeichen für nachlassende spezifische Ressourcen interpretiert und somit mit strukturellen Veränderungen – Abbau der grauen und weißen Substanz – in Verbindung gebracht. Verringerte aufgabenabhängige Aktivierungen lassen sich auch mit dem EEG beobachten. Für alle Komponenten im ereigniskorrelierten Potenzial werden im Alter reduzierte Amplituden beschrieben. Dieser Effekt ist für spätere, eher kognitive Komponenten wie die sogenannte P3 am größten und für frühere Komponenten (N1, P1, N2), die eher mit der sensorischen Verarbeitung assoziiert werden, geringer.

Nachlassende Ressourcen

EEG-Komponenten werden nach ihrer Polarität (P für positive Welle oder Amplitude und N für negative Welle oder Amplitude) und ihrer Latenz, also der Zeit, die seit dem auslösenden Reiz oder Startsignal vergangen ist, benannt. Die P3 oder P300 ist also eine positive Welle, die etwa 300 Millisekunden nach einem Stimulus auftritt, die N1 eine negative Amplitude nach etwa 100 Millisekunden.

Verstärkte Aktivierung

Im alternden Gehirn führen morphologische und physiologische Veränderungen auch zu einer Beeinträchtigung der *intrakortikalen Hemmung*, also der gegenseitigen Hemmung bestimmter Kortexbereiche. Zu den Ursachen zählen die Abnahme der Zahl und der Funktionalität hemmender Neurone. Hemmung spielt eine wichtige Rolle für die Differenzierung und Spezifität von Nervenzellen. Nervenzellen und Gehirnregionen, die in jungen Erwachsenen hoch spezialisiert sind, werden so im Alter oft weniger spezifisch aktiviert. In der Folge aktivieren deshalb ältere Erwachsene bei einer bestimmten Aufgabe deutlich

Verringerte Hemmung

mehr und größere Hirnregionen. Häufig zeigen sie auch Aktivierungen in anderen Arealen als jüngere und damit eine unspezifischere Aktivierung (Reuter-Lorenz & Lustig, 2005).

Ineffektivere Verarbeitung Verbunden mit schlechteren Leistungen wird diese Überaktivierung als ineffektivere Verarbeitung interpretiert.

> Achtung: Überaktivierungen können sehr unterschiedlich in Erscheinung treten und werden in Abhängigkeit von der kognitiven Leistung jeweils unterschiedlich interpretiert. Wie im nächsten Kapitel beschrieben, kann Überaktivierung auch mit guten kognitiven Leistungen verbunden sein und wird dann im Sinne von Kompensation interpretiert.

! Nach der **Dedifferenzierungshypothese** werden Überaktivierungen im Gehirn als Umkehrung der während der Kindheits- und Jugendentwicklung auftretenden Differenzierungsprozesse verstanden.

B) Bei Kindern und jüngeren Erwachsenen werden Gesichter in einer spezifischen Region des temporalen Kortex repräsentiert, Gegenstände oder Orte in anderen Bereichen des Gehirns. Im Alter ist die für die Gesichtserkennung zuständige Gehirnregion jedoch oft auch beim Erkennen von Orten aktiviert (Park et al., 2004).

B) Milham et al. (2002) zeigten mit einer Stroop-Aufgabe (s. Kasten 2) für ältere Erwachsene im Vergleich zu jüngeren größere Aktivitäten in Regionen, die für die Fehlererkennung und die Hemmung aufgabenirrelevanter Informationen zuständig sind. Dies wird als Schwierigkeit älterer Erwachsener interpretiert, aufgabenirrelevante Informationen zu unterdrücken, und damit als ineffiziente Verarbeitung.

Stroop-Aufgabe

Bei der Stroop-Aufgabe (benannt nach dem Psychologen John Ridley Stroop) handelt es sich um einen Farb-Wort-Test, bei dem Farbwörter („blau", „rot", „gelb", „grün") entweder in der entsprechenden Farbe (kongruente Bedingung) oder in einer anderen Farbe dargestellt werden (also z. B. das Wort „blau" in grüner Farbe – inkongruente Bedingung). Der Testteilnehmer soll nun die Farben der dargebotenen Wörter benennen. Reaktionszeiten und Fehlerraten sind in der Regel für die inkongruente Bedingung höher. Der Test wird zur Untersuchung der exekutiven Kontrollfunktionen verwendet und zeigt typischerweise für ältere Menschen einen größeren Unterschied zwischen kongruenter und inkongruenter Bedingung (Inkongruenzeffekt).

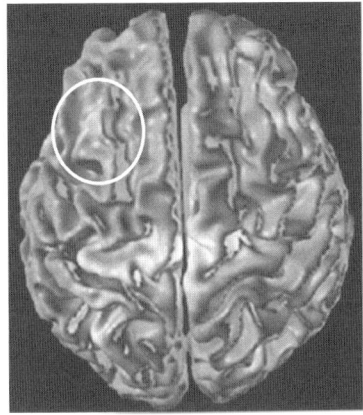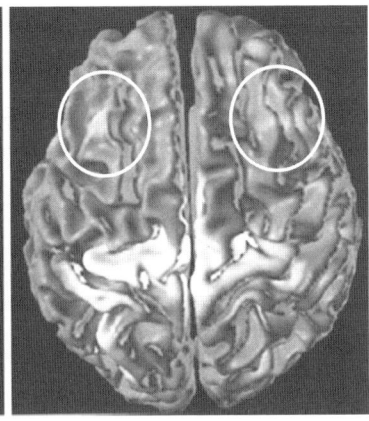

Abb. 5.4: Aktivierungen im Gehirn während einer Aufgabe zur exekutiven Kontrolle. Diese Aufnahmen mit der funktionellen MRT zeigen für junge (links) und ältere (rechts) Probanden die Aktivierungen im Gehirn während einer Aufgabe zur exekutiven Kontrolle. Während die jüngeren Personen nur Aktivierungen im linken frontalen Kortex aufweisen, zeigen die älteren Probanden bilaterale frontale Aktivierungen. Beide Gruppen zeigen zusätzliche Aktivierungen bilateral im sensomotorischen Kortex, da während der Aufgabe mit der linken und rechten Hand Tasten gedrückt werden mussten.

Auch eine geringere Lateralisierung (s. Kasten „Lateralisierung") neuronaler Aktivierungen ist eine Folge der nachlassenden Hemmung. Bei älteren Personen beobachtet man häufig eine gleichzeitige Aktivierung der homologen Bereiche in der linken und rechten Hemisphäre (Abbildung 5.4). Diese abnehmende Lateralisation wird im sogenannten HAROLD Modell (HAROLD = Hemispheric Asymmetry Reduction in OLDer Adults) beschrieben (Cabeza, 2002).

Geringere Lateralisierung

Lateralisierung

Viele Funktionen werden bevorzugt in einer der beiden Hemisphären des Gehirns repräsentiert. Beispiele für diese „Lateralisierung" sind eine Spezialisierung für Sprachverständnis und -produktion in der linken oder für die visuell-räumliche Aufmerksamkeit in der rechten Hemisphäre. Auch werden die Motorik der rechten Körperhälfte von der linken Hemisphäre und die Motorik der linken Körperhälfte von der rechten Hemisphäre gesteuert. Infolgedessen haben homologe, anatomisch gleiche

Strukturen unterschiedliche, häufig komplementäre, Funktionen. Diese funktionellen Differenzierungen des Gehirns beruhen unter anderem auf hemmenden Mechanismen zwischen den homologen Arealen der Hemisphären. Dadurch wird die Aktivierung des nicht für die betreffende Funktion optimierten Areals unterdrückt und störende Einflüsse werden dadurch minimiert.

Die Bedeutung einzelner Gehirnregionen für bestimmte Funktionen kann auch mithilfe der Transkraniellen Magnetstimulation (TMS) – einem Verfahren zur Induktion von virtuellen Läsionen, also vorübergehenden Inaktivierungen – demonstriert werden. Bei jüngeren Probanden konnte durch die Anwendung von TMS über einer Hemisphäre die Erinnerungsleistung beeinträchtigt werden, während bei älteren Probanden das Applizieren von TMS auf den linken oder rechten Kortex die Leistung nicht beeinflusste. Dies wird dahingehend interpretiert, dass bei älteren, nicht aber bei jüngeren Personen beide Hemisphären zur Erinnerungsleistung beitragen (Rossi et al., 2004).

Überaktivierung lässt sich auch mit der Elektroenzephalografie beobachten. Im EEG findet man eine stärkere Ausbreitung von evozierten Potenzialen, stärkere Kopplungen zwischen den elektrischen Schwingungen in den einzelnen Arealen in allen Frequenzbereichen und eine geringere Variabilität in der Stärke dieser Schwingungen (EEG-Power). Diese Veränderungen werden ebenfalls mit nachlassender Inhibition und in dessen Folge einem Zusammenbruch der funktionellen Spezialisierung in Beziehung gebracht.

Zusammenhang zwischen Gehirnalterung und kognitiver Leistung

Eine wichtige Frage ist, wie altersabhängige Veränderungen in den Aktivierungsmustern zu Altersveränderungen in der Kognition, der Motorik und der Sensorik in Beziehung gesetzt werden können. Methoden der Hirnforschung bestätigen zwar altersbedingte Veränderungen im Gehirn. Gleichzeitig wird aber auch immer deutlicher, dass die Vorgänge im Gehirn in keinem engen oder gar kausalen Zusammenhang mit den geistigen Aktivitäten einer Person stehen (müssen). Es kann angenommen werden, dass keine lineare Beziehung zwischen neurophysiologischen und kognitiven Veränderungen besteht, sondern dass kognitive Defizite erst dann sichtbar werden, wenn eine bestimmte Schwelle struktureller und funktioneller Veränderungen überschritten ist (Cabeza,

2002). Gleichzeitig können gleiche kognitive Leistungen bei älteren und jüngeren Personen mit ganz unterschiedlichen Aktivierungsmustern einhergehen. Unterschiedliche Ausprägungen dieser Kompensationsmechanismen werden im folgenden Kapitel beschrieben.

5.5 Die Plastizität des Gehirns ermöglicht Kompensation

Wie oben beschrieben kommt es im alternden Gehirn sowohl zu geringeren als auch zu zunehmenden Aktivierungen. Die funktionelle Bedeutung dieser Zu- oder Abnahme ist einerseits von der entsprechenden Aufgabe und andererseits von der Topografie dieser Aktivierungen abhängig. Interessanterweise können die zu findenden Veränderungen nicht nur den „allgemeinen" Alterungsprozess widerspiegeln, sondern auch mögliche Kompensationsprozesse zum Erhalt der geistigen, motorischen und sensorischen Fähigkeiten. Im Folgenden werden solche Kompensationsprozesse beschrieben und es wird gezeigt, welche Bedeutung die Neuroplastizität für die Kompensation hat.

Neuroplastizität im Alter

Bis vor 20 Jahren glaubte man, dass die Gehirnstrukturen und die Vernetzung der Nervenzellen im Gehirn in der Kindheit aufgebaut und ausdifferenziert werden und dann während des jungen und mittleren Erwachsenenalters genauso bestehen bleiben, gefolgt von einem unaufhaltsamen, von Leistungseinbußen begleiteten Abbau. Heute weiß man, dass die oben beschriebenen strukturellen und funktionellen Veränderungen im Alter nicht nur das Resultat primärer Degenerationsprozesse sind, sondern auch die Veränderbarkeit des Gehirns als Reaktion auf Lebenserfahrungen, Lernprozesse, veränderte Verhaltensweisen oder eben auch Funktionseinbußen, widerspiegeln.

Das Gehirn bleibt plastisch

Mit modernen Methoden der Neuro- und Verhaltenswissenschaften sowie geeigneten Studiendesigns lassen sich heute „normale" Alterungsprozesse wie verlangsamte Leitungsgeschwindigkeiten oder geringere Aktivitätsstärken in bestimmten Arealen, denen jedes Individuum in geringerem oder größerem Umfang unterworfen ist, von sekundären – adaptiven oder plastischen – Veränderungen abgrenzen, die zum Beispiel infolge sich mit höherem Alter verändernder Verhaltensmuster entstehen.

Primäres und sekundäres Altern

Viele dieser Erkenntnisse wurden in Tierstudien gewonnen. Ratten sind ein etabliertes Modell in der Altersforschung. Godde und Kollegen (2002) zeigten bei alten Ratten, dass bestimmte Veränderungen der Aktivitätsmuster im Gehirn durch Inaktivität und nicht durch den Alterungsprozess selbst ausgelöst wurden. Alte Ratten bewegen sich bei Standardkäfighaltung nur noch sehr wenig, wodurch die Stimulation der Hinterpfoten, wie es beim Laufen der Fall ist, sehr stark abnimmt. Die Vorderpfoten werden dagegen bis ins hohe Alter im gleichen Maß wie bei jungen Tieren für die Körperpflege und die Nahrungsaufnahme genutzt.

Die Autoren verglichen nun mit bildgebenden und neurophysiologischen Messverfahren in jungen und alten Ratten die Repräsentationen der Vorder- und Hinterpfoten im sensorischen Kortex, also derjenigen Bereiche im sensorischen Kortex, die durch eine Stimulation der Vorder- oder Hinterpfote aktiviert werden können. Dadurch wollte man Veränderungen in der Gehirnaktivität identifizieren, die nur für die Hinterpfote, nicht aber für die Vorderpfote zu finden waren und demnach auf den Nichtgebrauch zurückzuführen sein mussten. Unterschiede zwischen den Altersgruppen, die für beide Pfotenrepräsentationen auftraten, mussten eher altersbedingt sein.

Es zeigte sich, dass in beiden Bereichen des sensorischen Kortex die Signalamplituden geringer und die Antwortlatenzen länger waren – dies war also auf den Alterungsprozess zurückzuführen. Nur für die Hinterpfote waren jedoch die Ausdehnung der kortikalen Aktivierung geringer und die rezeptiven Felder auf der Pfote größer als bei jungen Tieren. Diese Veränderungen mussten also tatsächlich alleine durch das veränderte Verhalten der Tiere verursacht worden sein. Interessanterweise zeigten Tiere, die nach medikamentöser Behandlung ein ähnliches Laufverhalten zeigten wie junge Ratten, die beschriebenen verhaltensabhängigen Veränderungen nicht, wohl aber die geringere Signalstärke und längere Antwortlatenz (Godde et al., 2002).

Kompensation durch verstärkte Aktivierung

Verstärkte Aktivierung Normalerweise nimmt bei vielen Aufgaben die Aktivierung in den beteiligten Arealen mit der Aufgabenschwierigkeit oder der Komplexität der Aufgabe zu. Starke Aktivierung ist damit eine Antwort auf eine hohe Aufgabenschwierigkeit. Bei älteren Erwachsenen beobachtet man nun im Vergleich zu jüngeren häufig stärkere Aktivierungen, obwohl sich die kognitiven Leistungen nicht unterscheiden. Man nimmt an, dass das Gehirn der Älteren durch diese Überaktivierung für funktionelle oder strukturelle Abbauprozesse in den jeweiligen Regionen kompensiert (Raz & Rodrigue, 2006). Abbauprozesse führen dazu, dass Ältere mehr Ressourcen innerhalb der für die jeweilige Aufgabe relevanten Regionen oder auch in benachbarten Bereichen des Gehirns aktivieren müssen, um vergleichbare Leistungen wie Jüngere zu erbringen. In diesem Fall beschreibt Überaktivierung, auch im Sinne einer Dedifferenzierung, Kompensationsprozesse.

Kosten der Überaktivierung werden durch die sogenannte CRUNCH-Hypothese (CRUNCH = **C**ompensation-**R**elated **U**tilization of **N**eural **C**ircuits **H**ypothesis) beschrieben (Reuter-Lorenz & Lustig, 2005). Diese geht davon aus, dass ältere Personen schon bei leichten Aufgaben höhere Aktivierungen zeigen als jüngere, also zur Kompensation mehr ihrer Reserven nutzen und so früher ihr Leistungslimit erreichen.

CRUNCH-Hypothese

Kompensation

Mit funktioneller MRT beobachtet man in der Regel drei Typen von kompensatorischer Aktivität:

1. Lokale Überaktivierung: Hierbei werden innerhalb oder benachbart zur betreffenden Gehirnregion zusätzliche neuronale Ressourcen aktiviert, die normalerweise für andere Aufgaben genutzt werden. Im fMRT führt dies zu deutlich stärkeren Ausbreitungen der gemessenen Aktivierung.
2. Abnahme der Lateralisierung: Homologe, also anatomisch entsprechende Regionen der kontralateralen Hemisphäre werden genutzt, um eine – üblicherweise lateralisiert repräsentierte – Aufgabe auszuführen. Im fMRT sieht man bei Älteren deshalb häufig bilaterale frontale Aktivierung für Aufgaben, die in jungen Erwachsenen nur eine Hemisphäre ansprechen.
3. Veränderte Verarbeitungsstrategie: Ist ein Verarbeitungsprozess, zum Beispiel die auditive Enkodierung eines Gedächtnisinhalts, gestört, wird eine visuelle Enkodierung (bildliche Vorstellung eines gesprochenen Wortes) genutzt. Die fMRT zeigt hier die Aktivierung unterschiedlicher Netzwerke.

Kompensation durch funktionelle Reorganisation

Gehirnregionen mit den stärksten altersabhängigen strukturellen Veränderungen zeigen häufig auch eine stärkere Zunahme aufgabenabhängiger Aktivierung, was insbesondere für frontale Areale zutrifft (Greenwood, 2007). Aktivitätszunahme in einer Region kann aber auch infolge einer Aktivitätsabnahme in einer anderen Region auftreten. Die daraus resultierende Veränderung der Topografie, der mit einer bestimmten Aufgabe assoziierten Gehirnaktivierung kann als – bewusste oder unbewusste – Veränderung der Verarbeitungsstrategie aufgefasst werden.

Verlagerung von Aktivierung

Besonders oft wird für den präfrontalen Kortex (PFC) eine Überaktivierung, also eine im Vergleich zu jüngeren Menschen verstärkte Aktivierung beschrieben. Dies gilt für verschiedene Aufgaben wie die Gesichtserkennung, das Sprachverständnis und das Kurz- und Arbeitsgedächtnis. Man vermutet, dass das Gehirn durch eine verstärkte Aktivierung im PFC für Abbauprozesse in anderen Regionen, insbesondere im parietalen und okzipitalen Kortex und damit für altersbedingte Probleme bei der Wahrnehmung kompensiert. Auch nimmt im Alter beispielsweise die frontale Aktivierung bei der Ausführung motorischer Aufgaben zu, da in jungen Jahren automatisiert ablaufende motorische Prozesse im Alter weniger automatisiert ablaufen und einer zunehmenden kognitiven Kontrolle bedürfen (Seidler et al., 2010).

Posterior-anteriorer Shift PAS Es kommt also im Alter zu einer Verschiebung kortikaler Aktivierung von parietalen und posterioren Hirnregionen hin zu frontalen Arealen (funktionale Reorganisation). Damit kompensiert verstärkte frontale Aktivierung Altersveränderungen und/oder veränderte Anforderungen in anderen Arealen (Greenwood, 2007). In der Literatur ist dieses Phänomen als PASA-Hypothese (**P**osterior-**A**nterior **S**hift with **A**ging; Davis et al., 2008) beschrieben.

Die auf neuronaler Ebene zu beobachtenden Plastizitätsprozesse und -mechanismen zur Kompensation von strukturellen oder funktionellen Einbußen im Alter sind vergleichbar mit denen nach Krankheiten oder Läsionen (Kapitel 8). Kompensation durch eine Abnahme der Lateralisierung findet man z.B. auch bei Schlaganfallpatienten, bei denen die gesunde Hemisphäre Aufgaben der geschädigten Seite übernehmen kann.

Plastizität des Gehirns als Basis für Lernprozesse auch im Alter

Das Gehirn bleibt also auch im Alter plastisch. Abhängig von Reizen und Herausforderungen werden lebenslang neue Strukturen, neue Verbindungen und Netzwerke gebildet, sodass altersbedingte Veränderungen nicht zwangsläufig unwiderruflich sind oder zu Leistungseinbußen führen müssen. Die Plastizität des alternden Gehirns zeigt sich nicht nur in den oben beschriebenen Reorganisations- und Dedifferenzierungsprozessen, sondern auch im Erhalt des Lernvermögens älterer Menschen und in der Veränderung der Hirnstruktur und -funktion durch sich verändernde Umweltbedingungen und Verhaltensmuster (Park & Reuter-Lorenz, 2009) (Kapitel 9).

Alle Lernvorgänge gehen mit molekularen, funktionellen und/ oder strukturellen Veränderungen auf der Ebene des Nervensystems einher. Bei der synaptischen Plastizität ändert sich die Zahl und/oder Struktur von Synapsen, sodass die Effizienz der neuronalen Verschaltung verändert wird. Auch können neue Kontakte zwischen Nervenzellen geknüpft oder diese abgebaut werden. Die synaptischen Veränderungen sind sehr weitreichend (bis zu mehreren Millimetern oder auch Zentimetern) und resultieren häufig in veränderten Aktivierungsmustern, die sich nicht-invasiv auch beim Menschen mit EEG oder fMRT nachweisen lassen. Änderungen auf molekularer Ebene werden in Humanstudien als funktionelle und strukturelle Veränderungen des Gehirns sichtbar. Anhaltendes Lernen oder Training über Wochen oder Monate führt auch zu strukturellen Veränderungen, wie zum Beispiel Volumenänderungen der grauen und weißen Substanz. Die Bildung von neuen Nervenzellen (Neurogenese) tritt im erwachsenen Gehirn grundsätzlich nicht auf. Nur in einzelnen Regionen (Hippocampus, Subventrikulärzone) des menschlichen Gehirns konnte bisher Neurogenese nachgewiesen werden.

Training verändert das Gehirn

Beispielsweise führt in manchen Regionen des Gehirns schon ein 8-wöchiges Gedächtnistraining zu einer Zunahme der Kortexdicke, ein 6-wöchiges Jongliertraining zu strukturellen Veränderungen der weißen Substanz. Auch Studien zur Wirkung körperlicher Aktivität konnten zeigen, dass Verluste in der grauen und weißen Substanz bei Personen mit guter Ausdauerleistungsfähigkeit deutlich geringer ausgeprägt waren als bei gleichaltrigen unsportlichen Personen. Auf funktioneller Ebene weisen die Veränderungen auf eine effektivere Informationsverarbeitung bei körperlich trainierten Personen hin (Hillman et al., 2008). Während man in kognitiven Trainingsstudien nur einen geringen Transfer des Lerneffekts von den trainierten auf allgemeine kognitive Fähigkeiten in Alltagssituationen findet, scheint ein körperliches Training eine solche „übertragbare", also allgemein die kognitive Leistung steigernde Wirkung zu haben (s. Kapitel 9).

Normale (im gesunden Menschen auftretende) Alterungsprozesse müssen von krankhaften oder degenerativen Veränderungen im Alter abgegrenzt werden. Krankheiten, wie Hypertonie (Bluthochdruck), Schlaganfall oder Diabetes können einen negativen Einfluss auf die Hirnalterung haben und die Atrophie beschleunigen (Gunning-Dixon & Raz, 2000). In den meisten Studien zum normalen Altern werden Personen, die eine kardiovaskuläre oder neurologische Erkrankung aufweisen, von der Studienteilnahme ausgeschlossen, da pathologische Faktoren, die eine hohe Prävalenz im Alter haben, die Studienergebnisse von gesunden Älteren beeinflussen können. Einer dieser Faktoren ist Bluthochdruck, eine chronische Erkrankung, die mit Veränderungen des vaskulären Systems einhergeht. Definiert als systolische Werte über 140 mm Hg und diastolische Werte von größer 90 mm Hg gehört er zu den drei wichtigsten gesundheitlichen Risikofaktoren in entwickelten Ländern. Personen mit einem behandelten Bluthochdruck zeigen ein geringeres Risiko einer kognitiven Abnahme als Personen mit einem nicht behandelten bzw. nichtdiagnostizierten Bluthochdruck. Eine chronische Erhöhung des Blutdrucks verstärkt den Effekt des Alters auf die Atrophie des Gehirns. Es wurde sogar gezeigt, dass auch ein behandelter Bluthochdruck mit einer höheren Prävalenz von Abnormitäten der weißen Substanz und mit einem Rückgang der präfrontalen grauen und weißen Substanz assoziiert ist (Raz et al., 2003). Bluthochdruck scheint ebenfalls die Schrumpfung des Hippocampus zu beschleunigen und für die nicht linearen Verläufe im Alter verantwortlich zu sein. Auch zeigen Personen mit Bluthochdruck Volumenabnahmen in Regionen, die normalerweise stabil im Alter sind, wie dem primären visuellen Kortex.

5.6 Zusammenfassung

Charakterisiert ist die Gehirnalterung durch Veränderungen in Anatomie und Funktion. Das Gehirnvolumen nimmt ab und ältere Menschen zeigen von jüngeren Personen unterschiedliche Gehirnaktivierungen, die je nach Muster und Verhaltensleistung als Kompensation oder ineffektivere Verarbeitung interpretiert werden. Beobachtet werden aufgabenspezifische Über- oder Unteraktivierung des Gehirns sowie funktionelle Reorganisationen. Die einzelnen Gehirnregionen und Strukturen sind unterschiedlich stark von den Veränderungen betroffen. Auch die Unterschiede zwischen Personen sind groß. Trotz der natürlichen biologischen Grenzen der Entwicklung, die durch primäre Altersveränderungen beschrieben werden, weist das alternde Gehirn ein hohes Maß an Plastizität auf. Strukturelle und funktionelle Altersveränderungen können positiv durch Verhalten und Umgebungseinflüsse, aber auch negativ durch Krankheiten modifiziert werden. Damit existieren auch im Alter vielfältige Möglichkeiten für Interventionen, die den Altersprozess verzögern und die kognitiven Funktionen erhalten können. Zukünftige Studien sollten deshalb nicht nur darauf zielen, die Leistung Älterer im Vergleich zu Jüngeren zu betrachten, sondern vielmehr optimale Interventionen für Ältere zu entwickeln, die z. B. den Transfer trainierter Aufgaben auf Alltagssituationen gewährleisten. Die bildgebenden Verfahren des Gehirns ermöglichen, die Anatomie und Funktion unseres Gehirns immer besser zu verstehen. Mithilfe der Neurowissenschaft können in der Interventionsforschung Trainingseffekte auf neurophysiologischer Ebene beobachtet und die Mechanismen dieser Veränderungen erklärt werden. Die so gewonnenen Erkenntnisse können für die Gestaltung von Interventionen sowie einen ganzheitlichen Therapieansatz richtungweisend sein.

Weiterführende Literatur

Birbaumer, N. & Schmidt, R. F. (2010). Biologische Psychologie. Springer, Berlin, Heidelberg, New York.

Kandel, E., Schwartz, J., & Jessell, T. (2012). Neurowissenschaften: Eine Einführung. Spektrum Akademischer Verlag, Heidelberg.

Park, D.C. & Reuter-Lorenz, P.A. (2009). The adaptive brain: aging and neurocognitive scaffolding. Annual Reviews of Psychology, 60, 173 – 196.

Raz, N. & Rodrigue, K.M. (2006). Differential aging of the brain: patterns, cognitive correlates and modifiers. Neuroscience and Biobehavioral Reviews, 30(6), 730 – 748.

Reuter-Lorenz, P.A., & Lustig, C. (2005). Brain aging: reorganizing discoveries about the aging mind. Current Opinion in Neurobiology, 15(2), 245 – 251.

5.7 Fragen zum Kapitel

1. Wodurch unterscheiden sich strukturelle und funktionelle Hirnveränderungen? Nenne drei Beispiele für funktionelle Veränderungen im Alter.

2. Wenn in einer Aufgabe, z. B. einem Aufmerksamkeitstest, gleiche Leistungen für junge und ältere Personen gemessen werden, wie könnten sich dennoch die Aktivierungsmuster im Gehirn unterscheiden?

3. Was sind mögliche Ursachen, die strukturellen Altersveränderungen zugrunde liegen?

4. Wie ist zu erklären, dass das Ventrikelvolumen im Alter zunimmt?

5. In welche grundlegenden Veränderungen im Gehirn können Alterungsprozesse unterteilt werden?

6. Welche strukturellen Veränderungen ergeben sich für die graue und weiße Substanz im Altersverlauf, und welche Auswirkungen bringen diese Veränderungen mit sich?

7. Was ist unter regionsspezifischer Alterung der Gehirnstrukturen zu verstehen und welche Besonderheiten des zeitlichen Verlaufs gibt es?

8. Welche physiologischen Veränderungen zeigen sich mit fortschreitendem Alter, wodurch sind diese gekennzeichnet und welche Auswirkungen bringen diese mit sich?

9. Was ist unter Hämodynamik zu verstehen und welchen Veränderungen unterliegt diese im Altersverlauf?

10. Mit welchen Messmethoden lassen sich funktionelle Veränderungen im alternden Gehirn messen?

11. Welche Rückschlüsse bezüglich funktionaler Alterungsprozesse können aus Phänomenen wie Über- oder Unteraktivierung gezogen werden?

12. Welchen Zusammenhang zwischen Gehirnalterung und kognitiver Leistung gibt es?

13. Was verbirgt sich hinter dem Begriff der Plastizität des Gehirns? Worin unterscheidet sich das primäre vom sekundären Altern des Gehirns?

14. Welche Kompensationsmechanismen des Gehirns zeigen sich im Altersverlauf?

15. Welche Faktoren haben positiven Einfluss auf das alternde Gehirn und welche Faktoren wirken sich negativ aus?

6 Psychologisches Altern: Kognition

Unter psychologischem Altern verstehen wir Veränderungen in kognitiven, emotionalen und motivationalen Funktionen, aber auch in der Persönlichkeit und dem Verhalten, die mit dem Älterwerden einhergehen.

Zu einem großen Teil beruht das psychologische Altern auf den in den vorhergehenden Kapiteln beschriebenen altersbedingten Veränderungen in den Körper- und Gehirnfunktionen. So können Faktoren wie die Abnahme der Geschwindigkeit und der Präzision der Erregungsübertragung zwischen den Nervenzellen sowie andere Veränderungen im Gehirn (Kapitel 5) oder auch eine schlechtere Wahrnehmung (Kapitel 4) direkt oder indirekt die Leistungsfähigkeit in kognitiven Aufgaben beeinträchtigen. Allerdings muss es nicht unbedingt in allen kognitiven, emotionalen, motivationalen oder persönlichkeitsrelevanten Bereichen zu Funktionseinbußen und negativen Veränderungen kommen. In Bezug auf manche kognitiven Funktionen, wie z. B. das Sprachverständnis, profitieren ältere Menschen von ihrem Erfahrungswissen (s. u. „kristalline Intelligenz") und auch im emotionalen Bereich werden positive Entwicklungen beschrieben (siehe z. B. „Positivitätseffekt", Kapitel 7).

In diesem Kapitel werden wir unter Bezugnahme auf das Zwei-Komponenten-Modell der Intelligenz die kognitive Entwicklung im Alter beschreiben und dabei beispielhaft auf Veränderungen in der Aufmerksamkeit und den sogenannten Exekutivfunktionen, in Lernen und Gedächtnis und in Sprachverständnis und Sprachproduktion näher eingehen. Im anschließenden Kapitel 7 wenden wir uns dann den Dimensionen Persönlichkeit, Emotion und Motivation zu.

6.1 Das Zwei-Komponenten-Modell der Intelligenz

In der Alter(n)sforschung hat sich das Zwei-Komponenten-Modell der Intelligenz (Baltes & Baltes, 1990) etabliert, das die biologisch bestimmte *fluide Intelligenz* oder *„Mechanik"* und die kulturell geprägte *kristalline Intelligenz* oder *„Pragmatik"* postuliert.

Mechanik und Pragmatik der Intelligenz

Komponenten der fluiden Intelligenz sind u. a. die Informationsverarbeitungs- und Wahrnehmungsgeschwindigkeit und die Reaktionsgeschwindigkeit beim Lösen kognitiver Aufgaben, das Arbeitsgedächtnis, die selektive Aufmerksamkeit und die Hemmung aufgabenirrelevanter Informationen oder auch die Fähigkeit, zielgerichtete Handlungen und Reaktionen zu initiieren. Der gerade in neuerer Zeit in der Psychologie der Lebensspanne dafür verwendete Begriff *Mechanik* stammt daher, dass diese kognitiven Komponenten eng mit den zugrunde liegenden (neuro)biologischen Prozessen verknüpft sind.

Beispiele für die kristalline Intelligenz bzw. *Pragmatik* sind erworbene Denk- und Lernstrategien, Fähigkeiten wie Lesen und Schreiben, prozedurales Wissen wie z. B. berufliche Fertigkeiten oder auch erfahrungsbezogenes Wissen, Allgemeinwissen und Weltwissen („general world knowledge"), die dem semantischen Gedächtnis zugeordnet werden.

Mechanik und Pragmatik unterscheiden sich in ihren Entwicklungsverläufen

Zentral für die Altersforschung ist, dass Mechanik und Pragmatik der Intelligenz sich grundsätzlich in ihren Entwicklungsverläufen und Entwicklungsrichtungen unterscheiden und wechselseitig beeinflussen. Hinsichtlich des Verlaufs kann für die Mechanik das Bild des Aufbau-Stabilität-Abbau-Verlaufs angeführt werden (Abbildung 6.1). Die Leistungskurve steigt bis zum frühen Erwachsenenalter (20–30 Jahre) an und geht danach in eine Periode der Stabilität über. Schon im mittleren Erwachsenenalter setzt dann eine Phase des graduellen Abbaus ein, wobei negative Altersgradienten insbesondere für Komponenten wie Arbeitsgedächtnis (siehe unten), Geschwindigkeit der Informationsverarbeitung und Konzentrationsvermögen auftreten. Als generelle, durch das biologische Altern begünstigte Faktoren für den Abbau werden eine abnehmende Verarbeitungsgeschwindigkeit, geringere Verarbeitungsressourcen, ein Wettbewerb um kognitive Ressourcen zur Kompensation sensorischer und motorischer Einbußen (Kapitel 5 zur Theorie des *Posterior to anterior shift with aging,* PASA) und eine geringere inhibitorische Kontrolle diskutiert.

Im Unterschied zur Mechanik ist der Entwicklungsverlauf der Pragmatik durch Stabilität und unter bestimmten Bedingungen auch durch Zugewinne gekennzeichnet (Abbildung 6.1). Erst im sehr hohen Alter zeigen sich auch hier Verschlechterungen. Wortschatzaufgaben, Dimensionen sozialer Intelligenz sowie Expertenwissen, wie Weisheit oder berufsbezogenes Wissen, bleiben oft bis ins späte Lebensalter stabil. Hierbei zeigt sich, dass es Gedächtnisinhalte gibt, die bis ins höhere Lebensalter hinein erhalten und auch neu erworben werden können.

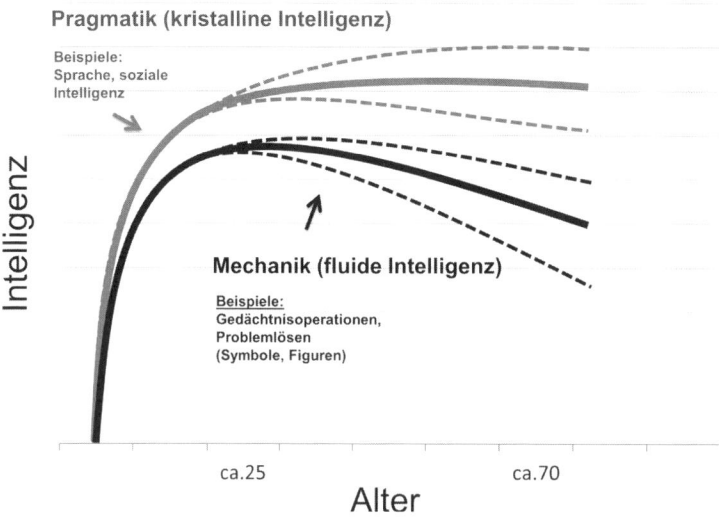

Abb. 6.1: Verschiedene Formen der Intelligenz in Anlehnung an die psychometrische Strukturtheorie der Intelligenz von Cattell und Horn (nach Baltes, 1990).

Die biologischen und die kulturell-erfahrungsabhängigen Einflüsse auf die Mechanik und Pragmatik sind über die Lebensspanne hinweg unterschiedlich stark ausgeprägt und interagieren miteinander. So dominieren *biologische Einflüsse* während der frühen Entwicklungsphase und im Alter aufgrund ihrer eigenen Entwicklung. In der biologisch eher stabilen Phase des frühen und mittleren Erwachsenenalters hingegen übt der *kulturelle und erfahrungsabhängige Kontext* einen stärkeren Einfluss auf die intellektuellen Fähigkeiten aus (Lindenberger, 2001). Die bis ins höhere Lebensalter erhaltene oder sich sogar verbessernde Pragmatik hilft, die Abbauerscheinungen in der kognitiven Mechanik auszugleichen. So wirkt sich das Erfahrungswissen beispielsweise positiv auf das Lösen alltagsrelevanter und zwischenmenschlicher Probleme aus. Im Alltag treten daher die Defizite in der Mechanik unter normalen Anforderungen nicht in den Vordergrund. Unterschiede zwischen jüngeren und älteren Personen zeigen sich vor allem mit steigender Aufgabenkomplexität, bei neuen Aufgaben oder wenn besonderer Wert auf die Bearbeitungsgeschwindigkeit gelegt wird.

Einflüsse auf Mechanik und Pragmatik

6.2   Einflussfaktoren auf kognitive Leistungen

Bei der Beurteilung von Studienergebnissen zur kognitiven Wirkung muss beachtet werden, dass die gezeigten Leistungen durch verschiedene Faktoren beeinflusst werden können. Hierzu gehören Kohorteneffekte, das Studiendesign (Querschnitt- vs. Längsschnittstudie, Kapitel 3) und auch Art und Anforderungen der für die Studie gewählten Aufgaben. Interindividuelle Unterschiede zwischen den Probanden sowie positive und negative Plastizität beeinflussen die Ergebnisse ebenfalls.

Kohorteneffekte   Wie in Kapitel 3 beschrieben, können Verhaltens- und Leistungsunterschiede zwischen Personengruppen auf Kohorteneffekten beruhen (Abbildung 6.2), also darauf, dass Mitglieder einer Geburtskohorte in ihrer Entwicklung vergleichbaren Umwelteinflüssen ausgesetzt waren, die sich von anderen Kohorten unterscheiden. So haben Personen, die einen Krieg miterlebt haben, andere Erfahrungen (z.B. Gewalt, Hunger) gemacht als Personen, die keinen Krieg miterlebt haben. Auch können entwicklungsbedingte Veränderungen in der kognitiven Leistung über die Lebensspanne durch unterschiedliche Ausgangsniveaus maskiert werden, sodass zum Zeitpunkt einer Querschnittserhebung keine Unterschiede zwischen den Gruppen gefunden werden.

Quer- vs. Längsschnittstudien   Mittlerweile liegen einige Längsschnittstudien zur Entwicklung der kognitiven Fähigkeiten über die Lebensspanne vor. Interessanterweise unterscheiden sich die Ergebnisse dieser Längsschnittstudien von Querschnittstudien in Bezug auf den Verlauf der Altersveränderungen. Schaie (2005) zeigte, dass Altersverläufe in der kognitiven Leistung in Querschnittstudien im Vergleich zu Längsschnittstudien eher überschätzt werden (Schaie, 2005).

Aufgabenart und -anforderungen   Darüber hinaus muss bedacht werden, dass auch die Art der Aufgabe und welche kognitiven Funktionen diese untersucht, die Höhe der Anforderungen einer Aufgabe sowie die Interaktion von verlangter fluider und kristalliner Intelligenz die kognitive Leistung beeinflussen.

Individueller Entwicklungsverlauf   Weiterhin ist kognitives Altern durch große inter- und intraindividuelle Variabilität gekennzeichnet (Kapitel 1, 2). Die sich verändernde Interaktion von Mechanik und Pragmatik über die Lebensspanne hinweg und die individuellen Unterschiede in den biologischen und genetischen Voraussetzungen sowie den sozialen und gesellschaftlichen Bedingungen und Umwelteinflüssen, unter denen diese Voraussetzungen ihre Wirkung entfalten, führen dazu, dass individuelle Entwicklungsverläufe von Mechanik und Pragmatik oder einzelnen Komponenten dieser Dimensionen sehr unterschiedlich sein können.

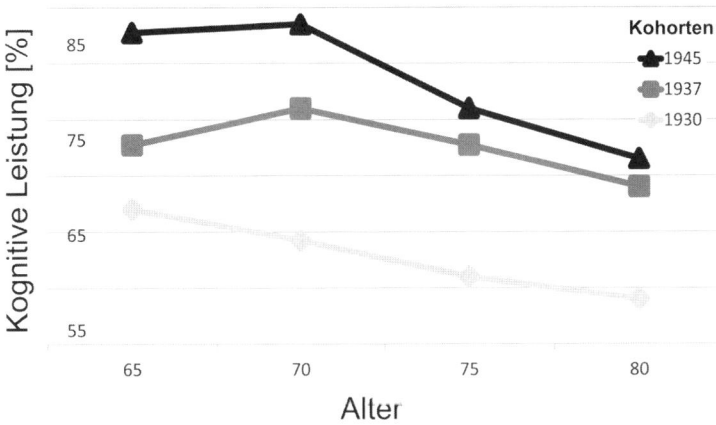

Abb. 6.2: Kohorteneffekte bei der kognitiven Leistung. In diesem theoretischen Beispiel zeigen alle Kohorten einen Abbau in der kognitiven Leistung über einen Zeitraum von 15 Jahren. Das Ausgangsniveau, also die Leistung im Alter von 65 Jahren, ist allerdings sehr unterschiedlich und dieser Unterschied kann größer sein als der eigentliche Alterseffekt selbst (nach Schaie, 2005).

Auch ist die kognitive Entwicklung über die Lebensspanne sehr plastisch, das heißt, sie passt sich an die jeweiligen Anforderungen und Lebensbedingungen an. Dabei sind sowohl positive als auch negative Abweichungen vom mittleren Entwicklungsverlauf möglich (positive und negative Plastizität). Somit trägt auch die Plastizität zur Individualität kognitiver Entwicklungsverläufe bei. **Positive und negative Plastizität**

Führt man sich die Vielfalt der genannten Einflüsse auf Kognition und gezeigte Leistungen sowie die Heterogenität der betrachteten Funktionen vor Augen, die allgemein unter „kognitive Funktionen" zusammengefasst werden, so wird erkennbar, dass sich die Frage, ob sich die kognitive Leistung mit dem Alter verändert (bzw. verschlechtert), nicht eindeutig beantworten lässt und wohl auch nicht sinnvoll ist. Beispielsweise zeigen sich häufig keine Einbußen, wenn die Anforderungen einer Aufgabe gering sind oder sich Möglichkeiten bieten, alltagsnahe Kompensationsstrategien anzuwenden. Einige Bereiche (z. B. Wortschatz) verbessern sich sogar. Sind Aufgaben aber sehr komplex, wird Wert auf Schnelligkeit gelegt und kann Vorwissen nicht eingesetzt werden, so sind Einbußen wahrscheinlich. Die Entwicklung kognitiver Funktionen muss daher sehr differenziert betrachtet werden, um der Heterogenität der kognitiven Funktionen Rechnung zu tragen.

6.3 Alterseffekte auf kognitive Funktionen

Im Folgenden wollen wir uns beispielhaft *typischen* Alterseffekten in einzelnen kognitiven Dimensionen zuwenden. Hierzu gehören *Aufmerksamkeit, Exekutivfunktionen, Lernen, Gedächtnis* und *Sprache*. Es sei vorab darauf hingewiesen, dass diese spezifischen kognitiven Fähigkeiten eng miteinander verbunden sind, auch wenn sie im Folgenden in getrennten Abschnitten behandelt werden. Diese Zusammenhänge zwischen den kognitiven Funktionen sind sowohl generell als auch für die Altersforschung relevant. So tragen die Funktionen gemeinsam unter anderem zu intellektuellen Fähigkeiten bei und stehen miteinander in Wechselwirkung. Beispielsweise besteht ein starker Zusammenhang zwischen Aufmerksamkeit und Gedächtnis. Fällt es einer Person schwer, sich auf ein Gespräch zu konzentrieren, so werden die Inhalte eher schlechter erinnert. Handelt es sich in dem Gespräch um Inhalte, bezüglich derer die Person Vorwissen hat, so sollte es leichter fallen, sich auf das Gespräch zu konzentrieren. Die enge Verbindung der kognitiven Funktionen und die Schwierigkeit, diese exakt gegeneinander abzugrenzen, spiegeln sich auch in der Vielfalt bestehender kognitiver Modelle wider. So wird beispielsweise in manchen Modellen die Kontrolle von Funktionen wie Aufmerksamkeit und Arbeitsgedächtnis zu den Exekutivfunktionen gezählt (Diamond, 2013).

> Kognitive Prozesse können bewusst beeinflusst werden. So konzentrieren wir uns beim Lesen eines Buchkapitels willentlich auf die vermittelten Inhalte oder merken uns Sachverhalte beim Erlernen eines neuen Hobbys. Prozesse können aber auch unbewusst ablaufen, wenn z. B. durch Urteile anderer oder durch Werbung unsere Entscheidungen beeinflusst werden, ohne dass wir dies bemerken. Mittels geeigneter Methoden (Kapitel 3) untersucht die (Neuro-)Kognitionsforschung die dafür kritischen Hirnregionen und neuronalen Verarbeitungsprozesse sowie die Art, wie diese Prozesse ineinandergreifen.

Aufmerksamkeit

Sich nicht mehr so gut oder so lange konzentrieren zu können und ablenkbarer zu sein als früher – diese subjektiven Eindrücke älterer Menschen sind in Veränderungen der Aufmerksamkeitsleistung begründet. Im Folgenden wollen wir uns verschiedene Formen der Aufmerksamkeit und mögliche Veränderungen mit dem Alter anschauen. Dazu gehören die *selektive Aufmerksamkeit*, die *Daueraufmerksamkeit* und die *geteilte Aufmerksamkeit*. Unter selektiver Aufmerksamkeit versteht man das Fokussieren der Aufmerksamkeit auf relevante und das Ausblenden irrelevanter Informationen. Unter Daueraufmerksamkeit wird die Aufmerksamkeitszuwendung über längere Zeiträume bei hohem Anteil relevanter Reize verstanden. Mit geteilter Aufmerksamkeit ist die Fähigkeit gemeint, Aufmerksamkeit auf mehrere Reize und Handlungen gleichzeitig zu richten. Generell nimmt die Aufmerksamkeitsleistung in all diesen Formen der Aufmerksamkeit mit dem Alter ab. Es gibt aber auch Unterschiede im Detail, sodass im Folgenden die Altersverläufe bezüglich der verschiedenen Formen der Aufmerksamkeit einzeln dargestellt werden sollen.

Am Beispiel des Autofahrens lassen sich selektive Aufmerksamkeit, Daueraufmerksamkeit und geteilte Aufmerksamkeit erläutern. Wir wählen einerseits willentlich Reize aus (andere Verkehrsteilnehmer, Ampeln und Schilder, die auf unsere Fahrtroute hinweisen), andererseits ziehen auch Reize unsere Aufmerksamkeit auf sich (Verkehrsteilnehmer, die überraschend die Straße betreten, ein blinkendes Baustellenschild). Auch halten wir in der Regel unsere Aufmerksamkeit über einen längeren Zeitraum aufrecht. Weiterhin wird Aufmerksamkeit auf verschiedene Aspekte der Situation gerichtet und somit geteilt. Hierzu gehören sowohl Reize in der Umgebung wie z. B. die Musik aus dem Radio oder die Ansage des Navigationssystems als auch das Autofahren selber. Erfolgreiches Teilen der Aufmerksamkeit ist übungsabhängig. Dies lässt sich daran verdeutlichen, dass beispielsweise das Autofahren selber (anfahren, schalten, auf die Spiegel achten, Blinker betätigen) mit Übung automatisiert wird und somit weniger Ressourcen benötigt. Gleichzeitig auf verschiedene Aspekte in der Situation zu achten, fällt dann leichter. Letzteres dürfte für viele ältere Autofahrer relevant sein, die über viel Übung und Erfahrungswissen verfügen, und damit gegebenenfalls eine langsamere Reaktionsfähigkeit ausgleichen bzw. kritische Situationen antizipieren und ihr Fahrverhalten dementsprechend anpassen können.

Da unsere Aufmerksamkeitskapazität *limitiert*, also begrenzt, ist und wir uns nicht auf alles gleichzeitig konzentrieren können, werden Reize zur Verarbeitung ausgewählt, d. h. Aufmerksamkeit ist *selektiv*.

Selektive Aufmerksamkeit

Wichtig ist hierbei, auch in Bezug auf das Altern, dass die Auswahl von Reizen sowohl aktiv kontrolliert („top-down", willentlich) als auch automatisch („bottom-up", reflexiv), z. B. von den Reizen selbst, gelenkt werden kann. Außerdem kann die Aufmerksamkeit selektiv von einem Ziel auf ein anderes im Raum verschoben werden, z. B. beim

Autofahren von der Ampel auf die Fahrbahn. Die Fähigkeit, Aufmerksamkeit bewusst räumlich zu verschieben, scheint sich mit dem Altern nur wenig zu ändern.

Laborstudien zeigen, dass ältere Personen sehr gut in der Lage sind, ihre Aufmerksamkeit kontrolliert auszurichten. Gibt z. B. ein Hinweisreiz an, wo ein Zielstimulus zu erwarten ist, so können ältere Probanden den Hinweisreiz genauso gut nutzen und ihre Aufmerksamkeit räumlich ausrichten wie jüngere Probanden (Olk & Kingstone, 2015). Untersuchungen zur reizgesteuerten Aufmerksamkeit zeigten allerdings auch, dass Ältere sich teilweise verzögert von einem irrelevanten Reiz lösen, um die Aufmerksamkeit auf ein neues Ziel richten zu können (Klein, 2000).

Eine beachtliche selektive Aufmerksamkeitsleistung wird auch bei der *visuellen Suche* erbracht, welche im Alltag sehr häufig ausgeführt wird, z. B. bei der Suche nach dem Schlüssel oder einer bekannten Person im Café. Im Labor wird die Fähigkeit zur visuellen Suche häufig mit Reizen wie Buchstaben, Formen oder Farben untersucht. Die Probanden werden instruiert, einen Zielreiz inmitten von Störreizen (Distraktoren) zu finden. Wenn der Zielreiz sich sehr von den Distraktoren unterscheidet und daher einfach zu finden ist, zeigen sich generell eher keine Alterseffekte. Ist die Suche jedoch anspruchsvoller und benötigt mehr Aufmerksamkeit, so nehmen die Reaktionszeiten insbesondere älterer Probanden zu. Ein Distraktor wirkt umso stärker, je mehr er aus den anderen Reizen hervorsticht. Weicht er zum Beispiel farblich oder in der Form sehr stark von den anderen Reizen ab, so können ältere Probanden auch bei einer einfachen Suchaufgabe stärker abgelenkt werden als Jüngere. Vorwissen über charakteristische Merkmale des Zielreizes (z. B. Ort oder Farbe) kann bei Älteren die Suchleistung verbessern und genauso wie bei Jüngeren einer Ablenkung entgegenwirken.

Dauer-aufmerksamkeit Betrachtet man die Daueraufmerksamkeit, so ergibt sich insgesamt eine heterogene Befundlage hinsichtlich Alterseffekten (Staub et al., 2013). Während einige Studien mit dem Alter abnehmende Leistungen postulieren, berichten andere gleichbleibende oder sogar bessere Leistungen mit dem Alter. Ein möglicher Grund sind unterschiedliche Untersuchungsmethoden und Definitionen der Daueraufmerksamkeit.

Eine neuere Studie von Carriere et al. (2010) untersuchte die Aufrechterhaltung der Aufmerksamkeit mit der sogenannten „Sustained Attention to Response Task" (SART). Hierbei werden einzeln Zahlen zwischen 1 und 9 dargeboten, auf welche mit einem Tastendruck reagiert werden soll. Nicht reagiert werden soll allerdings auf die Zahl „3", die in wenigen Durchgängen gezeigt wird. Die Reaktionszeit nimmt bei einer solchen

Aufgabe grundsätzlich mit dem Alter zu. Allerdings zeigten die Autoren, dass die Fehlerrate bei den älteren Probanden abnahm. Dieses Ergebnis legt nahe, dass die Leistung der älteren Teilnehmer durch strategische Kompensation (langsamer reagieren und dafür weniger Fehler machen = „speed-accuracy trade-off") gekennzeichnet war und dass die Fähigkeit zur Daueraufmerksamkeit an sich erhalten bleibt.

Im Alltag gibt es viele Situationen, in denen wir unsere Aufmerksamkeit zwischen verschiedenen Reizen teilen. Dies ist zum Beispiel der Fall, wenn während des Fernsehens ein Telefongespräch geführt wird. Schnell stoßen wir an unsere Grenzen, wirklich beides zu verfolgen, und Einbußen zeigen sich mit dem Alter verstärkt. Tatsächlich scheint anstatt einer gleichzeitigen Verarbeitung der Inhalte eher ein stetiger Wechsel zwischen den Reizen stattzufinden *(„Shifting")*. Dies gilt auch für die gleichzeitige Bearbeitung zweier Aufgaben *(„Doppelaufgaben")*. Sollen zwei Aufgaben zur gleichen Zeit bearbeitet werden, so ist dies, verglichen mit der Bearbeitung nur einer Aufgabe, mit Kosten verbunden, d.h., eine oder beide Aufgaben werden langsamer oder fehlerhafter ausgeführt als die jeweiligen Aufgaben alleine. Die Leistung in Doppelaufgaben nimmt mit dem Altern besonders ab.

Geteilte Aufmerksamkeit

Neider et al. (2011) verglichen die Leistung jüngerer und älterer Probanden beim Überqueren einer virtuellen Straße, während die Probanden die Straße ohne Ablenkung überquerten, gleichzeitig mit dem Handy telefonierten oder Musik hörten. Die Durchführung der Studie in virtueller Realität erlaubte es den Forschern, systematisch die Schwierigkeit der Aufgabe zu variieren, z.B. durch den Abstand der Fahrzeuge zueinander. Unterschiede zwischen den Gruppen zeigten sich besonders in der schwierigeren Bedingung, d.h., wenn der Abstand zwischen den Autos geringer war, und wenn mit dem Handy telefoniert wurde. Die älteren Probanden schafften es häufig nicht, die Straße in den vorgegebenen 30 Sekunden zu überqueren, weil sie länger am Straßenrand verweilten, bevor sie losgingen, und dies besonders, wenn sie mit dem Handy telefonierten. Möglicherweise benötigten die älteren Probanden unter diesen Umständen mehr Zeit, um sich auf das Überqueren der Straße vorzubereiten und ihre Aufmerksamkeit zwischen den Aufgaben zu verteilen.

Alterseffekte bei Doppelaufgaben gehen Hand in Hand mit einem erhöhten Risiko für Stürze, wenn ältere Probanden sich während des Gehens unterhalten (Schaefer & Schumacher, 2011). Biologische Abbauprozesse führen dazu, dass kognitive Ressourcen zur Ausführung vorher automatisierter motorischer Abläufe (z.B. Gehen, Hören) benötigt werden und so nicht mehr für andere kognitive Leistungen zur Verfügung stehen (Kapitel 4).

Jedoch zeigt sich auch bei Doppelaufgaben nicht immer ein altersspezifisches Defizit. Ribaupierre und Ludwig (2003) verglichen die Leistung jüngerer und älterer Probanden in unterschiedlichen Aufgaben, wenn nur eine Aufgabe oder wenn zwei Aufgaben bearbeitet werden sollten. Obwohl die älteren Probanden insgesamt (auch schon bei den Einzelaufgaben) geringere Leistungen zeigten, ergaben sich für sie nicht immer höhere Kosten bei der Bearbeitung von Doppelaufgaben als für die jüngeren Teilnehmer. Faktoren, die zuverlässig erklären, wann die Kosten bei den älteren Probanden höher ausfallen, lassen sich nicht eindeutig festmachen. Es scheint aber eine Rolle zu spielen, ob beide Aufgaben dieselben Systeme (z. B. visuelles System) beanspruchen oder eine Reaktion derselben Systeme (z. B. Antwort durch Tastendruck) erfordern.

Die Ausführung von Doppelaufgaben erfordert für die Koordination beider Aufgaben verschiedene kognitive Komponenten. Zum Beispiel muss zwischen mentalen Sets gewechselt werden („Shifting") – eine Komponente, die zu den Exekutivfunktionen (siehe unten) gerechnet wird. Unter einem mentalen Set versteht man eine Aufgabenrepräsentation, also beispielsweise das Ziel einer Aufgabe und auf welchen Reiz welche Reaktion folgen soll. Weiterhin spielen die Art der Aufgabe und die involvierten kognitiven Prozesse eine wichtige Rolle. Werden Aufgaben bearbeitet, die ältere Probanden sehr gut bewältigen können, wie z. B. lexikalische Entscheidungen, ob ein dargebotenes Wort ein richtiges Wort ist oder ein ausgedachtes „Non-Wort", so fallen Altersunterschiede merklich kleiner aus (Lien et al., 2006). Bei der Beurteilung von Doppelaufgaben ist ebenfalls zu beachten, dass die Fähigkeit, bestimmte Reize gleichzeitig zu verarbeiten und Handlungen gleichzeitig auszuführen (z. B. Lenken und Schalten beim Autofahren), auch von Erfahrung und Übung abhängt.

Exekutivfunktionen

Generelle Kontrollprozesse

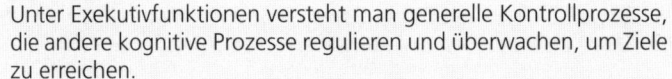

Unter Exekutivfunktionen versteht man generelle Kontrollprozesse, die andere kognitive Prozesse regulieren und überwachen, um Ziele zu erreichen.

Exekutivfunktionen spielen auch beim Planen und Entscheiden sowie bei der Regulation von Emotionen, Impulsen und Motivation eine wesentliche Rolle. Sie ermöglichen somit die optimale Anpassung von Verhalten in einer sich dynamisch verändernden Umwelt.

Trotz der Wichtigkeit von Exekutivfunktionen ist das Konzept der Exekutivfunktionen nicht sehr klar definiert und es gibt bisher keinen

Konsensus, wie viele und welche Exekutivfunktionen es gibt. Einige Autoren nennen vor allem Inhibition nicht adäquater Reaktionen, Aktualisierung (Updating) und Überwachung von Informationen im Arbeitsgedächtnis, Wechsel der Aufmerksamkeit zwischen Aufgaben und mentalen Sets (Miyake et al., 2000) sowie Wortflüssigkeit (Fisk & Sharp, 2004) als ausschlaggebende Faktoren, welche eng miteinander korreliert sind. Andere Modelle zählen, wie oben bereits erwähnt, auch die selektive Aufmerksamkeit zu den Exekutivfunktionen (Diamond, 2013).

Insgesamt scheinen die Exekutivfunktionen eher von altersbedingtem Abbau betroffen zu sein als andere kognitive Funktionen. Sie können daher als Marker für beginnende Defizite dienen, u. a. um einen frühzeitigen Einsatz von Interventionen einzuleiten.

Exekutivfunktionen sind mit verschiedenen Hirnarealen assoziiert. Historisch wiesen zunächst Beobachtungen bei Patienten mit Hirnverletzungen auf die wichtige Rolle der Frontallappen hin. So zeigten Patienten mit verletzten Frontallappen beispielsweise Schwierigkeiten, angemessene Handlungen zu zeigen und Ziele zu erreichen (Stuss & Alexander, 2000). Die verschiedenen Einbußen im kognitiven Bereich und im Verhalten wurden unter dem Begriff „dysexekutives Syndrom" bekannt (Baddeley & Wilson, 1988). Des Weiteren werden auch Schaltkreise, die subkortikale Strukturen wie die Basalganglien und den Thalamus einschließen, diskutiert (Royall et al., 2002). Hinsichtlich Alterseffekten wird dem Frontallappen und Veränderungen dessen mit dem Alter eine besondere Bedeutung beigemessen („Frontal lobe hypothesis").

Exekutivfunktionen können mittels standardisierter Tests oder Testbatterien erfasst und mithilfe von Experimenten untersucht werden. Hierbei ist zu beachten, dass die gestellten Aufgaben zumeist nicht ausschließlich eine bestimmte Exekutivfunktion untersuchen, sondern auch Anforderungen an andere Exekutivfunktionen stellen und auch nicht-exekutive Prozesse an der Bearbeitung der Aufgabe beteiligt sind. Beim „Wisconsin Card Sorting Test" (WCST; Berg, 1948), bei dem Karten mit verschiedenen Symbolen unterschiedlicher Anzahl und Farbe nach bestimmten (wechselnden) Regeln sortiert werden müssen, spielen beispielsweise Konzeptbildung, das Entdecken von Regeln, Inhibition und Aufrechterhalten und Wechseln eines mentalen Sets eine ausschlaggebende Rolle. Dies sollte bei der Interpretation der Ergebnisse bedacht werden, insbesondere wenn sich in einer Aufgabe Defizite zeigen.

Inhibition Defizite bei der Inhibition von automatisierten und reflexhaften aber falschen Antworten, der Inhibition irrelevanter Inhalte oder auch der Kontrolle der Aufmerksamkeit liegen der *Inhibitionsdefizit-Theorie* des kognitiven Alterns von Hasher und Zacks (1988) zugrunde.

Im Einklang mit der Theorie weisen einige Studien darauf hin, dass die Kontrolle der Aufmerksamkeit und der Antwortauswahl in Situationen, in denen kognitive Konflikte entstehen, mit dem Alter reduziert sein kann. Ein Konflikt liegt z. b. dann vor, wenn die Aufmerksamkeit auf bestimmte Reize oder deren Merkmale gerichtet und andere Reize oder deren Merkmale ignoriert werden sollen, die jedoch unbewusst und automatisch die Aufmerksamkeit auf sich ziehen. Dies ist im Alltag z. b. der Fall, wenn wir uns bei einer Zugfahrt auf unser Buch konzentrieren, aber die Gespräche der Mitfahrer ausblenden wollen (was nicht unbedingt gelingt). Im Labor können kognitive Konflikte mithilfe des Stroop-Tests (Stroop, 1935) und des Flanker-Paradigmas (Eriksen & Eriksen, 1974) simuliert werden (Abbildung 6.3). Das Ausmaß des Stroop- oder Flankereffekts gibt an, wie gut die Probanden ihre Aufmerksamkeit und Antwortauswahl kontrollieren können. Je größer der Effekt, desto weniger gelang die kognitive Kontrolle.

Generell sind Stroop- und Flankereffekt bei älteren im Vergleich zu jüngeren Probanden stärker ausgeprägt. Ursachen sind einerseits generell langsamere Reaktionen der Älteren und andererseits ein Nachlassen der Inhibitionskontrolle mit dem Alter. Ein stärkerer Flankereffekt bei Älteren findet sich jedoch nicht immer (Kawai et al., 2012). Eine mögliche Erklärung ist, dass es sich bei Inhibition nicht um ein einheitliches Konstrukt handelt und die Art der Inhibition, die in einer Aufgabe benötigt wird, differenziert betrachtet werden muss. Wie wir schon im Bereich der Aufmerksamkeit gesehen haben, beeinflussen auch hier die Art der Aufgabe, die genauen Bedingungen und die spezifischen Anforderungen, ob Alterseffekte gefunden werden.

Inhibition und Antwortauswahl spielen auch eine bedeutende Rolle in der sogenannten „Antisakkadenaufgabe". Olk und Kingstone (2009) nahmen die Augenbewegungen ihrer Probanden auf und baten ihre Probanden entweder, zu einem Reiz zu schauen (Prosakkade), von einem Reiz wegzuschauen (Antisakkade) oder den Blick auf dem zentral dargebotenen Fixationspunkt zu belassen (No-go). In der Prosakkadenbedingung wurde kaum Inhibition gefordert, da Probanden ihrer natürlichen Tendenz folgen konnten, zu einem erscheinenden Reiz zu schauen. In der Antisakkadenbedingung und in der No-go-Bedingung musste die Augenbewegung zum Reiz hin gehemmt werden. In der Antisakkadenbedingung musste zusätzlich die entgegengesetzte Augenbewegung ausgewählt und ausgeführt

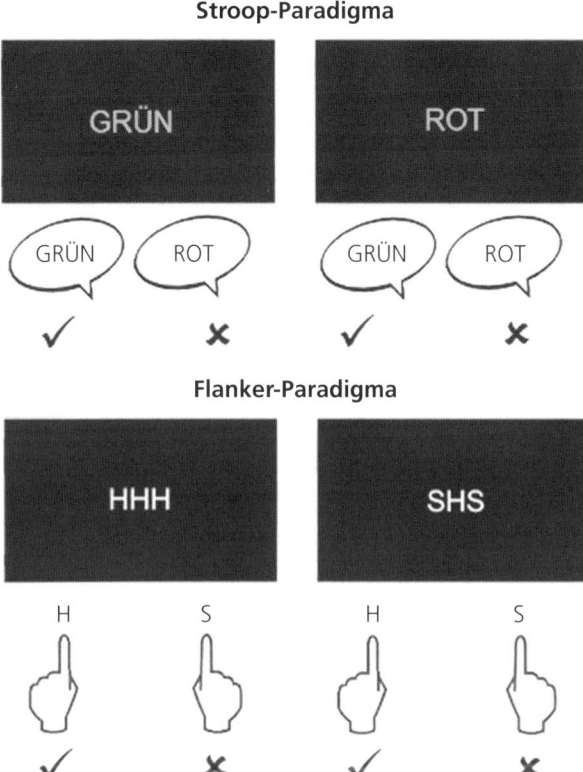

Abb. 6.3: In der Wort-Farbe-Version des Stroop-Tests (oben) muss die Farbe, in der ein Wort gedruckt ist, genannt werden (z. B. grün). In der kongruenten Bedingung sind die Farbwörter in der Farbe gedruckt, die sie benennen (z. B. „GRÜN" ist in grün gedruckt), in der inkongruenten Bedingung nicht (z. B. „ROT" ist in grün gedruckt). Die Probanden müssen das automatisierte Lesen der Wörter unterdrücken und ihre Aufmerksamkeit kontrolliert auf die Farbe, in der ein Wort gedruckt ist, lenken. Typischerweise reagieren sie in der inkongruenten Bedingung langsamer, durch den Stroopeffekt, da hier ein Konflikt vorliegt. Im Flanker-Paradigma (unten) muss die Aufmerksamkeit auf einen Zielreiz fokussiert werden, der mittig dargeboten wird. Seitliche Distraktoren („Flanker") müssen ausgeblendet werden. Die Probanden drücken eine von zwei Antworttasten, z. B. die linke Antworttaste für den Buchstaben „H" und die rechte Antworttaste für den Buchstaben „S". In der kongruenten Bedingung sind Zielreiz und Distraktoren gleich (HHH); in der inkongruenten Bedingung nicht (SHS). Die Probanden reagieren aufgrund des Konflikts langsamer in der inkongruenten Bedingung, durch den Flankereffekt. Das Symbol „✓" steht für die richtige Antwort, das Symbol „✗" für die falsche Antwort.

werden. Geringere Leistungen der älteren Probanden ergaben sich insbesondere in der Antisakkadenbedingung, jedoch nicht in der No-go-Bedingung, welche nur Inhibition erforderte. Die Ergebnisse sind daher nicht mit der Annahme konform, dass Ältere generell weniger dazu in der Lage sind, zu inhibieren und zu kontrollieren.

Aufgabenwechsel Bei der Besprechung von Doppelaufgaben (siehe oben) wurde deutlich, dass ein Wechsel zwischen zwei Aufgaben mit *Wechselkosten* verbunden ist, denn man muss sich von einer Aufgabenstellung zur anderen umstellen. Vor allem bei den sogenannten generellen Wechselkosten finden sich Alterseffekte. Generelle Wechselkosten werden durch den Vergleich von zwei Versuchsbedingungen erhoben. In einer homogenen Bedingung führen die Probanden immer die gleiche Aufgabe aus. In einer heterogenen Bedingung muss zwischen Aufgaben gewechselt werden. Der Vergleich beider Bedingungen zeigt die generellen Wechselkosten an, d. h., wie viel langsamer und fehlerhafter Probanden ggf. in der heterogenen Bedingung antworten. Gründe für generelle Wechselkosten könnten sein, dass in der heterogenen Bedingung zwei Aufgabenstellungen aufrechterhalten und koordiniert werden müssen. Ältere scheinen eher Schwierigkeiten zu haben, konkurrierende Aufgabensets aufrechtzuerhalten. Eine wichtige Komponente bei den beobachteten Wechselkosten ist die Beteiligung des Arbeitsgedächtnisses bei der zu bearbeitenden Aufgabe. So waren in einer Studie von Goffaux et al. (2008) die generellen Wechselkosten bei den älteren Probanden im Vergleich zu jüngeren Probanden nur dann höher, wenn die Älteren über eine schlechtere Arbeitsgedächtnisleistung verfügten. Bei älteren Probanden mit hoher Arbeitsgedächtnisleistung gab es keine Unterschiede zu der jüngeren Gruppe hinsichtlich der Wechselkosten.

Größere Variabilität mit dem Alter

Erhöhte intraindividuelle Variabilität (Inkonsistenz und Dispersion, Kapitel 1) wird insbesondere mit Defiziten in frontal gesteuerten Prozessen wie Aufmerksamkeitssteuerung oder exekutiver Kontrolle in Verbindung gebracht und als sensitiver Marker für die frühzeitige Beeinträchtigung der exekutiven Kontrollsysteme diskutiert (Hultsch et al., 2007). In Einklang mit der „Frontal lobe hypothesis of aging" (West, 1996) und der „Dopamintheorie des Alterns" (Bäckman et al., 2006) könnten Läsionen der grauen und weißen Substanz vor allem in frontalen Arealen dieser intraindividuellen Variabilität zugrunde liegen. Eine weitere Ursache könnte in der Zunahme neuronalen Rauschens begründet sein (MacDonald et al., 2006).

Egal, ob der Besuch einer Ausstellung oder des Arztes oder das nächs- **Planen**
te Mittagessen anstehen, Planen ist essenziell. Beim Planen entwirft
man in Gedanken eine Handlungsfolge, die darauf gerichtet ist, ein Ziel
zu erreichen. Hierbei werden auch Hindernisse, wie beispielsweise
zeitliche Einschränkungen, berücksichtigt. Zum Planen gehören auch
die Überwachung der Planausführung und gegebenenfalls die Veränderung des Plans oder der Abbruch der Ausführung. Im Labor werden
zur Untersuchung des Planens Aufgaben wie der „Turm von Hanoi"
verwendet. In diesem Test liegen im Ausgangszustand mehrere geloch-
te Scheiben der Größe nach sortiert auf einem Stab. Der Zielzustand,
bei dem alle Scheiben auf einen anderen Stab versetzt werden müssen,
soll erreicht werden. Hierbei darf immer nur eine Scheibe bewegt werden und eine größere darf nicht auf eine kleinere Scheibe gelegt werden. Ob Alterseffekte auftreten, hängt allerdings auch hierbei von der
Komplexität der Aufgabe und der benötigten Planung ab. Bei einfache-
ren Aufgaben (drei Scheiben) gibt es nur geringe Altersunterschiede,
aber wenn die Aufgabe komplexer wird und mehr Scheiben verwendet
werden, schneiden jüngere Probanden in der Regel besser ab. Bei der
Interpretation solcher Befunde ist jedoch zu bedenken, dass bei der
Bearbeitung des Tests neben dem Planen auch Exekutivfunktionen wie
Arbeitsgedächtnis und Inhibition benötigt werden. So ist es ratsam, die
Konsequenzen einer Handlung „mental durchzuspielen" und vor-
schnelles Verlegen der Scheiben zu vermeiden. Der „Turm von Hanoi"
Test misst daher unterschiedliche Funktionen.

Dass die Alltagsnähe einer Planungsaufgabe beeinflusst, ob Alterseffekte
gefunden werden, wurde von Phillips et al. (2006) gezeigt. Diese Autoren
verwendeten eine alltagsnähere Aufgabe, das Erstellen eines Arbeits-
plans. Hierbei wurden keine Alterseffekte gefunden.

Insgesamt zeigt sich, dass die verschiedenen Exekutivfunktionen nicht
einheitlich vom Altern betroffen sind und dass auch aktuelle Untersuchungen zu unterschiedlichen Befunden hinsichtlich Alterseffekten in
Bezug auf bestimmte Exekutivfunktionen kommen. Einbußen zeigen
sich dabei eher in sehr anspruchsvollen Situationen.

Tipps zu Aufmerksamkeit und Exekutivfunktionen

Für ältere Menschen kann es hilfreich sein, wenn sie nicht mit Klein-
details überfrachtet werden, sondern wenige klare Aussagen/An-
weisungen bekommen, um sich auf einzelne Aspekte der Aufgabe
konzentrieren zu können. Bei komplexeren Aufgaben und in kriti-

schen Situationen (z. B. Straßenverkehr) sollte Multitasking vermieden werden. Strategische Kompensation (langsamer reagieren und dafür weniger Fehler machen) kann in manchen Situationen hilfreich sein. Wenn allerdings korrekte Verhaltensweisen sehr schnell erfolgen müssen, mag diese Strategie nicht ausreichen. Zeitdruck sollte möglichst vermieden werden und die Möglichkeit zum Nutzen von Vorwissen gegeben werden.

Lernen und Gedächtnis

Eine der wohl häufigsten Klagen älterer Menschen ist, dass sie sich Informationen nicht mehr so gut einprägen können und vermehrt etwas vergessen. Lernen und Gedächtnis scheinen also besonders vom Alterungsprozess betroffen zu sein.

Auch bei der Bewertung von Lern- und Gedächtnisleistungen ist es wichtig, sich zu verdeutlichen, dass verschiedene Formen des Lernens und des Gedächtnisses zu unterscheiden sind. So kann Lernen mit Absicht, also intentional, oder eher „nebenbei", also implizit, stattfinden. Des Weiteren beziehen sich Lernen und Gedächtnis auf Enkodierung, Speicherung und Abruf von Informationen für kürzere oder längere Zeiträume (Kurzzeit- und Langzeitgedächtnis). Alterseffekte beim Speichern im Kurzzeitgedächtnis sind nicht sehr ausgeprägt, wohingegen Effekte für einige Formen des Langzeitgedächtnisses gefunden werden, wie unten ausführlicher dargestellt. Beim Abrufen können freier Abruf und Wiedererkennen unterschieden werden. Auch differenziert man Lern- und Gedächtnisleistungen hinsichtlich der Art des zu merkenden Materials (z. B. visuell-räumlich oder verbal).

Lernen Neue Informationen und Fertigkeiten werden über die gesamte Lebensspanne hinweg gelernt. Lernen bedeutet einen Zuwachs an Wissen und an Fertigkeiten, der uns neue Möglichkeiten des Verhaltens eröffnet. Erlernt eine Person beispielsweise den Umgang mit Computern, so eröffnet dies eine Fülle an Möglichkeiten, z. B. im Bereich der Kommunikation. Generell zeigen die Ergebnisse zur Lernforschung, dass ältere Probanden langsamer lernen. So benötigen sie beispielsweise mehr Lerndurchgänge beim Erlernen von Wort- oder Bilderpaaren.

Wie bei anderen kognitiven Aufgaben zeigen sich auch beim Lernen enorme interindividuelle Unterschiede. Während einige ältere Personen ähnliche Lernkurven aufweisen wie jüngere Probanden, scheinen andere eine deutlich erhöhte Lernschwelle zu haben und ihre Gedächtnisleistung kaum verbessern zu können. Nyberg prägte dafür die Begriffe der guten („old+") und schlechten („old-") Lerner und begründete die Unterschiede mit dem Ausmaß noch vorhandener Reservekapazität (Nyberg et al., 2003 b). Ursachen für die individuellen Lernleistungen sind unter anderem Unterschiede in der Verarbeitungsgeschwindigkeit oder dem Arbeitsgedächtnis. Wer hier bessere Leistungen zeigt, lernt auch schneller.

Kliegl et al. (1989) untersuchten die Behaltensleistung bei jüngeren und älteren Erwachsenen. Die Aufgabe der vier jüngeren (M = 22.8 Jahre) und 20 älteren Erwachsenen (M = 71.7 Jahre) bestand in dem Erinnern von 40 Wörtern, die den Probanden jeweils im Prä- und Posttest in zwei Präsentationsraten (20 Sekunden und 4 Sekunden pro Wort) vorgelegt wurden. Zwischen Prä- und Posttest wurden die Probanden in eine Mnemotechnik, die „Methode der Orte" eingewiesen. Bei dieser Mnemotechnik werden die zu erinnernden Worte mental an markanten Orten abgelegt (z. B. auf dem Weg zur Arbeit). Durch das Training zwischen den Testsitzungen wurden zwar bei beiden Altersgruppen, auch der älteren, beträchtliche Leistungssteigerungen erreicht, die jüngeren Erwachsenen erzielten jedoch signifikant höhere Zugewinne als die älteren Erwachsenen.

In einer weiteren Studie bekamen die Probanden die Aufgabe, 36 Karten zu sortieren, auf denen Objekte abgebildet waren, die sich verschiedenen Kategorien zuordnen ließen (Kliegl et al., 2003). Die Probanden sollten die Karten so sortieren, dass anschließend die Objekte möglichst gut erinnert werden konnten. Neben den drei Hauptkategorien Essen, Tiere und Haushaltsgegenstände, gab es jeweils vier Untergruppen (z. B. für Essen: tierische Produkte, Obst, Gemüse und Süßigkeiten). Gleich nach der Sortieraufgabe (direkter Test) und nach der Bearbeitung anderer Aufgaben (verzögerter Test) schrieben die Probanden alle Objekte auf, an die sie sich erinnern konnten. Die jüngeren Teilnehmer konnten im direkten sowie im verzögerten Test durchschnittlich mehr Objekte erinnern als die älteren Probanden. Weitere Berechnungen ergaben, dass diese Ergebnisse nicht nur durch das Altern, sondern auch durch die Kategorisierungsleistung (z. B. wie viele Kategorien gebildet wurden), die Gedächtnisspanne (gemessen mittels Zahlennachsprechen rückwärts, siehe unten Arbeitsgedächtnis) und die Inhibitionsleistung (gemessen mittels Stroop-Test) erklärt werden konnten. Hierbei stellte sich der Einfluss der Kategorisierungsleistung als besonders hoch heraus. Dieses Ergebnis legt nahe, dass eine selbstständige Strukturierung des Lernmaterials für den Lernerfolg sehr wichtig ist und das Erlernen einer solchen Strategie einen vielversprechenden Trainingsansatz bietet.

Einsatz von Lern- und Gedächtnis-strategien

Motorisches Lernen Ähnlich wie für die Kognition scheinen auch im motorischen Lernen die Anforderungen der Bewegungsaufgabe bedeutsam für den Lernerfolg zu sein. So sind Ergebnisse zum Lernen feinmotorischer Aufgaben durchaus andere als zum Lernen großmotorischer Aufgaben. Während die meisten Studien zeigen, dass bei feinmotorischen Aufgaben die Lernzuwächse bei älteren Erwachsenen geringer sind als bei jüngeren, sind die Ergebnisse für großmotorische Aufgaben heterogen. Zudem besteht Einigkeit darüber, dass altersspezifische Unterschiede im Lernen bei komplexen Aufgaben robuster ausfallen als bei weniger komplexen Aufgaben. Insbesondere bei einfachen, wenig komplexen Aufgaben gleicht der Leistungsgewinn älterer Erwachsener durch motorisches Üben häufig dem der jüngeren. Bei komplexen Bewegungen hingegen mögen sich kleine Defizite in einer Vielzahl von Parametern aufaddieren. Altersbedingte Unterschiede scheinen von daher immer dann größer zu sein, wenn ein größerer kognitiver und/oder motorischer Ressourceneinsatz notwendig ist.

Arbeitsgedächtnis Das sogenannte Arbeitsgedächtnis ist an der Bewältigung vieler kognitiver Aufgaben beteiligt und spielt daher eine wichtige Rolle für die Kognition. Für das Arbeitsgedächtnis ist das aktive Manipulieren von Informationen von zentraler Bedeutung, denn Arbeitsgedächtnis bezieht sich auf die Fähigkeit, gleichzeitig Informationen sowohl zu speichern als auch aktiv zu verarbeiten und miteinander zu verknüpfen. Wie oben erwähnt, zählen einerseits einige Modelle das Arbeitsgedächtnis zu den Exekutivfunktionen. Andererseits lässt sich das Arbeitsgedächtnis den Gedächtnisfunktionen zuordnen, mit dem Zusatz, dass es eine exekutive Komponente enthält, wie beispielsweise im Arbeitsgedächtnismodell von Baddeley (2000) beschrieben.

Das Arbeitsgedächtnis lässt sich durch verschiedene Aufgaben und Tests, wie „Zahlennachsprechen rückwärts" oder „n-back" untersuchen. Beim „Zahlennachsprechen rückwärts" werden dem Probanden Zahlen vorgelesen, z.B. „4, 7, 2, 9" und die Aufgabe des Probanden besteht darin, diese in der umgekehrten Reihenfolge wiederzugeben, also „9, 2, 7, 4." Die Anzahl der Reize wird systematisch erhöht, um die Grenze des Arbeitsgedächtnisses auszuloten. Bei „n-back" Aufgaben werden Reize (z.B. Zahlen, Buchstaben oder Gegenstände) kurz nacheinander auf einem Bildschirm gezeigt (Abbildung 6.4). Wiederholt sich ein Reiz nach z.B. zwei („2-back") oder drei („3-back") Durchgängen, muss eine Antworttaste gedrückt werden. „Zahlennachsprechen rückwärts" oder „n-back" beinhalten das aktive Manipulieren von Gedächtnisinhalten und messen somit das Arbeitsgedächtnis.

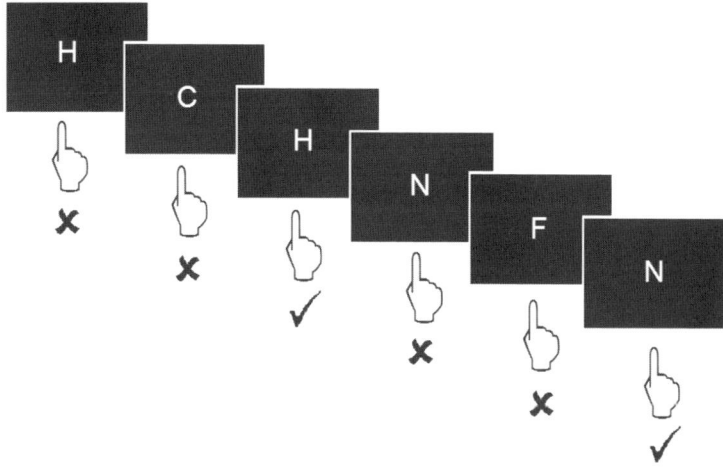

Abb. 6.4: Beispiel für eine „2-back"-Aufgabe. Wiederholt sich ein Reiz nach zwei Durchgängen, so muss eine Antworttaste gedrückt werden. Das Symbol „✓" steht für das korrekte Drücken der Antworttaste, das Symbol „✗" für das falsche Drücken der Antworttaste. Bei dieser Aufgabe müssen Gedächtnisinhalte fortwährend aktualisiert werden.

Beim Arbeitsgedächtnis zeigen sich mit fortschreitendem Alter (bereits ab dem 20. Lebensjahr) Einbußen. Insbesondere bei abstrakten visuell-räumlichen Mustern sind die Arbeitsgedächtnisleistungen Älterer geringer. Möglicherweise gelingt es Jüngeren besser, den Reizen eine Bedeutung zu geben und diese somit besser zu erinnern.

Da im Arbeitsgedächtnis Informationen nur für eine begrenzte Zeit gehalten werden können, kann die Verlangsamung mentaler Operationen mit dem Alter auch das weniger effektive Arbeitsgedächtnis und damit Einbußen beim Einprägen und Abrufen von Informationen erklären. Weniger elaboriertes und weniger tiefes Einprägen können die Folgen sein. Eine weitere Erklärungsmöglichkeit für Alterseffekte liegt laut Inhibitionsdefizit-Theorie (Hasher & Zacks, 1988) in der Abnahme inhibitorischer Kontrolle mit dem Alter. Dadurch können zum einen irrelevante Informationen eher Zugang zum Arbeitsgedächtnis finden – zu Ungunsten relevanter Informationen. Zum anderen können überlernte – jedoch in einer gegebenen Situation inkorrekte – Reaktionen schlechter gehemmt, und richtige Reaktionen schlechter ausgewählt werden (siehe auch Exekutivfunktionen).

Deklaratives und prozedurales Gedächtnis

In der Psychologie werden unter dem Begriff Gedächtnis verschiedene Gedächtnissysteme verstanden (Tulving, 1983; Squire, 2004). Unter **deklarativem/explizitem** Gedächtnis werden semantisches und episodisches Gedächtnis zusammengefasst. **Semantische** Gedächtnisinhalte beziehen sich auf „Weltwissen" über Regeln und Konzepte und auf Faktenwissen. Mit **episodischem** Gedächtnis sind Erinnerungen an Ereignisse und Episoden des eigenen Lebens gemeint, die an einen bestimmten Zeitpunkt und Ort gekoppelt sind. Auf die Inhalte des semantischen und episodischen Gedächtnisses kann bewusst zugegriffen werden. Unter **non-deklarativem/implizitem** Gedächtnis wird u. a. das **prozedurale** Gedächtnis verstanden. Prozedurales Gedächtnis bezieht sich auf Fertigkeiten wie beispielsweise Fahrradfahren und Klavierspielen sowie auf Gewohnheiten.

Die verschiedenen Gedächtnissysteme und -inhalte sind unterschiedlich stark von Alterungsprozessen betroffen. Während *semantisches* (mit der Ausnahme des Erinnerns von Namen) und *prozedurales Gedächtnis* eher keine Einbußen zeigen, ist das *episodische Gedächtnis* stark vom Altern betroffen. Dies zeigt sich sowohl für das sofortige als auch das verzögerte Erinnern von Informationen und auch für verschiedene Inhalte, wie z. B. kurze Geschichten, Wortlisten, Wortpaare oder Gesichter. Ältere Personen haben auch Schwierigkeiten, sich an bestimmte erlebte Ereignisse, an deren Zeitpunkt und den Ort des Geschehens oder an den Kontext zu erinnern (*„Quellengedächtnis"*). Die bewusste Erinnerung an Lebensepisoden nimmt ab. Diese Defizite können durch schwach geformte Assoziationen beim Enkodieren oder durch zu hohe Anforderungen an die Aufmerksamkeit beim Enkodieren oder Abrufen erklärt werden. Neurophysiologisch geht die Abnahme im episodischen Gedächtnis mit Veränderungen im Hippocampus einher (Kapitel 5).

Tiefe der Verarbeitung Generell sind Gedächtnisleistungen oft besser, wenn Informationen tief und elaboriert verarbeitet werden („levels of processing approach"; Craik & Lockhart, 1972). So werden Wörter beispielsweise besser erinnert, wenn sie zuvor hinsichtlich ihrer Bedeutung („Ist das folgende Wort eine Blume?") als wenn sie nur phonologisch verarbeitet werden („Reimt sich das folgende Wort auf Haus?"). Tiefe Verarbeitung benötigt jedoch ausreichend Verarbeitungsressourcen, die ja häufig mit dem Alterungsprozess abnehmen. Auch sind im Alter Gedächtnisspuren weniger distinktiv, d. h. weniger unverwechselbar und bezeichnend.

Einfluss der Sensorik Da die Qualität sensorischer Informationen mit dem Alter geringer wird und folglich ein Großteil der vorhandenen Verarbeitungsressourcen zur Identifikation von Reizen aufgewendet werden muss, bleiben wiederum weniger Ressourcen für die weitere Verarbeitung dieser Reize übrig. In diesem Zusammenhang zeigten Murphy et al. (2000), dass die Erinnerungsleistung jüngerer Probanden denen der Älteren gleicht, wenn die Älteren in einer ruhigen und die Jüngeren in einer lauteren Umgebung getestet wurden.

Gerade im Alter gibt es einen ausgeprägten Zusammenhang zwischen sensorischen, motorischen und kognitiven Leistungen. So liegen einem Nachlassen der kognitiven Leistungsfähigkeit häufig Defizite in der auditiven und visuellen Wahrnehmung zugrunde. In einer Studie von McCoy et al. (2005) wurden ältere Probanden ohne Hörverluste oder mit einer geringfügigen Beeinträchtigung des Hörens verglichen. Die Probanden hörten Wortlisten und mussten bei der Darbietung eines visuellen Hinweises die letzten drei Wörter der Liste erinnern. Es zeigte sich, dass die Erinnerungsleistung von 95 % of 80 % reduziert war, wenn Hörverluste vorlagen.

Bei der Gedächtnisleistung ist auch zu beachten, ob es sich um *freien Abruf* oder um *Wiedererkennen* handelt. Lernen die Probanden bei einem Test beispielsweise eine Wortliste, so werden sie beim freien Abruf gebeten, sich an so viele Wörter wie möglich zu erinnern. Bei einem Wiedererkennenstest werden ihnen Wörter präsentiert und sie sollen entscheiden, ob ein jeweiliges Wort zur zuerst gezeigten Liste gehört oder nicht. Das relativ automatisch ablaufende Wiedererkennen ist nicht sehr vom Altern betroffen, während für den freien Abruf Alterseffekte sichtbar sind. Eine Erklärung für diese unterschiedlichen Befunde könnte sein, dass vorher dargebotene Reize beim Wiedererkennen als Hinweisreize fungieren. Hinweisreize sind generell förderlich für die Gedächtnisleistung und auch ältere Probanden profitieren von diesen.

Hinsichtlich des autobiografischen Gedächtnisses, welches zum episodischen Gedächtnis zählt, werden später im Leben auftretende Ereignisse besser erinnert als früher aufgetretene. Bei den frühen Ereignissen werden am meisten die Ereignisse erinnert, die zwischen dem 10. und 30. Lebensjahr auftraten („reminiscence bump") (Rubin et al., 1998). Mögliche Erklärungen für diesen Effekt könnten sein, dass in dieser Zeitspanne viele Erfahrungen zum ersten Mal gemacht werden. Diese Ereignisse haben dann im späteren Leben Modellcharakter. Die gemachten Erfahrungen spielen eine große Rolle für die Identität einer Person. Auch nennen Probanden möglicherweise besonders prototypische Ereignisse nennen, wenn sie nach den wichtigsten Ereignissen ihres Lebens gefragt werden.

Stereotype beschreiben Personen vereinfacht mit einem behaupteten Sachverhalt („Alte Menschen interessieren sich nicht für Neues."), sind sehr schnell aktiviert und dienen der Kategorisierung von Personen. Hess et al. (2003) untersuchten den Einfluss von Stereotypen („stereotype threat") auf Gedächtnisleistungen. „Stereotype threat" bezieht sich auf die erlebte Bedrohung von Mitgliedern einer Gruppe, ihr Verhalten könnte negative Stereotype gegen die Gruppe bestätigen. Hess et al. zeigten, dass Alterseffekte am größten waren, wenn ein negativer Zusammenhang zwischen Altern und Gedächtnisdefiziten betont wurde. Ältere (62 bis 84 Jahre) und jüngere (18 bis 30 Jahre) Probanden lasen konstruierte Zeitungsartikel, die entweder mit dem Alter abnehmende Gedächtnisleistungen betonten, den Zusammenhang zwischen Altern und Gedächtnis positiv darstellten oder neutral waren. Eine Wortliste mit 30 Wörtern wurde für zwei Minuten gelernt, gefolgt von freiem Abruf. Die älteren Probanden, welche die negativen Artikel gelesen hatten, schnitten signifikant schlechter im Gedächtnistest ab, als die Probanden, die die positiven oder neutralen Artikel gelesen hatten. Die negativen Artikel waren besonders wirksam für ältere Personen, die angaben, dass Gedächtnisleistungen ihnen wichtig sind. Ältere Probanden, bei denen der Zusammenhang zwischen Altern und Gedächtnis positiv dargestellt wurde, zeigten eine bessere Leistung und verwendeten effektivere Gedächtnisstrategien.

Prospektives Gedächtnis

Das Erinnern von zukünftigen Handlungen, z. B. welche Aufgaben man zeitbasiert (also in einer Stunde oder am nächsten Tag) oder ereignisbasiert (wenn ein bestimmtes Ereignis eintritt) zu erledigen hat, wird *prospektives Gedächtnis* genannt. Prospektives Gedächtnis ist insbesondere vom Alterungsprozess betroffen, wenn die kognitiven Anforderungen eher hoch sind. Alterseffekte zeigen sich bei zeitbasierten und ereignisbasierten Aufgaben, sind jedoch bei zeitbasierten Aufgaben stärker ausgeprägt. Bei zeitbasierten Aufgaben ist mehr interne Kontrolle gefordert, denn es fehlt ein externer Hinweis (das Ereignis) auf die Tätigkeit. Wird prospektives Gedächtnis in alltagsnahen Situationen überprüft, z. B. wenn der Versuchsleiter zu einer bestimmten Zeit angerufen werden muss, schneiden ältere Probanden auch durchaus besser ab als jüngere. Dabei setzen Ältere oft Strategien oder externe Hilfsmittel ein, mit denen sie, aufgrund ihrer jahrelangen Erfahrung mit Gedächtniseinbußen, viel Übung haben, und können damit Defizite kompensieren. Defizite, die im Labor gefunden werden, lassen sich daher nicht immer direkt auf Situationen im Alltag übertragen, welche Kompensation erlauben.

Im Zusammenhang mit der kognitiven Entwicklung im Alter sollte auch das „Expertenwissen" beachtet werden. Studien zeigen z. B., dass Personen, die sich in früheren Lebensjahren systematisch und kontinuierlich mit Inhalten eines bestimmten Lebensbereiches auseinandergesetzt und zugleich effektive Handlungsstrategien zur Bewältigung der entsprechenden Anforderungen entwickelt haben, über ein umfangreiches Expertenwissen in diesem Bereich verfügen. So erbringen trotz der beschriebenen physiologischen und damit verbundenen kognitiven Einschränkungen, ältere Mitarbeiter im Vergleich zu jüngeren in der Regel keine schlechteren beruflichen Leistungen (Dittmann-Kohli & van der Hejden, 1996; s. Kapitel 10). Mit zunehmender Erfahrung erwirbt man Strategien, die es ermöglichen, verlangsamte Reaktionszeiten oder verschlechterte Gedächtnisleistungen auszugleichen.

Lern- und Gedächtnistipps

- Eine optimal gestaltete Lernumgebung ist hilfreich. Aufgrund von Veränderungen in der Sensorik (z. B. Sehen und Hören, Kapitel 4) sollte auf optimale Beleuchtung und Lautstärke geachtet werden. Wichtig ist weiterhin, das Tempo, in welchem Lerninhalte präsentiert werden, anzupassen. Da Ältere leichter ablenkbar sind, sollten Störungen aus der Umwelt gemieden werden.
- Merktechniken wie die „Methode der Orte" (Kapitel 2) können das Einprägen und Abrufen unterstützen.
- Routinen können sehr hilfreich sein (z. B. den Schlüssel immer am selben Ort aufbewahren; die Medikamente immer zur gleichen Zeit einnehmen).
- Beim Lernen und Einprägen hilft es, sich Vorwissen bewusst zu machen.
- Negative Stereotype sollten gemieden werden.

Sprache

Sprache ist eine der beachtlichsten Errungenschaften unserer Entwicklung, die weitgehend unsere Kommunikation und damit unser Zusammenleben bestimmt. Im Bereich der Sprache wird zwischen Sprachverständnis und Sprachproduktion unterschieden. Beides ist eng mit altersabhängigen Veränderungen der sensorischen und kognitiven Funktionen verknüpft. So besteht ein deutlicher Zusammenhang zwischen dem Verständnis gesprochener Sprache mit Veränderungen im auditiven System und dem Verständnis geschriebener Sprache mit Veränderungen im visuellen System. Es überrascht nicht, dass nachlassende Sehkraft mit Leseschwierigkeiten einhergehen kann.

Im Bereich der kognitiven Funktionen wirken sich ein vermindertes Arbeitsgedächtnis, eine Verlangsamung der Verarbeitungsgeschwindigkeit sowie Schwierigkeiten bei der Hemmung irrelevanter Information auch auf Sprachverständnis und -produktion aus. Beim Interpretieren von Untersuchungsergebnissen sollte bedacht werden, dass die meisten Untersuchungen beispielsweise Anforderungen an verschiedene Exekutivfunktionen stellen, die vom Altern betroffen sein können, sodass auch hier wieder Alterseffekte durch unterschiedliche Aufgaben und Anforderungen verursacht werden könnten.

Sprachverständnis Probleme älterer Menschen mit der Spracherkennung zeigen sich beispielsweise darin, dass sie länger brauchen, gesprochene Wörter zu erkennen. Das Erkennen von Wörtern kann mittels lexikalischer Entscheidungen untersucht werden. Hierbei werden den Probanden Wörter und sogenannte Non-Wörter gezeigt und es muss so schnell wie möglich entschieden werden, ob es sich bei dem dargebotenen Stimulus um ein echtes Wort handelt. Hierbei reagieren ältere Probanden meist langsamer, jedoch oft ebenso korrekt oder sogar korrekter als jüngere Probanden. Hinsichtlich des Sprach- und Textverständnisses können sich Schwierigkeiten ergeben, z. B. wenn die Syntax sehr komplex ist oder die Sätze eine Vielzahl grammatikalischer Operationen enthalten. Für ältere Erwachsene ist es schwierig, wenn der Abstand zwischen dem Satzsubjekt und Pronomen sehr groß ist, und sie haben Probleme, Unstimmigkeiten im Text zu entdecken, wenn die widersprüchlichen Informationen im Text nicht eng beieinander stehen. Die Veränderungen im Verständnis von „Alltagssätzen" sind allerdings minimal. Grundsätzlich werden das lexikalische System und die semantischen Verbindungen im Alter wenig beeinflusst. Im Vergleich zu jüngeren schneiden ältere Erwachsene in Vokabeltests in der Regel sogar besser ab (Wingfield & Stine-Morrow, 2000).

Sprachproduktion Probleme beim Abrufen von Wörtern aus dem Langzeitgedächtnis führen zu Altersveränderungen in der Sprachproduktion, d.h. ältere Menschen haben größere Probleme und sind langsamer als jüngere Personen beim Erinnern von Wörtern und Namen. Das hat zur Folge, dass die Sprache mehr Pronomen und/oder mehr undeutliche Hinweise enthält. Zum anderen entstehen Schwierigkeiten beim Planen von Sätzen. Dadurch kann es zu Verzögerungen, falschen Anfängen, Wortwiederholungen und Satzfragmenten kommen. Die Sätze sind weniger gut strukturiert, d.h. ältere Menschen vereinfachen ihre grammatikalischen Strukturen und benutzen kürzere Sätze. So haben sie mehr Zeit, Wörter zu erinnern und ihre Gedanken zu ordnen.

Für Ältere sind die Satzstrukturen so zu gestalten, dass sie nicht zu viele Detailinformationen gleichzeitig enthalten. Studien zum Verständnis von Bedienungsanleitungen haben gezeigt, dass es für ältere Menschen hilfreich ist, die schriftlichen Instruktionen durch Bilder zu veranschaulichen (Morrell & Park, 1993). Für das Lesen von Beipackzetteln von Medikamenten ist es hilfreich, wenn die Informationen in einem bestimmten Schema (z.B. Name, Anwendungsgebiet, Nebenwirkungen) aufgelistet sind (Morrow et al., 1996).

6.4   Zusammenfassung

Zusammenfassend lässt sich festhalten, dass die Entwicklung der kognitiven Funktionen über die Lebensspanne hinweg sehr differenziert betrachtet werden muss. Ob sich mit dem Altern Beeinträchtigungen nachweisen lassen oder nicht, hängt von der untersuchten Funktion, wie diese untersucht wurde, den Anforderungen der Aufgaben, aber auch von Vorwissen und Stereotypen ab. Für die meisten Aufgaben werden verschiedene kognitive Funktionen benötigt und diese beeinflussen sowohl gemeinsam als auch wechselseitig die Leistung. So wird sich reduzierte Aufmerksamkeit negativ auf die Gedächtnisleistung und das Lösen von Problemen auswirken. Auch physiologischer Abbau (z. B. beim Seh- und Hörvermögen) wirkt sich potenziell nachteilig auf kognitive Leistungen aus. Generell ergibt sich ein Muster, nach dem Funktionen, die an die Verarbeitungsschnelligkeit gekoppelt sind und die viele Ressourcen benötigen, eher Einbußen zeigen. Hierzu zählen beispielsweise die geteilte Aufmerksamkeit, das Arbeitsgedächtnis, das Aufrechterhalten mentaler Sets und die Sprachproduktion. Aber auch das episodische Gedächtnis ist betroffen. Erfreulicherweise bleiben semantisches Gedächtnis und prozedurales Gedächtnis stabil oder nehmen sogar zu. In vielen Fällen gelingt es älteren Erwachsenen, geringere Leistungen in den genannten Bereichen durch Expertise und Strategien wieder wettzumachen oder sogar bessere Leistungen als jüngere Erwachsene zu erzielen. Beim Lernen starten ältere Personen in der Regel auf einem geringeren Niveau als jüngere, ihr Lernzuwachs ist in vielen Studien aber vergleichbar. Dies weist auch darauf hin, dass trotz Nachlassen von Funktionen Plastizität beobachtbar ist (Kapitel 5, 9). In den Grenzen der Leistungsfähigkeit werden dann aber in der Regel Altersunterschiede zugunsten jüngerer Personen sichtbar. Kognitives Altern ist weiterhin durch große inter- und intraindividuelle Variabilität gekennzeichnet.

Weiterführende Literatur

Baltes, P. B. (1990). Entwicklungspsychologie der Lebensspanne: Theoretische Leitsätze. Psychologische Rundschau, 41, 1–24.

Craik, F. I. M. & Rose, N. S. (2012). Memory encoding and aging: A neurocognitive perspective. Neuroscience and Biobehavioral Reviews, 36, 1729–1739.

Salthouse, T. A., 1996. The processing speed theory of adult age differences in cognition. Psychological Review, 103, 403–428.

6.5 Fragen zum Kapitel

1. Was ist mit fluider und kristalliner Intelligenz gemeint?

2. Welche Formen der Aufmerksamkeit gibt es und wie können diese beschrieben werden?

3. In welchem Ausmaß sind Verschlechterungen der genannten Formen der Aufmerksamkeit zu erwarten?

4. Was wird unter Exekutivfunktionen verstanden und welche Funktionen fallen unter diesen Begriff?

5. Welche Veränderungen im Alter werden für die genannten Exekutivfunktionen postuliert?

6. Welche praktischen Anpassungen im Alltag oder im Beruf empfehlen sich aufgrund der Veränderungen der Aufmerksamkeit und der Exekutivfunktionen im Altersverlauf?

7. Wie verändert sich das Arbeitsgedächtnis mit zunehmendem Alter und welche Gründe könnten dabei eine Rolle spielen?

8. Welche Gedächtnissysteme unterscheidet die Psychologie und worin unterscheiden sich diese hinsichtlich ihrer Alterungsprozesse?

9. Welche Gründe für eine Verschlechterung der Gedächtnisleistungen im Alter lassen sich anführen?

10. In welche Bereiche lässt sich Sprache unterscheiden und welche Alterseffekte treten in den jeweiligen Bereichen auf?

7 Psychologisches Altern: Persönlichkeit, Emotion und Motivation

Bleiben wir mit dem Alter „ganz die Alten" oder verändert sich unsere Persönlichkeit im Laufe des Lebens? Diese Frage und ob mögliche Veränderungen auch noch in höherem Alter stattfinden, ist das zentrale Thema der Forschung zu Stabilität und Veränderung der Persönlichkeit. Im ersten Teil dieses Kapitels wollen wir uns möglichen Alterseffekten im Bereich der Persönlichkeit in den Dimensionen Extraversion, Verträglichkeit, Gewissenhaftigkeit, Neurotizismus und Offenheit für Erfahrungen zuwenden.

Im zweiten Teil des Kapitels liegt der Fokus auf Altersbefunden in Teilbereichen der Emotions- und der Motivationsforschung. Das subjektive Erleben, das Erkennen und das Ausdrücken von Gefühlen sind Gegenstand der Emotionsforschung. Herauszufinden, welche Ziele wir verfolgen und was uns antreibt, wird in der Motivationsforschung thematisiert. Emotion und Motivation sind eng miteinander verknüpft, aber stehen auch in wechselseitiger Beziehung zur Kognition (Kapitel 6). Im vorliegenden Kapitel stehen aktuelle Befunde zu Alterseffekten beim Erkennen von Emotionen, in der emotionalen Reaktivität, im Wohlbefinden sowie der Veränderung von eigenen Zielen im Alter im Mittelpunkt.

7.1 Persönlichkeit

Die Persönlichkeitspsychologie hat zum Ziel, Persönlichkeit zu beschreiben und zu erklären und ihre Entwicklung zu erforschen.

> Generell wird unter Persönlichkeit die „Gesamtheit aller überdauernden individuellen Besonderheiten im Erleben und Verhalten eines Menschen" (Asendorpf, 2015) verstanden, wobei auch Zeitspannen von Wochen oder Monaten als überdauernd angesehen werden.

Die Persönlichkeitspsychologie arbeitet heraus, welche Dispositionen Menschen haben, also welche Tendenzen sie im Erleben und Verhalten zeigen. Mittels wissenschaftlicher Untersuchungen zur Ähnlichkeit der Verwendung von Eigenschaftsbegriffen im Alltag („Trait"-Ansatz) ge-

Fünf-Faktoren-Modell

langte man zu einer Klassifikation dieser Eigenschaftsbegriffe – Fünf-Faktoren-Modell der Persönlichkeit oder auch „Big Five" genannt (McCrae & Costa, 1999). Die „Big Five" umfassen die Faktoren *Extraversion, Verträglichkeit, Gewissenhaftigkeit, Neurotizismus und Offenheit für Erfahrungen*. Das Fünf-Faktoren-Modell spielt bei der Beantwortung der Frage, ob sich Persönlichkeit mit dem Alter ändert oder eher stabil bleibt, eine ausschlaggebende Rolle, denn die Forschung in diesem Bereich ist weitgehend an dieses Modell angelehnt.

> Die Ausprägungen einer Person auf den fünf Dimensionen können mittels Persönlichkeitstests, z. B. dem NEO-Persönlichkeitsinventar nach Costa und McCrae, revidierte Fassung (NEO-PI-R) (Ostendorf & Angleitner, 2004) oder der Kurzversion NEO-Fünf-Faktoren-Inventar (NEO-FFI) (deutsche Version: Borkenau & Ostendorf, 2008) erfasst werden.

Die im Fünf-Faktoren-Modell postulierte Faktorenstruktur lässt sich in verschiedenen Kultur- und Sprachräumen nachweisen und kann bei Älteren wie auch bei Jüngeren gleichermaßen gezeigt werden. Jedoch sind strukturelle Veränderungen in den Zusammenhängen zwischen den fünf Faktoren möglich. Beispielsweise gibt es Hinweise darauf, dass Gewissenhaftigkeit mit zunehmendem Alter vermehrt mit den Faktoren Extraversion, Verträglichkeit und Offenheit für Erfahrungen zusammen auftritt (Allemand et al., 2008 b).

1. **Extraversion:** Personen mit hohen Extraversionswerten sind z. B. gesprächig, gesellig, personenorientiert und optimistisch. Personen mit niedrigen Extraversionswerten (Introversion) sind z. B. ruhig, zurückhaltend bei sozialen Interaktionen, gerne alleine und unabhängig.
2. **Verträglichkeit:** Personen mit hohen Verträglichkeitswerten sind z. B. altruistisch, verständnisvoll, hilfsbereit, mitfühlend und kooperativ. Personen mit niedrigen Verträglichkeitswerten sind eher egozentrisch und kompetitiv.
3. **Gewissenhaftigkeit:** Personen mit hohen Gewissenhaftigkeitswerten planen, sind sorgfältig, zuverlässig und verantwortungsvoll. Personen mit niedrigen Gewissenhaftigkeitswerten sind eher unachtsam und ungenau.
4. **Neurotizismus:** Personen mit hohen Neurotizismuswerten sind z. B. ängstlich, nervös, angespannt und unsicher. Personen mit niedrigen Neurotizismuswerten sind eher ruhig, stabil, entspannt und sicher.

5. **Offenheit für Erfahrungen:** Personen mit hohen Offenheits-
werten sind z. B. neugierig, intellektuell, fantasievoll, unkonventio-
nell und künstlerisch interessiert. Personen mit niedrigen Offen-
heitswerten sind eher konventionell, konservativ und bevorzugen
Bekanntes.

In der Persönlichkeitsforschung werden Stabilität und Veränderung von Persönlichkeitseigenschaften mittels Verfahren zur
Rangordnungsstabilität und über Mittelwertsveränderungen untersucht. Die Rangordnungsstabilität (auch Positionsstabilität
genannt) gibt an, inwieweit die Rangordnung von Personen einer
Stichprobe zwischen zwei Messzeitpunkten in Bezug auf ein Persönlichkeitsmerkmal gleichbleibt. Hierzu werden Persönlichkeitsmerkmale zu verschiedenen Zeitpunkten gemessen und
miteinander korreliert. Eine hohe Korrelation weist hierbei auf
hohe Stabilität hin. Veränderungen von Persönlichkeitsmerkmalen über die Lebensspanne hinweg werden zumeist durch Mittelwertsveränderungen erfasst. Hierzu werden die Mittelwerte eines
Merkmals in einer Stichprobe zu unterschiedlichen Zeitpunkten
gemessen und verglichen.

Persönlichkeit scheint vor allem im höheren Alter eher stabil zu bleiben. Darauf weisen die Ergebnisse von Metaanalysen zur Rangordnungsstabilität der Persönlichkeit hin. Die ermittelten Korrelationen fallen
recht hoch aus. Für die „Big Five" steigt die Rangordnungsstabilität
über die Lebensspanne an, bis sie im Alter von 50 bis 70 Jahren ein
Plateau erreicht ($r = 0.70 - 0.75$) (Roberts & DelVecchio, 2000). Andere Studien berichten für die Altersgruppe von 69 bis 72 Jahre sogar eine
Rangordnungsstabilität von $r = 0.88$ und für die Altersgruppe 81 bis 87
Jahre eine Rangordnungsstabilität von $r = 0.83$ (Mõttus et al., 2012).
Jedoch sind die ermittelten Korrelationen nicht so hoch, dass Veränderungen der Persönlichkeit ausgeschlossen werden können.

Veränderungen der Persönlichkeit treten auch noch im höheren Er- **Veränderungen**
wachsenenalter auf. Untersuchungen zu Mittelwertsveränderungen **der Persönlichkeit**
zeigen, dass Veränderungen vor allem im jungen Erwachsenenalter
auftreten, aber auch im weiteren Lebensverlauf durchaus möglich sind.
Interessanterweise verändern sich die verschiedenen Persönlichkeitsmerkmale über die Lebensspanne hinweg nicht gleichermaßen. Insgesamt scheinen ältere Personen *verträglicher* und *gewissenhafter* zu sein
als mittelalte und jüngere Personen, während *Offenheit für Erfahrungen* und *Neurotizismus* mit dem Alter *abnehmen* (Roberts et al., 2006;

Allemand et al., 2008 a). Letzteres ist jedoch durchaus positiv zu bewerten, denn eine Abnahme an Neurotizismus bedeutet, dass ältere Erwachsene emotional stabiler werden. *Extraversion* bleibt insgesamt eher *stabil* (Helson & Kwan, 2000), jedoch wird eine Unterteilung in soziale Dominanz (z. B. Dominanz, Unabhängigkeit, Selbstvertrauen) und soziale Vitalität (z. B. positiver Affekt und Geselligkeit) vorgeschlagen. Während soziale Dominanz bis zu einem Alter von 40 Jahren zunimmt, nimmt soziale Vitalität im Alter (von 60 bis 70 Jahren) eher ab. Allerdings ist Letzteres nicht nur bei Älteren zu beobachten, denn auch für Personen im Alter von 22 bis 30 Jahren wurde eine Abnahme von sozialer Vitalität berichtet (Roberts et al., 2006).

Noch nicht abschließend geklärt und empirisch zu prüfen bleibt das Ausmaß der Plastizität der beschriebenen Altersverläufe. So könnte abnehmender Offenheit für Erfahrungen durch das Stellen neuer Aufgaben im Alter und damit der Konfrontation älterer Menschen mit neuen Kontexten gegengesteuert werden. Nicht beantwortet ist auch, wie sich die „Big Five" bei zukünftigen Altersgenerationen aufgrund veränderter Sozialisations- und Lebensbedingungen verändern werden.

In einer Längsschnittstudie fanden Mühlig-Versen et al. (2012) heraus, dass ältere Teilnehmer mit hohen internalen Kontrollüberzeugungen, also beispielsweise Personen, die glauben, dass das Auftreten eines Ereignisses abhängig von ihrem eigenen Verhalten ist, mehr Offenheit für Erfahrungen zeigten, wenn sie ein Training hinsichtlich einer ehrenamtlichen Aufgabe erhielten. Im Gegensatz dazu zeigten die Teilnehmer der Kontrollgruppe, die das Training nicht erhielten, keine höhere Offenheit für Erfahrungen. Jackson et al. (2012) beschrieben, dass ein 16-wöchiges Trainingsprogramm mit dem Ziel, kognitive Funktionen in älteren Erwachsenen zu steigern, auch die Offenheit für Erfahrungen im Vergleich zu einer Kontrollgruppe erhöhte. Eigene unveröffentlichte Daten zeigen außerdem, dass die wiederholte Erfahrung von Veränderung (gewollte und ungewollte Arbeitsplatzwechsel) zu einer höheren Offenheit für neue Erfahrungen führen kann. Diese Studien verdeutlichen, dass mit geeigneten Maßnahmen erwünschte Persönlichkeitsmerkmale (auch) bei älteren Erwachsenen gezielt verstärkt werden können.

Erklärungen für Persönlichkeitsveränderung Wie lassen sich die mit dem Alter auftretenden Persönlichkeitsveränderungen erklären? Eine Reihe von Faktoren mag zu Veränderungen der Persönlichkeit im Alter beitragen. Zum einen könnten biologische Reifungs- und Entwicklungsprozesse zu Persönlichkeitsveränderungen über die Lebensspanne hinweg führen. Zum anderen könnten kritische Lebensereignisse und die Anpassung von Zielen und Verhalten, um biologische, psychologische und soziale Verluste zu kompensieren, eine wichtige Rolle spielen. Auch das Treffen von Entscheidungen im Sinne von verbindlichen Zusagen hinsichtlich Arbeit, Heirat und Familie mag mit der stärkeren Ausprägung der mit psychologischer Reife assoziierten Merkmale Verträglichkeit, Gewissenhaftigkeit und Abnahme an Neurotizismus zusammenhängen. Bedenkt man, dass soziale Rollen möglicherweise einen Einfluss auf die Persönlichkeit haben und dass sich das Auftreten bestimmter Lebensereignisse in den letzten Jahrzehnten jedoch nach hinten verschoben hat, erscheint das chronologische Alter gegebenenfalls kein idealer Marker für Persönlichkeitsänderungen zu sein (Kapitel 1).

Interindividuelle Unterschiede in der Entwicklung der Persönlichkeit, so wie auch Veränderungen im Bereich der Kognition, treten natürlich nicht zwingend für jede Person gleichermaßen auf. Die oben genannten Befunde beruhen auf dem Vergleich von Mittelwerten und müssen daher nicht für jede einzelne Person so zutreffen. Vielmehr können Veränderungen von Persönlichkeitsmerkmalen individuell sehr unterschiedlich ausfallen.

Interindividuelle Unterschiede

In der Persönlichkeitspsychologie (über die Lebensspanne hinweg) gewinnt das 6-Foci-Modell zunehmend an Bedeutung (Hooker & McAdams, 2003; Mroczek et al., 2006). Dieses Modell organisiert sechs sogenannte Foci anhand der beiden Dimensionen „Struktur" und „Prozess". „Struktur" ist an den Trait-Ansatz angelehnt, wird als eher festgelegt und sich nur langsam und über längere Zeiträume verändernd angesehen. „Prozess" hingegen bezieht sich auf den sozial-kognitiven Ansatz, bei dem beispielsweise situationsabhängiges Verhalten thematisiert wird, also eher dynamische Aspekte, die sich rasch und vorübergehend und vor allem kontextabhängig ändern können. Die drei der Struktur zugeordneten Foci sind Persönlichkeitseigenschaften, charakteristische Anpassungen und Lebensgeschichte. Die drei dem Prozess zugeordneten Foci sind Zustände, Selbstregulation und Selbstbeschreibung.

Die Erkenntnisse der Persönlichkeitsforschung haben wichtige Implikationen. So werden Persönlichkeitsvariablen beispielsweise genutzt, um Mortalität vorherzusagen. Stärkere Gewissenhaftigkeit wird mit verzögerter Mortalität assoziiert (Kern & Friedman, 2008; Turiano et al., 2015; Weston & Jackson, 2015). Gewissenhaftere Personen verhalten sich we-

Persönlichkeit und Mortalität

niger risikoreich hinsichtlich Alkohol- und Drogenkonsum, zeigen weniger riskantes Sexualverhalten und weniger impulsives Verhalten, welches zu Unfällen führen kann. Auch zeigen gewissenhaftere Personen häufiger Verhaltensweisen, die der Gesundheit zuträglich sind wie beispielsweise sich gesünder zu ernähren oder sich mehr zu bewegen (Wilson et al., 2004; Bogg & Roberts, 2004). Stärker ausgeprägter Neurotizismus könnte hingegen ein Risikofaktor für das Auftreten verschiedener Krankheiten sein. Stärkerer Neurotizismus wird mit höherem Stress und damit erhöhter Ausschüttung von Cortisol und in dessen Folge einem höherem Risiko für eine Schädigung der Arterien durch Cortisol assoziiert (Mroczek et al., 2006).

Bleiben wir mit dem Alter nun „ganz die Alten"? Abschließend lässt sich diese Frage wohl so beantworten, dass dies weitgehend zutrifft, denn völlige Veränderungen der Persönlichkeit sind nicht zu erwarten. Jedoch können Veränderungen auftreten und in mancher Hinsicht können wir diese wohl auch beeinflussen.

7.2 Emotion und Motivation

Emotionen zu erkennen und zu erleben, auszudrücken und zu regulieren spielt im Alltag im Umgang mit sich selbst und mit anderen Personen eine wesentliche Rolle. Aber erkennen ältere Personen Emotionen genauso gut wie jüngere? Reagieren sie genauso emotional? Ändert sich das Wohlbefinden mit dem Alter und können ältere Menschen ihre Ziele den Gegebenheiten anpassen? Diesen Fragen gehen wir in den nächsten Abschnitten nach.

Emotion

Erkennen von Emotionen Das Erkennen von Emotionen ist für die Interaktion zwischen Menschen sehr wichtig und ist ein Bestandteil emotionaler Intelligenz (Mayer & Salovey, 1997). Emotionen werden beispielsweise durch das Interpretieren von Gesichtsausdrücken erkannt. Ältere Menschen können viele Emotionen in Gesichtern schlechter beurteilen als jüngere, dazu gehören negative Emotionen wie Ärger, Trauer und Furcht, aber auch positive Emotionen wie Glück und Überraschung. Es gibt aber auch Emotionen wie z. B. Ekel, die ältere in Gesichtern besser erkennen können als jüngere Menschen.

Auch in einer Studie von Circelli et al. (2013) zeigten sich die genannten Unterschiede für Furcht (schlechtere Leistung der Älteren) und Ekel (bessere Leistung der Älteren). Zusätzlich zeigte die Messung von Blickbewegungen, dass die älteren Teilnehmer bei einigen Emotionen mehr auf die untere Gesichtshälfte schauten. Dies war auch bei Ekel und Furcht der Fall. Da für das Erkennen von Furcht die Augenpartie wichtige Hinweise liefert, könnte das geringere Betrachten dieser Region sich negativ auf das Erkennen von Furcht auswirken (Adolphs et al., 2005; Calder et al., 2000).

Im Alltag ist das Gesicht aber nicht die einzige Informationsquelle, aus der wir die Emotionen anderer Menschen herauslesen. Auch der Tonfall oder die Bewegungen im direkten Umgang liefern wichtige und nutzbare Informationen. Außerdem spielt der thematische Kontext eine Rolle, in dem eine bestimmte Emotion gezeigt wird. Diese Faktoren können beim Erkennen von Emotionen hilfreich sein.

Anstatt statischer Fotos von Gesichtern zeigten Sze, Goodkind et al. (2012) ihren Probanden Videos, in denen Paare Themen aus dem Bereich Partnerschaft diskutierten. Die Probanden sollten einschätzen, wie sich eine Zielperson fühlt. Die älteren Probanden zeigten die beste Leistung, und dies unabhängig von der Emotion und unabhängig davon, ob sie zur gleichen Altersgruppe wie die Zielperson gehörten. Die in dieser Studie verwendeten alltagsnahen und thematisch relevanten Reize mögen Komponenten umfassen, die die älteren Personen besonders nutzen können. Weitere Forschungsarbeiten werden jedoch benötigt, um diese Faktoren genauer herauszuarbeiten.
   Ebner, He et al. (2011) berichteten, dass Emotionen leichter in jüngeren Gesichtern erkannt werden. Jüngere und ältere Probanden gaben an, welche Emotion (Glück, Ärger, Furcht, Trauer, Ekel, neutraler Ausdruck) die Gesichter von jüngeren und älteren Personen ausdrücken. Insgesamt war es für alle Probanden einfacher, Emotionen auf jüngeren Gesichtern zu erkennen. Dies traf für alle beurteilten Emotionen zu, außer Glück. Hier fiel es immer sehr leicht, den Ausdruck zu erkennen. Die Autoren führen mehrere Gründe für die Ergebnisse an. Zum einen könnten physische Veränderungen eines Gesichts mit dem Alter es schwieriger machen, den emotionalen Ausdruck zu erkennen. Zum anderen könnten altersbedingte Veränderungen in Flexibilität und Kontrolle der Gesichtsmuskeln einen eindeutigen emotionalen Ausdruck erschweren. Weiterhin ist es möglich, dass den Gesichtsausdruck betreffende „Prototypen" junge Gesichter sind. Sollten Emotionsschemata in der Kindheit erlernt werden, dann wäre dies zu einer Zeit, in der mehr Erfahrungen mit jüngeren Gesichtern gemacht werden (z. B. Eltern, Spielkameraden, Fernsehen). Ein weiteres interessantes Ergebnis war, dass Probanden mehr Zeit damit verbrachten, Gesichter ihrer Altersgruppe anzuschauen.

Emotionale Reaktivität
Im Rahmen der Altersforschung stellt sich die Frage, ob ältere Menschen emotional so intensiv reagieren wie Jüngere. Die Erforschung der emotionalen Reaktivität will diese Frage beantworten. Untersucht werden die subjektive Erfahrung, das Ausdrucksverhalten und auch physiologische Parameter.

Zur Auslösung von Emotionen werden in der experimentellen Forschung z.B. Fotos, Filmclips und Musik verwendet. Eine andere Methode ist, die Probanden zu bitten, sich an emotionale Situationen zu erinnern und sich in diese hineinzuversetzen. Die subjektive Erfahrung kann dann per Selbstbericht erfragt werden. Die subjektiven Einschätzungen der eigenen emotionalen Aktivierung können durch physiologische Messungen von Herzfrequenz, Atmung, Puls und Hautleitfähigkeit objektiviert werden.

Einige Befunde legen nahe, dass es in der subjektiven Erfahrung laut Selbstbericht keine Altersunterschiede gibt. Bei der Messung physiologischer Maße (z.B. Herzfrequenz) wiesen Ältere jedoch oft eine reduzierte emotionale Reaktivität auf. Allerdings tritt diese Verringerung der physiologischen Reaktion im Alter nicht zwangsläufig auf, sondern hängt wie im Falle des Erkennens von Emotionen vom thematischen Kontext ab. Deshalb ist es wichtig, bei solchen Untersuchungen Materialien zu verwenden, die adäquat für die untersuchten Altersgruppen sind.

Kunzmann und Grühn (2005) zeigten ihren Probanden Filme mit negativen emotionalen Inhalten, die Themen behandelten, die insbesondere für die ältere Altersgruppe relevant waren. Die Autoren fanden zwar mittels Selbstbericht eine stärker ausgeprägte Traurigkeit bei älteren Personen, jedoch keinen Altersunterschied in Herzschlag, Puls, Atmung und Hautleitfähigkeit.

Positivitätseffekt

Eine Reihe von Studien beschreibt bei älteren Personen den sogenannten „Positivitätseffekt" (Charles & Carstensen, 2008; Reed & Carstensen, 2012), der sich z.B. in einer Präferenz für die Verarbeitung und das Behalten positiver gegenüber negativen Reizen und Informationen zeigen kann. Beispielsweise erinnern ältere im Unterschied zu jüngeren Probanden positives Material besser als negatives (Charles et al., 2003). Auch reagieren ältere Probanden schneller auf positive als auf negative Reize, wohingegen es bei jungen Probanden eher keine unterschiedlichen

Reaktionszeiten hinsichtlich der Valenz der Stimuli gibt (Mather & Carstensen, 2003). Als Erklärung für den Effekt werden einerseits motivationale Prozesse (u. a. im Sinne der sozio-emotionalen Selektivitätstheorie, Carstensen et al., 1999, s. u.), andererseits aber auch eine mögliche kognitiv aufwendigere Verarbeitung negativer Inhalte herangezogen (Labouvie-Vief, 2003; Labouvie-Vief et al., 2010).

Ein Positivitätseffekt zeigte sich auch in einer Studie, in der emotionale Bilder gezeigt wurden und gleichzeitig die Gehirnaktivität mittels fMRT gemessen wurde (Mather et al., 2004). Jüngere und ältere Probanden zeigten eine erhöhte Aktivierung der Amygdala (Kapitel 5) beim Betrachten emotionaler versus neutraler Bilder. Bei den Älteren war die Aktivierung der Amygdala größer bei positiven als bei negativen Bildern. Bei Jüngeren war dies nicht der Fall. Da also die Amygdala im Alter nicht generell weniger stark auf emotionale Reize reagiert, ist es möglich, dass Ältere die Reaktion auf negative Stimuli herunterregeln. Eine andere Erklärung könnte in biologischen Veränderungen des Gehirns begründet liegen, die eine geringere Aktivierung der Amygdala durch negative Stimuli erwarten lassen. Möglicherweise sind Amygdalafunktionen spezifisch für negative Stimuli beeinträchtigt (Cacioppo et al., 2011). Auf einen solchen Zusammenhang zwischen Gehirnalterung und Verarbeitung, insbesondere negativer emotionaler Reize, weisen auch eigene unveröffentlichte Daten aus Untersuchungen mit der funktionellen MRT hin.

Emotion und Kognition beeinflussen sich gegenseitig. So wiesen Mather und Knight (2005) einen Zusammenhang zwischen dem „Positivitätseffekt" (siehe Exkurs) und kognitiven Fähigkeiten nach. Ältere Probanden mit guten kognitiven Kontrollfähigkeiten (z. B. gemessen mittels des Flanker-Paradigmas (siehe „Exekutivfunktionen" Kapitel 6) erinnerten mehr positive Bilder und weniger negative Bilder als Jüngere. Für Probanden mit einer eher geringen Fähigkeit zur kognitiven Kontrolle zeigte sich kein „Positivitätseffekt". Beide Gruppen erinnerten mehr negative Bilder. Die Ergebnisse werden im Sinne einer kognitiv gesteuerten aktiven Unterdrückung negativer und Verstärkung positiver Informationen interpretiert.

Subjektives Wohlbefinden

Sind ältere Erwachsene allgemein mit ihrem Leben zufrieden und erleben sie genauso oft positive Emotionen wie jüngere Erwachsene? Untersuchungen zu diesen kognitiven (z. B. Lebenszufriedenheit) und affektiven (z. B. Erleben positiver Emotionen) Komponenten des subjektiven Wohlbefindens geben Auskunft darüber, wie sich Wohlbefinden möglicherweise mit dem Alter ändert und welche Faktoren Wohlbefinden erhöhen oder auch verringern.

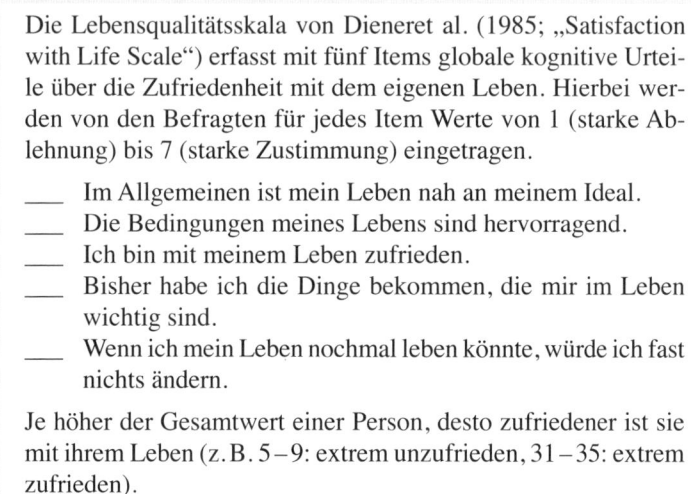

Die Lebensqualitätsskala von Diener et al. (1985; „Satisfaction with Life Scale") erfasst mit fünf Items globale kognitive Urteile über die Zufriedenheit mit dem eigenen Leben. Hierbei werden von den Befragten für jedes Item Werte von 1 (starke Ablehnung) bis 7 (starke Zustimmung) eingetragen.

___ Im Allgemeinen ist mein Leben nah an meinem Ideal.
___ Die Bedingungen meines Lebens sind hervorragend.
___ Ich bin mit meinem Leben zufrieden.
___ Bisher habe ich die Dinge bekommen, die mir im Leben wichtig sind.
___ Wenn ich mein Leben nochmal leben könnte, würde ich fast nichts ändern.

Je höher der Gesamtwert einer Person, desto zufriedener ist sie mit ihrem Leben (z. B. 5–9: extrem unzufrieden, 31–35: extrem zufrieden).

Alter(n) wird oft mit Verlusten assoziiert, wie dem Verlust von Freunden und Familienangehörigen oder auch dem Verlust an Gesundheit sowie körperlicher und geistiger Leistungsfähigkeit. Man könnte daher erwarten, dass sich das subjektive Wohlbefinden mit dem Alter verringert. Dies ist jedoch nicht unbedingt der Fall – ein Befund, der mit dem Begriff „Wohlbefindensparadox" versehen wird. Älterwerden geht nicht zwangsläufig mit geringerem Wohlbefinden einher, sondern dieses kann durchaus erhalten bleiben (Abbildung 7.1).

Jedoch muss dieser Sachverhalt sehr differenziert betrachtet werden, da viele Faktoren das subjektive Wohlbefinden beeinflussen. Bei der Bewertung des Paradoxes ist zu beachten, dass Hinweise darauf vor allem bei Untersuchungen zur Lebenszufriedenheit, welche nur eine Komponente des subjektiven Wohlbefindens darstellt, gefunden wurden und die Daten weitgehend auf Querschnittstudien beruhen. Wichtig ist auch, dass viele Faktoren die Lebenszufriedenheit beeinflussen, sodass interindividuelle Unterschiede nicht überraschen.

Bildung beeinflusst die Lebenszufriedenheit nach dem Eintritt in den Ruhestand. In einer Studie von Wetzel et al. (2015) gelang es Personen mit höherem Bildungsstand besser, ihre Lebenszufriedenheit zu erhalten als Personen mit niedrigerem Bildungsstand. Möglicherweise haben Höhergebildete mehr Ressourcen zur Verfügung, zufriedenstellende Alltagsstrukturen aufzubauen und zu erhalten.

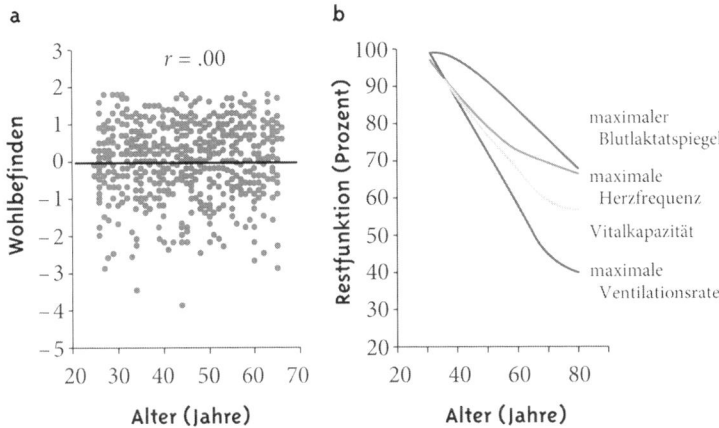

Abb. 7.1: Das „Paradox des subjektiven Wohlbefindens" im Alter: Trotz körperlicher Einbußen bleibt das subjektive Wohlbefinden stabil (nach Schneider & Lindenberger, 2012).

Das Erleben von Emotionen ist eine weitere Komponente des sub- **Emotionserleben** jektiven Wohlbefindens. Untersuchungen, ob positive oder negative Emotionen mit dem Alter zu- oder abnehmen, ergeben ein sehr uneinheitliches Bild und stützen nicht unbedingt die Annahme des „Wohlbefindensparadoxes". Einige Befunde weisen auf eine geringe Abnahme positiver und einen leichten Anstieg negativer Emotionen hin, welche sich im sehr hohen Alter verstärken (Pinquart, 2001a). Andere Befunde berichten jedoch, dass das Empfinden von Glück zwar möglicherweise stetig abnimmt und in einem Alter von ca. 50 Jahren am geringsten ist, dann aber auch wieder zunimmt (Stone et al., 2010).

Eine neuere Studie von Kunzmann et al. (2013) zeigt, dass eine Unterteilung in ausschließlich negative oder positive Emotionen eine zu starke Vereinfachung darstellt und dass die Verläufe für einzelne Emotionen unterschiedlich sein können. So nehmen negative Emotionen wie Ärger mit dem Alter eher ab. Traurigkeit scheint hingegen über die Lebensspanne zunächst relativ konstant zu bleiben und erst im höheren Erwachsenenalter zuzunehmen. Sicher müssen auch bei der Betrachtung des Erlebens von Emotionen interindividuelle Unterschiede berücksichtigt werden. So sagen Persönlichkeitsmerkmale wie Neurotizismus negatives Erleben und Extraversion positives Erleben vorher (Steel et al., 2008; Grühn et al., 2010). Beachtet werden müssen auch eventuelle Kohorteneffekte in Querschnittstudien. Weiterhin spielt auch die physische Gesundheit eine wichtige Rolle. Einschränkungen im Seh- und Hörvermögen und Einschränkungen der Mobilität hängen mit einer Abnahme positiver Emotionen zusammen. Ob somit positive oder negative Emotionen mit dem Alter zu- oder abnehmen lässt sich nicht eindeutig beantworten und unterliegt vielen Einflussfaktoren. Alter per se ist kein Risikofaktor für niedriges subjektives Wohlbefinden. Obwohl also generalisierte Aussagen über einen Anstieg oder eine Abnahme des subjektiven Wohlbefindens mit dem Alter nicht getroffen werden können und immer auch individuelle Unterschiede beachtet werden müssen, kann man doch insgesamt festhalten, dass sich subjektives Wohlbefinden mit dem Alter nicht zwangsläufig reduziert und dass sogar das Gegenteil der Fall sein kann. Vor allem die Lebenszufriedenheit scheint sogar manchmal anzusteigen.

Motivation

Ziele innerhalb der Lebensspanne
Die Motivationsforschung untersucht, warum Menschen sich „unter bestimmten Umständen auf eine bestimmte Weise sowie mit einer bestimmten Intensität" verhalten (Achtziger et al., 2015). Hierbei werden Prozesse betrachtet, die das Setzen und Bewerten von Zielen beinhalten. Im Bereich der Altersforschung spielt die Frage, ob ältere Menschen ihre Ziele den Gegebenheiten anpassen können, eine wichtige Rolle. Beispielsweise mag der Befund, dass das Älterwerden nicht unbedingt mit geringerem subjektivem Wohlbefinden einhergeht, auch damit zusammenhängen, dass sich Prioritäten und Ziele im Laufe des Lebens ändern. Diese Veränderung von Zielen wird von verschiedenen Theorien thematisiert, die im Folgenden dargestellt werden. Alle Theorien gehen davon aus, dass sich Ziele im Laufe des Lebens ändern, aber sie betonen unterschiedliche Mechanismen und Einflussfaktoren.

Sozioemotionale Selektivitätstheorie
Laut der *sozioemotionalen Selektivitätstheorie* (Carstensen & Mikels, 2005) spielt die Lebenszeitperspektive bei der Setzung von Zielen und Prioritäten eine wichtige Rolle. Es wird von einem Streben nach Wissenserwerb und einem informationssuchenden Verhalten im jüngeren Alter ausgegangen. Wenn im höheren Alter die zeitliche Begrenzung der Lebenszeit prägnanter wird, erlangt die Optimierung von Emotionen und Beziehungen einen höheren Stellenwert und es werden mehr Ressourcen in die Emotionsregulation investiert, welche

sich mit dem Alter verbessert. So berichten Ältere über größere emotionale Kontrolle, mehr positiven Affekt und komplexere emotionale Erfahrungen.

Das *Zwei-Prozess-Modell der Assimilation und Akkomodation* von Brandtstädter betont, dass Personen anpassungsfähig sind. Das Modell besagt, dass Menschen Situationen und das eigene Verhalten modifizieren und ihre Ziele und Ambitionen den Gegebenheiten anpassen, damit wahrgenommene und erwünschte Umstände stimmig sind (Brandtstädter, 2009). Wie auch in jüngeren Lebensaltern kann sich Flexibilität bei der Zielanpassung bei älteren Personen positiv auf das Wohlbefinden auswirken. Für Ältere rücken Ziele wie das Erhalten von Kompetenzen und Ressourcen als auch das Vermeiden und Kompensieren von Leistungseinbußen in den Vordergrund (Cross & Markus, 1991). Weiterhin verliert Streben nach Macht, Leistung und Kompetenz ab einem Alter von 65 Jahren an Wichtigkeit, während Streben nach Authentizität, Intimität, Altruismus und Spiritualität ab einem Alter von 55 Jahren wichtiger wird (Brandtstädter et al., 2010).

Zwei-Prozess-Modell

Die Veränderung von Zielen spielt auch in der *Motivationstheorie der Lebenslaufentwicklung* eine wichtige Rolle (Heckhausen et al., 2010). Die Theorie postuliert primäres und sekundäres Kontrollstreben als auch primäres Kontrollpotenzial. Das primäre Kontrollstreben, nämlich Veränderungen in der externen Umwelt bewirken zu können, bleibt über die Lebensspanne hinweg erhalten. Jedoch verändert sich das primäre Kontrollpotenzial im Laufe des Lebens, denn die Gelegenheiten zur Einflussnahme auf die Umwelt nehmen im Laufe des Lebens zunächst zu, um dann zum hohen Alter hin wieder abzunehmen. Diesen großen Veränderungen des primären Kontrollpotenzials bei gleichbleibendem primären Kontrollstreben kann der Mensch durch Strategien sekundärer Kontrolle begegnen, wie beispielsweise dem Verändern von Zielen. Somit können sich Menschen den Gegebenheiten anpassen, Selbstwert erhalten und das verbleibende Handlungspotenzial auf realistische und erfolgversprechende Ziele lenken. Als Beispiel kann das Ersetzen von beruflichen Zielen durch Freizeitziele dienen. Das Streben nach sekundärer Kontrolle steigt laut Modell über die Lebensspanne hinweg an (Haase et al., 2012).

Motivationstheorie der Lebenslaufentwicklung

Als bewusste Strategien im Rahmen der Emotionsregulation können Coping Strategien, wie positive Neubewertung, angewendet werden. Neubewertung kann erfolgreich auch von älteren Erwachsenen angewendet werden (Nowlan et al., 2015).

Zentral für diese bewusste kognitive Strategie zur Emotionsregulation ist, dass in negativen Ereignissen und Situationen Sinn und positive Aspekte identifiziert werden, die für die Person relevant sind. Positive Neubewertungen gehen mit Verbesserungen im emotionalen, sozialen als auch im physiologisch-gesundheitlichen Bereich einher. So zeigte sich beispielsweise, dass chronisch kranke ältere Erwachsene durch eine Neubewertung dessen, was ihnen in ihrem Leben wichtig ist, und eine dementsprechende Umorganisierung ihres Lebens trotz der durch ihre Krankheiten auferlegten Einschränkungen ein sinnvolles Leben führen können (Mars et al., 2007). Einige Studien legen nahe, dass positive Neubewertungen möglicherweise häufiger von älteren Erwachsenen angewendet werden, jedoch ist dies noch nicht eindeutig erwiesen. Es ist auch zu beachten, dass eine Neubewertung gewisse kognitive Fähigkeiten benötigt. Auch zu diesem Aspekt ist noch mehr Forschung wünschenswert (Nowlan et al., 2015).

Selektion, Optimierung und Kompensation

Innerhalb des Modells der *Selektion, Optimierung und Kompensation (SOK)* (Baltes & Baltes, 1990) (Kapitel 2) werden Selektion, Optimierung und Kompensation als geeignete Strategien angesehen, die es ermöglichen sollen, auch im Alter trotz Einschränkungen ein selbstwirksames Leben zu führen. Aufgrund von begrenzten Ressourcen können nicht alle Ziele verfolgt werden. Daher werden die Entwicklung und Auswahl von und die Festlegung auf Ziele wichtig. Dadurch wird deutlich, auf welche Ressourcen dann fokussiert werden kann. Kann ein Ziel wegen Verlusten oder Einschränkungen nicht mehr verfolgt werden, so können neue Prioritäten gesetzt werden. Beispielsweise könnte das Ziel, eine lange Radtour zu machen, dadurch ersetzt werden, einen Teil der Wegstrecke mit der Bahn zurückzulegen und daher Ressourcen in die Auskunft über den Bahnfahrplan zu investieren. Die Entwicklung und Investition von Ressourcen zum Erreichen der selektierten Ziele wird als Optimierung bezeichnet. Die Entwicklung und Investition von Ressourcen, um Verlusten entgegenzuwirken, wird durch Kompensation erreicht.

Gemeinsam ist den vorgestellten Theorien und Modellvorstellungen, dass Ziele sich im Laufe des Lebens ändern und den Gegebenheiten angepasst werden können. Diese Flexibilität stellt auch für ältere Menschen eine Ressource dar, die insbesondere auch im Umgang mit Einschränkungen und negativen Ereignissen genutzt werden kann, um subjektives Wohlbefinden zu erhalten.

7.3   Zusammenfassung

Obwohl die Persönlichkeit eines Menschen relativ stabil bleibt, werden doch Veränderungen beobachtet, die auch im höheren Alter auftreten können. Die verschiedenen Persönlichkeitsmerkmale verändern sich über die Lebensspanne hinweg nicht gleichermaßen. Ein Anstieg von Verträglichkeit und Gewissenhaftigkeit, gleichbleibende Extraversion und eine Abnahme in den Dimensionen Neurotizismus und Offenheit für Erfahrungen gelten als generelles Muster, welches jedoch individuell sehr verschieden ausfallen kann. Intrinsische Reifungsprozesse als auch kritische Lebensereignisse und Ziele könnten zu Veränderungen der Persönlichkeit führen.

Emotionen werden von älteren Probanden weniger gut erkannt, zumindest, wenn nur der Gesichtsausdruck beurteilt werden muss. Sollen alltagsnähere Reize beurteilt werden, so schneiden Ältere nicht schlechter ab. Ergebnisse zur Untersuchung der emotionalen Reaktivität und auch zum subjektiven Wohlbefinden sind uneinheitlich. Jedoch geht Älterwerden nicht zwangsläufig mit geringerem Wohlbefinden einher, sondern dieses kann durchaus erhalten bleiben. Eine zentrale Rolle spielt hierbei das Verändern und Anpassen von Zielen über die Lebensspanne.

Weiterführende Literatur

Martin, M. & Kliegel, M. (2014). Psychologische Grundlagen der Gerontologie. 4. Aufl. Kohlhammer, Stuttgart.

7.4   Fragen zum Kapitel

1. Welche Persönlichkeitsdimensionen umfassen die sogenannten „BIG Five"?

2. Wie verändern sich die unter den „Big Five" genannten Dimensionen mit dem Alter?

3. Welche möglichen Ursachen können für Persönlichkeitsveränderung im Altersverlauf genannt werden?

4. Erkennen ältere Menschen Emotionen genauso gut wie jüngere?

5. Was ist unter emotionaler Reaktivität zu verstehen und ändert sich diese über die Lebensspanne?

6. Was ist unter dem „Positivitätseffekt" zu verstehen?

7. Welche Komponenten können dem subjektiven Wohlbefinden zuge-ordnet werden und wie entwickeln sich diese im Altersverlauf?

8. Welche Theorien thematisieren die Veränderungen von Zielen über die Lebensspanne?

9. Was besagt das Zwei-Prozess-Modell der Assimilation und Akkomo-dation?

10. Welche Rolle spielt „Kontrolle" in der Motivationstheorie der Lebens-laufentwicklung?

8 Pathologisches Altern

Wie insbesondere in den Kapiteln 4 bis 7 beschrieben, treten bei allen Menschen mit dem Alter Veränderungen in den Körper- und Gehirnfunktionen auf. Es gilt jedoch von diesen, mit dem gesunden Altern auftretenden Veränderungen, pathologische, also krankhafte Veränderungen abzugrenzen, die ebenfalls mit einem höheren Alter einhergehen. Dabei ist die Trennung zwischen (noch) gesunden und pathologischen Veränderungen oftmals nicht eindeutig zu ziehen. Dies gilt insbesondere für Verluste der geistigen Leistungsfähigkeit, die meist durch degenerative Veränderungen oder Funktionsstörungen des Gehirns bedingt werden. Im Folgenden soll zunächst auf häufig im Alter auftretende körperliche Erkrankungen und danach auf demenzielle Erkrankungen eingegangen werden. Allerdings lassen sich beide Bereiche nicht gänzlich unabhängig voneinander betrachten, da im Sinne von sekundären Erkrankungen das Gehirn als Organ natürlich ebenso von „körperlichen" Krankheiten, wie zum Beispiel Herz-Kreislauf-Erkrankungen, betroffen sein kann, wie andere Organe auch.

8.1 Körperliche Erkrankungen im Alter

Die mit dem Alter verbundene Abnahme der funktionellen Reservekapazität der Gewebe und Organsysteme sowie das gleichzeitige Auftreten von Alterungsprozessen in vielen Körpersystemen kann in ihrer Gesamtheit zu Störungen der Homöostase führen, das heißt zu einer reduzierten Anpassungsfähigkeit und Widerstandsfähigkeit des Organismus. Die Folgen sind eine erhöhte Vulnerabilität, also Anfälligkeit für Krankheiten, und eine verringerte körperliche Leistungsfähigkeit. Damit steigt das Risiko für chronische Erkrankungen (Abbildung 8.1), Multimorbidität (d.h. viele gleichzeitige Krankheiten), verschiedene sogenannte Alterskrankheiten und Pflegebedürftigkeit.

Krankheitsanfälligkeit steigt

Zu den chronischen Krankheiten gehören Herz-Kreislauf-Erkrankungen, Diabetes, Krebs und chronische Atemwegserkrankungen. Unter einer chronischen Erkrankung versteht man eine länger andauernde, schwer heilbare Krankheit. Sie ist entweder das Ergebnis eines länger andauernden Prozesses degenerativer Veränderung somatischer oder psychischer Zustände oder eine Störung, die dauernde somatische oder psychische Schäden oder Behinderung zur Folge hat (Waltz, 1981).

Chronische Krankheiten

Insgesamt entfallen in Deutschland auf chronische Erkrankungen, wie

- Herz-Kreislauf-Erkrankungen,
- Diabetes,
- Krebs und
- chronische Atemwegserkrankungen

drei Viertel der Todesfälle und rund ein Viertel der Krankheitskosten (Robert-Koch-Institut, 2010). Vierzig Prozent der Erwachsenen haben eine oder mehrere chronische Krankheiten. Frauen sind häufiger als Männer betroffen, insbesondere im Alter. Befragte aus unteren Bildungsgruppen berichten ab dem Alter von 30 Jahren bei den Männern und zwischen 45 und 64 Jahren bei den Frauen häufiger über das Vorhandensein chronischer Krankheiten als Personen der oberen Bildungsgruppen (GEDA, 2012). Chronische Erkrankungen sind zum Teil auf vermeidbare Verhaltensweisen zurückzuführen und damit der Gesundheitsförderung gut zugänglich.

Vulnerabilität bedeutet Anfälligkeit, Verletzlichkeit. So steigt mit dem Lebensalter beispielsweise die Anfälligkeit für Erkrankungen. Da chronische Erkrankungen in der Regel persistent (nachhaltig, dauerhaft) sind und teilweise zu Folgeerkrankungen führen, steigt mit dem Alter die Wahrscheinlichkeit, dass eine Person von mehreren chronischen Erkrankungen gleichzeitig betroffen ist. In diesem Fall spricht man auch von Multimorbidität.

Multimorbidität im Alter Im Alter zwischen 60 und 70 Jahren spielt die Multimorbidität statistisch gesehen eher noch eine untergeordnete Rolle. Allerdings liegen bei ca. 96 % der über 70-Jährigen mindestens eine und bei 30 % fünf und mehr internistische, neurologische oder orthopädische behandlungsbedürftige Erkrankungen vor (Steinhagen-Thiessen & Borchelt, 1996). Bei vielen gleichzeitig nebeneinander vorkommenden Krankheiten im Alter handelt es sich in der Regel um chronische Krankheiten, die sich

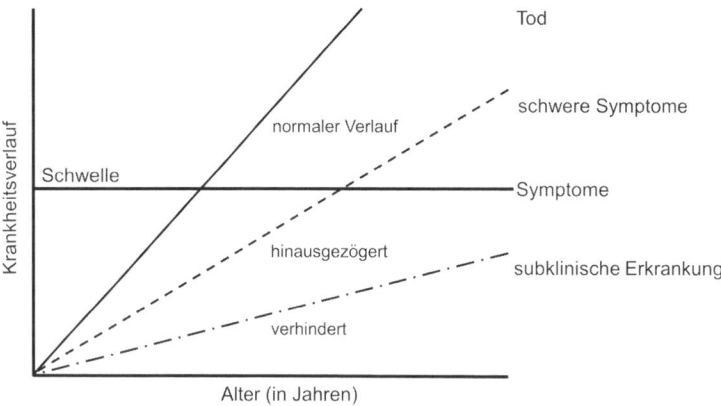

Abb. 8.1: Hypothetische Entwicklung chronischer Krankheiten. Die Entwicklung chronischer Krankheiten beginnt früh, schreitet bis zu einer klinischen Schwelle fort und mündet in Beeinträchtigungen oder Tod. Die Veränderung der Entwicklungskurve kann das Auftreten klinischer Erscheinungen bzw. von Krankheit hinauszögern bzw. verhindern (Prävention) (nach Voelcker-Rehage, 2012, in Anlehnung an Spirduso et al., 2005).

z.T. gegenseitig negativ beeinflussen (z.B. hoher Blutdruck, Diabetes und Fettstoffwechselstörungen – „Metabolisches Syndrom"). Dieses negative Bild des Alters kann dahingehend relativiert werden, dass zwar nahezu alle 70-Jährigen und Älteren aus medizinischer Perspektive krank sind, also mindestens ein Krankheitsbild diagnostisch erfasst werden kann, aber nur ein Drittel lebensbedrohlich erkrankt ist. Die moderne Medizin ermöglicht es heute, trotz Erkrankungen nicht nur länger zu leben, sondern auch mit geringeren funktionellen Einbußen zu leben als früher.

Metaanalysen ergeben, dass die Übereinstimmung zwischen subjektiver und objektiver Gesundheit nur zwischen 5 % und 30 % liegt (Pinquart, 2001 b). Damit sind subjektive Einschätzungen keine ausschließliche Widerspiegelung des objektiven Gesundheitszustandes. Am geringsten stimmen subjektive und objektive Gesundheit im höheren und hohen Alter überein (Altersinvarianz-Paradox). Eine mögliche Erklärung für diese geringe Übereinstimmung ist, dass kleinste biologische und physiologische Veränderungen mittels objektiver, medizinisch messbarer Parameter nicht ausreichend erfasst werden, während diese Veränderungen in der subjektiven Einschätzung enthalten sind.

subjektive und objektive Gesundheit

**Subjektive Gesundheit als Prädiktor
für Morbidität und Mortalität**

In mehreren großangelegten Studien zeigte sich, dass die subjektive Einschätzung von Gesundheit ein besserer Prädiktor zukünftiger Morbidität und Mortalität ist als die objektive, medizinisch messbare Einschätzung. Auch kann eine schlechte subjektive Gesundheit funktionale Einbußen vorhersagen. Eine Studie von Jahn und Cukrowicz (2012) mit älteren und hochaltrigen Personen konnte zeigen, dass die subjektive Gesundheit beeinflusst, ob Krankheiten mit Depression einhergehen oder nicht. Außerdem zeigt sich ein positiver Zusammenhang zwischen subjektiver und kognitiver Gesundheit bei älteren Personen (Bond et al., 2006).

Häufigste Krank-
heiten im Alter
Haupttodesursache im mittleren Erwachsenenalter und im Alter sind Krebs und Herz-Kreislauf-Erkrankungen (WHO, 2006 b). Werden nun nicht nur die Todesraten, sondern die Summe der Auswirkungen von gesundheitlichen Defiziten, Behinderung und Sterblichkeit auf die Bevölkerung (DALY = disability-adjusted life-years) berücksichtigt, so ergeben sich die größten gesundheitlichen Defizite aus neuropsychiatrischen Krankheiten, gefolgt von Herz-Kreislauf-Erkrankungen und Krebs (WHO, 2006 b). Zwar ist die Sterblichkeit aufgrund neurophysiologischer Erkrankungen vergleichsweise gering, gesundheitliche Einschränkungen führen aber zu deutlichen Einschränkungen des Alltagslebens.

Ebenso sind die fortschreitenden Veränderungen an den Funktionen der Sinnesorgane, insbesondere des Seh- und Hörvermögens aber auch des Tastsinns und des motorischen Systems (z. B. der Handgeschicklichkeit und des Gangbildes, s. Kapitel 4) bedeutsam für Störungen und Leistungsminderungen älterer Menschen, wenn nicht kompensatorisch entgegengesteuert wird.

Herz-Kreislauf-Erkrankungen

Schlaganfall und
Bluthochdruck
Die Hälfte aller Sterbefälle wird durch Herz-Kreislauf-Erkrankungen verursacht. Dazu gehören u. a. Bluthochdruck, Herzinsuffizienz, Schlaganfall und Herzinfarkt. Gerade die Auftretenswahrscheinlichkeit des Schlaganfalls ist ab dem 65. Lebensjahr deutlich erhöht. Der Schlaganfall verursacht häufig bleibende Einbußen in verschiedenen Funktionsbereichen, z. B. der Motorik, der Sprache, des Denkens und des

Gedächtnisses. Zu den Risikofaktoren für den Schlaganfall zählen Bluthochdruck, Fettstoffwechselstörungen, Rauchen, Diabetes, Übergewicht und Bewegungsmangel sowie eine genetische Prädisposition. Allerdings werden diese Risikofaktoren oftmals nicht rechtzeitig erkannt und behandelt. Zu nennen ist hier vor allem der Bluthochdruck. Jeder zweite Bluthochdruckpatient wird medizinisch gar nicht oder nicht ausreichend behandelt. Sowohl durch die Änderung des Lebensstils (erhöhte körperliche Aktivität, Veränderungen der Ernährungsgewohnheiten, Gewichtsreduktion bei Übergewicht; Kapitel 9) sowie durch eine fachgerechte medikamentöse Behandlung könnte ein erhöhter Bluthochdruck gesenkt werden. Auch die anderen Risikofaktoren (mit Ausnahme der genetischen Prädisposition) können durch geeignete Maßnahmen, vor allem durch eine Änderung des Lebensstils beeinflusst werden. In jenem Maße, in dem diese Risikofaktoren frühzeitig erkannt und behandelt werden, wird ein wichtiger Beitrag zur Vermeidung des Schlaganfalls geleistet.

Übergewicht entsteht, wenn dauerhaft mehr Energie aufgenommen als verbraucht wird. Die wesentlichen Ursachen sind zu wenig körperliche Aktivität in Kombination mit einer zu kalorienreichen Ernährung, auch wenn eine erbliche Veranlagung oder bestimmte Krankheiten durchaus eine Rolle spielen können. Aber nicht nur Übergewicht, auch die Verteilung des Körperfetts birgt Gesundheitsrisiken wie die Entwicklung chronischer Erkrankungen (z. B. Typ-2-Diabetes, Herz-Kreislauf-Erkrankungen, Krebs usw.). Das Bauchfett wird über den Taillenumfang ermittelt. Deshalb ist man in den letzten Jahren in epidemiologischen Studien dazu übergegangen, das Verhältnis zwischen Taillen und Hüftumfang (Waist-Hip-Ratio) anstelle des BMI zu messen (Kapitel 4). Denn auch bei normalgewichtigen Personen kann sich ein zu hoher Anteil an viszeralem Fett (Bauchfett) gesundheitsschädlich auswirken.

Übergewicht und Adipositas

Neben einer höheren Prävalenz für chronische Krankheiten leiden Betroffene häufig unter mit ihrem Dicksein verbundenen psychischen Problemen (Hänseleien, Isolierung bei sportlichen und anderen Aktivitäten). In der Folge kann es passieren, dass sich diese Personen aus sozialen Bindungen zurückziehen und zur Kompensation ihres Kummers weiteressen.

In den letzten 20 Jahren hat sich die Zahl der Übergewichtigen verdreifacht. Die WHO geht davon aus, dass bis zum Jahr 2010 etwa 20 % der erwachsenen Bevölkerung und 10 % der Kinder und Jugendlichen in Europa unter Adipositas leiden werden. In Deutschland sind nach Angaben der DEGS-Studie 45 % der erwachsenen Frauen und knapp

60 % der Männer übergewichtig oder adipös. Die Daten der Nationalen Verzehrstudie II von 2005/2006 (s. Linkliste) bestätigen diese Zahlen in etwa. Mit dem Alter nimmt Übergewicht zu. Personen, insbesondere Frauen, der unteren Bildungsgruppen sind stärker gefährdet.

Schlafstörungen

Schlafstörungen sind ein sehr verbreitetes Problem. Etwa jeder dritte Erwachsene leidet gelegentlich darunter; bei etwa jedem zehnten Erwachsenen sind die Störungen bereits als chronisch zu bezeichnen. Etwa 40 % der über 65-Jährigen sind betroffen (Müller & Paterok, 2010). Schlaf lässt sich in verschiedene Stadien einteilen. Das Einschlafstadium (Stadium 1) ist ein Übergangsstadium zwischen Wachsein und Schlafen. Im Stadium 2 befinden wir uns im leichten Schlaf, in welchem wir etwa die Hälfte der Nacht verbringen. Die Tiefschlafstadien 3 und 4 haben eine hohe Erholungsfunktion und wir verbringen etwa 20 % der Nacht in diesen Stadien. Im Traumschlafstadium träumen wir. In diesem Stadium werden die Augen schnell hin- und her bewegt (Rapid Eye Movements), weshalb dieses Stadium auch REM-Schlaf genannt wird (Müller & Paterok, 2010). Für einen erholsamen Schlaf müssen diese Schlafstadien richtig aufgeteilt vorkommen und auch in einer bestimmten zeitlichen Reihenfolge ablaufen. Mehrmaliges Aufwachen pro Nacht ist normal. Allerdings ist dies so kurz, dass es nicht unbedingt bewusst bemerkt und erinnert wird. Wie viel Schlaf eine Person benötigt, ist individuell sehr verschieden. Im Laufe des Lebens verändert sich der Schlaf und Parameter wie Gesamtschlafzeit, Schlafeffizienz, Tiefschlaf und REM-Schlaf nehmen ab. Die Einschlaflatenz und leichtere Schlafstadien nehmen zu (Ohayon et al., 2004). Jedoch bleiben diese Schlafparameter in einem Alter von über 60 Jahren gleich, nur die Schlafeffizienz nimmt ab. Schlafeffizienz gibt das prozentuale Verhältnis von Schlafdauer zu Bettliegezeit an.

Schlafstörungen lassen sich in fünf Gruppen einteilen (s. Müller & Paterok, 2010):

▪ Ein- und/oder Durchschlafstörungen (Insomnien)
▪ Störungen mit vermehrter Tagesschläfrigkeit (Hypersomnien)
▪ Störungen des Schlaf-Wach-Rhythmus
▪ Während des Schlafens auftretende Störungen/Auffälligkeiten (Parasomnien)
▪ Schlafbezogene Bewegungsstörungen

Schlafstörungen und die damit verbundene Müdigkeit und Tagesschläfrigkeit führen zu bedeutsamen Einschränkungen hinsichtlich allgemeiner Leistungsfähigkeit, Aktivität, Teilnahme am gesellschaftlichen Leben und kognitiver Parameter wie z.B. Aufmerksamkeit. Auch wirkt sich Schlafmangel auf die Stimmung aus und es besteht eine Wechselwirkung zwischen Schlafstörungen und Depressionen. Aufgrund dieser signifikanten, negativen Auswirkungen auf die Lebensqualität sollten Schlafstörungen ernst genommen und behandelt werden.

Schlafstörungen allgemein und deren besondere Häufigkeit im Alter können auf körperliche und psychische Ursachen und deren Kombination zurückgeführt werden. So finden sich bei Personen mit Herz-Kreislauf-Erkrankungen (z.B. Herzinsuffizienz und erhöhter Blutdruck) häufiger Schlafstörungen und auch Depressionen und Demenz gehen häufig mit Schlafstörungen einher. Weiterhin können Medikamente den Schlaf negativ beeinflussen. Auch eine Nykturie, nächtliches Harnlassen, tritt im Alter vermehrt auf. Den Betroffenen mag es dann schwer gelingen, nach dem Aufstehen wieder einzuschlafen. Ebenso können sich psychische Belastungen und Stress negativ auf den Schlaf auswirken. Die Prävalenz von schlafbezogenen Atmungsstörungen nimmt mit dem Alter zu. Hierzu zählt das obstruktive Schlaf-Apnoe-Syndrom. Hierbei treten aufgrund eines Verschlusses der oberen Luftwege längere Atempausen auf, durch welche der Sauerstoffgehalt im Blut abnimmt. Der Schlaf ist durch die Weckreaktionen der auftretenden Apnoen fragmentiert und nicht erholsam. Eine Schlaf-Apnoe sollte unbedingt behandelt werden, da sie die Lebenserwartung reduziert. | **Ursachen für Schlafstörungen**

Die Therapie von Schlafstörungen muss je nach Ursache der Störung anders gestaltet werden. Werden die Störungen beispielsweise durch Medikamente verursacht oder begünstigt, so sollten sie wenn möglich durch andere Medikamente ersetzt werden. Bei der obstruktiven Schlaf-Apnoe wird therapeutisch mittels Gewichtsreduktion, Vermeidung der Rückenlage beim Schlafen als auch Verzicht auf Alkohol am Abend gegengesteuert. Auch können Protrusionsschienen oder Atemmasken helfen. Ziel beider Methoden ist es, den Luftweg offen zu halten. Mittels einer Protrusionsschiene wird der Unterkiefer nach vorne gestellt, durch eine Atemmaske wird unter Druck Luft zugeführt, um den Luftweg offen zu halten. Eine sehr gute Anpassung der Hilfsmittel ist essenziell. | **Therapie von Schlafstörungen**

Verschiedene Medikamente kommen ebenfalls zum Einsatz. Hierbei sollte jedoch beachtet werden, dass einige Medikamente zu Abhängigkeit führen, die Schlafqualität einschränken oder andere Nebenwirkungen haben können (Clarenbach, 2006). Daher sollten nichtmedikamentöse Maßnahmen bevorzugt werden. Wichtig ist das Einhalten der sogenannten Schlafhygiene. Hierzu gehören u.a. die Gestaltung der Schlafumgebung, regelmäßige Schlafens- und Aufstehzeiten, Mittagsschlaf vor 15 Uhr und nicht länger als 30 Minuten. Auch sollte Fernsehen, Essen und Grübeln im Bett vermieden werden. Körperliche Aktivität und angenehme Unternehmungen während des Tages erleichtern auch älteren Menschen nachts den Schlaf (Müller & Paterok, 2010).

8.2 Psychische Erkrankungen im Alter

Psychische Erkrankungen können während der gesamten Lebensspanne auftreten, so auch im Alter. Schätzungsweise erkranken 8,1 % aller Personen im Alter von 18 bis 79 Jahren an einer Depression (Busch et al., 2013). Während schwere Depressionen mit 6.1 % bei den Älteren nicht häufiger auftreten als bei Jüngeren, kommen leichtere Depressionen bei älteren Menschen zwei bis dreimal häufiger vor und sind mit deutlichen Beeinträchtigungen der Gesundheit und der Lebensqualität verbunden (Linden et al., 1998; Deutsche Depressionshilfe, 2016). Somit treten depressive Symptome in der älteren Bevölkerung häufiger auf als bei jüngeren Menschen. Auch das Risiko für sogenannte „leichte kognitive Beeinträchtigungen" (s.u.), die über „normale" kognitive Veränderungen im Alter hinausgehen, und für demenzielle Erkrankungen steigt mit dem Alter. Im Folgenden werden zunächst Symptome depressiver Episoden, danach „leichte kognitive Beeinträchtigungen" und darauffolgend verschiedene Formen der Demenz dargestellt. Hierzu werden auch Beschreibungen der Krankheiten in der ICD-10 genannt.

Mithilfe der „International Classification of Diseases", oder kurz **ICD-10** (Dilling et al., 2014), geben Ärzte und Psychologen Diagnosen an. Diese Klassifikation wurde von der Weltgesundheitsorganisation herausgegeben, dient als Leitlinie und hilft, Krankheiten einheitlich zu definieren. Das Kürzel 10 steht für die 10. Überarbeitung. Die Fertigstellung der 11. Überarbeitung wird 2018 erwartet. In Deutschland gilt das modifizierte Diagnosesystem ICD-10-GM 2005 (Internationale statistische Klassifikation der Krankheiten und verwandter Gesundheitsprobleme, 10. Revision German Modification 2005; Deutsches Institut für Medizinische Dokumentation und Information, 2005) als Abrechnungsgrundlage von Gesundheitsleistungen. Kapitel F ist für Psychologen von besonderem Interesse, denn in diesem Kapitel sind psychische Störungen und Verhaltensstörungen aufgeführt. Ein weiteres, weitverbreitetes Klassifikationssystem ist die DSM-5 (Diagnostic and Statistical Manual of Mental Disorders-5; American Psychiatric Association, 2013).

Depression

Depressive Episoden gelten als affektive Störungen, also Störungen, die die Gefühle betreffen, und können mit unterschiedlichem Schweregrad auftreten. Sie sind durch gedrückte Stimmung, Interessenverlust, Freudlosigkeit und eine Verminderung des Antriebs gekennzeichnet (ICD-10, F32). Die Betroffenen sind leicht ermüdbar, auch schon nach kleinen Anstrengungen. Aktivitäten sind eingeschränkt. Depressive Episoden bestehen mindestens 2 Wochen, können aber auch bei sehr schweren Symptomen für kürzere Zeiträume diagnostiziert werden. Depressive Störungen können rezidivierend (F33), d. h. wiederholt auftretend oder anhaltend (F34), sein. Depressionen können durch zerebrale oder körperliche Störungen (F06.32) bedingt sein.

Symptome einer Depression

Weitere häufige Symptome einer depressiven Episode (gekürzt nach ICD-10, F32)

- Verminderte Konzentration und Aufmerksamkeit
- Vermindertes Selbstwertgefühl und Selbstvertrauen
- Schuldgefühle und Gefühle von Wertlosigkeit
- Negative und pessimistische Zukunftsperspektiven
- Suizidgedanken, erfolgte Selbstverletzung oder Suizidhandlungen
- Schlafstörungen
- Verminderter Appetit

Für die Diagnose ist eine ausführliche Anamnese wichtig. Diese sollte die Erfassung depressiver Symptome und kognitiver Beeinträchtigungen, eine internistische und neurologische Untersuchung als auch die Familien- und Medikamentenanamnese beinhalten (Niklewski, 2006). Ein Fragebogen, der zur Erfassung von Depressionen im Alter genutzt werden kann, ist die Geriatrische Depressionsskala (GDS; Yesavage et al., 1983), welche in unterschiedlich langen Versionen vorliegt. In diesem Fragebogen werden die Patienten beispielsweise nach ihrer grundsätzlichen Zufriedenheit mit ihrem Leben gefragt und ob sie ihr Leben als unausgefüllt betrachten.

Anamnese bei Verdacht auf Depression

Depressive Symptome werden oft nicht als solche erkannt, da sie von körperlichen Beschwerden überlagert sein können, auf welchen besonders im Alter der Fokus liegt. So können Schmerzen und auch Schlafstörungen Ausdruck einer Depression sein. Es wird eine Reihe von Faktoren diskutiert, die eine Depression im Alter begünstigen. Hierzu gehören Multimorbidität und mit Krankheit einhergehende Einschränkungen, die Anpassung an den Alltag nach dem Berufsaustritt, kritische Lebensereignisse wie der Verlust des Partners, um nur einige zu nennen. Therapeutisch liegt der Fokus auf Pharmakotherapie und Psychotherapie.

Depressionen können mit kognitiven Störungen einhergehen. Diese zeigen sich vor allem in den Bereichen Aufmerksamkeit, Gedächtnis, Schnelligkeit der Informationsverarbeitung und Exekutivfunktionen. Häufig sind die Beeinträchtigungen jedoch objektiv (gemessen mit psychometrischen Testverfahren, s. u.) nicht so schwerwiegend, wie subjektiv von den Patienten berichtet, reversibel und lassen sich im Rahmen einer neuropsychologischen Diagnostik von Demenzen abgrenzen. Affektive Störungen wie Depressionen kommen auch im Rahmen einer Demenz vor und das Demenzrisiko könnte erhöht sein, wenn früher depressive Episoden vorlagen. Jedoch könnten Depressionen in der Vorgeschichte auch als frühes Zeichen einer Demenz gewertet werden und nicht als Risikofaktor (Stoppe, 2007).

Leichte kognitive Beeinträchtigungen

Erhöhtes Risiko für Demenz Welche Leistungsveränderungen sind „normal" und wann werden sie als pathologisch eingestuft? Diese wichtige Frage ist nicht immer leicht zu beantworten. Sogenannte *„leichte kognitive Beeinträchtigungen"* (Zaudig, 1995) oder im englischen „mild cognitive impairment (MCI)" werden heute als eigenständige psychische Erkrankung gesehen und diagnostiziert. Sie müssen einerseits vom normalen kognitiven Altern und andererseits von frühen Stadien der Demenz (s. u.) abgegrenzt werden. Jedoch weisen Personen mit einer leichten kognitiven Beeinträchtigung ein erhöhtes Risiko auf, eine Demenz zu entwickeln. Die Wahrscheinlichkeit, innerhalb von 5 Jahren an einer Demenz zu erkranken, wird auf 50 % geschätzt (Zaudig, 2005; 2011). Erneute Untersuchungen mindestens alle 6–12 Monate sind daher angezeigt. Eine Studie von Donati et al. (2013) weist darauf hin, dass Persönlichkeitsveränderungen eine Demenz voraussagen könnten. Bei Personen mit MCI nehmen Neurotizismus und Extraversion zu, Gewissenhaftigkeit und Offenheit nehmen ab (Kapitel 7). Bei Verdacht auf eine beginnende neurodegenerative Erkrankung sollte eine pharmakologische Therapie eingeleitet werden (Zaudig, 2011).

Laut ICD-10 (F06.7) müssen bei einer „leichten kognitiven Störung" keine direkten neurologischen Symptome einer zerebralen Beteiligung vorliegen. Als Hauptmerkmale werden Klagen über Gedächtnisstörungen, Vergesslichkeit und Lern- oder Konzentrationsschwierigkeiten genannt. Die Untersuchung mit objektiven Testverfahren zeigt normwidrige Werte. Jedoch ist keines der Symptome so ausgeprägt, dass die Diagnose Demenz, organisches amnestisches Syndrom (s. u.) oder Delir (s. u.) gestellt werden kann. Differenzialdiagnostisch muss eine leichte kognitive Störung vom postenzephalitischen Syndrom und postkontusionellen Syndrom abgegrenzt werden.

Diagnose der MCI

Ein **Delir** wird nach ICD-10 (F05) als eine Störung des Bewusstseins, der Aufmerksamkeit, der Wahrnehmung, des Denkens, des Gedächtnisses, der Psychomotorik, der Emotionalität und des Schlaf-Wach-Rhythmus definiert. Das Zustandsbild ist vorübergehend (normalerweise bis zu vier Wochen oder weniger) und wechselt in seiner Intensität. Personen mit Delir sind desorientiert.

Delir

Personen mit leichten kognitiven Beeinträchtigungen klagen subjektiv über eine Abnahme der kognitiven Leistungen, z. B. Gedächtniseinbußen. Auch können sich die Betroffenen schlechter konzentrieren. Die Informationsverarbeitungsgeschwindigkeit nimmt ab. Weiterhin kann sich die fluide Intelligenz leicht vermindern. Auffällig wird diese Symptomatik vor allem bei anspruchsvollen Tätigkeiten (Zaudig, 1999). Bei der neuropsychologischen Untersuchung werden Beeinträchtigungen sichtbar, oft werden deutlich unterdurchschnittliche Gedächtnisleistungen festgestellt. Die Untersuchung des Kurzzeitgedächtnisses spielt eine wichtige Rolle. Im Alltag kommen die Betroffenen jedoch gut zurecht. Eine Abgrenzung zur Demenz (Demenzabklärung) und zu Depressionen im Alter ist unerlässlich. Verlaufsuntersuchungen sind ratsam.

Gedächtniseinbußen

Neuropsychologische Untersuchung

Neuropsychologen untersuchen kognitive und affektive Funktionen mittels Anamnese, Exploration, Fragebögen, psychometrischer Tests und Verhaltensbeobachtungen. So können Leistungseinbußen und pathologische Veränderungen festgestellt und gemessen werden. Neben Defiziten werden auch erhaltene Funktionen und Stärken im Rahmen des Leistungsprofils erfasst. Mittels wissenschaftlich entwickelter neuropsychologischer Testverfahren werden kognitive Funktionen wie Psychomotorik, Wahrnehmung, Aufmerksamkeit, Gedächtnis, Sprache, Exekutivfunktionen, Intelligenz und Visuokonstruktion detailliert untersucht und mit den Leistungen von Personen gleichen Alters, Geschlechts und Bildungsniveaus („Normen") verglichen. Die Testverfahren müssen Gütekriterien erfüllen. Hier sind die Validität (ein Test ist valide, wenn sichergestellt ist, dass er misst, was er vorgibt zu messen), Reliabilität (Zuverlässigkeit; Unabhängigkeit vom Untersuchungszeitpunkt) und Objektivität (Unabhängigkeit vom Untersucher) zu nennen. Neuropsychologische Untersuchungen sind zur Feststellung von leichten kognitiven Beeinträchtigungen, zur Demenzabklärung und Differenzialdiagnose unverzichtbar und bilden die Basis für die Beurteilung des Verlaufs und für (neuropsychologische) Interventionen. Rösler et al., (2004) beschreiben die kognitiven Profile unterschiedlicher Demenzen. Die neuropsychologische Diagnostik dient weiterhin der Früherkennung, Verlaufsbeobachtung und Erfassung des Schweregrades (Ivemeyer & Zerfaß, 2002).

Es ist ratsam, dass ein Patient mit dem Untersucher bei einer neuropsychologischen Untersuchung allein ist. Während der Untersuchung wird der Patient mit seinen „wunden Punkten" konfrontiert, was verständlicherweise als belastend und sehr unangenehm erlebt wird und durch die Anwesenheit von Angehörigen verstärkt werden kann. Auch möchten Angehörige helfend eingreifen. Den Patienten sollte Mut zum Mitmachen gemacht werden und die Atmosphäre so angenehm wie möglich sein (Ivemeyer & Zerfaß, 2002).

❗ Da das Vorliegen körperlicher Krankheiten im Alter wahrscheinlich ist und diese mit kognitiven Leistungseinbußen im Zusammenhang stehen können, sollten diese bei der Prophylaxe und der Behandlung von kognitiven Leistungseinbußen (auch im Rahmen von Demenzen) beachtet werden. So sollten beispielsweise Blutdruck, Blutzucker und Blutfette optimal eingestellt sein.

MCI Subtypen　Leichte kognitive Beeinträchtigungen können in Subtypen unterteilt werden. Bei diesen wird unterschieden, ob beeinträchtigte Gedächtnisfunktionen im Vordergrund stehen. So treten bei der Diagnose *amnestische MCI* (Gedächtnis bezogene leichte kognitive Beeinträchtigung) subjektiv Gedächtnisprobleme auf, die auch objektiv nachgewiesen werden können. Generelle kognitive Funktionen sind jedoch intakt, eine Demenz kann ausgeschlossen werden und es liegen keine Beeinträchtigungen im Alltag vor (Petersen et al., 2001). Stehen Gedächtnisprobleme nicht im Vordergrund, so spricht man von einer *nonamnestischen MCI*. Je nachdem, ob die Beeinträchtigungen in einem oder in mehreren kognitiven Bereichen vorliegen, wird in die Subtypen *Single- oder Multiple-Domain MCI* eingeteilt.

Bei leichten kognitiven Beeinträchtigungen erweisen sich folgende Maßnahmen als hilfreich (Grond, 2014):

- Training der Alltagsfertigkeiten
- Bewegung
- Geistige Anregung
- Vermeidung von Nikotin und Alkohol
- Behandlung von hohem Blutdruck und Diabetes

Demenzen

Im Laufe unseres Lebens erlernen wir viele Fähigkeiten und unzählige Fakten und Konzepte. Wir lernen Sprache(n), können uns räumlich und zeitlich orientieren, erlangen Wissen über unsere Person und andere Personen, erwerben Weltwissen und können Probleme lösen, um nur einige Beispiele zu nennen. Es ist ernüchternd, dass diese Fertigkeiten und dieses Wissen verloren gehen können. Dies geschieht bei der Entwicklung einer demenziellen Erkrankung. Wenn eine Demenz vorliegt, treten gravierende Einbußen der kognitiven Leistungsfähigkeit auf. Zuvor erreichte kognitive Fähigkeiten gehen verloren. Demenzen können in unterschiedlichem Schweregrad auftreten. In der westlichen Welt treten fragliche oder leichte Demenzen bei 6–8 % der älteren Bevölkerung auf. Hierzu kommen noch etwa 6–8 % der Bevölkerung über 65, welche eine mittelschwere oder schwere Demenz aufweisen und es ist wahrscheinlich, dass dieser Anteil mit steigender Lebenserwartung in der Zukunft ansteigen wird (Förstl & Lang, 2011). Im Jahr 2012 waren in Deutschland 1.572.104 Menschen an einer Form von Demenz erkrankt. Insgesamt liegt die Prävalenz von Demenz bei Frauen höher und steigt im Alter (ab 80 Jahren) an (s. Abbildung 8.2). Die Anzahl an Neuerkrankungen liegt vermutlich weit über 200.000 (Weyerer, 2005).

Schwere kognitive Beeinträchtigungen

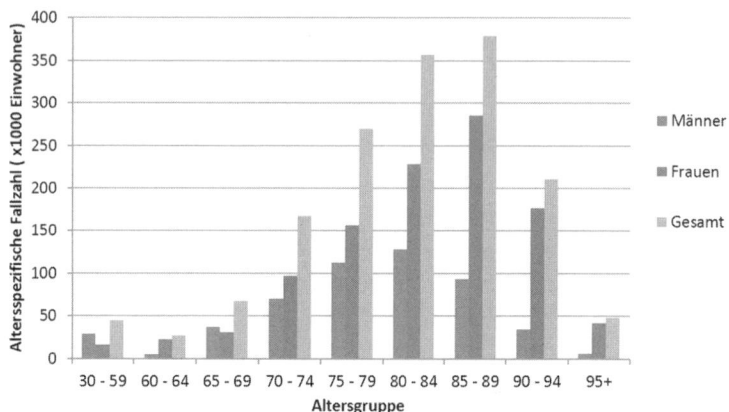

Abb. 8.2: Prävalenz von Demenzerkrankungen im Jahr 2012 (Alzheimer Europe Office, 2014).

Oft treten Demenzen im höheren Lebensalter auf. Es gibt allerdings auch Demenzen, die schon im jüngeren Lebensalter beobachtbar sind. Hierzu zählen u. a. die präsenile Alzheimer Demenz und Demenzen im Rahmen der Parkinson-Krankheit, Chorea Huntington und Creutzfeldt-Jakob-Erkrankung. Gravierende Gedächtnisstörungen können auch als amnestisches Syndrom auftreten und durch verschiedene Erkrankungen, wie beispielsweise dem Korsakow-Syndrom, Enzephalitis oder Hirntumore, entstehen.

Demenzdiagnostik Zur Diagnosestellung gehört es, festzustellen, dass eine Demenz vorliegt und im Weiteren, welche Form der Demenz vorliegt und welche Formen ausgeschlossen werden können (z. B. laut ICD-10 Kriterien und Beobachtungen im klinischen Alltag). Laut ICD-10 geht eine Demenz mit der Störung vieler höherer kortikaler Funktionen, einschließlich Gedächtnis, Denken, Orientierung, Auffassung, Rechnen, Lernfähigkeit, Sprache und Urteilsvermögen einher. Das Bewusstsein ist nicht getrübt. Auch können Veränderungen der emotionalen Kontrolle, des Sozialverhaltens oder der Motivation auftreten. Als wesentlich werden der Nachweis einer Abnahme des Gedächtnisses und des Denkvermögens, welche die Aktivitäten des täglichen Lebens beträchtlich beeinträchtigen sollten, gesehen. Die Gedächtnisstörung bezieht sich auf die Enkodierung, die Speicherung und den Abruf neuer Informationen. In den späteren Stadien kann auch der Abruf vertrauten Materials betroffen sein. Die Beeinträchtigung des Denkvermögens ist durch ein Nachlassen der Fähigkeit zu vernünftigem Urteil und einer Verminderung des Ideenflusses gekennzeichnet. Weiterhin ist die Informationsverarbeitung beeinträchtigt und es werden Schwierigkeiten in Situationen beobachtet, in denen mehr als einem Stimulus Aufmerksamkeit geschenkt werden muss. Die Symptome und Störungen müssen mindestens sechs Monate bestanden haben. Differenzialdiagnostisch müssen laut ICD-10 eine depressive Störung, Delir (siehe oben), leichte oder mittelschwere Intelligenzminderung, Zustandsbilder kognitiver Schwäche aufgrund schwer gestörter sozialer Bedingungen mit mangelhaften Bildungsmöglichkeiten als auch psychische Störungen als Folge einer Medikation als Ursachen für die Störungen ausgeschlossen werden.

Im Unterschied zu einer leichten kognitiven Beeinträchtigung **Abgrenzung zur MCI** kommt eine Demenz bei der Bewältigung des Alltags deutlich zum Tragen. Neurobiologisch lassen sich bei einer Demenz Veränderungen nachweisen. Die Diagnose einer beginnenden Demenz ist jedoch nicht immer einfach zu stellen und von leichten kognitiven Beeinträchtigungen abzugrenzen. Aus diesem Grund sind Verlaufsuntersuchungen angeraten.

Kognitive Screenings können mithilfe verschiedener Kurztests durchgeführt werden und geben wertvolle erste Hinweise, ersetzen jedoch nicht eine detaillierte neuropsychologische Untersuchung. Sind die Ergebnisse eines Screenings auffällig oder unklar, sollte eine eingehende Untersuchung folgen. Die meisten Screeningverfahren überprüfen die Orientierung (Ort, Zeit, Person) und beinhalten Aufgaben, die Sprache, Wortflüssigkeit, Lernfähigkeit und visuell-räumliche Fertigkeiten untersuchen. Bekannte Testverfahren sind der Mini-Mental-Status-Test (MMSE, Folstein et al., 1975), der DemTect (Kessler et al., 2000) und der Uhrenzeichentest (UZT; Sunderland et al., 1989).

Eine ausführliche Anamnese (auch Fremdanamnese durch Gespräche mit z. B. Angehörigen), Ergebnisse einer neurologischen und einer neuropsychologischen Untersuchung und psychopathologische Befunde sind für die Diagnose eines Demenzsyndroms wichtig (Förstl, 2011, zur Beschreibung anwendbarer Kriterien). Es sollte abgeklärt werden, ob körperliche Erkrankungen, Änderungen der Medikation oder kritische Lebensereignisse aufgetreten sind oder bestehen, die für die kognitiven Leistungen ursächlich sein könnten (Stoppe, 2007). Bildgebende Verfahren wie Computertomografie (CT) und Magnetresonanztomografie (MRT) und elektrophysiologische Verfahren wie Elektroenzephalografie (EEG) liefern sehr wichtige Hinweise zur Diagnose und Abgrenzung von Demenzen. Blutuntersuchungen wie beispielsweise die Bestimmung von Thyreoidea-stimulierendem Hormon (TSH) und Vitamin B12 sind sinnvoll. Auch die Bestimmung von β-Amyloid-Protein und Tau-Protein in der Hirnrückenmarksflüssigkeit (Liquor) kann Hinweise geben, ob beispielsweise eine Alzheimer Demenz vorliegen könnte. Für diese Untersuchung wird Liquor durch eine Lumbalpunktion, eine Punktion im Bereich der Lendenwirbelsäule, gewonnen. Bei einer Alzheimer Demenz können die Werte für β-Amyloid vermindert und für Tau erhöht sein. Eine möglichst frühe Diagnose ist von Vorteil, damit zeitig mit der Behandlung und Unterstützung der Betroffenen und ihrer Angehörigen begonnen werden kann. Auch erlaubt eine frühe Diagnose das rechtzeitige Erörtern von Fragen hinsichtlich künftiger Pflege, gewünschter und nicht gewünschter ärztliche Maßnahmen. Zur Abklärung einer Demenz bietet sich der Besuch speziell angebotener Gedächtnissprechstunden an.

Zur Untersuchung eignen sich auch spezielle Testbatterien. Zu nennen sind die Alzheimer Disease Assessment Scale (ADAS; Weyer et al., 1992), Cambridge Examination for Mental Disorders of the Elderly (CAMDEX; Roth et al., 1994), The Consortium to Establish a Registry for Alzheimer's Disease (CERAD; Thalmann et al., 2000) bzw. CERAD-Plus, welcher zusätzlich den Trail Making Test A und B zur Erfassung der Informationsverarbeitungsgeschwindigkeit und einen Test zur phonematischen Flüssigkeit (S-Wörter) enthält, Nürnberger Alterns-inventar (NAI; Oswald & Fleischmann, 1995) als auch das Strukturierte Interview zur Diagnose von Demenzen: Alzheimer-Typ, Multi-Infarkt-Demenz und Demenzen anderer Ätiologie (SIDAM; Zaudig et al., 1991). Eine detaillierte Beschreibung dieser Verfahren findet sich bei Ivemeyer & Zerfaß (2002).

Demenzen stellen für die Betroffenen und auch für Verwandte, Freunde und Pflegepersonal eine große emotionale Herausforderung dar und betreffen sehr stark den Bereich der Versorgung und Pflege. Allein die Konfrontation mit der Diagnose ist sehr belastend und wirft viele Fragen auf, z. B. zur Prognose. Die Beeinträchtigung der kognitiven Leistungsfähigkeit kann psychisch sehr bedrückend sein. In späteren Stadien können Ängste, negative Stimmung, psychomotorische Unruhe und Aggressionen auftreten. Dies ist nachvollziehbar, wenn Ereignisse nicht mehr verstanden und eingeordnet werden können und wenn man sich nicht mehr wie gewohnt ausdrücken kann. Da sich die Betroffenen in fortgeschrittenen Stadien oft kaum noch verbal äußern können, sollten *Verhaltensänderungen* sehr ernst genommen werden und nach Einschränkungen des Wohlbefindens gesucht werden (Gutzmann & Steenweg, 2011), auch wenn es manchmal nicht einfach sein dürfte, das Verhalten richtig zu deuten. Zwijsen et al. (2014) konnten zeigen, dass Apathie oft fälschlicherweise als Zufriedenheit interpretiert wird. Beobachtungen vor und während der Pflege können auch Hinweise auf Schmerzen geben, die die Betroffenen nicht mitteilen können. Ein besorgter oder verkrampfter Gesichtsausdruck, die Suche einer Schonhaltung, ungewöhnliche Bewegungen und Vermeiden von Kontaktaufnahme können *Anzeichen für Schmerzen* sein (ECPA (Echelle comportemental de la douleur pour personnes âgées communicantes/Skala zur Erfassung des Schmerzerlebens von Demenzkranken); Kunz, 2002). Wichtig ist sicherlich der Einsatz von genügend Pflegepersonal, denn je mehr Pflegende pro Patient zur Verfügung stehen, desto größer ist die Lebensqualität der Patienten.

> **Emotionale Herausforderung**

Die Ziele einer Therapie sind vor allem, Leistungseinbußen zu verringern und zu verzögern und die Lebensqualität der Betroffenen und ihrer Angehörigen zu erhöhen (Gutzmann & Mahlberg, 2011). Je nach Demenzform können *pharmakologische Therapien* hilfreich sein. Hierzu gehört die Gabe von Antidementiva als auch von Medikamenten zur Besserung von depressiven Verstimmungen, Unruhe, Angstzuständen als auch Schlafstörungen. *Psychosoziale Beratung und Unterstützung* sind für den weiteren Lebensverlauf und die Krankheitsbewältigung immens wichtig. Eine frühe, einfühlsame und auch verständliche Aufklärung bietet den Betroffenen die Möglichkeit zur Selbstbestimmung, auch im Hinblick auf spätere, schwere Stadien der Erkrankung, wenn die Fähigkeit, Entscheidungen zu treffen, eingeschränkt sein wird. *Pflegende Bezugspersonen* sollten über Beratungs- und Hilfsangebote informiert werden, die sie nutzen können, um ihre eigene Belastung zu reduzieren. Hierzu gehört neben Faktenwissen

> **Therapie der Demenz**

über die Erkrankung und deren Auswirkung auf das Verhalten der Betroffenen auch Unterstützung durch praktische Übungen und ebenfalls die Ermutigung, eigene Bedürfnisse zu erkennen und ihnen nachzugehen als auch aktiv Hilfsangebote zu suchen und zu nutzen (Gutzmann & Steenweg, 2011). *Verhaltenstherapeutische Techniken* haben sich als wirksam herausgestellt (Gutzmann & Mahlberg, 2011), z.b. um den Alltag und die Aufnahme von Informationen zu strukturieren und soziale Kompetenz zu fördern. Ein klarer, überschaubarer Tagesablauf und Hinweisschilder in der Wohnung sind hilfreich. Zu viele Sinneseindrücke auf einmal sind zu vermeiden. Ein *Realitäts-Orientierungs-Training (ROT)* (Taulbee & Folsom, 1966) wird zur Verbesserung von Orientierung und Gedächtnis eingesetzt. Bei leichter Demenz kann ein *Gedächtnistraining* (Kapitel 9) hilfreich sein. Mit *Musiktherapie, Kunsttherapie, Tanztherapie* und *sinnesorientierten Verfahren* (z.b. basale Stimulation, Aromatherapie, Massagen) können u.a. ein positiver Einfluss auf die Stimmung und eine Reduzierung von Unruhe erreicht werden (Stoppe, 2007; Grond, 2014 zur Übersicht weiterer therapeutischer Maßnahmen). Es sollten angemessene Anregungen gegeben werden und erhaltene Fähigkeiten gefördert werden.

Angehörige spielen bei der Versorgung dementer Personen eine besonders wichtige Rolle. Jedoch gehört es auch zu den Aufgaben unserer Gesellschaft, sich um ihre Mitglieder zu kümmern und Zeit und Raum für Zuwendung und Pflege dementer Menschen zur Verfügung zu stellen. Demenzkranke haben ein großes Bedürfnis nach Geborgenheit, Kommunikation und Wertschätzung. Gefühle und grundlegende Bedürfnisse gehen durch den kognitiven Abbau *nicht* verloren (Grond, 2014). Trotz der allgemeinen Diagnose „Demenz" ist jeder Demenzkranke einzigartig.

Nach Gutzmann und Steenweg (2011) sind die folgenden Strategien förderlich im Umgang mit Betroffenen und können helfen, Krisen zu vermeiden: Das Einhalten eines Tagesrhythmus, der sich an Aktivitäten des Alltags orientiert, ist wichtig. Auch sollte die Umgebung einfach gestaltet sein, um übersichtlicher zu sein. Ablenkungen sollten vermieden werden, wenn Aktivitäten ausgeführt werden, die Konzentration erfordern. Die Ansprache sollte ruhig und in einfachen kurzen Sätzen erfolgen. Die Vermittlung eines Sicherheitsgefühls hilft, Unruhe zu reduzieren. Aktivitäten sollten ausgeführt werden, jedoch ohne Hektik und Überreizung. Unnötiger Stress sollte vermieden und Förderung nicht übertrieben werden. Weitere wertvolle Hinweise – auch speziell zur Pflege – werden von Grond (2014) gegeben.

Die Reichweite präventiver Maßnahmen variiert je nach Art der Demenz. Eine Alzheimer-Demenz kann nicht verhindert, aber unter Umständen verzögert werden (Kapitel 9). Vaskulären Demenzen kann
durch Vermeidung und Therapie zugrunde liegender körperlicher Erkrankungen (s.u.) vorgebeugt werden. Im Folgenden werden Formen
der Demenz näher beschrieben, die insbesondere im Alter auftreten.
Hierzu zählen die *Alzheimer-Demenz, die Demenz mit Lewy-Körperchen, vaskuläre Demenzen* und *frontotemporale Lobärdegenerationen.*

**Prävention
von Demenz**

Alzheimer-Demenz

Die Alzheimer-Demenz (AD) ist die häufigste Form der Demenz. Bei
etwa 70–90% der Demenzkranken wird eine AD angenommen, die
aber auch durch andere pathologische Veränderungen des Gehirns überlagert werden kann (Förstl et al., 2011). Laut Kriterien der NINCDS-
ADRDA (National Institute of Neurological and Communicative Diseases
and Stroke/Alzheimer's Disease and Related Disorders Association), welche sehr gebräuchlich sind, werden als notwendige Voraussetzungen für
eine wahrscheinlich vorliegende Alzheimer-Demenz u.a. Zeichen einer
Demenz in der klinischen Untersuchung und bei neuropsychologischen
Tests, Defizite in zwei oder mehr kognitiven Bereichen, progredien-
ter Verlauf, keine Bewusstseinstrübung, Beginn zwischen dem 40. und
90. Lebensjahr und ein Ausschluss einer anderen körperlichen oder neurologischen Krankheit, welche die Symptomatik erklären könnte, genannt.

**häufigste
Demenzform**

Der Verlauf der AD ist langsam progredient, kann aber auch Schwankungen unterliegen. Eine AD kann sich über mehrere Jahre entwickeln.
Bereits früh lassen sich beeinträchtigte Aufmerksamkeitsfunktionen,
z.B. bei der selektiven Aufmerksamkeit und beim Wechseln der Aufmerksamkeit zwischen Reizen, und Gedächtnisdefizite, z.B. beim
Speichern neuer Informationen, beobachten. Das Arbeitsgedächtnis ist
gestört. Das episodische Gedächtnis ist schon früh betroffen. Kurzfristig mag es noch gelingen, Informationen zu behalten, aber über längere Zeiträume ist das Behalten gestört. Das Abrufen episodischer Informationen aus dem Langzeitgedächtnis bleibt zunächst noch länger
erhalten. Das deklarative Gedächtnis ist mehr betroffen als das prozedurale Gedächtnis (Kapitel 6). Auch das Wiedererkennen von Informationen ist beeinträchtigt. Weiterhin können planvolles Handeln,
Organisieren und Urteilsvermögen als auch Sprache (Abnahme des
Vokabulars, Wortfindungsstörungen) betroffen sein und konstruktive
Schwierigkeiten, z.B. beim Abzeichnen, und Schwierigkeiten bei der
räumlichen und zeitlichen Orientierung auftreten.

Verlauf der AD

Die diagnostischen Leitlinien besagen, dass für die Diagnose einer AD folgende Merkmale notwendig sind (gekürzte Fassung in Anlehnung an ICD-10, F00*):

▪ Vorliegen einer Demenz
▪ Schleichender Beginn mit langsamer Verschlechterung. Im weiteren Verlauf kann ein Plateau erreicht werden.
▪ Fehlen klinischer Hinweise oder Untersuchungsbefunde, die auf eine System- oder Hirnerkrankung hinweisen, welche als Ursache gelten könnten.
▪ Fehlen eines plötzlichen apoplektischen Beginns oder neurologischer Herdzeichen wie Hemiparese, Sensibilitätsverlust, Gesichtsfeldausfälle und Koordinationsstörungen in der Frühphase.

Als Differenzialdiagnose sollten eine depressive Störung, Delir, organisch amnestisches Syndrom, sonstige Demenzen und Intelligenzminderungen ausgeschlossen werden. Beachtet werden muss, dass eine AD zusammen mit einer vaskulären Demenz auftreten kann.

Im Verlauf der Erkrankung treten vermehrt Einbußen auf. Aufgaben im Haushalt und alltägliche Fähigkeiten wie Anziehen und Essen können nicht mehr ohne Hilfe erledigt werden. Auch Veränderungen im emotionalen Erleben, wie depressive Symptome, werden beobachtet. Die Kontrolle von Emotionen ist beeinträchtigt, was vielfach zu Aggressionen führen kann. Die Betroffenen verlieren auch ihre Einsicht in die Störung. Die Symptome verstärken sich immer mehr, bis starke Beeinträchtigungen in allen kognitiven Funktionen auftreten. Auch bisher noch abrufbare frühe Gedächtnisinhalte können nicht mehr erinnert werden. Episodisches und semantisches Gedächtnis sind letztendlich sehr stark gestört. Angst, Aggressionen, Ruhelosigkeit, Halluzinationen und Störungen des Schlaf-Wach-Rhythmus treten vermehrt auf. Es ist denkbar, dass Aggressionen auch eine Reaktion auf subjektiv erlebte Bedrohungen oder Schmerz sind und keine anderen Möglichkeiten des Ausdrucks mehr zur Verfügung stehen.

Apparative Befunde

Neben neuropsychologischen Untersuchungen sind apparative Untersuchungen sehr wichtig. Hierzu gehören u. a. Untersuchungen mittels Magnetresonanztomografie (MRT), Computertomografie (CT) und Elektroenzephalografie (EEG). So zeigt sich bei AD im EEG, dass während des Krankheitsverlaufs die normale α-Aktivität (Oszillationen im Frequenzbereich zwischen 8 und 12 Hz, die insbesondere im entspannten Zustand auftreten) abnimmt und die langsamere θ- und δ-Aktivität zunimmt. Treten bereits im frühen oder mittleren Stadium schwere EEG-Veränderungen auf, so ist eine AD eher unwahrscheinlich (Förstl et al., 2011). Im CT oder MRT ist oft eine Atrophie des Hippocampus zu beobachten.

Im Gehirn treten viele Veränderungen auf. Hierbei ist insbesondere eine *Verminderung von Neuronen in weiten Bereichen des Gehirns* zu nennen, vor allem im Hippocampus, der Substantia innominata, dem Locus coeruleus und dem temporo-parietalen und frontalen Kortex (ICD-10). Weiterhin werden sogenannte *Plaques* und *Neurofibrillen* nachgewiesen, welche im Verlauf der Krankheit zunehmen. Plaques setzen sich u.a. aus β-Amyloid zusammen, welches normalerweise in demselben Maß aus dem Gehirn abtransportiert wird, in dem es produziert wird. Bei der AD sind Abbau und Abtransport beeinträchtigt und Plaques entstehen. Neurofibrillen bestehen u.a. aus Tau-Protein. Das Tau-Protein ist ein pathologisch verändertes Transporteiweiß, welches für die Stabilisierung von Transportstrukturen der Nervenzellen wichtig ist. Durch seinen pathologischen Umbau verliert es seine normale Funktion und verklebt zu Faserknäueln, den Neurofibrillen. Im Nucleus basalis Meynert im basalen Vorderhirn tritt ein enormer Zelluntergang auf. Der Nucleus basalis Meynert ist kritisch für die Versorgung des Kortex, der Amygdala und des Nucleus reticularis thalami mit dem Transmitter Acetylcholin, der wiederum für die Funktion zahlreicher Hirnbereiche, u.a. von Neokortex und Hippocampus, unabdingbar ist. Auch das noradrenerge und serotonerge Neurotransmittersystem sind betroffen.

Neurobiologische Veränderungen

Zu den Risikofaktoren für eine AD gilt vor allem das Lebensalter (Natale et al., 2011). Vorschädigungen des Gehirns, somatische und psychische Störungen werden als Risikofaktoren in Betracht gezogen. Ein Schlaganfall im jüngeren Lebensalter erhöht das Risiko, eine AD zu entwickeln. Des Weiteren können genetische Faktoren eine Rolle spielen. Träger von Apolipoprotein-E4-Allelen (ApoE4) könnten ein erhöhtes Risiko haben, an AD zu erkranken.

Risikofaktoren

Die Gabe von Antidementiva kann eine Verzögerung (ca. 1–2 Jahre) des Fortschreitens der Krankheit bewirken. Vornehmlich wird die Kompensation des cholinergen Mangels angestrebt, d.h. des Neurotransmitters Acetylcholin. Hierzu werden Acetylcholinesterasehemmer genutzt, um die Spaltung des noch vorhandenen Acetylcholins zu reduzieren. Als Wirkstoffe sind Donepezil, Galantamin und Rivastigmin zu nennen, die die Signalübertragung durch Acetylcholin verbessern,

Antidementiva

und die für die Behandlung bei leichter bis mittelschwerer Demenz zugelassen sind. Da auch weitere Neurotransmittersysteme betroffen sein können, werden auch diese mittels Pharmakotherapie anvisiert (Förstl et al., 2011). So wirkt Memantin auf Nervenzellen, deren Informationsweiterleitung mittels Glutamat erfolgt. Memantin ist für die Behandlung mittelschwerer und schwerer Demenz zugelassen.

Demenz mit Lewy-Körperchen

Nach der AD ist die Demenz mit Lewy-Körperchen (DKL) die zweithäufigste neurodegenerative Demenz (15 – 25 %). Die DKL tritt gewöhnlich zwischen dem 60. und 68. Lebensjahr auf (Münte, 2009) und verläuft progredient.

Symptome der DKL Kennzeichen der DKL sind Schwankungen in Aufmerksamkeits- und visuell-räumlichen Leistungen, visuelle und akustische Halluzinationen und Wahnvorstellungen sowie motorische Symptome (Stoppe, 2007; Münte, 2009). Weitere Symptome können u. a. Stürze und eine REM-Schlafverhaltensstörung sein. Bei Letzteren treten Bewegungen während des REM-Schlafs (Traumschlaf) auf, da die motorischen Zentren des Hirnstamms, die normalerweise während des REM-Schlafs unterdrückt sind, bei der DKL nicht gehemmt werden (Münte, 2009). Sprachliche Defizite sind geringer als bei AD-Patienten. Patienten mit DKL reagieren überempfindlich auf Neuroleptika (Medikamente, die sedierend und antipsychotisch wirken).

Lewy-Körperchen Im Gehirn lagern sich sogenannte Lewy-Körperchen ab. Lewy-Körperchen sind runde, eosinophile, neuronale Einschlüsse im Zytoplasma von Neuronen. Sie kommen bei DKL in verschiedenen Bereichen des Gehirns vor, u. a. in der Substantia nigra, und verringern die Bildung des Transmitters Dopamin (Grond, 2014). Dopamin spielt eine wichtige Rolle bei motorischen Funktionen. Auch ein cholinerges Defizit liegt vor und es kann Überschneidungen mit einer AD geben. Therapeutisch werden Acetylcholinesterasehemmer und Levodopa (L-Dopa) eingesetzt.

Vaskuläre Demenzen

Plötzliche Ausfälle Während eine AD eher schleichend einsetzt, können plötzliche Ausfälle auf eine vaskuläre Demenz hinweisen. Zerebrale Durchblutungsstörungen sind eine neben der AD weit verbreitete Ursache für eine Demenz (ca. 10 – 30 % in Europa und Nordamerika, 50 % in Asien;

Haberl, 2011). Vaskuläre Demenz ist als Oberbegriff für alle Demenzen zu verstehen, die auf Erkrankungen der Hirngefäße zurückgehen. Es wird allgemein zwischen kortikalen und subkortikalen (wobei auch gemischte kortikale und subkortikale Formen vorkommen) als auch akuten und subakuten Formen unterschieden (Kalbe & Kessler, 2009).

Die Lokalisation, Größe, Anzahl und Funktion der von dem Infarkt oder den Infarkten betroffenen Hirnbereichen bestimmt die funktionalen Ausfälle, d.h. ob z.B. Sprachstörungen, Aufmerksamkeitsstörungen, Lähmungen (Paresen) usf. auftreten. Depressive Verstimmungszustände und Störungen des Antriebs sind möglich. Das Gangbild ist typischerweise verändert und Stürze treten häufiger auf. Die Störungen sollten zeitlich mit einer zerebrovaskulären Erkrankung und dem Infarkt/den Infarkten (s. Kasten Schlaganfall) im Zusammenhang stehen, welche sich durch bildgebende Verfahren bestätigen lassen.

Symptome einer vaskulären Demenz

Für die Diagnose einer vaskulären Demenz sind folgende Merkmale notwendig (gekürzte Fassung in Anlehnung an ICD-10, F01):

- Vorliegen einer Demenz
- Ungleichmäßige Beeinträchtigung z.B. des Gedächtnisses; intellektueller Funktionen
- Plötzlicher Beginn, schrittweise Verschlechterung und neurologische Herdzeichen und Symptome erhöhen die Wahrscheinlichkeit

Häufig ist eine Bestätigung durch bildgebende Verfahren notwendig. Das Auftreten der Symptome und ein Nachweis einer zerebrovaskulären Krankheit sollten in zeitlichem Zusammenhang stehen (Haberl, 2011). Zusätzliche Merkmale können Bluthochdruck, Karotisgeräusche, Affektlabilität und vorübergehende Episoden von Delir sein. Auch eine Zuspitzung früherer Persönlichkeitszüge kann vorkommen. Einsicht und Urteilsfähigkeit können gut erhalten sein. Im Hinblick auf eine Differenzialdiagnose müssen Delir, sonstige Demenzen, affektive Störungen, Intelligenzminderung und ein subdurales Hämatom ausgeschlossen werden. Eine vaskuläre Demenz kann zusammen mit einer AD auftreten.

Schlaganfall

Bei einem Schlaganfall kann es sich um einen *Hirninfarkt* oder eine *Hirnblutung* handeln. Bei einem Hirninfarkt tritt ein Durchblutungsmangel auf, z.B. durch einen Verschluss von Blutgefäßen. Kardiovaskuläre Erkrankungen wie beispielsweise unbehandeltes Vorhofflimmern oder Erkrankungen der Arterien wie u.a. Karotisstenose (Einengung einer der beiden Halsschlagadern) können

Verschlüsse von Blutgefäßen (Embolien) auslösen. Hirnzellen sterben ab, da sie keinen Sauerstoff und keine Nährstoffe mehr aus dem Blut erhalten. Bei einer Hirnblutung tritt Blut in das Hirngewebe ein. Bei einem Verdacht auf einen Schlaganfall muss sehr schnell gehandelt werden. Durch bildgebende Verfahren kann festgestellt werden, ob es sich um einen Infarkt oder eine Blutung handelt. Diese Unterscheidung ist sehr wichtig, da entsprechend behandelt werden muss. In Deutschland gibt es laut Deutscher Schlaganfallhilfe derzeit ca. 200 Schlaganfall-Spezialstationen („Stroke unit").

Der FAST-Test

Der Verdacht auf einen Schlaganfall kann mit dem FAST-Test überprüft werden. Die Abkürzung FAST steht für **F**ace (Gesicht), **A**rms (Arme), **S**peech (Sprache) und **T**ime (Zeit). Folgende Funktionen sollten überprüft werden:

- **Face:** Bitten Sie die Person zu lächeln. Wenn das Gesicht dabei einseitig verzogen ist, ist eine Halbseitenlähmung wahrscheinlich.
- **Arms:** Bitten Sie die Person, die Arme nach vorne zu strecken und die Handflächen nach oben zu drehen. Wenn dies nicht gelingt, z.B. ein Arm nicht gehoben werden kann, sinkt oder sich nicht dreht, liegt wahrscheinlich eine Lähmung vor.
- **Speech:** Bitten Sie die Person, einen einfachen Satz nachzusprechen. Gelingt dies nicht oder klingt die Stimme verwaschen, handelt es sich wahrscheinlich um eine Sprachstörung.
- **Time:** Rufen Sie sofort 112 und beschreiben Sie die Symptome!

(Deutsche Schlaganfallhilfe)

Neurobiologische Veränderungen bei vaskulärer Demenz

Eine vaskuläre Demenz kann auf eine ischämische (Minderdurchblutung oder keine Durchblutung) oder hämorrhagische (Blutung) zerebrovaskuläre Erkrankung oder auf eine kardiovaskuläre oder zirkulatorische Störung zurückzuführen sein (Kalbe & Kessler, 2009). Einzelne Infarkte können zu einem demenziellen Syndrom führen. Man spricht von der strategischen Einzelinfarktdemenz. Ebenfalls können Grenzzonenischämien auftreten, d.h. Infarkte im Grenzzonengebiet zwischen zwei Hirnarterien. Diese Infarkte können besonders dann zu einer Demenz führen, wenn sie bilateral, d.h. beidseitig im Versorgungsgebiet der vorderen und mittleren Hirnarterie auftreten.

Multiinfarktdemenz

Bei einer Multiinfarktdemenz treten multiple (kleine) kortikale Hirninfarkte auf, die im CT sichtbar sind. Eine Multiinfarktdemenz beginnt schleichender als die akute Form und die kleinen Infarkte werden manchmal nicht bemerkt oder ernstgenommen. Der Verlauf ist durch eine stufenweise Verschlechterung gekennzeichnet, welche wechselhaft sein kann.

Treten Infarkte in Bereichen, die unter dem Kortex liegen, auf, also subkortikal, spricht man von einer subkortikalen vaskulären Demenz. Hierzu zählt die subkortikale arteriosklerotische Enzephalopathie (SAE), auch Morbus Binswanger genannt.

Subkortikale arteriosklerotische Enzephalopathie

Eine Demenz folgt nicht zwingend auf einen Schlaganfall oder auch mehrere Schlaganfälle. Jedoch zählen die Anzahl der Schlaganfälle als auch die Größe des betroffenen Hirngewebes zu den gesicherten Risikofaktoren für die Ausbildung einer vaskulären Demenz. Weitere Risikofaktoren sind Bluthochdruck, Diabetes mellitus, Rauchen, Herzerkrankungen, ein hoher Anteil an gesättigten Fetten in der Nahrung, Störung von Blutgerinnung oder Blutviskosität, familiäre Belastung und Lebensalter (Stoppe, 2007). Als nicht-vaskuläre Risikofaktoren wird u. a. psychosozialer Stress genannt (Stoppe, 2007).

Risiken für eine vaskuläre Demenz

Da verschiedene Grunderkrankungen zu einer vaskulären Demenz führen können, lässt sich eine einheitliche Prognose oder Therapie nur schwer formulieren. Die Überlebensdauer liegt häufig jedoch unter der von AD-Patienten (Haberl, 2011). Therapeutisch ist die Prophylaxe und damit Verhinderung kardiovaskulärer Risikofaktoren sehr bedeutend. Hierzu zählen die Vermeidung von Bluthochdruck und erhöhten Blutfetten, eine optimale Einstellung bei Diabetes und Nikotinabstinenz (Kapitel 4, 9). Potenzielle Emboliequellen, wie z. B. unbehandeltes Vorhofflimmern, sollten „ausgeschaltet" werden. Das Vorgehen nach Eintreten der Demenz variiert, je nach Subtyp. So sollten beispielsweise hochgradige Karotisstenosen operiert werden. Je nach auftretenden Störungen sind Physio-, Ergo- und Logotherapie sehr wichtig. Neuropsychologisch können kognitive Funktionen trainiert werden.

Keine einheitliche Prognose/Therapie

Frontotemporale Lobärdegenerationen (FTLD)

Dem Begriff Frontotemporale Lobärdegenerationen (auch Pick-Krankheit genannt) lassen sich die *Frontotemporale Demenz,* die *progrediente unflüssige Aphasie* und die *semantische Demenz* zuordnen. Ungefähr 20 % der Demenzen fallen in diese Gruppe. Die Erkrankung beginnt schleichend im Alter von 40 – 60 Jahren.

Die frontotemporale Demenz (behaviorale Variante) ist durch früh auftretende Persönlichkeitsveränderungen und gestörtes Sozialverhalten gekennzeichnet. Unzuverlässigkeit, Taktlosigkeit, Verletzung von

Persönlichkeitsveränderungen

Normen können hier als Beispiele genannt werden (Danek, 2011). Die Fähigkeit zur Verhaltenssteuerung ist gestört. Die Betroffenen können sich enthemmt und impulsiv verhalten, sehr ablenkbar sein oder auch apathisch. Weiterhin fallen stereotypes, perseverierendes Verhalten, emotionales Desinteresse und ein Verlust an Empathie auf. Die Krankheitseinsicht ist gestört (Lund-Manchester-Kriterien, Brun et al., 1994). Bei der neuropsychologischen Untersuchung treten Beeinträchtigungen im Bereich der exekutiven Funktionen (Kapitel 6) auf. Bei der progredienten nicht-flüssigen Aphasie steht eine Störung der Sprachproduktion im Vordergrund. Diese kann sich z.b. in Wortfindungsstörungen, vermindertem Gebrauch von Verben als auch Sprachverlangsamung zeigen. Verhaltensveränderungen treten erst später auf. Bei der semantischen Demenz liegt eine Beeinträchtigung der Semantik vor. Letzteres bedeutet, dass das Verstehen des Sinns von Wörtern und/oder das Wissen um Objekte gestört sind. Verhaltensauffälligkeiten treten erst spät auf.

Laut ICD-10 (F02.0*; gekürzt) liegt eine **Demenz bei Pick-Krankheit** vor, wenn folgende Symptome beobachtet werden:

- eine fortschreitende Demenz,
- überwiegend Frontalhirnsymptome mit Euphorie, emotionaler Verflachung und Vergröberung im sozialen Verhalten, Enthemmung und entweder Apathie oder Ruhelosigkeit,
- Verhaltensstörungen, die gewöhnlich vor Gedächtnisstörungen auftreten.

Die fortschreitenden Charakterveränderungen treten sehr früh auf und es kommt zum Verlust sozialer Fähigkeiten. Weiterhin treten Beeinträchtigung von Intellekt, Gedächtnis und Sprachfunktionen auf; auch manchmal extrapyramidale Phänomene. Differenzialdiagnostisch muss diese Form der Demenz abgegrenzt werden von Alzheimer-Demenz, vaskulärer Demenz, Demenz bei sonstigen Störungen (z.B. Neurosyphilis), Normaldruck-Hydrozephalus und sonstigen neurologischen oder metabolischen Störungen.

Frontale bzw. temporale Atrophie   Bildgebende Verfahren wie CT oder MRT zeigen bei FTLD eine frontale und/oder temporale Atrophie. Basalganglien und Substantia nigra können auch betroffen sein. Eine Atrophie des Parietallappens ist selten. Pathologische Proteinablagerungen liegen vor: bei der frontotemporalen Demenz liegt eine Atrophie des medialen und orbitalen Frontallappens und/oder des vorderen Temporallappens vor. Bei der nicht-flüssigen Aphasie eine asymmetrische, vor allem linkshemisphärisch frontolaterale Atrophie, bei der semantischen Demenz eine vor allem linkshemisphärisch temporale Atrophie.

Risikofaktoren für die FTLD sind nicht bekannt. Es gibt aber Anzeichen für eine positive Familienanamnese (Danek, 2011). Die medikamentöse Therapie nutzt die Effekte von Acetylcholinesterasehemmern und Serotoninwiederaufnahmehemmern (Danek, 2011).

8.3 Zusammenfassung

Mit dem Alter steigt die Anfälligkeit für körperliche Krankheiten und pathologische Einbußen der kognitiven Funktionen. Im Rahmen der körperlichen Krankheiten sind insbesondere chronische Krankheiten wie Herz-Kreislauf-Erkrankungen, Diabetes, chronische Atemwegserkrankungen als auch Krebs zu nennen. Auch Multimorbidität liegt häufig vor. Typischerweise entwickeln sich diese Krankheiten über die Lebensspanne hinweg und ein gesunder Lebensstil kann vorbeugend wirken. Weiterhin sind Schlafstörungen zu nennen, welche durch körperliche und psychische Ursachen und deren Kombination bedingt sein können. Das Vorliegen von Krankheiten kann sich ungünstig auf den Schlaf auswirken. Eine gute Schlafhygiene, körperliche Aktivität und Entspannung unterstützen einen gesunden Schlaf.

Hinsichtlich psychischer Erkrankungen sind insbesondere Depressionen als auch Einbußen kognitiver Funktionen zu nennen. Letztere können von leichten kognitiven Beeinträchtigungen bis zu unterschiedlichen Formen der Demenz reichen. Die häufigsten Demenzen, die im Alter auftreten können, sind die Alzheimer-Demenz, die Demenz mit Lewy-Körperchen, Vaskuläre Demenzen und Frontotemporale Lobärdegenerationen. Neuropsychologische Untersuchungen zur Demenzabklärung stellen einen wichtigen Bestandteil der Diagnostik dar. Therapeutisch wird Demenzen mit pharmakologischer Therapie, psychosozialer Beratung als auch verhaltenstherapeutischen Techniken begegnet. Musiktherapie, Kunsttherapie, Tanztherapie und sinnesorientierte Verfahren kommen zum Tragen.

Weiterführende Literatur

Böhm, K., Tesch-Römer, C. & Ziese, T. (Hrsg.). (2008). Beiträge zur Gesundheitsberichterstattung des Bundes. Gesundheit und Krankheit im Alter. Berlin: Robert-Koch-Institut.

Grond, E. (2014). Pflege Demenzkranker. Impulse für eine wertschätzende Pflege. Brigitte Kunz Verlag, Hannover.

Ivemeyer, D. & Zerfaß, R. (2002). Demenztests in der Praxis. Ein Wegweiser. Urban & Fischer, München Jena.

Förstl, H. (2011). Demenzen in Theorie und Praxis. Springer, Berlin Heidelberg.

Stoppe, G. (2007). Demenz: Diagnostik, Beratung, Therapie. Ernst Reinhardt, München, Basel.

Von Kieckebusch, U. (2010). Psychologische Demenzdiagnostik. Ernst Reinhardt, München, Basel.

Deutsche Alzheimer Gesellschaft e.V. (s. Linkliste).

8.4 Fragen zum Kapitel

1. Was ist unter chronischen Krankheiten zu verstehen und in welchem Zusammenhang spielt diesbezüglich die Multimorbidität eine Rolle?

2. Welche Herzkreislauferkrankungen treten im Alter besonders häufig auf und wodurch sind diese gekennzeichnet?

3. Mit welchen präventiven Maßnahmen kann der Entstehung von Herzkreislauf-Erkrankungen entgegengesteuert werden?

4. Welche Rolle spielt Übergewicht bis hin zu Adipositas, wenn es um das pathologische Altern geht?

5. Welche Gründe können Schlafstörungen haben und wie können diese therapiert werden?

6. Durch welche Symptome sind Depressionen gekennzeichnet?

7. Welche Formen der Demenz werden unterschieden?

8. Mit welchen Mitteln kann eine Demenz diagnostiziert werden?

9. Welche Symptome sind für die dargestellten Demenzen charakteristisch und inwiefern lässt sich eine Demenz von leichten kognitiven Beeinträchtigungen abgrenzen?

10. Was ist eine neuropsychologische Untersuchung und welchen Nutzen hat sie?

11. Welche Therapie- und Umgangsempfehlungen lassen sich für Demenzbetroffene statuieren?

9 Interventionen für erfolgreiches Altern

Die bisher beschriebenen altersbedingten Veränderungen im Gehirn, der Kognition und der Körperfunktionen zeigen nicht nur bemerkenswerte individuelle Unterschiede zwischen Personen (interindividuelle Variabilität), sondern auch Unterschiede innerhalb einer Person, zwischen verschiedenen Funktionen und Strukturen (intraindividuelle Variabilität; Kapitel 2). Diese Variabilität ist sehr stark durch die individuellen Verhaltensweisen bestimmt und ein Hinweis auf die Plastizität und Beeinflussbarkeit des Alternsprozesses (Kapitel 2). Durch geeignete Interventionen lässt sich der Alternsprozess und/oder -verlauf verändern. Der Zeitpunkt, zu dem unwiderrufliche Funktionseinbußen, oder Krankheiten und damit der Verlust der Unabhängigkeit auftreten, kann unter bestimmten Bedingungen hinausgezögert und in ein höheres Alter verschoben werden. Der Mensch hat bis ins hohe Alter hinein beträchtliche Potenziale, die es zu eröffnen gilt. Zu geeigneten Interventionen zählen Trainingsmaßnahmen, Veränderungen in der Ernährung oder dem Lebensstil, die Vermeidung von Risikofaktoren und andere präventive oder rehabilitative Maßnahmen.

9.1 Gesundheitsverhalten – das Präventionspotenzial des Lebensstils

Zahlreiche im Alter häufig auftretende chronische Erkrankungen und Erkrankungen des Muskel- und Skelettsystems, aber auch Funktionseinbußen wie zum Beispiel ein Nachlassen der kognitiven Leistungsfähigkeit können durch ein entsprechendes gesundheitsbewusstes Verhalten beeinflusst, vermieden oder zeitlich hinausgeschoben werden. Damit kommt dem Lebensstil eine entscheidende Bedeutung für den Erhalt von Gesundheit und Leistungsfähigkeit bis ins hohe Alter zu. Dies wird durch den Begriff des Präventionspotenzials ausgedrückt.

Laut Weltgesundheitsorganisation (WHO) werden etwa 60 % aller weltweiten Todesfälle durch Krankheiten verursacht, deren Genese überwiegend in individuellen Verhaltensweisen (mit)begründet ist (WHO, 2009). Viele dieser Erkrankungen haben ihren Ursprung bereits im Kindesalter und entwickeln sich kontinuierlich über die Lebensspanne. Ist ein bestimmter Schwellenwert erreicht, werden erste Symptome sichtbar und die Krankheiten manifestieren sich (Abbildung 8.1). Viele dieser Krankheiten können sich wiederum negativ auf die Kognition auswirken.

Die Aufrechterhaltung eines guten Gesundheitszustandes ist über die gesamte Lebensspanne von großer Bedeutung und eine Veränderung des Gesundheitsverhaltens ist in jedem Lebensalter wirksam und kann die Entwicklung bzw. das Fortschreiten bestimmter Krankheiten beeinflussen. So sind auch im hohen Alter Risikofaktoren wie Rauchen und körperliche Inaktivität mit einem erhöhten Mortalitätsrisiko verbunden. Personen, die aber mit dem Rauchen aufhören, wenn auch erst im Alter von 65 Jahren, haben gegenüber Personen, die weiter rauchen, eine höhere Lebenserwartung (Taylor et al., 2002).

Gesundheitliche Risikofaktoren

Zu den häufigsten gesundheitlichen Risikofaktoren in Deutschland gehören nach Angaben der WHO (2006 a):

- Tabakkonsum
- Alkoholkonsum
- Bluthochdruck
- Übergewicht
- Cholesterin
- Fehlernährung
- Bewegungsmangel

Diese Risikofaktoren können unterschiedlich zu Krankheiten und Sterbefällen beitragen. Beispielsweise bedeutet Übergewicht im Kindes- und Jugendalter langfristig ein gesteigertes Risiko für Typ-2-Diabetes, Bluthochdruck, Störungen des Fettstoffwechsels und Erkrankungen an Muskeln und Gelenken. Bleibt das Übergewicht bis ins Erwachsenenalter bestehen, erhöht sich das Risiko für Herz-Kreislauf-Erkrankungen, Erkrankungen der Gallenblase sowie einige Krebsformen.

Im Folgenden werden wir einzelne Krankheitsbilder und Gesundheitsverhaltensweisen in ihrer Bedeutung für die Kognition herausgreifen. Für einen detaillierten Überblick über chronische Krankheiten sowie deren Prävention und Rehabilitation sei auf die einschlägige Fachliteratur verwiesen.

Chronische Krankheiten und Kognition

Viele chronische Krankheiten stehen in einem negativen Zusammenhang mit der Kognition im Alter. So ist erwiesen, dass Bluthochdruck (Hypertonie) ein wichtiger – aber beeinflussbarer – Risikofaktor auch für die Entwicklung und das Fortschreiten des kognitiven Abbaus und einer Demenz ist. Ein zu hoher Blutdruck trägt zur Schädigung der Blutgefäße im Gehirn bei, was wiederum zu einer Schädigung des Gehirns und zu Demenz führen kann. Gehirninfarkte, Hyperintensitäten der weißen Substanz (Kapitel 5) und Hirnblutungen können die Folge sein.

Bluthochdruck und Kognition

Vor allem für Leistungen in den Exekutivfunktionen und Aufmerksamkeitsleistungen (Kapitel 6) wurde ein solcher Zusammenhang mit zu hohem Blutdruck gezeigt. Dabei scheint besonders der systolische Blutdruck einen negativen Einfluss zu haben.

Der **Blutdruck** ist der Druck, mit dem das Blut durch unsere Blutgefäße fließt. Beim Blutdruck wird zwischen dem systolischen (oberer Wert, entspricht dem während der Anspannungs- und Auswurfphase der linken Herzkammer maximal entwickelten Druck) und dem diastolischen Wert (unterer Wert, entspricht dem niedrigsten Druck während der Entspannungs- und Erweiterungsphase des Herzmuskels) unterschieden. Ein Blutdruck von systolisch 120 mmHg und diastolisch 80 mmHg gilt als normal. Ab 140/90 mmHg spricht man von Bluthochdruck (auch wenn nur einer der beiden Werte erhöht ist).

Studien haben wiederholt gezeigt, dass ein zu hoher Blutdruck im *mittleren Erwachsenenalter* mit einem schnelleren kognitiven Leistungsabfall bei gesunden Älteren und kognitiv beeinträchtigten Patienten einhergeht. Als ein zu hoher systolischer Blutdruck im mittleren Erwachsenenalter werden dabei bereits Werte von größer als 120 mmHg angenommen. Der Einfluss eines *zu hohen Blutdrucks im höheren Alter* wird hingegen kontrovers diskutiert. So gibt es Studien, nach denen ältere Personen mit einem zu hohen Blutdruck ein höheres Risiko haben, eine vaskuläre Demenz zu entwickeln oder nach denen bei MCI-Patienten der kognitive Abbau schneller voranschreitet. Für die Alzheimersche Erkrankung ist der negative Einfluss eines zu hohen Blutdrucks aber bisher nicht nachgewiesen (Gasecki et al., 2013). Andere Studien mit älteren Erwachsenen zeigen hingegen auch, dass ein zu *geringer* systolischer Blutdruck mit schlechten Exekutivfunktionen und einer geringeren Leistung im Mini-Mental-Status-Test (MMSE, Kapitel 8) korreliert, insbesondere dann, wenn der geringe Blutdruck in vormals hypertonen Patienten auftritt.

Diabetes und Kognition Auch Diabetes wird mit einer geringeren kognitiven Leistung, insbesondere in Aufgaben zur mentalen Geschwindigkeit und Flexibilität, sowie mit einem höheren Risiko, eine Demenz zu entwickeln, in Verbindung gebracht. Es wird vermutet, dass ein zu hoher Blutzuckerspiegel (Hyperglykämie) oxidativen Stress erhöht, die Mikrodurchblutung des Gehirns verringert und die synaptische Plastizität negativ beeinflusst (Jones, 2012).

Übergewicht und Kognition Übergewicht steht im Zusammenhang mit vielen Krankheiten wie Diabetes, Schlaganfall und hohem Blutdruck, die einen negativen Effekt auf die Kognition haben können. Übergewicht scheint aber auch für sich genommen einen negativen Einfluss auf kognitive Funktionen, wie z. B. das semantische Gedächtnis oder die räumliche Wahrnehmung zu haben und zu einem größeren Volumenverlust im Hippocampus zu führen. Dies gilt auch, wenn für den schädlichen Einfluss verschiedener mit Übergewicht assoziierter Krankheiten kontrolliert wird (Nilsson & Nilsson, 2009).

Östrogentherapie und Kognition

Mit Beginn der Menopause nimmt der Östrogenspiegel ab. Das Hormon Östrogen soll die Lern- und Gedächtnisleistung beeinflussen, insbesondere in Arbeitsgedächtnisaufgaben (für Arbeitsgedächtnisaufgaben wird eine deutliche Altersabnahme beschrieben; Kapitel 6). In diesem Zusammenhang deuten wissenschaftliche Erkenntnisse darauf hin, dass eine Östrogentherapie zu Beginn der Menopause protektiv für die Entwicklung einer Alzheimer Demenz sein kann (Craig & Murphy, 2010).

Im Folgenden soll auf körperliche Aktivität und Ernährung als zwei Lebensstilfaktoren genauer eingegangen werden, die neben der körperlichen auch für die kognitive Gesundheit bedeutsam sind. Da wie dargestellt die körperliche Gesundheit in direktem Zusammenhang mit der kognitiven Gesundheit steht, wird zunächst kurz die Wirkung dieser Lebensstilfaktoren auf die körperliche Gesundheit zusammengefasst.

Körperliche Aktivität und körperliche Gesundheit

Körperliche Aktivität und Fitness werden schon seit dem Altertum mit Gesundheit und Langlebigkeit in Verbindung gebracht. Die ersten Aufzeichnungen über die Bedeutung von organisiertem Sport/körperlicher Aktivität für die Gesundheitsförderung wurden in China gefunden, ca. 2.500 v. Chr. Allerdings waren es die griechischen Ärzte im fünften und frühen vierten Jahrhundert v. Chr., die die Tradition der Erhaltung der Gesundheit durch eine gesunde Lebensweise etablierten – eine Kombination von gesundem Essen und Bewegung. Die „Centers for Disease Control and Prevention" (CDC) und das „American College of Sports Medicine" (ACSM) kommen in ihrem gemeinsam verfassten Bericht zu dem Schluss, dass körperlich aktive Erwachsene körperlich leistungsfähiger und gesünder sind als ihre nichtaktiven Zeitgenossen (Pate et al. 1995). Auch deutsche Institutionen wie z. B. das Robert-Koch-Institut kommen zu solchen Schlussfolgerungen (RKI; Mensink 2002).

Die WHO definiert **körperliche Aktivität** als jede Bewegung, die zu einer Steigerung des Energieumsatzes führt. Dies kann sowohl bei Tätigkeiten in der Arbeit als auch im Haushalt und in der Freizeit geschehen. Sport wiederum ist eine spezifische Form körperlicher Aktivität.

Seit Mitte des 20. Jahrhunderts wurden wiederholt positive Effekte körperlicher Aktivität für Prävention und Rehabilitation verschiedenster (chronischer) Krankheiten gezeigt. Dazu gehören:

- kardiovaskuläre Erkrankungen (z. B. Herzinfarkt)
- Stoffwechselerkrankungen (z. B. Typ-2-Diabetes)
- Krebs (insbesondere Darm- und Brustkrebs)
- Übergewicht
- Muskel- und Skeletterkrankungen (z. B. Osteoporose)
- psychische Erkrankungen (z. B. Depression)

Bewegung ist dabei nicht nur primärpräventiv wirksam, sondern kann auch bei Gesundheitseinschränkungen und der Behandlung von Krankheiten unterstützend genutzt werden und dazu beitragen, dass Risikofaktoren nach erfolgreich behandelter Krankheit reduziert werden. Damit ist körperliche Aktivität auch sekundär und tertiär präventiv sowie rehabilitativ wirksam, d. h. wenn bereits Risikofaktoren oder Gesundheitseinschränkungen vorliegen.

Als **Primärprävention** bezeichnet man die Gesamtheit aller Maßnahmen, die den Erhalt der Gesundheit von einzelnen Individuen, Personengruppen oder einer Population zum Ziel haben.

Als **Sekundäre Prävention** bezeichnet man die Gesamtheit aller Maßnahmen, die der Früherkennung und damit der Möglichkeit einer rechtzeitigen Behandlung von Erkrankungen dienen. Sie wendet sich gezielt an Personen, bei denen Risikofaktoren vorliegen, aber bisher keine daraus resultierende Erkrankung.

> Als **Tertiäre Prävention** bezeichnet man die Gesamtheit aller Maß-
> nahmen, die der Verhinderung des Fortschreitens oder des Ein-
> tritts von Komplikationen bei einer bereits manifesten Erkrankung
> dienen.
>
> Unter **Rehabilitation** versteht man in der Medizin die Wiederher-
> stellung der physischen und/oder psychischen Fähigkeiten eines
> Patienten im Anschluss an eine Erkrankung, ein Trauma oder eine
> Operation. Als Sekundärziel soll eine Wiedereingliederung in das
> Sozial- und Arbeitsleben erreicht werden.

Die Wirksamkeit körperlicher Aktivität wird durch einen positiven Effekt auf verschiedene Körper- und Organsysteme erklärt. Zum Beispiel
kann eine Gewichtsabnahme und Reduktion des Körperfettanteils bei
Übergewichtigen und Adipösen den arteriellen Blutdruck und verschiedene Blutfettwerte (z. B. Plasmatriglyceride, Serumcholesterin)
senken sowie die Herz-Kreislauf-Funktion verbessern. Bei übergewichtigen Bluthochdruckpatientinnen konnte gezeigt werden, dass regelmäßige körperliche Aktivität auch ohne Gewichtsabnahme zu einer
ausreichenden Blutdrucksenkung führen kann.

Für folgende Körper- und Organsysteme werden positive Effekte
körperlicher Aktivität gefunden:

- den Fettstoffwechsel
- den Blutdruck
- die Blut- und Sauerstoffversorgung der Herzmuskulatur
- die Insulinsensitivität
- die Immunüberwachung
- die Stoffwechselrate und
- die Verteilung des Körperfetts

Dosis-Wirkungs-Beziehung

Die WHO empfiehlt seit 2010 für Erwachsene mindestens 150 Minu-
ten moderate oder 75 Minuten intensive körperliche Aktivität pro
Woche, um gesundheitsförderliche Effekte zu erzielen. Ein höherer
Umfang ist in jedem Alter mit zusätzlichen Gesundheitseffekten
verbunden. Dabei kann die Aktivität über den Tag verteilt werden,
sollte aber in Einheiten von mindestens 10 Minuten erfolgen. Der
Großteil der Aktivität sollte aerob (Ausdauertraining, z. B. Walking,
Radfahren, Schwimmen) sein und in jedem Alter durch Übungen zur
Kräftigung des Muskel- und Skelettsystems ergänzt werden. Im Al-
ter ab 65 Jahren sollten Einheiten zur Förderung des Gleichgewichts
bzw. zur Sturzprophylaxe hinzukommen.

Aktivitätsniveau im Erwachsenenalter

Nur etwa 20 % aller Erwachsenen entsprechen den Empfehlungen der WHO und sind mindestens 150 Minuten pro Woche moderat körperlich aktiv (Robert Koch-Institut, 2010). Mit zunehmendem Alter sinkt das Aktivitätsniveau. Nach Daten des Sozioökonomischen Panels (SOEP) sind ab dem Alter von 65 Jahren nur etwa 13 % der Bevölkerung aktiv. Allerdings sind die Daten durch Kohorten- und Periodeneffekte beeinflusst. So zeigen Studien, dass vor allem Menschen, die in jüngeren Jahren bereits Sport getrieben haben, auch im höheren Alter sportlich aktiv bleiben. Das heißt, die körperliche Aktivität nimmt nicht zwangsläufig mit zunehmendem Alter ab. Eine heute 40-jährige Person wird voraussichtlich auch im Alter von 60 Jahren ein vergleichbares Aktivitätsniveau aufweisen.

Körperlich inaktive Personen tragen ein mehr als doppelt so hohes Risiko, an einer koronaren Herzkrankheit zu erkranken als körperlich aktive (Ergebnisse einer Metaanalyse; Berlin & Colditz 1990). Die schützenden Effekte körperlicher Aktivität für das Herz-Kreislauf-System sind unabhängig von der Statur, dem sonstigen Gesundheitsverhalten, Gewichtsveränderungen, gesundheitsbewusster Ernährung sowie zurückliegenden Erkrankungen.

Körperliche Aktivität und Herz-Kreislauf-Erkrankungen

Der Zusammenhang zwischen körperlicher Aktivität und der Prävalenz von Herz-Kreislauf-Erkrankungen wurde erstmals 1953 von Jeremy Morris am Personal der Londoner Doppeldeckerbusse nachgewiesen. Im Vergleich zu den Busfahrern mit ihrer hauptsächlich sitzenden Tätigkeit zeigten die Fahrkartenkontrolleure, die regelmäßig die Treppen auf und ab liefen, eine um ca. 50 % geringere Zahl an Herzinfarkten und plötzlichen Herztoden.

Selbst bei Hochbetagten, die noch nie oder schon lange nicht mehr sportlich aktiv waren, lassen sich durch entsprechend angepasste Bewegungsprogramme deutliche Funktionsverbesserungen des Herz-Kreislauf-Systems und damit auch schützende Effekte für die Gesundheit erzielen (Hardman & Stensel, 2009).

Auch die Mortalitätsrate kann durch körperliche Aktivität beeinflusst werden. Epidemiologische Längsschnittstudien weisen auf einen umgekehrt proportionalen Zusammenhang zwischen Sterblichkeit und der Dosis an körperlicher Aktivität hin, das heißt Personen mit einem höheren Aktivitätsniveau (in der Regel gemessen über den Kalorienverbrauch pro Woche) weisen ein geringeres Mortalitätsrisiko auf.

Körperliche Aktivität und Mortalität

Die Harvard-Alumni-Studie von Paffenbarger zeigte, dass bereits der Verbrauch von 1000 kcal pro Woche durch körperliche Aktivität (entspricht ca. 2–3 Stunden Walking) ausreichend ist, um das Mortalitätsrisiko zu senken. Dies gilt auch, wenn für verschiedene konfundierende Faktoren, wie Rauchen, Bluthochdruck oder Körperfettmasse, kontrolliert wird (Hardman & Stensel, 2009). Daten des Cooper Instituts in Texas, USA, zeigten, dass übergewichtige Personen mit einer guten kardiovaskulären Fitness (Ausdauerleistungsfähigkeit) ein ähnliches Mortalitätsrisiko aufwiesen wie normalgewichtige Personen mit einer vergleichbaren Fitness. Hingegen wiesen untrainierte Männer ein mehr als doppelt so hohes Risiko auf als diejenigen mit hoher Herz-Kreislauf-Leistungsfähigkeit. Die Personen, die eine geringe Herz-Kreislauf-Leistungsfähigkeit und einen BMI über 30 aufwiesen, hatten sogar ein dreifach so hohes Risiko. Daraus kann geschlossen werden, dass diejenigen, die übergewichtig oder adipös sind, aber ihre Herz-Kreislauf-Leistungsfähigkeit trainieren, die gleiche Lebenserwartung haben wie diejenigen mit Normalgewicht. Es kommt also darauf an, so trainiert zu sein, dass damit die Herz-Kreislauf-Leistungsfähigkeit optimiert wird (Wei et al., 1999).

Kardiovaskuläre Fitness, Ausdauerleistungsfähigkeit und aerobe Fitness meinen dasselbe. Sie beschreiben die Leistungsfähigkeit des Herz-Kreislauf-Systems definiert über die maximale Sauerstoffaufnahmekapazität (VO_2max). Auch die Trainingsformen Ausdauertraining, kardiovaskuläres/kardiorespiratorisches Training, aerobes Training und Herzkreislauftraining meinen dasselbe. Darunter werden Sportarten und Übungen zusammengefasst, in denen hoch automatisierte Bewegungen wie Wandern, Joggen, Schwimmen, Rudern oder Radfahren durchgeführt werden.

Körperliche Aktivität und Bewegungsapparat Ein hohes Präventionspotenzial körperlicher Aktivität ist auch für jene Erkrankungen nachgewiesen worden, die der Osteoporose (Abbau der Knochenmasse, Kapitel 4) zugrunde liegen.

Osteoporose ist mit einer deutlich erhöhten Sturz- und Frakturgefahr verbunden. Neben nicht beeinflussbaren Risikofaktoren wie familiärer Disposition und früher Menopause sind eine Reihe beeinflussbarer Faktoren für Osteoporose bekannt. Dazu gehören Fehlernährung, geringe körperliche Bewegung, Übergewicht, Rauchen und Alkoholkonsum. Körperliche Aktivität, hier allerdings eher Krafttraining als Ausdauertraining, hat einen positiven Einfluss auf die Knochenentwicklung und Knochendichte. Durch eine entsprechende Prävention (u. a. körperliche Aktivität) kann die Anzahl jener Menschen, bei denen Stürze zu einer Schenkelhalsfraktur führen, deutlich verringert werden.

Kraft ist die Fähigkeit, die es ermöglicht, durch Muskelaktivität Widerstände zu überwinden, ihnen nachgebend entgegenzuwirken oder sie zu halten. Sie ist für jede Form der Bewegung grundlegend. Die Kraft wird durch allgemeine neuromuskuläre Aktivität sowie speziell abgestimmte Kraftübungen und -methoden (z. B. an Kraftgeräten) trainiert. Die Kräftigung der Muskulatur bildet eine wichtige Grundlage für die Gesunderhaltung des Halte-, Stütz- und Bewegungssystems sowie zur Mobilitätserhaltung im Alter (Hottenrott & Hoss, 2013).

Nicht nur die Prävention von Krankheiten, sondern auch die Erhaltung und Förderung der allgemeinen funktionellen Gesundheit und Mobilität, wie der Gehgeschwindigkeit oder Muskelkraft, sind im Alter von entscheidender Bedeutung, um Alltagsaktivitäten selbstständig durch führen zu können. Sturzbedingte Verletzungen sind im Alter oftmals der Beginn einer Behinderung und damit einhergehender dauerhafter Hilfe- und Pflegebedürftigkeit. Ein gezieltes Training kann funktionelle Einbußen verlangsamen oder revidieren. In diesem Zusammenhang ist neben einem Ausdauertraining insbesondere ein Kraft-, Gleichgewichts- und Koordinationstraining von Bedeutung.

Körperliche Aktivität und funktionale Gesundheit

Damit eine Ausdauerbelastung die gewünschten Effekte hervorruft, muss die Belastungsintensität individuell angepasst und auch mittels Trainingssteuerung überprüft werden. Nur dann kann eine Unter- oder eine Überforderung vermieden werden. Die Ausdauerbelastung soll so intensiv sein, dass der Organismus die benötigte Energie in erster Linie aerob (ohne eine Sauerstoffschuld einzugehen) zur Verfügung stellt. Präzise und etablierte Methoden die optimale Belastung zu ermitteln, sind die Spiroergometrie oder Laktatleistungstests. Das Training wird dann mithilfe von daraus ermittelten Herzfrequenzwerten gesteuert. In der Praxis ist eine individuelle Ermittlung der Schwellenwerte (aerob-anaerober Übergang) recht aufwendig und kostenintensiv, sodass andere Verfahren zur Steuerung der Trainingsintensität eingesetzt werden können. Beispielsweise kann die maximale Herzfrequenz über die Formel 220 – Lebensalter (× X % mit X zwischen 60 und 80 %) abgeschätzt werden. Hierbei können jedoch Einflussgrößen der Herzfrequenz (z. B. Erbgut, Trainingszustand, Klima, Medikamente) nicht berücksichtigt werden, sodass die Abschätzformel nur eine Grobschätzung der maximalen Herzfrequenz darstellt. Sollte eine Vorschädigung oder Medikation vorliegen, sollte unbedingt Rücksprache mit dem Hausarzt gehalten werden. Auch müssen ärztlich angegebene Obergrenzen der Herzfrequenz eingehalten werden. Die Herzfrequenz sollte möglichst mit einem elektronischen Herzfrequenzmessgerät erfasst werden. Steht dieses nicht zur Verfügung, muss die Pulsfrequenz manuell am Handgelenk (auf der Daumenseite innen) oder an der Halsschlagader mit Zeige- und Mittelfinger gemessen werden (10-s-Pulsschläge zählen, Wert mit 6 multiplizieren). Erfahrungsgemäß kann es hier zu Fehlern kommen, insbesondere bei älteren Personen. Im Einzelfall können Unterschiede von 20–25 Schlägen/min zwischen manueller und elektronischer Messung auftreten. Zudem macht der elektronische Herzfrequenzmesser die Frequenz auch während der Belastung sichtbar, während das Ausdauertraining für die manuelle Messung unterbrochen werden muss.

Ernährung und körperliche Gesundheit

Auswirkungen spezieller Diäten Eine ausgewogene Ernährung kann in ihrer präventiven Wirkung ebenfalls nicht hoch genug eingeschätzt werden (z. B. hinsichtlich ihrer Wirkung auf den Fettstoffwechsel oder die Osteoporose). Sie reduziert das Risiko für das Auftreten chronischer Krankheiten. Weltweit könnte sie – laut WHO (2006b) – etwa 30 % der kardiovaskulären Erkrankungen und der Sterbefälle durch Krebs verhüten.

In Bezug auf die positive Wirkung der Ernährung scheinen insbesondere ein geringer Alkoholkonsum, eine fettarme Ernährung mit einem hohen Anteil an Obst und Gemüse sowie weiterer pflanzlicher Lebensmittel und moderaten Mengen an Fleisch wirksam zu sein.

- **Obst und Gemüse:** positiver Einfluss auf Krebserkrankungen des Magen-Darmtrakts, Herzerkrankungen und Schlaganfälle.
- **Fettarme Ernährung:** reduziertes Risiko für die Entstehung von Herz-Kreislauf-Erkrankungen.
- **Salzarme Ernährung:** positive Beeinflussung des Blutdrucks.
- **Ballaststoffreiche Ernährung:** potenziell präventive Wirkung für die Entstehung von Übergewicht, Diabetes, Herz-Kreislauf-Erkrankungen und verschiedenen Krebsformen.
- **Zucker:** wichtige Rolle für die Energiebilanz und damit für die Entstehung von Übergewicht.
- **Alkohol:** erhöhtes Risiko für die Bildung von malignen Tumoren. (Nishida et al., 2004)

Im Vergleich zu den Ernährungsempfehlungen der WHO essen mehr als die Hälfte der Erwachsenen zu wenig Getreide, Gemüse, Obst, Milchprodukte, Fisch und Beilagen wie etwa Kartoffeln, Reis und Nudeln. Der Konsum von Süßigkeiten, Snacks und gesüßten Getränken hingegen ist zu hoch (Nationale Verzehrstudie II). Studien zeigen für das Erwachsenenalter einen umgekehrt U-förmigen Zusammenhang zwischen dem Alter und dem Ernährungsverhalten. In der Seattle Longitudinal Study gaben ältere im Vergleich zu jüngeren Erwachsenen ein besseres Ernährungsverhalten an, während die Älteren ab dem Alter von 73 Jahren ein schlechteres Ernährungsverhalten zeigten. Im Alter können körperliche Beeinträchtigungen, Veränderungen des Geschmackssinns und die ökonomische Situation zu einer inadäquaten Ernährung führen.

9.2 Körperliche Aktivität zur Förderung der Kognition

Die positiven Effekte körperlicher Aktivität zeigen sich auch auf neuropsychologischer Ebene in Bezug auf Kognition und Hirnfunktionen. Ausgangspunkt der Studien mit älteren Erwachsenen sind vor allem die im Alter zu beobachtenden Einschränkungen der kognitiven Leistungsfähigkeit, wie z. B. eine verminderte Geschwindigkeit der Informationsverarbeitung oder eine verringerte Kapazität des Arbeitsgedächtnisses (Kapitel 6). Eine immer größer werdende Anzahl von Tierstudien hat begonnen die zellulären und molekularen Mechanismen zu beleuchten.

Zu unterscheiden ist zwischen kurzfristigen und überdauernden Effekten körperlicher Aktivität. Kurzfristige Effekte sind Veränderungen der kognitiven Leistung während oder direkt nach einer körperlichen Betätigung. Überdauernde Effekte beschreiben hingegen den Zusammenhang zwischen der körperlichen Fitness und der kognitiven Leistung oder die Wirkung gezielter Interventionsprogramme über einen Zeitraum von mehreren Wochen oder Monaten.

Kurzfristige vs. überdauernde Effekte

Ursache-Wirkungs-Zusammenhänge zwischen körperlicher Aktivität und kognitiver Leistung

Die Ursache-Wirkungszusammenhänge zwischen körperlicher Aktivität und kognitiver Leistung sind vielschichtig. Die biologischen Mechanismen, die den Effekten körperlicher Aktivität auf die Kognition zugrunde liegen, sind bisher überwiegend in Tierexperimenten untersucht worden. Diese deuten darauf hin, dass Ausdauertraining zu einer Vielzahl physiologischer Veränderungen im Gehirn führt, die wiederum den kognitiven Leistungsveränderungen zugrunde liegen können. Beispielsweise fördert regelmäßiges Ausdauertraining die Neubildung von Nervenzellen (Neurogenese) und ihre Verknüpfungen im Hippocampus und dentalen Gyrus (Synaptogenese). Weitere Ursachen sind eine zunehmende Produktion von Nervenwachstumsfaktoren (Neurotrophine), eine Verbesserung der Kapillarisierung (Angiogenese) im Hippocampus, Cerebellum und im motorischen Kortex sowie geringere kortikale Verluste. Eine Aufgabe der neu gebildeten Kapillaren ist es, ausreichend Nährstoffe zu den vorhandenen und neu gebildeten Neuronen zu transportieren.

Körperliche Aktivität kann vermutlich auch über andere Kanäle auf die kognitive Leistungsfähigkeit wirken, nämlich durch die Reduktion von Krankheitsrisiken und die Steigerung des emotionalen Befindens. Auch kann eine Stärkung der motorischen Ressourcen dazu führen, dass nach dem Training kognitive Ressourcen, die zuvor für die Bewegungsausführung benötigt wurden, für die Ausführung kognitiver Aufgaben zur Verfügung stehen.

Veränderungen aufgrund akuter Belastungen werden auf kurzfristige Veränderungen der Aktivität der neuronalen Netzwerke zurückgeführt, die an der kognitiven Aufgabe beteiligt sind. Es wird angenommen, dass sich durch die körperliche Aktivität der neuronale Erregungszustand ändert und dadurch mentale Prozesse schneller ablaufen oder auch Gedächtnisprozesse erleichtert werden. Auch können veränderte hormonelle Verhältnisse, wie eine bewegungsinduzierte vermehrte Ausschüttung von Cortisol und Testosteron für eine verbesserte Kognitionsleistung verantwortlich sein. Studien zeigen einen umgedreht u-förmigen Zusammenhang zwischen der Cortisol- und Testosteronkonzentration und der kognitiven Leistung.

Wahrscheinlich ist es ein Zusammenspiel verschiedenster Faktoren, das den Einfluss körperlicher Aktivität auf die kognitiven Funktionen moderiert.

Überdauernde Effekte körperlicher Aktivität

Ein positiver Zusammenhang zwischen anhaltender körperlicher Aktivität und kognitiver Leistung im Alter wurde seit den 1990er Jahren in vielen Meta-Analysen und Übersichtsartikeln beschrieben (Colcombe & Kramer, 2003; Voelcker-Rehage & Niemann, 2013). So zeigte sich für ältere Erwachsene ab 55 Jahren, dass – unabhängig von der Art der Intervention, der Programmlänge (1 bis mehr als 6 Monate), der Trainingsumfänge (mindestens 30 Minuten) sowie der untersuchten kognitiven Fähigkeiten – Fitnesstraining die kognitive Leistungsfähigkeit im Mittel erhöht (Colcombe & Kramer, 2003). Dabei sind Leistungsverbesserungen insbesondere in Aufgaben zu beobachten, die exekutive Kontrolle (Kapitel 6) erfordern. Aber auch die Gedächtnisleistung kann durch Ausdauertraining verbessert werden. Insgesamt scheinen aber unterschiedliche Trainingsformen durchaus spezifische Effekte auf die Kognition und die zugrunde liegenden neurophysiologischen Prozesse bzw. die Hirnstruktur zu haben und werden im Folgenden näher dargestellt.

Wie kann Fitness gemessen werden?

Fitness und körperliche Aktivität können durch geeignete Fragebögen und Testinstrumente erfasst werden. Um die *subjektive körperliche Fitness* zu erfassen, werden vor allem standardisierte Fragebögen genutzt. Solche Fragebögen unterscheiden sich in der Länge und der Genauigkeit, mit der die notwendigen Informationen erfasst werden. Aktivität kann ganz allgemein über eine Frage erfasst werden (z. B. „Wie viele Stunden verbringen Sie pro Woche mit körperlichen Aktivitäten?"). Andere Fragebögen erfassen Aktivität deutlich ausführlicher über eine Vielzahl von Fragen. Um die Dauer und Häufigkeit der mit diesen Fragebögen erfassten Tätigkeiten zu quantifizieren, können diese dann in Kalorienverbrauch pro Woche oder metabolisches Äquivalent (MET) umgerechnet werden. Daneben gibt es objektive Verfahren zur Erfassung der körperlichen Fitness. Die *Leistungsfähigkeit des Herz-Kreislauf-Systems* wird häufig über die maximale Sauerstoffaufnahmekapazität VO_2 max oder VO_2 peak oder über den Laktatstoffwechsel bewertet. Dazu werden entweder Laktat-Stufentests, (Spiro)ergometrische Messungen auf dem Fahrrad- oder dem Laufbandergometer oder Laufprotokolle (z. B. Rockport 1-Mile Walk Test) durchgeführt.

Die koordinative Fitness und Kraft können über verschiedene motorische oder klinische Tests, wie den Einbeinstand oder den Chair-Stand-Test recht einfach und objektiv erfasst werden. *Erhebung der Gleichgewichtsleistung durch den Test „Statistisches Balancieren im Einbeinstand"*: Bei dem Test „Statistisches Balancieren im Einbeinstand" handelt es sich um ein standardisiertes Testverfahren zur Erfassung und Beurteilung des Gleichgewichts. Zentral ist dabei die Zeit, die ein Proband auf einem Bein stehen kann, ohne das andere Bein abzusetzen oder das Standbein durch „Ausgleichshüpfer" zu lösen. Maximal können 20 Sekunden „Stehzeit" pro Bein erreicht werden. Die Versuchsperson absolviert je einen Probedurchgang und anschließend zwei Testdurchgänge pro Bein (im Wechsel rechts – links). Anschließend erfolgt derselbe Test mit geschlossenen Augen. Der Testablauf folgt dabei stets einem festen Protokoll und darf nicht verändert werden, um die Objektivität zu garantieren.

Erhebung der Beinkraft durch den „Chair-Stand"-Test: Bei dem „Chair-Stand"-Test handelt es sich um ein standardisiertes Testverfahren zur Erfassung der Beinkraft. Zentral ist dabei die Erfassung der „Aufsteh-Anzahl" von einem Stuhl aus sitzender Position. Die Versuchsperson wird dazu aufgefordert sich innerhalb von 30 Sekunden so oft wie möglich hinzusetzen und wieder aufzustehen. Die Hände sind dabei über der Brust gekreuzt. Sowohl der Bewegungsablauf des Aufstehens und Setzens als auch der Zählprozess folgen einem festen Protokoll und dürfen nicht verändert werden, um die Objektivität zu gewährleisten.

Bewegungsverhalten im Allgemeinen

Viele, insbesondere epidemiologische und Querschnittstudien, aber auch prospektive Längsschnittuntersuchungen unterscheiden nicht zwischen verschiedenen Arten körperlicher Aktivität, sondern untersuchen Bewegungsverhalten im Allgemeinen. Diese Studien zeigen positive Auswirkungen von Bewegung auf die Kognition. Vorteilhaft für die kognitive Leistungsfähigkeit im späten Erwachsenenalter ist dabei sowohl ein höheres Maß an körperlicher Aktivität als Teenager als auch noch im späten Erwachsenenalter.

 In einer national repräsentativen Stichprobe von selbstständig lebenden Personen im Alter von 50 Jahren und älter in 11 Ländern (Österreich, Deutschland, Schweden, Dänemark, Schweiz, Niederlande, Belgien, Frankreich, Spanien, Italien und Griechenland) (Aichberger et al., 2010) zeigte sich, dass körperlich aktive Personen (unabhängig von der Art der Aktivität) eine geringere Abnahme der kognitiven Leistung über einen Zeitraum von 2,5 Jahren aufwiesen, vor allem wenn sie mehr als einmal in der Woche sportlich aktiv waren.

Auch die *ereigniskorrelierten Potenziale (ERPs)* während der Aufmerksamkeitskontrolle scheinen mit allgemeiner körperlicher Aktivität assoziiert zu sein. So zeigen aktive Ältere eine mehr frontal verteilte Aktivierung bei der Ausführung einer Flankeraufgabe. Interpretiert wird dieser Befund dahingehend, dass körperlich aktive Menschen besser in der Lage sind, mit dem Alter einhergehende sensorische und kognitive Defizite durch die Rekrutierung frontaler Areale zu kompensieren. In einer Stichprobe von Erwachsenen im mittleren Alter wurde eine positive Assoziation zwischen der körperlichen Aktivität und der Aufmerksamkeitskontrolle sowie höheren N2-Amplituden gezeigt (Winneke et al., 2012). Diese Erhöhung der N2-Amplitude kann als verbesserte Konfliktüberwachung interpretiert werden.

körperliche Aktivität und ERPs

Herz-Kreislauf-Training und kardiovaskuläre Fitness

Besonders gut ist bisher die Wirkung eines Ausdauertrainings untersucht. Ausdauertrainierte ältere Personen zeigen bessere kognitive Leistungen, z. B. in Aufgaben zur selektiven Aufmerksamkeit oder zum episodischen Gedächtnis. Bemerkenswert ist, dass systematisches Ausdauertraining sogar bei zuvor eher inaktiven Senioren die kognitiven Leistungen steigern kann. Darüber hinaus scheint die körperliche Aktivität im mittleren Erwachsenenalter das kognitive Niveau im höheren Alter zu beeinflussen. So konnten Barnes et al. (2003) zeigen, dass sich die kognitive Leistung in einer Vielzahl kognitiver Dimensionen wie Aufmerksamkeit, exekutive Funktionen und Leistung im Mini-Mental-Status-Test (Kapitel 8), auf Basis der sechs Jahre zuvor – im Alter von 55 Jahren – bestimmten kardiorespiratorischen Fitness vorhersagen ließ.

Eine der größten Langzeitstudien (Community-based Coronary Artery Risk Development in Young Adults Study; Zhu et al., 2014) verfolgte 2747 Teilnehmer zwischen 18 und 30 Jahren über einen Zeitraum von 25 Jahren (1985/86 – 2010/11). Die Autoren zeigten, dass Studienteilnehmer im Alter von 43 bis 55 Jahren dann ein besseres verbales Gedächtnis und eine höhere Aufmerksamkeitsleistung hatten, wenn sie 25 Jahre zuvor eine deutlich bessere kardiorespiratorische Fitness aufwiesen als Vergleichspersonen. Durch geeignete statische Verfahren wurde ausgeschlossen, dass die Ergebnisse durch Faktoren wie Rasse, Geschlecht, Alter, Bildung und Vorerkrankungen beeinflusst waren.

Ausdauertraining und Hirnfunktion Der Zusammenhang zwischen Ausdauertraining und Gehirnfunktionen wurde sowohl mit Aufgaben zu verschiedenen exekutiven Funktionen als auch zur Gedächtnisleistung untersucht. So scheint ein Ausdauertraining die Funktionsweise des Gehirns vor allem in frontalen und parietalen Hirnbereichen sowie dem anterioren cingulären Kortex bei exekutiven Funktionen zu begünstigen. Man spricht von einer schnelleren und effektiveren Informationsverarbeitung.

Die Forschergruppe um Arthur F. Kramer vom Beckman Institut der Universität Illinois untersuchte unter Einsatz der Magnetresonanztomografie (MRT) die Auswirkungen eines sechsmonatigen Ausdauertrainings (Walking-Programm) auf das Gehirn. Die Probanden mussten dabei in einer modifizierten Flankeraufgabe (s. Kapitel 6) irrelevante Reize hemmen, um auf relevante Zielreize möglichst schnell und akkurat zu reagieren. Die Ergebnisse sind beeindruckend: Die Testpersonen des Ausdauerprogramms zeigten bessere Leistungen bei der Lösung der Flankeraufgabe als die Personen, die lediglich an einem Stretchingprogramm teilgenommen hatten. Die besseren kognitiven Leistungen der ausdauertrainierten Personen gingen mit deutlich stärkeren Aktivierungen im präfrontalen Kortex einher, der mit der Kontrolle der Aufmerksamkeit verbunden ist. Nicht trainierte Personen benötigten dagegen mehr Gehirnkapazität in der Region, die für die Hemmung aufgabenirrelevanter Informationen (anterior cingulärer Kortex) zuständig ist. Das bedeutet: Ausdauertrainierte ältere Menschen können ihre Aufmerksamkeit gezielter steuern. Das Gehirn eines ausdauertrainierten älteren Menschen benötigt einen geringeren Aufwand, um wichtige von unwichtigen Informationen zu unterscheiden – es arbeitet effektiver (Colcombe et al., 2004). Andere Studien haben die Ergebnisse von Colcombe und Kollegen bestätigt. Interessant ist allerdings, dass in einigen Studien auch andere Aktivierungsmuster gezeigt wurden. So fanden Voelcker-Rehage et al. (2010; 2011) nach einem 12-monatigen Ausdauertraining (Walkingtraining) trotz besserer kognitiver Leistung eine geringere Aktivierung im präfrontalen Kortex, aber eine höhere Aktivierung in temporalen Regionen während der Ausführung der Flankeraufgabe im Vergleich zur Kontrollgruppe bzw. im Vergleich zu Personen mit geringerer Fitness. Ähnlich zeigen kognitive Trainingsstudien häufig eine gegenüber vor dem Training reduzierte frontale Aktivierung (Lustig et al., 2009). Unterschiede in den Aktivierungsmustern zwischen fitten und unfitten Personen können auf den Einsatz von unterschiedlichen Strategien zur Lösung einer kognitiven Aufgabe hinweisen (Voss et al., 2011). So können sowohl verringerte als auch erhöhte Aktivierungsmuster Verbesserungen der exekutiven Kontrollfunktionen durch körperliche Aktivität widerspiegeln.

In Bezug auf die Gedächtnisleistung wurde gezeigt, dass ausdauertrainierte Personen bei Aufgaben zum räumlichen Lernen eine höhere Hirnaktivität in dem im Temporallappen gelegenen Hippocampus und dem umgebenden Gyrus Parahippocampalis sowie im Frontallappen aufwiesen und dies mit einer besseren Gedächtnisleistung einherging. Da sowohl die Frontallappen als auch der Hippocampus besonders anfällig für altersbedingte Funktionsveränderungen sind, wird geschlussfolgert, dass eine höhere kardiovaskuläre Fitness mit einer besseren Funktionsweise dieser Regionen einhergeht.

Je nach Stichprobe und Art der Aufgabe setzt körperliche Aktivität kognitive Ressourcen frei und führt entweder zu einer erhöhten oder reduzierten Aktivierung in den beteiligten Gehirnregionen, aber insgesamt effizienteren Aktivierungen in den aufgabenrelevanten Bereichen.

Eine veränderte Funktionsweise des Gehirns mit höherer Fitness im Alter kann auch mit elektrophysiologischen Methoden wie der Elektroenzephalografie (EEG, Kapitel 3) dargestellt werden. So scheinen kognitive ereigniskorrelierte Potenziale (ERP) fitnessabhängig moduliert werden zu können. In der Regel wird eine im Alter auftretende Abschwächung der sogenannten P3-Amplitude mit einer Abnahme der verfügbaren kognitiven Ressourcen in Verbindung gebracht (Kapitel 5). Diese altersbedingte Amplitudenreduktion und eine ebenfalls zu beobachtende Verlangsamung der P3-Komponente kann durch kardiovaskuläre Aktivität abgeschwächt werden. Auch frühe (sensorische) Komponenten wie die N1 oder spätere, eher aufmerksamkeitsbezogene ERP-Komponenten wie die N2 und P2 verändern sich durch ein Ausdauertraining, was auf eine schnellere Verarbeitung hindeutet (Chang et al., 2012). Angesichts der Vielfalt der Versuchspläne und Testparameter bei einer geringen Anzahl von Studien, insbesondere bei älteren Menschen, sind jedoch weitere Untersuchungen zu den Auswirkungen von Ausdauertraining auf ERP-Komponenten als Marker für kognitive Funktionen und die Aufmerksamkeitskontrolle erforderlich.

Ausdauertraining und ERP

Funktionelle Konnektivitätsanalysen bieten die Möglichkeit, die Vernetzung, also die koordinierte Aktivierung von verschiedenen Gehirnregionen sowohl in Ruhe als auch während der Ausführung bestimmter Aufgaben aufzuzeigen. Die Ergebnisse aus solchen Studien legen nahe, dass eine höhere kognitive Leistung in fitten älteren Menschen oder nach einem aeroben Training auf einer höheren funktionellen Konnektivität innerhalb und zwischen aufgabenrelevanten Hirnregionen in Ruhe basiert. Dies konnte sowohl für das Default-Mode-Network (Kapitel 5; Voss et al., 2010) als auch die funktionelle Konnektivität des Hippocampus mit anderen Hirnregionen (Burdette et al.,

Ausdauertraining und funktionelle Konnektivität

2010) gezeigt werden. Dies könnte ein Grund dafür sein, dass Gedächtnisfunktionen positiv auf Bewegung ansprechen. Inwiefern andere kognitive Bereiche von einer verbesserten funktionalen Konnektivität profitieren, ist bisher noch unklar.

Nicht nur die Funktionsweise des Gehirns zeigt einen positiven Zusammenhang mit regelmäßiger körperlicher Aktivität, sondern auch seine anatomische Struktur. Wie in Kapitel 5 beschrieben, schrumpft das Volumen der grauen und weißen Gehirnsubstanz mit dem Alter besonders in frontalen Kortexarealen, im Hippocampus und in den Basalganglien.

Ausdauertraining und graue und weiße Substanz Colcombe und Mitarbeiter (2004) konnten als Erste zeigen, dass bei Personen mit einer hohen kardiovaskulären Fitness der altersbedingte Abbau der grauen Substanz in den Frontal-, Parietal- und Temporallappen geringer ausfiel. Dies wurde in Folgestudien bestätigt. Es gibt jedoch auch widersprüchliche Studien, die keinen Zusammenhang zwischen dem Volumen der grauen Substanz und der kardiovaskulären Fitness finden konnten (Voelcker-Rehage & Niemann, 2013). Im Vergleich zum Volumen der grauen Substanz gibt es nur wenige Studien, die den Zusammenhang zwischen körperlicher Aktivität und dem Volumen oder der Mikrostruktur und der Integrität der weißen Substanz betrachteten. Die Ergebnisse sind auch hier heterogen. Die wenigen bisher vorliegenden Studien unter Nutzung der Diffusions-Tensor-Bildgebung (Kapitel 3) deuten auf einen positiven Zusammenhang zwischen kardiovaskulärer Fitness und der Mikrostruktur der Nervenfasern (Kapitel 5) in verschiedenen Bereichen des Gehirns hin. Beispielsweise weist das Corpus Callosum bei ausdauertrainierten Personen eine höhere Integrität auf (Johnson et al., 2012). Das Corpus Callosum (oder in der deutschen Bezeichnung der Balken) ist ein dickes Faserbündel, welches die beiden kortikalen Hemisphären miteinander verbindet. Auch legen erste Studien von Marks et al. (2007; 2011) nahe, dass eine hohe aerobe Fitness den altersbedingten Rückgang der Myelinisierung von Axonen in Teilen des Corpus Callosum und des cingulären Kortex vermindern und damit zum Erhalt der Integrität der weißen Substanz beitragen kann. Auf krankheits- oder verletzungsbedingte Läsionen der weißen Substanz scheint körperliche Aktivität allerdings keinen Einfluss zu nehmen.

Mittlerweile wissen wir, dass nicht nur ein Ausdauertraining, sondern auch andere Trainingsformen, wie ein Koordinations-, Tanz- oder Krafttraining positive Effekte auf die kognitiven Funktionen haben können.

Krafttraining

Ähnlich wie ein Ausdauertraining beeinflusst auch ein Krafttraining die metabolischen und energetischen Prozesse sowie in gewissem Maße die intramuskuläre Koordination. Die Studienlage zum Zusammenhang von Krafttraining und kognitiver Leitungsfähigkeit ist allerdings deutlich geringer und nicht eindeutig. Ein aktueller Überblickbeitrag von Chang et al. (2012) zeigte bei gesunden älteren Erwachsenen insgesamt positive Auswirkungen von Krafttraining auf kognitive Funktionen, wie Informationsverarbeitungsgeschwindigkeit, Aufmerksamkeit, Gedächtnis und bestimmte exekutive Funktionen. Im Vergleich zu den Effekten von Stretching-, Entspannungs- und Ausdauertrainings führt Krafttraining in einigen Studien zu vergleichbaren oder zum Teil sogar höheren Effekten für bestimmte kognitive Funktionen. Chang et al. (2012) stellten jedoch auch fest, dass Studien mit höherer Qualität (z.B. kontrollierte und randomisierte Studiendesigns, größere Stichproben etc.) inkonsistente Befunde ergaben und dass einige Ergebnisse sich nur selektiv zeigten. Weiterhin scheint Krafttraining klare Dosis-Wirkungs-Effekte zu haben.

Studien mit funktioneller MRT und EEG legen ebenfalls nahe, dass Krafttraining zu Veränderungen in okzipitalen Gehirnregionen (wichtig für frühe sensorische Verarbeitung) sowie frontalen und temporalen Gehirnregionen (wichtig u. a. für kognitive Funktionen) bei älteren Menschen führen kann. Voraussetzung ist ein Training mindestens zweimal pro Woche über einen Zeitraum von mehreren Wochen. Ein Training nur einmal pro Woche zeigte keine Wirkung.

Krafttraining und Hirnfunktion

In einer Studie von Liu-Ambrose et al. (2012) mussten die Probanden während der MRT-Messung eine Flankeraufgabe ausführen. Nach einem 12-monatigen Krafttraining (zweimal pro Woche) war die Aktivierung während der Ausführung der Flankeraufgabe in temporalen (mittlerer Gyrus temporalis) und frontalen Hirnregionen (linke Insula) erhöht.

Nagamatsu et al. (2012) fanden bei ihren Probanden eine verbesserte Gedächtnisleistung (assoziative Gedächtnisaufgabe) nach 26 Wochen Krafttraining (zweimal pro Woche). Gleichzeitig kam es zu einer stärkeren Aktivierung in okzipitalen (rechter lingualer und fusiformer Gyrus) und frontalen Hirnregionen, wahrscheinlich ein Hinweis auf eine Änderung der (visuellen) Verarbeitungsstrategie. Ozkaya et al. (2005) untersuchten schließlich die Wirkung eines moderaten Krafttrainings über 9 Wochen (dreimal pro Woche) auf ERP-Komponenten bei älteren Erwachsenen. Nach dem Training waren die Latenzen der frühen (sensorischen) und späten (kognitiven) frontozentralen ERP-Komponenten verringert und deren Amplituden im Vergleich zu Kontrollgruppen (Ausdauertraining oder kein Training) erhöht, was auf eine bessere kognitive Verarbeitung hindeutet.

Koordinationstraining und Tanzen

Ebenso wie Ausdauertraining kann auch ein Koordinationstraining die kognitiven Funktionen und die zugrunde liegenden Hirnfunktionen bzw. die Gehirnstruktur verbessern. Dies gilt sowohl für die selektive Aufmerksamkeit und die räumliche Wahrnehmung als auch für das episodische Gedächtnis. Allerdings scheint ein Koordinationstraining auch andere Funktionsbereiche bzw. Gehirnregionen zu beeinflussen wie z. b. verstärkt den parietalen Kortex (verantwortlich für räumliche Wahrnehmung), im Vergleich zu einem Ausdauertraining. Auf struktureller Ebene finden sich Effekte für den Hippocampus und die Basalganglien.

Im Unterschied zu einem Ausdauer- und Krafttraining umfasst ein **Koordinationstraining** Übungen zur Fein- und Grobmotorik, zur Gesamtkörperkoordination und zum Gleichgewicht, zur Auge-Hand- und Bein-Arm-Koordination sowie zur räumlichen Orientierung und Reaktion auf sich bewegende Objekte/Personen (Voelcker-Rehage et al., 2011). Koordinationstraining induziert geringere Veränderungen im Energiestoffwechsel als ein Herz-Kreislauf- oder Krafttraining. Stattdessen erfordern koordinative Bewegungen Wahrnehmungsleistung und höhere kognitive Prozesse wie Aufmerksamkeit und Bewegungskontrolle. So sind Effekte eines Koordinationstrainings wahrscheinlich zu einem Großteil auf Veränderungen in der Informationsverarbeitung und der Verarbeitung visueller, propriozeptiver und räumlicher Informationen zurückzuführen. Im Unterschied dazu sind Wahrnehmungsleistung und höhere kognitive Prozesse in hoch automatisierten Bewegungen wie Gehen, Laufen oder Radfahren, die Bestandteile eines Ausdauertrainings sind, weniger relevant.

In einer Studie von Voelcker-Rehage et al. (2011) nahmen die Studienteilnehmer zwischen 62 und 78 Jahren über ein Jahr, dreimal pro Woche entweder an einem Ausdauertraining oder einem Koordinationstraining teil (Kontrollgruppe: Stretching). Bei beiden Trainingsgruppen zeigten sich Verbesserungen der Aufmerksamkeitsleistung, verbunden mit einer effizienteren neuronalen Verarbeitung, in der Koordinationsgruppe insbesondere in Gehirnbereichen, die mit räumlicher Wahrnehmung assoziiert sind, wie dem parietalen Kortex. Darüber hinaus zeigten strukturelle MRT-Untersuchungen bei den Teilnehmern des Koordinationstrainings nach 12 Monaten ein größeres Volumen des Hippocampus und der Basalganglien. Dabei handelt es sich um tiefere Kerngebiete im Gehirn, die vor allem für die Motorik und für Lernprozesse wichtig sind (Niemann et al., 2014 a; Niemann et al., 2014 b). Hötting et al. (2011) untersuchten Erwachsene mittleren Alters

zwischen 40 und 56 Jahren, die zweimal pro Woche für sechs Monate entweder an einem Ausdauertraining (Radfahren) oder Stretching- und Koordinationstraining teilnahmen (dritte Gruppe: Kontrollgruppe). Sie fanden ein verbessertes episodisches Gedächtnis nach dem Stretching- und Koordinationstraining.

Seit einiger Zeit ist das Tanzen als attraktive Freizeitbeschäftigung für ältere Erwachsene in den Fokus der Forschung gerückt.

Tanzen ist eine multimodale Form körperlicher Aktivität, die sowohl das Herz-Kreislauf-System anspricht als auch koordinative und kognitive Anforderungen adressiert.

Die Befunde zur Wirkung von Tanzen auf die kognitive Leistung Älterer sind zurzeit noch widersprüchlich und erfordern weitere Untersuchungen. Jüngste Studien zeigen positive Ergebnisse. Ältere Erwachsene, die seit vielen Jahren tanzen, zeigen bessere kognitive Leistungen in der fluiden Intelligenz und Aufmerksamkeit im Vergleich zu einer gleichaltrigen inaktiven Kontrollgruppe (Kattenstroth et al., 2010). Darüber hinaus beobachtete die gleiche Forschergruppe eine Leistungssteigerung in einem Gesamtindex der Kognition (Konzentration, Aufmerksamkeit und nonverbales Lernen) bei älteren Erwachsenen, die an einer sechsmonatigen Tanzintervention teilnahmen (Kattenstroth et al., 2013). Eine erste eigene bildgebende Untersuchung ergab nur geringe Auswirkungen langfristiger Seniorentanzerfahrung auf das Volumen der grauen Substanz in frontalen Hirnregionen (unveröffentlichte Daten).

Zeitgenössischer Tanz und Tai Chi

Eine kürzlich durchgeführte Studie untersuchte die Auswirkungen verschiedener Arten von koordinativem Training (zeitgenössischer Tanz, Sturzprophylaxe, Tai Chi) auf die Aufmerksamkeitskontrolle bei älteren Erwachsenen (Coubard et al., 2011). Nach sechs Monaten zeitgenössischen Tanztrainings (60 Minuten, einmal pro Woche) war die kognitive Flexibilität der 59- bis 89-jährigen Teilnehmer verbessert. Da Tai Chi als eher kardiovaskulär wenig beanspruchende Aktivität die kognitiven Funktionen nicht verbesserte, könnte man argumentieren, dass die aerobe Komponente des zeitgenössischen Tanzes zur Steigerung der kognitiven Leistungen bei den Studienteilnehmern führte. Allerdings haben andere Studien eine verbesserte kognitive Leistung auch nach zwei Monaten Tai-Chi-Training gezeigt (40 Minuten, einmal pro Woche; Durchschnittsalter der Teilnehmer 79 Jahre) (Kwok et al., 2011). Ferner zeigte eine ERP-Studie erhöhte P3-Amplituden und verringerte Reaktionszeiten in einer Aufgabenwechselaufgabe bei älteren Erwachsenen, die regelmäßig ein Tai-Chi-Training absolvierten, im Vergleich zu inaktiven älteren Erwachsenen (Fong et al., 2014). Wie schon angemerkt sind die Befunde zur Wirkung von Tanzen auf die kognitive Leistung Älterer zurzeit noch widersprüchlich und erfordern weitere Untersuchungen.

Dosis-Wirkungs-Beziehungen: Bisher weiß man wenig über den optimalen Umfang, die erforderliche Intensität und Dauer der körperlichen Aktivität zur Förderung der Kognition. Moderate körperliche Aktivität von zwei- bis dreimal pro Woche über mindestens 30 Minuten hat nachweislich einen positiven Effekt auf die Kognition und positive Effekte sind bereits nach wenigen Wochen zu verzeichnen. Ältere Personen zeigen über 12 Trainingsmonate nahezu lineare Veränderungen ihrer Hirnaktivierungsmuster, längerfristiges Training führt vermutlich zu weiteren positiven Effekten (Voelcker-Rehage et al., 2011). Ähnliches scheint für ein Koordinationstraining zu gelten. In Bezug auf die Intensität und den Umfang eines Krafttrainings lässt sich zusammenfassen: Intensitäten von 60 – 80 % des 1 RM (repetition maximum) mit etwa sieben Bewegungen in zwei Sätzen mit einer Pause von 2 Minuten mindestens 2-mal pro Woche für 2 – 12 Monate (in der Regel 6 Monate) können sich positiv auf die Kognition auswirken.

Akute Effekte körperlicher Aktivität

Akute Effekte von Bewegung wurden bisher im Erwachsenenalter deutlich weniger untersucht als chronische Effekte. Da die Effekte akuter Bewegungsinterventionen direkt nach der Aktivität gemessen werden und – so vermutet man – auch nur wenige Minuten oder Stunden anhalten, haben sie für den Alltag eine andere Relevanz als die chronischen Effekte von regelmäßiger Bewegung. Man kann aber darüber nachdenken, inwiefern vor wichtigen Aufgaben eine kurze Bewegungspause eingeschaltet werden sollte bzw. ob eine solche unterstützend wirken könnte. Auch wird vermutet, dass die akuten Effekte sich langfristig zu chronischen Effekten aufsummieren.

Für akute Effekte von Bewegung auf die Kognition wird ein umgekehrt u-förmiger Zusammenhang zwischen der Belastungsintensität und der Kognitionsleistung beschrieben. Das heißt, durch eine moderate Bewegungspause nimmt die kognitive Leistung (kurzfristig) zu, während eine zu intensive Belastung wieder zu einer geringeren kognitiven Leistung führen kann. Allerdings muss hier unterschieden werden, ob der Einfluss von Bewegung auf die Kognition während (z.B. wir machen einen zügigen Spaziergang und lösen parallel Matherätsel) oder nach einer Belastung (z.B. wir machen einen zügigen Spaziergang und schreiben danach den Einkaufszettel) gemessen wird. Studien zeigen, dass *nach* einer moderaten Belastung die kognitive Leistung im Mittel verbessert ist. *Während* der Belastung sind hingegen insbesondere bei langer Dauer oder hoher Intensität in der Tendenz negative Effekte auf die Kognition zu beobachten.

Körperliche Aktivität und Demenz

In großen epidemiologischen Studien wurde auch für neurodegenerative Krankheitsbilder, wie Demenzen, ein Zusammenhang zur körperlichen Aktivität berichtet. Ein körperlich und kognitiv aktiver Lebensstil scheint die Wahrscheinlichkeit für das Auftreten einer Demenz zu reduzieren, indem er den kognitiven Abbau reduziert. In einer Metaanalyse wurden 15 prospektive Studien (12 Kohorten) und 33.816 nicht demente Personen erfasst, von denen 3210 eine kognitive Abnahme während der Ein- bis Zwölf-Jahre-Folgeuntersuchung zeigten (Sofi et al., 2011). Personen, die ein hohes Aktivitätsniveau aufwiesen, zeigten ein 38 % geringeres Risiko für kognitive Abnahme als inaktive Personen. Selbst diejenigen, die ein geringes bis moderates Aktivitätsniveau ausweisen, zeigten ein 35 % geringeres Risiko als inaktive Personen.

Ein besonderer Schutzfaktor scheint die Aktivität im mittleren Erwachsenenalter zu sein. Moderate Aktivität während der Lebensmitte geht mit einem niedrigeren Risiko für eine leichte kognitive Beeinträchtigung (MCI) und Demenz im späteren Leben einher. Bisherige Studien unterschieden sich allerdings darin, welchen Umfang die Aktivität optimaler Weise haben sollte. Angaben reichen von mindestens wöchentlich, über dreimal oder häufiger pro Woche bis zu fünf Stunden pro Woche. Und auch später im Leben aufgenommene moderate Aktivität wird mit einem niedrigeren Risiko für leichte kognitive Beeinträchtigungen assoziiert.

Aktivität in der Lebensmitte

Interessanterweise liegen auch Korrelationen zwischen der allgemeinen Gebrechlichkeit (dazu zählen Muskelkraft, Gehgeschwindigkeit, Körperzusammensetzung und Müdigkeit), einem geringeren Risiko für die Alzheimer-Demenz und einer geringeren kognitiven Abnahme vor. Boyle et al. (2010) verfolgten 900 ältere Personen ohne Demenz zu Beginn der Studie über 12 Jahre. Sie zeigten eine geringere Abnahme der kognitiven Funktionen, weniger kognitive Beeinträchtigung und weniger Alzheimer-Demenzen bei älteren Erwachsenen mit einer besseren Gesamtkonstitution. Die schützende Wirkung blieb auch dann signifikant, wenn für verschiedene mögliche Einflussfaktoren wie Body-Mass-Index, körperliche Aktivität, Lungenfunktion, vaskuläre Risikofaktoren, Gefäßerkrankungen und Apoli E4-Status kontrolliert wurde.

Demenz, Fitness und Hirnvolumen Mittlerweile gibt es auch im Bereich MCI und Demenz experimentelle und neurophysiologische Studien, die eine positive Wirkung körperlicher Aktivität nachweisen. Es konnte gezeigt werden, dass auch bei kognitiv beeinträchtigten Personen die kardiorespiratorische Fitness (VO$_2$ peak) mit der Kognition in Zusammenhang steht (Burns et al., 2008) und dass das höhere Fitness-Level mit einem größeren Gehirnvolumen (weniger Hirnatrophie) assoziiert ist. Einschränkend muss allerdings angemerkt werden, dass einige Studien nur einen geringen oder keinen nennenswerten Effekt von körperlicher Aktivität auf die Kognition bei Patienten mit kognitiven Beeinträchtigungen zeigen.

Eine randomisierte klinische Studie untersuchte die Auswirkungen eines sechsmonatigen Ausdauertrainings bei Patienten mit leichter kognitiver Beeinträchtigung (Baker, et al., 2010). Dreiunddreißig ältere Erwachsene (17 Frauen) mit amnestischer leichter kognitiver Beeinträchtigung im Alter von 55 bis 85 Jahren nahmen randomisiert entweder an einem Ausdauertraining hoher Intensität (75–85 % der maximalen Herzfrequenz) oder an einem Stretchingprogramm (Kontrollgruppe) teil. Die Ergebnisse zeigten eine positive Wirkung des Ausdauertrainings, insbesondere auf die Verarbeitungsgeschwindigkeit und die Exekutivfunktionen. In einigen Tests wurden geschlechtsspezifische Unterschiede in der kognitiven Verbesserung beobachtet, trotz vergleichbarer Gewinne in der kardiorespiratorischen Fitness bei Männern und Frauen. Eine andere Studie untersuchte die kognitiven Auswirkungen einer Tai-Chi-Interventionsgruppe (n = 171) im Vergleich zu einer Stretching- und Kräftigungskontrollgruppe (n = 218) bei älteren Erwachsenen mit kognitiver Beeinträchtigung (Lam, et al., 2011). Beide Gruppen verbesserten ihre globalen kognitiven Funktionen, die Gedächtnisleistung und die subjektiven kognitiven Beschwerden. Verbesserungen des Gleichgewichts, des visuellen Arbeitsgedächtnisses und im klinischen Rating der Demenz wurden allerdings nur in der Tai-Chi-Gruppe beobachtet.

Sport und körperliche Aktivität können auch zu einer Steigerung des psychischen Wohlbefindens beitragen. Möller (1999) ermittelte in ihrer Übersichtsarbeit zu Studien mit älteren Menschen positive Zusammenhänge zwischen körperlicher Aktivität und

Körperliche Aktivität und psychische Gesundheit

- Gesundheitsempfinden,
- Wohlbefinden sowie
- Lebenszufriedenheit.

Diese Ergebnisse werden in weiteren Übersichtsarbeiten bestätigt (Windle et al., 2010; Mc Auley & Rudolph, 2010). Es konnten positive Effekte für körperliche Aktivität insbesondere auf die Selbstwirksamkeit (eigene Erwartung, aufgrund eigener Kompetenzen gewünschte Handlungen erfolgreich selbst ausführen zu können) und auf die Stimmungslage festgestellt werden. Ein kardiovaskuläres Training (Ausdauertraining) zeigte dabei die größten Effekte.

Auch die Wirkung von körperlicher Aktivität und Sport auf bestehende Depressionen oder depressive Symptome im Alter ist vielversprechend (Park et al., 2014). Es wurde gezeigt, dass ein Ausdauertraining bei klinisch relevanten Depressionen ähnliche Effekte wie Antidepressiva haben kann (Blumenthal et al., 1999) und zur Abschwächung der depressiven Symptome führt (Sjösten & Kivelä, 2006). Darüber hinaus scheint das Risiko, eine Depression zu entwickeln, geringer zu sein, wenn über die gesamte Lebensspanne ein aktiver Lebensstil geführt wird (Mammen & Faulkner, 2013).

Die Ergebnisse zur Wirkung körperlicher Aktivität bei Angststörungen im Alter sind heterogen. Dennoch deuten einige Studien darauf hin, dass regelmäßige körperliche Aktivität zu einer Reduktion der Angst-Symptome führt (Wegner et al., 2014).

Wie überwinde ich den inneren Schweinehund?

Es existiert eine Reihe von Theorien und Modellen, um Änderungen von Gesundheitsverhaltensweisen zu verstehen und zu erklären. Grundsätzlich kann unterschieden werden zwischen

- kontinuierlichen Prädiktionsmodellen (z.B. Modell gesundheitlicher Überzeugungen, HBM, von Becker; Theorie der Schutzmotivation, PMT, von Rogers; sozial-kognitive Theorie, SCT, von Bandura; Theorie des geplanten Verhaltens, TPB, von Ajzen) und

▪ dynamischen Stadienmodellen (z. B. Transtheoretisches Modell, TTM, von Prochaska; Prozessmodell präventiven Handelns, PAPM, von Weinstein; Prozessmodell gesundheitlichen Handelns, HAPA, von Schwarzer).

Während die kontinuierlichen Prädiktionsmodelle versuchen, relevante Faktoren zu identifizieren, mit denen vorhergesagt werden kann, an welchem Punkt des Verhaltenskontinuums sich eine Person befindet, nehmen Vertreter der dynamischen Stadienmodelle an, dass Personen sich in unterschiedlichen Stadien befinden bzw. diese im Prozess der Gesundheitsverhaltensänderung nacheinander durchlaufen und somit individuell unterschiedliche Faktoren und Interventionen einen Wechsel zum nächsten Stadium bewirken (Bengel & Jerusalem, 2009).

Beispielsweise unterscheidet das HAPA-Modell eine Motivations- und Volitionsphase und geht davon aus, dass Gesundheitsverhalten davon abhängig ist, wie eine Person Risiken einschätzt, in welchem Umfang sie glaubt, diese beeinflussen zu können, sowie von einer positiven Ergebniserwartung. Daran beteiligt sind verschiedene kognitive Prozesse und Vorstellungen, wie z. B. Wissen über die eigenen Ressourcen und das Ausmaß der eigenen Invulnerabilität oder die Wahrnehmung der eigenen Fähigkeiten, sich gesund zu verhalten, Risikoverhalten zu beenden und zu vermeiden und präventiv zu handeln, auch wenn sich Schwierigkeiten ergeben (sog. Selbstwirksamkeitserwartung).

Obwohl bekannt ist, dass ältere Menschen in gleicher Weise von Gesundheitsförderungsprogrammen profitieren wie jüngere Menschen, sind ältere Menschen bisher nur selten Zielgruppe in Gesundheitsförderungsprogrammen. Insbesondere für ältere Personen scheint wichtig zu sein, dass sie in den Gesundheitsförderungsprogrammen (z. B. zur körperlichen Aktivität) einen hohen subjektiven Nutzen erkennen. Die speziellen Interventionsstrategien scheinen weniger eine Rolle zu spielen (Caserta & Gillett, 1998). Auch die Motivation für gesundheitsförderliche Verhaltensweisen ändert sich im Laufe des Lebens. So scheint beispielsweise bei jüngeren und älteren Erwachsenen eine unterschiedliche Motivation die Sportteilnahme zu beeinflussen. Während bei jüngeren Erwachsenen Sport eher ein Lifestylefaktor ist, tritt mit zunehmendem Alter Sport als explizites Gesundheitsverhalten in den Vordergrund (Bengel & Jerusalem, 2009). Auch konnte gezeigt werden, dass insbesondere positive Verstärkung (Informationen über die positive Wirkung von Aktivität im Vergleich zu Informationen über Risiken von Bewegungsmangel) das Aktivitätsniveau erhöht (Notthoff & Carstensen, 2014). Es bleibt allerdings weiterhin zu prüfen, inwiefern die Modelle zur Gesundheitsverhaltensänderung in unterschiedlichen Altersgruppen Gültigkeit besitzen. Neuere Ansätze der Gesundheitspsychologie verknüpfen Modelle der Gesundheitsverhaltensänderung mit entwicklungspsychologischen Modellen (z. B. Modell der Selektion, Optimierung und Kompensation von Baltes und Baltes, 1990), um so Gesundheitsverhaltensänderung zielgruppenspezifisch zu fördern.

9.3 Ausgewogene Ernährung als Maßnahme zur Förderung der Kognition

Im Vergleich zu körperlicher Aktivität sind die positiven Effekte von Ernährung auf die Kognition bislang gering erforscht und zeigen heterogene Ergebnisse. Ein in Bezug auf seine protektive Wirkung am häufigsten untersuchtes Nahrungsmittel ist zurzeit Fisch. Hinzu kommen noch Obst, Gemüse, Curcumin (intensiver orangegelber Farbstoff, der sich in der Gelbwurzel findet, aber auch synthetisch herstellbar ist; enthalten in indischen Curry-Mischungen) sowie eine sogenannte „Mediterrane Diät".

Der Begriff **Mediterrane Diät** bezeichnet keinen Diätplan, sondern die Ansammlung von traditionellen Essgewohnheiten der Länder der Mittelmeer-Region. Gemeinsamkeiten dieser Ernährungsformen sind der hohe Verzehr von Früchten, Gemüse, Kartoffeln, Bohnen, Nüssen, Samen, Brot und anderen Getreideprodukten, die Verwendung von Olivenöl zum Kochen und für Dressings, der mäßige Verzehr von Fisch und der geringe Fleischkonsum, der Verzehr von geringen bis mäßigen Mengen an Vollfett-Käse und -Joghurt, der mäßige Weinkonsum (in der Regel mit dem Essen) und die Verwendung von einheimischem, saisonalem Obst und Gemüse sowie ein aktiver Lebensstil.

Schon in den 1950er Jahren zeigte die „Seven Countries Study" („Sieben-Länder-Studie"), dass die Bewohner der Mittelmeerländer im Gegensatz zu denen in Nordeuropa und der USA eine wesentlich geringere Neigung zu Herz-Kreislauf-Krankheiten und eine höhere Lebenserwartung aufwiesen. Diese Ergebnisse beruhen nicht allein auf unterschiedlichen genetische Faktoren oder einem anderen Lebensstil, sondern werden in erster Linie auf die Ernährungsweise zurückgeführt.

Omega-3-Fettsäuren
  Die im Fisch enthaltenen mehrfach ungesättigten Omega-3-Fettsäuren, im Speziellen die Docosahexaensäure (DHA), Eicosapentaensäure (EPA) und Alpha-Linolsäure (ALA), scheinen dabei die aussichtsreichen „Kandidaten" zur Förderung der Kognition zu sein. Die Vermutung, dass DHA die wichtigste Fettsäure sein könnte, wird damit begründet, dass der Fettanteil des Gehirns zu 12 – 15 % aus DHA besteht. Ihr Anteil ist somit 10 – 20-mal höher als der jeder anderen mehrfach ungesättigte Fettsäure (Whelan, 2008). Mittlerweile weiß man, dass Omega-3-Fettsäuren, insbesondere die DHA, zentrale Komponenten der Membranphospholipide der Gliazellen und Neuronen sind und eine zentrale Rolle in der Remodellierung und Synthese der Gehirnmembranen und in der Signaltransduktion spielen. So stimuliert DHA beispielsweise die Remyelinisierung (Kapitel 5).

Die **Omega-3-Fettsäuren** zählen zu den ungesättigten Verbindungen. Sie sind lebensnotwendig und müssen durch die Nahrung aufgenommen werden. Sie können vom Körper nicht selbst hergestellt werden. Omega-3-Fettsäuren sind in Algen, Pflanzen oder Fischen enthalten. Pflanzen enthalten fast ausschließlich α-Linolensäure, während in Fettfischen – wie Aal, Karpfen und Sardine – und Algen, etwa Rotalgen, vorwiegend Docosahexaensäure (DHA) und Eicosapentaensäure (EPA) vorkommen können.

Grundsätzlich ist eine Abnahme der DHA-Konzentration im Alter zu beobachten (Zelinski, 2009). Ob dies damit zusammenhängt, dass die DHA-Aufnahme oder die Synthese von DHA im Körper abnimmt, ist bisher ungeklärt (Edwards et al., 2002). Gleichzeitig nehmen ungesättigte Komponenten zu, sodass das Verhältnis ungesättigter zu gesättigten Fetten zunimmt. Dies wird als ein Faktor angesehen, der die Zellfunktionen negativ beeinflusst und in der Folge zu neuronalen Defiziten führt (Mazza et al., 2007).

  So kann die kontinuierliche Einnahme einer gewissen Menge von Omega-3-Fettsäuren im Erwachsenenalter oder höherem Alter zu einer Zunahme des Volumens der grauen Substanz in verschiedenen Bereichen des Gehirns und zu einer Verbesserung der Integrität der weißen Substanz (Kapitel 5) führen (Dahlin et al., 2008).

Barberger-Gateau et al. (2013) zeigten, dass Personen, die mindestens einmal pro Woche Fisch aßen, ein geringeres Risiko aufwiesen, eine Demenz zu entwickeln. Fischkonsum wird generell mit einem langsameren kognitiven Abbau assoziiert.

Die bewusste Einnahme einer höheren Menge von Omega-3-Fettsäuren scheint also eine Abnahme der kognitiven Fähigkeiten im Alter zu verlangsamen oder zu reduzieren, sowie die Entwicklung neurodegenerativer Erkrankungen zu verzögern. Omega-3-Fettsäuren sollen außerdem protektive Effekte bei Entzündungen und Autoimmunkrankheiten (Kramer et al., 1999) sowie für Begleiterkrankungen wie Diabetes und kardiovaskuläre Erkrankungen haben.

Einen Hinweis auf die Wichtigkeit einer generell gesunden Ernährung lässt sich bei Torres et al. (2012) finden. So zeigte sich ein negativer Zusammenhang zwischen der Aufnahme industriell verarbeiteter Lebensmittel und der Leistung in den Exekutivfunktionen. Der Grund hierfür liegt möglicherweise in der vermehrten Aufnahme von gesättigten Fettsäuren und Zucker und der dadurch entstehenden hohen Kalorienanzahl. Diese wirkt sich negativ auf neuronale Funktionen aus, da sie den Level des oxidativen Stresses anheben (Gomez-Pinilla, 2011).

Die positiven Effekte, die dem Obst nachgesagt werden, beziehen sich auf die in manchen Früchten sehr zahlreich enthaltenen Antioxidantien. Diese Antioxidantien können möglicherweise neurophysiologischen Erkrankungen vorbeugen, indem oxidativer Stress vermindert wird (Mazza et al., 2007).

Antioxidantien inaktivieren im Organismus reaktive Sauerstoffspezies, deren übermäßiges Vorkommen zu oxidativem Stress führt. Oxidativer Stress gilt als mitverantwortlich für den Alterungsprozess und wird mit der Entstehung von einer Reihe von Erkrankungen in Zusammenhang gebracht (s. Kapitel 2).

Bisher ist nicht klar, ob die Wirkung der Nährstoffe durch das Alter, den Krankheitszustand, die Nahrungszusammenstellung oder die Art der Nahrungszubereitung beeinflusst werden kann (Persson & Reuter-Lorenz, 2008).

9.4 Kognitives Training zur Förderung der Kognition

Neben einer Veränderung des Lebensstils können auch gezielte Trainingsmaßnahmen wie ein kognitives Training oder regelmäßige Übung (z. B. von Gedächtnistechniken) die Leistungen im Bereich der fluiden Intelligenz oder der kognitiven Mechanik im Alter steigern oder zumindest erhalten (Verhaeghen et al., 1992). Diese Reserven wurden in zahlreichen Trainingsuntersuchungen sowohl zu Leistungen in den üblichen Intelligenztestaufgaben als auch zu Gedächtnisleistungen bestätigt (Verhaeghen et al., 1992).

Anhand von Längsschnittdaten der Seattle Longitudinal Study (Kapitel 2) lässt sich zeigen (Schaie, 1996), dass das Ausmaß dieser Leistungssteigerung ungefähr dem in der Altersspanne von 60 bis 80 Jahren, beobachteten Leistungsrückgang entspricht. Allerdings bedeutet dies nicht notwendigerweise, dass die Interventionen zu einer Umkehrung des vorher stattgefundenen Abbaus in der Mechanik führen, es kann sich dabei auch um den Erwerb von Strategien handeln (Pragmatik), die es erlauben, den Abbau in der Mechanik auszugleichen oder zumindest abzumildern (Kapitel 6). Dies gilt beispielsweise für Trainingsstudien, in denen über bestimmte Gedächtnisstrategien die Kapazität des Kurzzeitgedächtnisses erhöht werden konnte. Sowohl Ältere als auch Jüngere erreichten durch das Training hohe Leistungszuwächse. Bereits nach kurzen Trainingsphasen übertrafen ältere Probanden das Ausgangsniveau der jüngeren Kontrollgruppe (Kliegl, 1989).

Allerdings sind die Trainingsgewinne für ältere Erwachsene in der Regel nicht so hoch wie für jüngere Erwachsene und auch der Transfer der Trainingsmaßnahmen auf nicht trainierte Aufgaben ist sehr begrenzt und im sehr hohen Alter stark verringert (Singer et al., 2003).

Kognitives Training und Transferleistungen

Nur in wenigen Studien konnte bis heute gezeigt werden, dass erzielte Leistungsverbesserungen auch auf andere, nicht trainierte Aufgaben übertragen werden können bzw. dass es durch das Training zu einer generellen Verbesserung der kognitiven Funktionen kommt (Transfereffekte). Ein solcher Transfer scheint somit eher schwierig zu sein.

 Als eine der größten bisherigen Studien in diesem Bereich ergab eine sechswöchige internetbasierte Feldstudie (Kapitel 3) mit 11.430 Teilnehmern, dass – obwohl erwartungsgemäß die Leistung in den trainierten Aufgaben verbessert wurde – ein Transfereffekt auf untrainierte Aufgaben nicht stattfand, auch nicht auf Aufgaben, die den Geübten sehr ähnlich waren (Owen et al., 2010).

Transfereffekte In Laborstudien finden sich jedoch erste Ansätze dafür, dass bestimmte kognitive Trainingsformen durchaus Transfereffekte zeigen können – auch bei älteren Erwachsenen. Dabei werden unterschiedliche Anforderungen an die Gestaltung des kognitiven Trainings, die Übungsauswahl und die Auswahl der zu verwendenden Transfertests diskutiert, die für die Erzielung und Messung von Transfereffekten notwendig zu sein scheinen.

Für die Konzeption eines kognitiven Trainings scheinen längere Trainingsperioden und mehr Trainingseinheiten größere Transfererfolge zu ermöglichen als kurze Perioden mit wenigen Sitzungen. Durch wenige Trainingseinheiten über einen längeren Zeitraum verteilt (z. B. vier Sitzungen über vier Wochen) lassen sich größere Erfolge erzielen als durch die gleiche Anzahl von Trainingseinheiten innerhalb einer Woche.

Hohe *Wiederholungszahlen* gleicher Aufgaben scheinen eine wichtige Voraussetzung für das Auftreten von Transfereffekten zu sein und besonders Ältere scheinen davon zu profitieren.

Gestaltung von kognitivem Training

Li et al. (2008) setzten in ihrer Trainingskonzeption auf hohe Wiederholzahlen innerhalb des Trainings und zeigten nach einem zwölfwöchigen Arbeitsgedächtnistraining (45 x 15 Minuten) relativ höhere Leistungsverbesserungen bei älteren Teilnehmern als bei untrainierten jüngeren. Die Älteren erreichten nach dem Training gleiche Werte wie die untrainierte jüngere Vergleichsgruppe. Für beide Altersgruppen konnte nach dem Training ein Transfer auf ähnliche Aufgaben des Arbeitsgedächtnisses nachgewiesen werden.

Naher und ferner Transfer

Von einem Transfereffekt spricht man, wenn der Leistungszuwachs in einer Aufgabe auf eine andere Aufgabe übertragen werden kann. Hinsichtlich der Auswahl der Transfertests wird je nach ihrer Ähnlichkeit zu den trainierten Aufgaben zwischen nahem und fernem Transfer unterschieden. Von *nahem Transfer* spricht man, wenn für die Messung von Transfer den trainierten Aufgaben sehr ähnliche Tests verwendet werden oder Trainingsaufgaben und Transfertests aus den gleichen Dimensionen der fluiden Intelligenz stammen. Ein Beispiel wäre ein Gedächtnistraining mit Zahlenketten und ein Transfertest mit Buchstabenketten. Nahen Transfer findet man vor allem dann, wenn Trainings- und Transferaufgaben in denselben Gehirnstrukturen verarbeitet werden (Dahlin et al., 2008). *Ferner Transfer,* also Transfer auf eine Aufgabe mit derselben kognitiven Anforderung (z. B. Arbeitsgedächtnis), aber mit einer unterschiedlichen Aufgabenstruktur (z. B. unterschiedliche Aufgaben zum Arbeitsgedächtnis, wie n-back Test, Buchstaben- und Zahlentest etc.) oder auf eine Aufgabe einer nicht trainierten Dimension, scheint dagegen insbesondere dann induziert zu werden, wenn generelle Strategien zur Aufgabenlösung trainiert werden (Persson & Reuter-Lorenz, 2008). Dies wird vor allem erreicht, wenn möglichst variabel und nicht nur ein spezifischer Aufgabentyp trainiert wird.

Adaptives Training und Aufgabenvariabilität Als weiterer wichtiger Trainingsparameter zeigte sich in bisherigen Studien die individuelle und ständige *Anpassung der Schwierigkeit* der Trainingsaufgaben an die Leistung der Probanden. Dabei zeigten die Studien mit einem solchen adaptiven Training schon nach wenigen Trainingseinheiten sowohl mittlere bis hohe Leistungsverbesserungen innerhalb der trainierten Aufgaben sowie deutliche Transfereffekte. Während ein nicht adaptives Training trotz einer langen Trainingsperiode vergleichsweise geringere Transfereffekte auf ungeübte Aufgaben zeigte (Schmiedek et al., 2010).

Aber auch eine hohe *Aufgabenvariabilität* hat Einfluss auf den Transfererfolg (Schmiedek et al., 2010). Dazu gehören sowohl eine variantenreiche Aufgabenauswahl als auch ständig wechselnde Aufgaben.

Schmiedeck et al. (2010) fanden nach 100 Stunden eines sehr variantenreichen, aber nicht adaptiven, kognitiven Trainings (Arbeitsgedächtnis, Episodisches Gedächtnis und Wahrnehmungsgeschwindigkeit) allgemeine Transfereffekte auf kognitive Funktionen vor allem bei den jüngeren Probanden. Absolute Leistungsverbesserungen in einzelnen Transfertests ergaben sich sowohl bei Jüngeren als auch bei Älteren in den untersuchten kognitiven Dimensionen Arbeitsgedächtnis, Episodisches Gedächtnis und Logisches Schlussfolgern. Es zeigte sich hierbei, dass die Transferleistungen besonders in den Bereichen auftraten, in denen auch die größten Trainingserfolge erzielt wurden. Diese Studie weist neben anderen auf die Wichtigkeit eines variablen kognitiven Trainings hin.

Aufgabenkriterien Aber nicht nur die Konzeption des Trainings und bestimmter Trainingsparameter, sondern auch bestimmte *Aufgabenkriterien* scheinen besonders positive Einflüsse auf Transfereffekte zu haben. Dies wurde sowohl für sogenannte Aufgabenwechseltrainings als auch Doppelaufgabentrainings gezeigt. So fanden Karbach und Kray (2009) nach nur vier Aufgabenwechseltrainingseinheiten des Arbeitsgedächtnisses in allen Altersgruppen (Kinder, junge und ältere Erwachsene) Leistungsverbesserungen sowie nahen Transfer auf ähnliche Aufgabenwechselaufgaben. Ein multisensorisches Doppelaufgabentraining verbesserte die Leistungen der fluiden Intelligenz und zeigte nahen Transfer auf ähnliche ungeübte Aufgaben. Neben dem Training mit Doppelaufgaben stellen diese Studien auch die Wichtigkeit der *Nutzung unterschiedlicher sensorischer Zugänge* heraus.

Persson und Reuter-Lorenz (2008) fanden nur dann Transfereffekte, wenn in der Übungsphase relevante von nicht relevanten Informationen unterschieden werden mussten (Interferenzeffekt). Nach acht 40-minütigen Einheiten eines Arbeitsgedächtnistrainings mit hohen Interferenzanteilen

*zeigten die Probanden bessere kognitive Leistungen als die Kontrollgrup-
pen, die entweder ein weniger anspruchsvolles Arbeitsgedächtnistraining
oder ein solches ohne Interferenzanteile befolgt hatten. Transfereffekte
durch das Interferenztraining wurden neben dem Arbeitsgedächtnis auch
für das semantische und das episodische Gedächtnis gefunden.*

Bisherige Befunde weisen darauf hin, dass Transfereffekte eines kognitiven Trainings auf nicht trainierte Aufgaben in den Bereichen Arbeitsgedächtnis, Episodisches Gedächtnis, Wahrnehmungsgeschwindigkeit und Logisches Schlussfolgern erzielt werden können. In wenigen Studien konnte durch fernen Transfer auch eine Verbesserung in
nicht trainierten Dimensionen (wie z. B. in allgemeinen Tests zur Erfassung der fluiden Intelligenz) gezeigt werden. Dies legt den Schluss
nahe, dass die Trainingskonzeption, die Trainingsparameter und die
Aufgabenkriterien sehr sorgfältig gestaltet bzw. ausgewählt werden
müssen, um die gewünschten Transfereffekte zu erzielen. Die Transfereffekte liefern einen Hinweis darauf, dass unsere kognitiven Funktionen
so trainiert werden können, dass wir auch im Alltag davon profitieren.

Wir müssen darauf achten, auf welche Weise wir die Kognition trainieren.
Training führt nicht notwendigerweise zu Verbesserungen in nicht trainierten Bereichen. So steigert das Lösen von SUDOKU-Rätseln nicht notwendigerweise unsere Merkfähigkeit.

*In einer Feldstudie mit dem Land Brandenburg (Akademie 50+) wurden
die Aufgaben nach den oben genannten Kriterien ausgewählt. Dazu gehört zum Beispiel Doppeltätigkeiten, Aufgabenwechsel und das Üben bestimmter Strategien. Nach einem vier- bis sechswöchigen Training zeigte
die Trainingsgruppe in den Transferaufgaben signifikante Verbesserungen
im Bereich der Wahrnehmungsgeschwindigkeit und der räumlichen Wahrnehmung.*

In Bezug auf Altersveränderungen konnte gezeigt werden, dass der
Interventionserfolg im sehr hohen Alter stark verringert ist (Singer et
al., 2003) und sich gar nicht mehr einstellt, wenn die Zielperson gleichzeitig die Anzeichen einer beginnenden Demenz zeigt. Insofern kann
die Trainierbarkeit kognitiver Leistungen als sensibler früher Indikator
einer Demenz fungieren.
    Auch muss zu diesen Untersuchungen der Leistungsreserven im
Alter hinzugefügt werden, dass die Trainingsgewinne bei gleichem
Training für jüngere Personen (etwa in der Gedächtnistechnik der Methode der Orte; Kapitel 6) größer sind und hochaltrige Personen auch
nach dem Training nicht mehr das Leistungsniveau junger Erwachse-

**Training bei
Hochaltrigen**

ner erreichen. Je mehr sich die Untersuchungsteilnehmer ihren Leistungsgrenzen nähern, desto deutlicher manifestieren sich die altersbedingten Verluste in der Informationsverarbeitungsgeschwindigkeit und dem abstrakt-logischen Denken. Hier zeigen sich also auch klare Grenzen der kognitiven Plastizität.

 Bei der Gestaltung von Trainingsmaßnahmen sollte beachtet werden, dass ältere Menschen mehr Wiederholungen benötigen, um eine neue Aufgabe zu erlernen.

Kognitives Training und Gedächtnisleistung

Auch die Gedächtnisleistung ist plastisch. Insgesamt sind ältere Erwachsene schlechter als jüngere darin, angemessene mentale Operationen zu initiieren, was möglicherweise an geringeren Aufmerksamkeitsressourcen der Älteren liegen könnte (Craik & Rose, 2012). Durch die Schaffung geeigneter Rahmenbedingungen und dem Nutzen von Mnemotechniken (Kapitel 6) können Gedächtnisleistungen jedoch verbessert werden. So ist das Schaffen von Hinweisreizen sehr förderlich für die Gedächtnisleistung.

 Mental werden Hinweisreize beispielsweise bei der Methode der Orte (Kapitel 6) geschaffen. In folgendem Beispiel fungiert die „Ampel" als Hinweisreiz: „Wenn ich in Gedanken auf meinem Weg zum Supermarkt an der Ampel vorbeikomme, denke ich daran, dass ich heute zur Bäckerei gehen will."). Ein anderes Beispiel für die Nutzung von Hinweisreizen wäre z. B. die fast leere Medikamentenschachtel an eine gut sichtbare Stelle auf den Tisch zu legen, um daran erinnert zu werden, beim Arzt ein neues Rezept für dieses Medikament abzuholen. Auch das gedankliche Zurückversetzen in eine bestimmte Situation und deren Kontext kann beim Erinnern helfen.

Lernstrategien Ebenso ist eine tiefe Verarbeitung von Reizen hilfreich (Kapitel 6). In der Studie von Troyer et al. (2006; Experiment 1) wurden jüngeren und älteren Probanden verschiedene Sets von acht Nachnamen gezeigt. Ein Set wurde durch lautes Aussprechen intentional gelernt und für dieses Set wurde ein späterer Test angekündigt. Die weiteren Sets sollten nicht gelernt werden, sondern lediglich eine bestimmte Aufgabe ausgeführt werden. So sollte beim zweiten Set jeweils der erste Buchstabe jeden Namens genannt werden. Beim dritten Set sollte ein Reim auf den Namen gebildet werden. Beim vierten Set eine bedeutungsvolle Assoziation mit dem Namen überlegt werden. In den darauffolgenden Tests, die für drei der genannten Bedingungen überraschend kamen, wurden alle Namen abgefragt und mussten frei erinnert und wiedererkannt werden. Insgesamt schnitten die jüngeren Probanden besser ab als die Älteren und im Wiedererkennungstest war die Leistung aller Probanden besser als beim freien Abruf. Aber es zeigte sich, dass die Art der Aufgabe und Verarbeitung der Stimuli die Erinnerungsleistung beeinflusste. Je elaborierter die Stimuli verarbeitet wurden, desto besser gelang das Erinnern (Buchstabe < Reim < Assoziation). Die jüngere Gruppe erinnerte nochmals besser nach intentionalem Lernen. Bei der älteren Gruppe gelang der freie Abruf nach semantischer Verarbeitung der Stimuli, also in der Assoziationsaufgabe, genauso gut wie nach intentionalem Lernen. Beim Wiedererkennungstest war die Leistung der Älteren sogar nach semantischer Verarbeitung besser als nach intentionalem Lernen. Dieses Ergebnis ist besonders interessant, weil es zeigt, dass sogar in einer Aufgabe, in der nicht intentional gelernt werden soll, sondern die Stimuli semantisch verarbeitet werden und in Kombination mit einem Wiedererkennungstest abgefragt werden, Leistung positiv beeinflusst wird.

Auch regelmäßige *Übung* oder *Expertise* wirkt Gedächtnisverschlechterungen entgegen. In einer Studie von Castel (2007) lernten Probanden Sätze auswendig, die numerische Informationen enthielten, z.B. „26 Kirschen in der Schale". Zum Abruf wurde ein Hinweisreiz gegeben („Schale") und Anzahl und Objekt mussten erinnert werden. Die Gruppe der älteren Probanden enthielt ehemalige Buchhalter, die Expertise im Umgang mit Zahlen hatten. Diese Untergruppe erinnerten die numerischen Informationen genauso gut wie die Jüngeren. Im Unterschied dazu zeigten die älteren Probanden, die keine Buchhalter gewesen waren, deutlich schlechtere Erinnerungsleistungen.

Regelmäßige Übung und Expertise

Kognitives Training und Demenz

Angesichts der für das hohe Lebensalter hohen Prävalenzzahlen für Alzheimersche Demenz und anderen Demenzformen scheint es sinnvoll, den Befund der reduzierten oder gar nicht vorhandenen Leistungsreserve detaillierter zu diskutieren. Es gibt beispielsweise Evidenz, dass verlängerte Präsentationszeiten es auch dementen Personen ermöglichen, von den Trainingsmaßnahmen zu profitieren (Kopelman, 1985). Ebenso konnte man demonstrieren, dass das Einbeziehen von früheren Kenntnissen in die kognitive Leistung es auch dementen Personen erlaubt, verbesserte Leistungen zu zeigen (Lipinska et al., 1992). Schließlich gibt es noch Hinweise auf Interventionserfolge bei Dementen aus dem Bereich des operanten Konditionierens.

Beim operanten Konditionieren werden beispielsweise erwünschte Verhaltensweisen verstärkt, z. B. durch Belohnung, um die Auftretenswahrscheinlichkeit dieser Verhaltensweisen zu erhöhen.

Der Vorteil operanten Konditionierens besteht unter anderem darin, dass es geringere Anforderungen an die kognitive Kapazität der zu konditionierenden Person stellt. Zum Beispiel hat man schon in den 1970er Jahren nachgewiesen, dass man selbstständiges Essen und störendes Verbalverhalten von dementen alten Menschen durch operantes Konditionieren positiv beeinflussen kann (Baltes & Barton, 1979). In Studien von Camp et al. (1993) konnte gezeigt werden, dass man durch die Kombination von Gedächtnistraining und operanten Strategien gute Erfolge auch bei Dementen erzielen kann (McKitrick et al., 1992). So konnte durch das wiederholte Abfragen des Namens einer Krankenschwester (mit korrektivem Feedback und Belohnung bei richtigem Erinnern) der Name dieser Schwester über einen Zeitraum von 6 Monaten von dementen Patienten erinnert werden. Hinzu kommt hier, dass weniger die expliziten Gedächtnisanteile, sondern eher die impliziten Anteile genutzt wurden, die weniger Altersabbau zeigen.

Doppelaufgabentraining

Wie schon im Kapitel 5 und 6 beschrieben, nimmt die Leistung im Alter insbesondere unter komplexen Bedingungen ab. Hierzu gehören auch sogenannten Doppelaufgaben, also die gleichzeitige Ausführung von zwei Aufgaben (z. B. Straße überqueren und Unterhaltung führen). Ein Doppelaufgabentraining – so die Theorie – verschafft dem Gehirn wieder mehr freie Kapazität und verbessert dadurch die Leistung. Am effektivsten scheint ein solches Training zu sein, wenn nicht Einzelaufgaben, sondern direkt unter Doppelaufgabenbedingungen geübt wird, weil dabei das Gehirn kontinuierlich gefordert wird, die Aufmerksamkeit auf zwei Aufgaben zu verteilen (Wollesen & Voelcker-Rehage, 2013).

9.5 Zusammenfassung

Nahezu alle körperlichen und kognitiven Funktionen sind durch ein entsprechendes Training oder den häufigen Gebrauch zu erhalten oder gar zu verbessern und Krankheiten können in ein späteres Alter verschoben werden. Die Funktionsfähigkeit ist wesentlich durch das Sprichwort

„use it or lose it" bestimmt. Ein kognitiver Abbau ist zwar auch für körperlich und geistig aktive Gruppen festzustellen, aber er startet häufig von einem höheren Leistungsniveau, sodass sie auch im Alter eine bessere geistige Leistungsfähigkeit beibehalten. Insgesamt lässt sich festhalten: Altersbegleitende degenerative Veränderungen stehen weniger mit dem kalendarischen Alter als vielmehr mit dem Ausmaß kognitiver und motorischer Funktionsleistungen sowie dem Bildungsstand im Zusammenhang und werden zudem von der Umwelt (Kapitel 2) beeinflusst. Geringere Leistungen bei älteren gesunden Menschen spiegeln größtenteils die reduzierten Kapazitäten wider, die von einem weniger fordernden Lebensstil herrühren. Das Alter stellt damit keine homogene Lebensphase dar, sondern zeigt eine große Variabilität in der körperlichen und kognitiven Leistungsfähigkeit älterer Menschen, sowohl innerhalb einer Person als auch zwischen einzelnen Personen.

Trotz der großen Bedeutung der Prävention für die Gesundheit und einer aktiven Lebensgestaltung wird den präventiven Maßnahmen im Kontext des Gesundheitsvorsorgesystems (bis jetzt) nicht jene Stellung zugeordnet, die diesen aus wissenschaftlicher und praktischer Perspektive eigentlich zukommen müsste. Hilfreich wäre es, Mediziner und medizinisches Personal mit ausreichenden und aktuellen Kenntnissen über die Präventions- und Rehabilitationspotenziale im Alter auszustatten und somit die positiven Effekte von Prävention und Rehabilitation bei älteren Menschen zu verstärken.

Weiterführende Literatur

Hardman, A. E. & Stensel, D. J., 2009. Physical Activity and Health: The Evidence Explained. Taylor & Francis, Abingdon, UK.
Voelcker-Rehage, C. & Niemann, C. (2013). Structural and functional brain changes related to physical activity in different age groups. Neuroscience & Biobehavioral Reviews. 37, 2268–2295.

9.6 Fragen zum Kapitel

1. Was wird unter Präventionspotenzial verstanden?

2. Welche gesundheitlichen Risikofaktoren in Verbindung mit dem Lebensstil spielen eine besondere Rolle für die Entwicklung von Krankheiten?

3. Welche chronischen, aus dem Lebensstil resultierenden Krankheiten, können einen negativen Einfluss auf die Kognition haben?

4. Welche Zusammenhänge zwischen Blutdruckwerten und Kognitions-veränderungen sind bekannt oder werden vermutet?

5. Auf welche (chronischen) Krankheiten und auf welche Körper- und Organsysteme kann körperliche Aktivität positive Effekte haben?

6. Führt Übergewicht stets zu einer höheren Mortalität und einer höheren Prävalenz für Herz-Kreislauf-Erkrankungen? Bitte erläutern Sie.

7. Was ist unter funktionaler Gesundheit zu verstehen?

8. Welche Ursache-Wirkungs-Zusammenhänge zwischen körperlicher Aktivität und kognitiver Leistung werden angenommen?

9. Welche Möglichkeiten zur Erfassung der körperlichen Fitness gibt es?

10. Auf welche Bereiche der Kognition wirkt sich ein regelmäßiges Aus-dauertraining aus?

11. Welche strukturellen Veränderungen des Gehirns durch Ausdauertrai-ning werden vermutet?

12. Worin unterscheidet sich ein Koordinationstraining von einem Aus-dauertraining, hinsichtlich kognitiver Anforderungen und vermuteter Wirkmechanismen?

13. Was ist unter akuten und chronischen Effekten (körperlicher Aktivität) zu verstehen?

15. Welche Auswirkungen von körperlicher Aktivität auf die psychische Gesundheit sind zu erwarten?

16. Für welche Nahrungsbestandteile wird eine Wirkung auf das Gehirn beziehungsweise die Kognition angenommen? Welche möglichen positiven Auswirkungen werden im Speziellen angeführt?

17. Was ist unter nahen und fernen Transfereffekten eines kognitiven Trainings zu verstehen und wie muss ein kognitives Training gestaltet sein, um die Chance auf Transfereffekte zu erhöhen?

18. In welchen Bereichen der Kognition sind Transfereffekte am ehesten zu erwarten?

19. Welche Gedächtnisstrategien/Erinnerungsstrategien erweisen sich im Altersverlauf als vorteilhaft?

10 Das alternde Individuum im Kontext

In den vorhergehenden Kapiteln haben wir Altern vor allem aus der individuellen Perspektive behandelt: Wie altern wir auf der biologischen und psychologischen Ebene, welche Folgen hat das Altern für unsere Leistungsfähigkeit und unser Wohlbefinden und was können wir alle tun, um gesund und erfolgreich zu altern? Jedoch sind nicht nur ausreichende biologische und psychologische Ressourcen wichtig für erfolgreiches Altern. Berufliche Herausforderungen und soziale Beziehungen stellen ebenfalls wichtige Ressourcen für einen positiven Altersverlauf dar, welcher zudem auch in großem Maße von der Interaktion des Individuums mit seiner Umwelt beeinflusst wird. Dies gilt besonders für den Arbeitskontext, in dem die meisten von uns vom Berufseinstieg bis zur Rente den größten Teil ihrer wachen Zeit verbringen. Dies gilt aber natürlich auch für Wechselwirkungen mit der Familie und mit gesellschaftlichen Institutionen, die wichtige Ressourcen für das erfolgreiche Altern zur Verfügung stellen können. Wie sehr die Ressource Umwelt genutzt werden kann, insbesondere von älteren und sehr alten Menschen, hängt jedoch auch von den in den bisherigen Kapiteln beschriebenen Defiziten im kognitiven und somatischen Bereich, wie z. B. Verluste im Bereich des Sehens, des Hörens, der Bewegungsfähigkeit und der geistigen Leistungskapazität ab.

Person-Umwelt-Interaktion

Beim Betrachten der Person-Umwelt-Wechselwirkung wird deutlich, dass nicht nur der alternde Mensch selbst von einer förderlichen Umwelt profitiert, sondern dass auch die Umwelt, wie beispielsweise die Familie, die Kollegen und die Gesellschaft, die Erfahrungen, Fähigkeiten und Potenziale der älteren Menschen nutzen. Die Gesellschaft im demografischen Wandel mag sogar auf diese von den älteren Menschen zur Verfügung gestellten Ressourcen angewiesen sein. So profitiert auch sie davon, eine lange Zeit gesundes und erfolgreiches Altern zu ermöglichen bzw. zu unterstützen. In diesem Kapitel werden wir deshalb das alternde Individuum im Kontext von Arbeit und sonstigem gesellschaftlichen Umfeld betrachten.

10.1 Alter(n) und Arbeit

Ressourcen für
erfolgreiches Altern

Wir kommen mit einer Fülle von biologischen und psychologischen Ressourcen auf die Welt. Diese Ressourcen sind maßgeblich an der dramatischen Entwicklung beteiligt, die wir, angetrieben durch die Herausforderungen, unseren Platz in der Welt zu finden und ein eigenständiges Leben zu führen, bis zum Erwachsensein durchlaufen. Als Erwachsene verbringen wir dann den größten Teil unserer wachen Zeit während der Arbeit mit den damit verbundenen Tätigkeiten und Anforderungen. Deshalb können wir das Arbeitsumfeld als einen der wichtigsten Einflussfaktoren auf unsere weitere Entwicklung im Erwachsenenalter bezeichnen. Auch in das Arbeitsleben treten wir mit einer Reihe von Ressourcen, nämlich unseren körperlichen und geistigen Fähigkeiten, unseren bereits gemachten Erfahrungen und unseren Entwicklungsmöglichkeiten ein. Die Anforderungen am Arbeitsplatz und das Arbeitsumfeld sind dann entscheidend daran beteiligt, ob und in welchem Ausmaß sich diese individuellen Fähigkeiten weiterentwickeln, die jeweiligen Potenziale ausgeschöpft werden können und inwiefern das Arbeitsleben durch einen weiteren Zugewinn an Wissen, Erfahrung und Kompetenzen gekennzeichnet ist, die nicht nur für den Arbeitskontext selbst, sondern auch für unseren Alltag von großer Bedeutung sein können. Wie in Kapitel 1 schon erwähnt, wird im Arbeitskontext die Kategorie „alt" häufig anders als im Alltag verwendet: Man würde im Alltag niemals eine 50-jährige Person als alt bezeichnen. Im Arbeitskontext passiert dies jedoch schon ab 45 (Kessler et al., 2010).

Arbeitsfähigkeit und Produktivität

Übertragbarkeit
von Laborstudien

Vor dem Hintergrund des demografischen Wandels stellt sich die Frage, wie es um die körperliche und kognitive Leistungsfähigkeit von Menschen in der zweiten Hälfte des Berufslebens steht. Geht mit dem biologischen und psychologischen Altern notgedrungen der Verlust von arbeitsplatzspezifischen Fähigkeiten einher oder handelt es sich bei dieser Sichtweise um ein Vorurteil?

Wie oben beschrieben setzen biologische und geistige Altersveränderungen in der Regel schon im Alter von Ende 20, Anfang 30 ein. Diese Veränderungen werden allerdings überwiegend im Labor beobachtet und müssen im Alltag nicht unbedingt so in Erscheinung treten. So ist trotz dieser Veränderungen die Wahrscheinlichkeit sehr hoch, einen moderaten Abbau von körperlichen und kognitiven Funktionen im Beruf durch fachspezifische Fähigkeiten und die individuelle berufsbezogene Expertise kompensieren zu können (Kapitel 4).

Im normalen Arbeitsalltag kann somit in der Regel kein Zusammenhang zwischen Alter und Arbeitsleistung festgestellt werden (Ng & Feldman, 2008).

Leistungseinbußen bei hohen Anforderungen

Erst in Grenzbereichen, also beispielsweise bei sehr hoher körperlicher Belastung, unter sehr hohem Zeitdruck oder wenn viele Dinge gleichzeitig zu bearbeiten sind, werden Leistungseinbußen sichtbar (Kapitel 6). Jedoch hat eine Reihe von Studien belegt, dass die Arbeitsleistung nur zu einem geringen Prozentsatz vom Alter, erheblich stärker von der Erfahrung abhängt (Avolio et al., 1990). So muss auch im produzierenden Gewerbe die Produktivität nicht zwangsläufig altersbedingt abnehmen. Ältere Mitarbeiter sind zwar bei der Qualitätskontrolle häufig langsamer, dafür aber auch genauer als ihre jüngeren Kollegen und machen weniger Fehler (Gajewski & Falkenstein, 2009).

Einflussfaktoren auf Arbeitsleistung

Die stärksten Einflussfaktoren auf die Arbeitsleistung im höheren Alter sind die Bildung, die Dauer der Betriebszugehörigkeit und die Art und Dauer der ausgeübten Tätigkeit sowie das direkte Arbeitsumfeld, die Arbeitsorganisation und die Komplexität der ausgeführten Aufgaben (Ng & Feldman, 2008). Die Beschaffenheit des Arbeitsplatzes und insbesondere die körperlichen und geistigen Anforderungen am Arbeitsplatz können einen großen Einfluss auf den Verlauf der individuellen Leistungsfähigkeit und damit der Produktivität über das Arbeitsleben haben (Warr, 1994). So ist eine Leistungsminderung bei Aufgaben unter Zeitdruck, ohne Tätigkeitsspielraum und ohne Lernchancen nicht zwangsläufig das Ergebnis biologischen Alterns, sondern oftmals das Produkt einer defizitären Arbeits- und Organisationsgestaltung (McEvoy & Cascio, 1989).

Die Art der Tätigkeit und die Arbeitsorganisation sind wichtige Faktoren für den Erhalt der Leistungsfähigkeit im Alter.

Kognitive Anforderungen

Insbesondere bei Personen, die monotonen beruflichen Tätigkeiten, z. B. am Fließband, nachgehen, findet man, dass die geistige Leistungsfähigkeit und Flexibilität im Alter zurückgeht (Gajewski & Falkenstein, 2009). Menschen, die sich im Beruf kontinuierlich mit neuen Aufgaben und Herausforderungen auseinandersetzen müssen und die auch nach Austritt aus dem Beruf neue Aufgaben und Herausforderungen suchen, zeigen hingegen auch im Alter Stabilität bzw. vergleichbare Leistungen wie Jüngere in ihren Problemlösefähigkeiten (Rowe & Kahn, 1998). Somit zählen neben körperlicher Aktivität (Kapitel 9), stimulierenden Freizeitaktivitäten (z. B. Reisen, Besuch kultureller Veranstaltungen), einer flexiblen Persönlichkeit und der Abwesenheit von chronischen Erkrankungen insbesondere kognitiv anfordernde und anregende Berufstätigkeiten zu denjenigen Faktoren, die den langfristigen Erhalt der geistigen Leistungsfähigkeit begünstigen (Schaie, 1996; Schooler, 1990).

Tätigkeitswechsel halten jung

In der sogenannten Mobilis-Studie untersuchte ein Forscherteam um Godde, Schömann und Staudinger bei Produktionsmitarbeitern mit eher monotonen und kognitiv wenig herausfordernden Tätigkeiten, wie sich häufige Tätigkeitswechsel, also die wiederholte Herausforderung, neue Tätigkeiten und Aufgaben zu erlernen und zu automatisieren, auf die kognitive Leistung, auf Persönlichkeitsmerkmale und auf das Gehirn auswirken. Es zeigte sich, dass im Verlauf von 17 Arbeitsjahren schon durchschnittlich 3–4 Tätigkeitswechsel mit dem damit verbundenen Neuerlernen von und Einarbeiten in die spezifischen Arbeitstechniken ausreichten, um in allen drei Bereichen positive Veränderungen gegenüber Nichtwechslern zu induzieren. So zeigten die „Vielwechsler" in kognitiven Tests schnellere Reaktionszeiten und machten weniger Fehler. Auch schien das Gehirn der Vielwechsler weniger schnell zu altern, als das der „Wenigwechsler". Vor allem in Gehirnarealen, die mit Lernen und Aufmerksamkeitsregulierung in Verbindung gebracht werden, schienen die Vielwechsler mehr graue Substanz aufzuweisen. Im Bereich der Persönlichkeit zeigte sich, dass Vielwechsler offener für neue Erfahrungen und risikofreudiger wurden. Die Ergebnisse machen deutlich, dass nicht nur in Berufen mit hohen kognitiven Anforderungen mit geeigneten Maßnahmen zur Arbeitsorganisation das kognitive Altern positiv beeinflusst werden kann.

Da das Leben aber nicht nur aus Arbeit besteht, wurde das Freizeitverhalten der Teilnehmer ebenfalls erfasst und in den Analysen berücksichtigt. Demnach hat die Freizeitgestaltung einen kompensierenden Effekt auf die geistige Leistungsfähigkeit. Wer in seiner Freizeit überdurchschnittlich körperlich oder geistig aktiv war, der schnitt in den Tests genauso gut ab wie ein Vielwechsler. Deutlich schlechter war nur, wer weder sein Arbeits- noch sein Privatleben abwechslungsreich gestaltete (Oltmanns et al., 2014).

Zusammengefasst lässt sich also sagen, dass die Leistungsfähigkeit bei älteren Arbeitnehmern nicht von einem einheitlichen Abbau geprägt ist. Sie ist vielmehr in hohem Maße variabel und hängt von verschiedenen Faktoren ab, die über die gesamte Lebensspanne das Altern beeinflussen.

Roberts (1997) konnte zeigen, dass berufliche Erfahrungen auch mit Veränderungen von Persönlichkeitseigenschaften vom jungen bis zum mittleren Erwachsenenalter assoziiert sind. Vor allem im Beruf aktive und erfolgreiche junge Frauen werden im späteren Alter ab etwa 40 Jahren als „more agentic" beschrieben. Auch andere Studien konnten zeigen, dass positive Erfahrungen im Beruf Einfluss auf die Persönlichkeit haben (Bagby et al., 1995; Costa et al., 2000; Robins et al., 2002).

Wechselwirkung zwischen Arbeit und Persönlichkeit

Wie schon in den vorherigen Kapiteln beschrieben, sind Leistungsverläufe im Alter sehr individuell. So findet man auch unter den älteren Beschäftigten in der Regel sowohl leistungsschwächere als auch -stärkere Mitarbeiter. Diese Variabilität im Alter liegt aber nicht nur zwischen verschiedenen Personen vor (interindividuelle Variabilität), sondern auch zwischen und innerhalb von einzelnen Funktionsbereichen einer Person (intraindividuelle Variabilität, Kapitel 1). Die damit im Zusammenhang stehenden positiven oder negativen Veränderungen in den arbeitsrelevanten Bereichen bergen somit auch individuelle Entwicklungspotenziale.

Individuelle Leistungsverläufe

Unabdingbar ist in diesem Zusammenhang die Betrachtung der individuellen Fähigkeiten älterer Arbeitnehmer in Bezug auf die Anforderungen an ihrem Arbeitsplatz. Studien zeigen, dass die Arbeitsfähigkeit und Arbeitsproduktivität vor allem von einer guten Passung zwischen diesen beiden Faktoren abhängt. Eine hohe Leistungsfähigkeit bei zu geringen Anforderungen ist der Leistung ebenso abträglich wie zu hohe Anforderungen an eine nachlassende Leistungsfähigkeit im Alter. Deshalb ist es wichtig, dass Vorgesetzte detailliert über das Leistungsvermögen ihrer Mitarbeiter informiert sind, um diese ihren Fähigkeiten entsprechend einsetzen und fördern zu können und Über- oder Unterforderung zu vermeiden.

Passung

Trautmann et al. (2011) untersuchten in einem Produktionsbetrieb, wie sich Passung und Nichtpassung zwischen Anpassungs- und Lernkompetenzen der Mitarbeiter mit den Anforderungen am Arbeitsplatz auf die subjektive Gesundheit, die Zufriedenheit und die Arbeitsfähigkeit auswirkten. Die Ergebnisse der Studie zeigten, dass die Werte in den genannten Bereichen bei guter Passung am besten waren und bei Nichtpassung am schlechtesten. Dabei spielte es keine Rolle, ob die individuelle Kompetenz eher hoch oder gering eingeschätzt wurde. Zu ähnlichen Ergebnissen kamen die Autoren, wenn sie die Selbsteinschätzung der Mitarbeiter bezüglich ihrer Fähigkeiten mit der Einschätzung durch die Vorgesetzten verglichen. Auch hier gab es einen positiven Zusammenhang zwischen Passung auf der einen Seite und Arbeitsfähigkeit, Selbstwirksamkeit und Arbeitszufriedenheit auf der anderen Seite (Trautmann et al., 2011).

Bedeutung von Altersklima und Leistungsmotivation

Aus vielen Bereichen der psychologischen Forschung wissen wir, dass durch negative Stereotype vorhandene Leistungspotenziale unterdrückt anstatt entwickelt werden. Auch die negativen Merkmale und Einstellungen, die älteren Menschen überwiegend zugeschrieben werden, können deren Leistungen erheblich beeinflussen. Beispielsweise verschlechtert sich die Gedächtnisleistung Älterer, wenn sie während der Bearbeitung von Gedächtnisaufgaben an den negativen Zusammenhang von Alter und Gedächtnis erinnert werden. Auch wenn sie zusammen mit Jüngeren eine Aufgabe zu bearbeiten haben und sich selbst weniger in dieser Aufgabe zutrauen, wird ihre Leistung dadurch häufig negativ beeinflusst (Hess et al., 2003; Kapitel 6). Im Unterschied zu diesen Befunden verbesserte eine hohe Selbsteinschätzung älterer Arbeitnehmer deren Fähigkeit, bekannte Probleme effizienter zu lösen (Masunaga & Horn, 2001).

Altersklima Altersstereotype und Altersbilder in Unternehmen haben somit einen nicht zu unterschätzenden Einfluss auf die Motivation und Leistungsfähigkeit gerade älterer Mitarbeiter. Motivation wiederum ist ein weiterer wichtiger Faktor, der die Arbeitsleistung beeinflussen kann.

Leistungsmotivation

Eine sinkende Leistungsmotivation wird beispielsweise häufig in Zusammenhang mit dem nahenden Ruhestand beobachtet. Bemerkenswert ist jedoch, dass diese Abnahme nur bei Mitarbeitern mit einem weniger positiven Altersbild festzustellen ist. Bowen und Staudinger zeigten in ihrer Studie, dass diejenigen älteren Mitarbeiter, die das Altersklima im Unternehmen eher positiv wahrnahmen, genauso motiviert waren wie jüngere Mitarbeiter (Bowen & Staudinger, 2011). Eine negative Erwartungshaltung gegenüber älteren Arbeitnehmern scheint also zu einer Abnahme der Motivation und damit zu einer Leistungsminderung dieser Arbeitnehmer zu führen.

 Das Altersklima in einem Unternehmen beschreibt die Einstellung von Mitarbeitern und Führungskräften gegenüber älteren Mitarbeitern. Werden z.B. ältere Mitarbeiter eher als Belastung für das Unternehmen wahrgenommen oder werden ihre individuellen Fähigkeiten und Potenziale geschätzt und gefördert?

Nach Daten des Betriebspanels des Instituts für Arbeits- und Berufsforschung aus dem Jahr 2002 erwartet ein erheblicher Anteil deutscher Arbeitgeber von jüngeren Mitarbeitern mehr Flexibilität (19 %), Lernfähigkeit (31 %) und Kreativität (18 %) als von Älteren. Älteren Arbeitnehmern wird hingegen eine höhere Arbeitsmoral (30 %), höheres Qualitätsbewusstsein (26 %) und mehr Loyalität (17 %) zugeschrieben (Bellmann, 2002).

Weiterbildung und Arbeitsplatzwechsel

Ältere Mitarbeiter nehmen seltener an beruflicher Weiterbildung teil als ihre jüngeren Kollegen. Oftmals fehlen ihnen Informationen über den Nutzen der Weiterbildungsmaßnahme, zudem haben sie nicht selten ein geringes Vertrauen in ihre eigene Weiterbildungsfähigkeit. Aufgrund der in früheren Kapiteln beschriebenen Altersveränderungen kommt es jedoch vor, dass Berufstätige ihre gewohnte Beschäftigung nicht mehr ausüben können – sei es, weil sie körperlich nicht mehr dazu in der Lage sind oder weil die geistigen Anforderungen zu hoch werden. Mittlerweile weiß man, dass Personen in jedem Alter ihre Leistungsfähigkeit durch Training verbessern können. So profitieren auch ältere Arbeitnehmer bis zum Alter von 70 Jahren von berufsbezogenen Trainingsmaßnahmen (Kubeck et al., 1996).

Lernfähigkeit

In der Bremer-Handstudie untersuchte ein Team um Voelcker-Rehage und Godde, ob ältere Arbeitnehmer in der Lage sind, feinmotorische und Handgeschicklichkeit erfordernde Aufgaben neu zu erlernen. Die Forscher konnten zeigen, dass, obwohl sich die Handgeschicklichkeit über das Arbeitsleben stetig verschlechtert, tatsächlich auch ältere Arbeitnehmer ohne vorherige Erfahrungen mit handwerklichen Tätigkeiten vergleichbare Lernkurven aufwiesen wie jüngere Arbeitnehmer. Auch konnte gezeigt werden, dass jahrelange Übung und Erfahrung dem Alterungsprozess in der Handgeschicklichkeit entgegenwirken kann. Die Forscher schlossen, dass feinmotorische Tätigkeiten als alternative Tätigkeiten für ältere Mitarbeiter geeignet sind, wenn diese wegen ihres Alters und der damit einhergehenden Veränderungen zuvor ausgeführte schwere körperliche oder andere Tätigkeiten nicht mehr ausführen können (Voelcker-Rehage et al., 2013).

Die Plastizität des Gehirns ist die Basis für Leistungsverbesserungen durch Training und Lernen auch bis ins hohe Alter hinein. Aus den vorherigen Kapiteln wissen wir, dass es auf neurophysiologischer und psychologischer Ebene Altersveränderungen gibt, die schon im erwerbsfähigen Alter zutage treten und auch die Lernfähigkeit beeinflussen können. Aus aktuellen Befunden der Neurowissenschaft und Psychologie lässt sich auch ableiten, ob und wie ältere Mitarbeiter anders lernen als junge und welche Empfehlungen sich daraus für optimale Lehr- und Lernsettings in Unternehmen ableiten lassen.

Empfehlungen für Lernen im Alter

- Ältere lernen langsamer. Das Lerntempo sollte deshalb angepasst und/oder individualisiert werden.
- Das Gedächtnis lässt nach. Häufigere Wiederholungen und kürzere Lernabschnitte sind notwendig.

▪ Ältere haben sensorische Defizite. Das Lernmaterial muss leicht lesbar und verständlich sein. Gute Sicht- und Klangverhältnisse sind notwendig. Störgeräusche vermeiden.

▪ Ältere lassen sich leichter von unwichtigen Informationen ablenken. Eine gute Gliederung und Beschränkung des Materials hilft bei der Konzentration auf das Wesentliche.

▪ Intrinsische Motivation ist von hoher Bedeutung. Der Lernstoff sollte einen direkten Bezug zum Lernenden bzw. dessen Tätigkeit haben.

▪ Ältere sind gut darin, neues in bestehendes Wissen zu integrieren. Es sollte an vorhandenes Wissen angeknüpft werden.

▪ Ältere profitieren insbesondere von positivem Feedback.

▪ Lernen im Alter wird durch Stereotype beeinflusst. Deshalb sollte eine positive Arbeitsatmosphäre und ein positives Altersklima geschaffen werden.

▪ Stress und Schlafstörungen stören die Konsolidierung des Gelernten. Auf eine stressarme Umgebung und genügend Schlaf sollte deshalb geachtet werden.

Gesundheit(svorsorge) in Unternehmen

Neben der körperlichen und geistigen Leistungsfähigkeit wird auch die Gesundheit im Alter sehr von den Arbeitsbedingungen geprägt. So ist zum Beispiel der Anteil von Personen mit schlechter Gesundheit bis ins höhere Alter in akademischen Berufen (Ingenieure, Manager, Professoren, Techniker) geringer als in einfachen und „qualifizierten" Berufen (Burr et al., 2013). Ursächlich hierfür sind verschiedene Faktoren, wie zum Beispiel ein höherer sozioökonomischer Status, bessere Bildung, besseres Gesundheitsverhalten und Vorsorge oder auch die Abwesenheit von schwerer körperlicher Arbeit, Umweltgiften, Lärm, etc. Eine schlechte Gesundheit bei älteren Arbeitnehmern muss allerdings nicht zwangsläufig zum Ausstieg aus dem Erwerbsleben und zu Frühverrentung führen. Bei der Entscheidung gegen einen Erwerbsausstieg spielen äußere Faktoren wie die finanzielle Notwendigkeit, einer bezahlten Tätigkeit nachzugehen, ebenso eine Rolle wie interne Faktoren, wie z. B. die intrinsische Motivation weiterzuarbeiten. Die Angst vor weiterer Verschlechterung der Gesundheit führt hingegen eher zu einem Ausstieg aus dem Beruf (Hasselhorn & Burr, 2014).

 Auch Kohorteneffekte spielen für den Zusammenhang zwischen Arbeit und Gesundheit eine Rolle. Hasselhorn und Burr (2014) zeigten, dass Babyboomer (also diejenigen, die 1965 geboren wurden) gegenüber Menschen, die 1959 geboren wurden, ein höheres Risiko für Depression haben, wenn sie ein geringes Bildungsniveau haben.

Die genannten Beispiele unterstreichen die Notwendigkeit von gesundheitlichen Präventions- und Interventionsprogrammen für alle und insbesondere für ältere Arbeitnehmer.

10.2 Alter(n) und Gesellschaft

Die Beziehung zwischen älteren Menschen und der Gesellschaft ist geprägt von einer wechselseitigen Abhängigkeit. Einerseits sind gesunde Ältere eine beträchtliche gesellschaftliche Ressource in Zeiten des demografischen Wandels und knapper personeller und finanzieller Mittel im sozialen Bereich. Andererseits stellen familiäre Beziehungen und ehrenamtliches Engagement auch eine Ressource für die älteren Menschen selbst dar, da die damit verbundenen sozialen Kontakte und Aktivitäten den Alternsprozess sowohl auf körperlicher und geistiger als auch auf der Ebene der Persönlichkeit positiv beeinflussen können.

Alter(n) und Familie

Die zentrale Ressource sozialer Beziehungen älterer Menschen ist ihr privates Netzwerk. Dies sind in erster Linie die nächsten Angehörigen, vor allem der Partner oder die Partnerin, die Kinder und Schwiegerkinder (mit Enkeln) und die Eltern und Schwiegereltern. Die weiteren verwandtschaftlichen Beziehungen stellen eine „stille Reserve" in den sozialen Netzen alter Menschen dar, d.h. sie kommen dann zum Tragen, wenn Mitglieder der Kernfamilie ausfallen. Insbesondere Verwitwete und kinderlose Paare sind überdurchschnittlich häufig sehr eng mit Verwandten (z.B. Geschwistern) verbunden und aktivieren verwandtschaftliche Beziehungen für eine Vielzahl verschiedener Leistungen und Funktionen (Künemund & Hollstein, 2000). Sollten die Modellrechnungen hinsichtlich der Zunahme von Single-Haushalten, Kleinfamilien und Kinderlosen zutreffen, könnte sich die Bedeutung des weiteren Verwandtschaftssystems (insbesondere auch der Stellenwert der Geschwisterbeziehungen) dahingehend wandeln, dass es zum zentralen Ort von langfristigen, dauerhaften Beziehungserfahrungen wird. Bei Personen ohne Familie oder familienähnliche Bezüge lässt sich beobachten, dass im Verlaufe des Lebens „Wahlverwandtschaften" gebildet werden, die vergleichbare Leistungen erbringen können (Lang et al., 1998). Daneben sind im Allgemeinen auch Freunde und Nachbarn bedeutsame soziale Ressourcen. Die außerfamiliären Kon-

Soziale Beziehungen als Ressource

takte erfüllen zudem die gestiegenen Bedürfnisse alter Menschen nach Freizeitgestaltung, geselligem Beisammensein und kommunikativem Austausch.

Trotz sozialer Absicherungssysteme (Rente, Pflegeheime) sind diese sozialen Ressourcen für Ältere sehr wichtig, z.B. um möglichst lange zu Hause leben und Unterstützung im Alltag organisieren zu können.

 Die Anzahl der Pflegebedürftigen in Deutschland belief sich Ende 2011 auf rund 2,5 Millionen Menschen, von denen rund 70 Prozent zu Hause versorgt wurden. Die Pflegequote lag 2011 bei rund 10 Prozent in der Altersgruppe der über 75-Jährigen und bei knapp 60 Prozent bei den über 90-Jährigen (Statistiken zur Pflege in Deutschland; http://de.statista.com/themen/785/pflege-in-deutschland/).

Ältere fallen aber nicht nur zur Last (z.B. durch Pflegebedürftigkeit), sondern bereichern das Familienleben, z.B. in ihrer wichtigen Funktion als Großeltern.

 In einer Studie untersuchten Kessler & Staudinger (2007), inwiefern sich generationenübergreifende Interaktionen außerhalb der Familie auf die fluide Intelligenz und andere Persönlichkeitsmerkmale auswirken. In einem Laborsetting bearbeiteten jeweils eine ältere Person (70–74 Jahre) und eine jüngere Person (14–15 Jahre) Lebensprobleme wie z.B. den Umgang mit einer schwierigen persönlichen Situation, also ein Thema, bei dem sich die älteren Personen insbesondere durch ihre Lebenserfahrung einbringen konnten. Es zeigte sich, dass im Vergleich zu einer gleichaltrigen Kontrollgruppe, die ein eher technisches Problem bearbeitete, die älteren Personen der Experimentalgruppe danach eine bessere kognitive Leistung aufwiesen. Interessanterweise profitierten auch die jüngeren Personen von der Interaktion und zeigten häufiger prosoziales Verhalten (Kessler & Staudinger, 2007).

Auch in Bezug auf die Wechselwirkung von Alter und Familie ist somit wieder festzustellen, dass Familie einerseits eine wichtige Ressource für das alternde Individuum darstellt, aber auch die älteren Menschen eine wichtige Ressource für ihre Familien sind.

Gegenseitige Unterstützung Die Befunde des Alters-Surveys zeigen, dass erwachsene Kinder und Eltern sich im Allgemeinen emotional eng verbunden fühlen, häufig miteinander in Kontakt stehen und sich mit finanziellen Transfers und instrumentellen Hilfeleistungen unterstützen (Kohli et al., 2000). Die Inhalte der Unterstützung verändern sich im Lebensverlauf. Ältere Menschen leisten innerhalb ihrer Familien beträchtliche finanzielle Unterstützung und helfen bei der Kinderbetreuung, umgekehrt erhalten sie selbst meist gesundheitsbezogene Unterstützungsleistungen. Emotionale Unterstützung scheint dagegen im Lebenslauf ein eher stabiles Element des familiären Unterstützungssystems zu sein (Kohli et al., 2000).

Studien zu den sozialen Beziehungen älterer Menschen zeigen, dass bis zum Alter von ca. 85 Jahren die Balance zwischen geleisteter und erhaltener Unterstützung ausgeglichen erscheint (Depner & Ingersoll-Dayton, 1988; Wagner et al., 1996). Erst danach überwiegt die erhaltene Unterstützung, obwohl auch dann noch beträchtliche Unterstützungsleistungen von den sehr alten Menschen erbracht werden.

Nicht jede Form der geleisteten sozialen Unterstützung ist hilfreich. Es hat sich gezeigt, dass Reziprozität im Geben und Nehmen von Unterstützung über die erhaltene Unterstützung hinaus Vorhersagekraft für das subjektive Wohlbefinden hat (Ingersoll-Dayton & Antonucci, 1988). Wenn also der ältere Mensch nicht die Möglichkeit bekommt, einer helfenden Person etwas (was immer es auch ist) zurückzugeben, wirkt sich diese Unterstützung langfristig eher belastend als unterstützend aus. Diese Eigenschaft geleisteter Unterstützung gilt es zu berücksichtigen, wenn über mögliche Interventionen im Alter nachgedacht wird.

Entwicklungsverläufe von Ehepartnern

Familien (und andere soziale Strukturen) sind jedoch nicht nur eine wichtige Ressource für erfolgreiches Altern. Gerade in Partnerschaften zeigen sich im Sinne eines Konzepts von „Interactive Minds" (Baltes & Staudinger, 1996) interessante Interaktionen zwischen den individuellen Entwicklungsverläufen. So zeigten sich große Ähnlichkeiten zwischen Partnern in zentralen Funktionsbereichen wie der Kognition und dem Wohlbefinden.

In einer Querschnittstudie zeigten Bookwala & Schulz (1996), dass sich das subjektive Wohlbefinden des einen Partners durch die erhobenen Daten des anderen Partners vorhersagen ließ, auch wenn für bekannte (biologische und medizinische) Einflussfaktoren auf Wohlbefinden und Depression kontrolliert wurde. Eine Längsschnittstudie von Gruber-Baldini et al. (1995) ergab, dass sich die kognitiven Fähigkeiten der Partner über einen Zeitraum von 14–21 Jahren immer mehr anglichen. Interessanterweise scheinen Ehefrauen eher von kognitiv fitten Ehemännern zu profitieren und dann weniger kognitive Verluste zu zeigen, als umgekehrt (Gerstorf et al., 2009). Die Autoren erklären ihre Befunde mit der Bedeutung des sozioökonomischen Status für die kognitive Leistung im Alter, der (auch heute noch) insbesondere durch den Mann bestimmt wird.

Ehrenamtliches Engagement

Ehrenamt als gesellschaftliche Ressource Viele ältere Menschen sind ehrenamtlich tätig und übernehmen dabei soziale Funktionen und Aufgaben, die anderenfalls zum Teil erhebliche private und gesellschaftliche Kosten verursachen würden. Dazu gehören das freiwillige soziale Engagement in ehrenamtlichen Tätigkeiten, wie die Weitergabe von Erfahrungswissen und spezifischer Expertise (z.B. Beratung jüngerer Menschen zum Berufseinstieg oder zur Unternehmensgründung), die Übernahme von Pflege- und Unterstützungsleistungen sowie die generelle Übernahme ehrenamtlicher Tätigkeiten in Vereinen, Verbänden und Organisationen, im sozialen, kulturellen, politischen und kirchlichen Bereich.

 Basierend auf Daten des Sozioökonomischen Panels (SOEP) waren es 2009 im Westen Deutschlands immerhin 10 % der älteren Menschen, die sich wöchentlich engagiert haben (8 % monatlich und 12 % weniger oft). Im Osten lag die Quote der sich wöchentlich engagierenden Älteren dagegen bei ca. 7 %, allerdings mit steigender Tendenz.

Menschen entscheiden sich selten aus Desinteresse oder dem Gefühl, ausgenutzt zu werden, gegen ehrenamtliches Engagement. Gründe, warum sich einzelne Menschen gegen ehrenamtliches Engagement entscheiden, sind:

- Informationsdefizit bezüglich der Möglichkeiten eines Engagements,
- Befürchtung, als ehrenamtlich Tätiger nicht ernst genommen zu werden,
- Befürchtung, die Anforderungen des Ehrenamtes nicht in vollem Umfang bewältigen zu können,
- Vermutung, als für die Ausübung eines Ehrenamtes zu alt angesehen zu werden.

Förderung von Potenzialen Trotz des in den letzten Jahren deutlich gestiegenen Anteils älterer Menschen in ehrenamtlichen Tätigkeiten gibt es immer noch ein großes, brachliegendes Potenzial. Diese Erkenntnis hat in den letzten Jahren auch zu einer grundlegenden Veränderung der Sichtweise auf die Bedeutung der Umwelt für den älteren Menschen geführt. Während seit den 1980er und 1990er Jahren nach wie vor der Schwerpunkt der Forschung auf der Entwicklung von sozialen und technischen Unterstützungssystemen zur Kompensation altersbedingter Einbußen lag, rückt heute jedoch mehr und mehr in den Vordergrund, wie die noch vorhandenen oder gerade sich mit dem Älterwerden entwickelnden Potenziale gefördert und genutzt werden können.

Nach Künemund (2012) kann eine Aktivierung der kommenden Generationen älterer Menschen für Aufgaben im Gemeinwesen aber nur gelingen, wenn die Rahmenbedingungen vor Ort verbessert und den Möglichkeiten und Anforderungen der engagierten Älteren angepasst werden. Um Barrieren eines ehrenamtlichen Engagements zu überwinden, müssen zum Beispiel gezielte Qualifizierungsangebote geschaffen werden, in denen auch das gesellschaftliche Interesse an einer Ausübung ehrenamtlicher Tätigkeiten durch ältere Menschen deutlich wird. Die Motivation zur Ausübung eines Ehrenamts sollte auch durch Zertifikate, Vergünstigungen, Versicherungen etc. anerkannt und gefördert werden (Künemund, 2012).

Das vom Bundesministerium für Familie, Senioren, Frauen und Jugend initiierte Modellprogramm „Seniorenbüro" bietet hier einen ersten Ansatz (Braun & Claussen, 1997). Im Zentrum des Seniorenbüros stehen Anregung und Unterstützung für eine selbstbestimmte Lebensgestaltung, Bestärkung und Unterstützung („Empowerment") zur gemeinschaftlich organisierten Selbsthilfe, die Perspektive auf die Adressaten als Koproduzenten der Leistungen und der Versuch, neue Tätigkeitsfelder für nachberufliche Produktivität und bürgerschaftliches Engagement zu erschließen.

Laut Künemund ist es wichtig, dass eine Förderung des Ehrenamts nicht zu einer Stigmatisierung nicht-aktiver Älterer führt. Auch darf es nicht dazu führen, dass sich der Staat aus seiner Verantwortung weiter zurückzieht und dadurch Kürzungen im sozialen Bereich legitimiert werden. Vielmehr sollte die Förderung des ehrenamtlichen Engagements zu einer „Verbesserung der kollektiven und individuellen Lebensqualität führen". Während das Potenzial beträchtlich und offenbar ansteigend ist, besteht dennoch eine hohe Fluktuation sowie eine Tendenz zu sporadischem, episodenhaftem und projektorientiertem Engagement (Künemund, 2012).

Wer engagiert sich wie?

Wer engagiert sich stärker?
- Männer zwischen 50 und 79 Jahren, mit
  - höherer Bildung (mindestens Realschulabschluss)
  - und überwiegend geringfügiger Beschäftigung.
- Mit dem Eintritt ins Rentenalter gleichen sich die Quoten von Frauen und Männern an.

Wo engagieren sich Frauen und Männer?
▫ Männer engagieren sich überwiegend in sozialen und politischen Ämtern.
▫ Frauen engagieren sich vor allem in pflegerischen Bereichen und in der Betreuung.

Welche Faktoren stehen dem Ehrenamt entgegen?
▫ Arbeitslosigkeit
▫ schlechte Gesundheit
▫ Sprachschwierigkeiten (nach Künemund & Schupp, 2008)

Ehrenamt als individuelle Ressource

Engagement kann Belastungen mit sich bringen, stellt für die Aktiven aber häufig selbst eine „soziale Ressource" dar. Die nachberuflichen Tätigkeitsfelder sind nicht durch die finanzielle Entlohnung, sondern durch die Gelegenheit bestimmt, auf der Grundlage von individuellen Fähigkeiten und Fertigkeiten, Eigeninitiative und Selbstverantwortung eine als persönlich bedeutsam erlebte (gesellschaftliche) Aufgabe wahrzunehmen. Die für andere erbrachten Leistungen und Hilfen können in hohem Maße zu persönlicher Sinnerfahrung und Zufriedenheit beitragen. Die Aktivitäten Älterer erhalten und trainieren individuelle Fähigkeiten und bieten die Möglichkeit zur Erfahrung von Kontinuität, Effektivität, Selbstwertgefühl und Wertschätzung durch andere. Engagierte aktive Ältere erschließen sich Beziehungen und Zugänge zu sozialen Netzwerken und erweitern damit ihre Handlungsspielräume.

Nach der Disengagementtheorie (Cumming & Henry, 1961) wird ein Verlust an sozialen Kontakten und Herausforderungen ursächlich mit geistigen Leistungseinbußen und Persönlichkeitsveränderungen im Alter in Verbindung gebracht. Demgegenüber wird in der psychologischen Forschung heute zunehmend eine proaktive Steuerung und Optimierung der sozialen Kontakte durch den Einzelnen in den Vordergrund gestellt, wie es z. B. in der sozioemotionalen Selektivitätstheorie des Alterns (Carstensen et al., 1999) zum Ausdruck kommt. Ältere Menschen suchen sich demzufolge gezielt ehrenamtliche Tätigkeiten, um positive soziale Kontakte zu erhalten und neue, auch Lernerfahrungen, zu ermöglichen. In diesem Sinne wirken soziale Kontakte im Ehrenamt auch zunehmend einer gesellschaftlich und altersbedingten Vereinsamung und einem Verlust familiärer Strukturen im Alter entgegen.

Sozioemotionale Selektivitätstheorie

Die sozioemotionale Selektivitätstheorie besagt, dass sich ältere Menschen, die ihre verbleibende Lebenszeit eher als begrenzt wahrnehmen, auf den Erhalt emotional bedeutsamer Erlebensinhalte konzentrieren und deshalb vor allem in den Erhalt der für sie wichtigen sozialen Beziehungen investieren. In den letzten Jahren wurde diese Theorie auch dahingehend erweitert, dass ältere Menschen insbesondere positive Emotionen besser verarbeiten und erinnern als negative („Positivity Bias"; Mather & Carstensen, 2005). Diese Theorie konnte mit empirischen Studien bestätigt werden (Kapitel 7).

Der soziale Kontext, in dem wir altern – Arbeit, Familie, Gesellschaft – hat einen großen Einfluss darauf, wie dieser Alternsprozess verläuft und wie lange wir geistige Leistungsfähigkeit und Gesundheit erhalten können. Auch hierbei spiegelt das Altern einen adaptiven Prozess wider, bei dem sich unsere Leistungsfähigkeit an die Herausforderungen und Gegebenheiten in unserer Umwelt anpasst. Hier liegt eine große Herausforderung und Verantwortung für die Gesellschaft, aber auch für jeden Einzelnen, um individuell erfolgreich zu altern und die möglichen negativen Folgen einer alternden Gesellschaft zu minimieren.

10.3 Zusammenfassung

Berufliche Herausforderungen und soziale Beziehungen stellen wichtige Ressourcen für einen positiven Altersverlauf dar und der Altersverlauf wird in großem Maße auch von der Interaktion des Individuums mit seiner Umwelt beeinflusst.

So sind die Anforderungen am Arbeitsplatz entscheidend dafür, ob Fähigkeiten weiterentwickelt und Potenziale ausgeschöpft werden können oder ob körperliche und geistige Ressourcen überbeansprucht und damit der Alterungsprozess beschleunigt wird. Trotz biologischen Alterns treten Einbußen in der Produktivität nur unter sehr hohen Anforderungen auf. Gelegentliche Veränderungen in den Tätigkeiten, verbunden mit dem Erlernen neuer Fähigkeiten halten jung. In jedem Alter können neue Fähigkeiten erlernt werden, soweit die körperlichen Voraussetzungen erfüllt sind. Deshalb sind Gesundheitsvorsorge und ergonomische Gestaltung der Arbeitsplätze für alle Altersgruppen notwendig. Motivations- und leistungsfördernd sind außerdem eine gute Passung zwischen Fähigkeiten und Anforderungen sowie zwischen Einstellungen der Arbeitnehmer und dem Arbeitsklima im Unternehmen. Besonders das Altersklima, also die Einstellung gegenüber älteren Arbeitnehmern, sei genannt.

Die Beziehung zwischen alten Menschen und der Gesellschaft ist von einer wechselseitigen Abhängigkeit geprägt. Auch über die Familie hinausgehende oder diese substituierende soziale Beziehungen stellen eine wichtige Ressource für den alternden Menschen dar. Gesunde und produktive Ältere sind ein wichtiger Baustein der Gesellschaft und unverzichtbar im Gemeinwesen. Deshalb ist es für eine moderne Gesellschaft unbedingt notwendig, nicht nur die Bedingungen für kranke und betreuungsbedürftige Ältere zu verbessern, sondern auch die Potenziale und Fähigkeiten der vielen gesunden und selbstständigen älteren Menschen zu fördern und für das Ehrenamt zu aktivieren.

Weiterführende Literatur

Freude, G., Falkenstein, M., Zülch J. (2009). Förderung und Erhalt intellektueller Fähigkeiten für ältere Arbeitnehmer. INQA-Bericht Nr. 39: Abschlussbericht des Projekts PFIFF. Initiative Neue Qualität der Arbeit (INQA). www.inqa.de

Künemund H. & Schupp J. (2008). Konjunkturen des Ehrenamts – Diskurse und Empirie. In: Marcel Erlinghagen & Karsten Hank (Hrsg.): Produktives Altern und informelle Arbeit in modernen Gesellschaften. Theoretische Perspektiven und empirische Befunde. VS Verlag für Sozialwissenschaften, Wiesbaden, 145–163.

Schooler, C. (1990). Psychosocial factors and effective cognitive functioning in adulthood. In: K.W. Schaie (Ed.), Handbook of the psychology of aging (pp. 347–358). San Diego, CA: Academic Press.

Staudinger U.M., Godde B., Heidemeier H., Kudielka B.M., Schömann K., Stamov-Rossnagel C., Voelcker-Rehage C., Voelpel S. (Hrsg.) (2011). Betriebliche Herausforderungen des demografischen Wandels meistern: Eine Frage der Passung. Ergebnisse des „demopass" Projektes. W. Bertelsmann Verlag, Bielefeld.

10.4 Fragen zum Kapitel

1. Inwiefern spielt das Arbeitsumfeld für den Altersverlauf eine entscheidende Rolle?

2. Weshalb stellt der Alterungsprozess kein einschränkendes Kriterium bezüglich der geistigen beruflichen Leistungsfähigkeit und Produktivität dar?

3. Wie kann die geistige Leistungsfähigkeit im Alter möglichst lange erhalten werden?

4. Welche beiden Faktoren spielen hinsichtlich der Passung als Schutzmechanismus vor Über- und Unterforderung eine Rolle?

5. Inwiefern besteht ein Zusammenhang zwischen Arbeitsklima (insbesondere Altersklima), Motivation und Produktivität älterer Belegschaften?

6. Sind Weiterbildungsmaßnahmen, welche mit einem Lernaufwand verbunden sind, für ältere Arbeitnehmer sinnvoll und welche Empfehlungen für Lernprozesse im Alter lassen sich herausstellen?

7. Weshalb stellt die Familie eine Ressource dar und inwiefern sind auch Ältere (z. B. Großeltern) selbst eine wichtige Ressource für die Familie?

8. Wie können die Barrieren zur Ausübung eines Ehrenamts durch Ältere überwunden werden und weshalb kann ein solches Engagement eine wichtige Rolle hinsichtlich des Altersverlaufs spielen?

Anhang

Glossar

Abhängige Variable: gemessenes (Ausprägungs-) Merkmal, das durch die unabhängige Variable veränderbar ist.

Abruf: Wiedergewinnung von im Gedächtnis gespeicherten Informationen.

Acetylcholin: Wichtiger Botenstoff im zentralen und peripheren Nervensystem; zentrale Rolle bei der Regulation vieler mentaler und körperlicher Prozesse.

Adaptiv: anpassungsfähig.

Affekt: Gemütserregung.

Allostase: langfristige Sollwertverschiebungen physiologischer Parameter (z. B. Blutdruck) aufgrund von anhaltender chronischer Belastung oder Beanspruchung.

Allostatischer Druck: Summe allostatischer Sollwertverschiebungen.

Altersgradienten: Veränderungen in ausgewählten Merkmalen oder Funktionen im Altersverlauf.

Amplitude: Signalstärke.

Amygdala: s. Mandelkern.

Anamnese: Erhebung der Vorgeschichte einer Erkrankung.

Apathie: Teilnahmslosigkeit, mangelnde Gefühlsansprechbarkeit.

Aphasie: Störung der erworbenen Sprache.

Apoplektisch: durch einen Schlaganfall oder Durchblutungsstörung in einem Organ (Apoplexie) bedingt.

Arbeitsgedächtnis: geistige Funktion, die relevante Informationen für kurze Zeit während einer Aufgabenbewältigung zugänglich hält.

Atrophie: Gewebeschwund von Organen und Zellen.

Axone: mit einer besonderen Isolierschicht umgebener Fortsatz einer Nervenzelle zur Signalweiterleitung.

Basalganglien: Gruppe von Endhirn- und Zwischenhirnkernen; beteiligt an motorischen, kognitiven und emotionalen Funktionen.

Chronische Krankheiten: langanhaltende, schwer heilbare körperliche oder psychische Erkrankung.

Cerebellum: Kleinhirn, wichtig u. a. für die Koordination von Bewegungsabläufen und für das Lernen.

Default-Netzwerk: Ruhezustandsnetzwerk; Geflecht von Gehirnregionen, die aktiv sind, wenn das Individuum nicht auf die Außenwelt fokussiert, sondern mit internen Prozessen befasst ist.

Degenerative Veränderungen: schrittweiser Kompetenzverlust einer Biostruktur, der sich schließlich als manifeste Erkrankung oder durch die Zeichen vorzeitiger Alterung bemerkbar macht.

Demenziell: die erworbene, auf organische Hirnschädigungen beruhende geistige Beeinträchtigung (Demenz) betreffend; senile Demenz: Altersdemenz.

Dendriten: Zellfortsätze von Nervenzellen, an denen Letztere Signale empfangen.

Diastolischer Blutdruck: unterer Blutdruckwert: Druck in der Entspannungs-/Füllungsphase des Herzens.

Dopamin (Dihydroxyphenylalanin): Botenstoff im Gehirn (Aminosäure), wichtig insbesondere für Lernen und Aufmerksamkeit.

Elektroenzephalografie (EEG): Methode zur Messung der elektrischen Gehirnströme, bei der Spannungsschwankungen auf der Gehirnrinde abgeleitet werden.

Enkodierung: Erster Informationsverarbeitungsprozess, der zu einer Repräsentation der Informationen im Kurzzeit-Gedächtnis führt.

Enzyme: Proteine, die biomechanische Reaktionen stimulieren oder hemmen.

Eosinophile: Kurzform für Eosinophiler Granulozyt: Untergruppe der weißen Blutkörperchen, sind an zellulärer Immunabwehr beteiligt.

Ereigniskorrelierte Potenziale: (ergebnisbegleitende) Wellenformen im EEG, die durch Sinneswahrnehmung oder geistige Prozesse hervorgerufen werden.

Exekutive Funktionen: geistige Funktionen, mit denen Menschen ihr Verhalten unter Berücksichtigung der Bedingungen ihrer Umwelt steuern.

Extraversion: Persönlichkeitseigenschaft, die durch Konzentration der Interessen auf äußere Objekte gekennzeichnet ist.

Faszien: dünne, sehnenartige Muskelhaut.

Fluide Intelligenz: Fähigkeit, schnell, logisch und abstrakt zu denken und Probleme zu lösen (auch Mechanik des Geistes genannt).

Fluktuation: Schwankung.

Freie Radikale: höchst reaktionsfreudige Moleküle, die aggressiv mit anderen Molekülen reagieren. U.a. zerstören sie Zell-Eiweiße und behindern diese in ihrer Funktion.

Genetische Prädisposition: erblich bedingte Anlange bzw. Empfänglichkeit für bestimmte Erkrankungen.

Genom: einfacher Chromosomensatz einer Zelle, der deren Erbinformation darstellt.

Gliazellen: Zellentypen im Hirngewebe, die die Räume zwischen Nervenzellen und Blutgefäßen ausfüllen; z. B.: Stützzellen, Fresszellen, Isolierung, Zellen mit Ernährungs-/Stoffwechselfunktionen.

Hämodynamik: Strömungsmechanik des Blutes.

Hämoglobin: Farbstoff der roten Blutkörperchen.

Hautleitfähigkeit: Maß für die elektrische Leitfähigkeit der Haut. Es wird durch die Aktivität der Schweißdrüsen beeinflusst und ist nicht bewusst zu steuern; wird als Hinweis auf den Erregungszustand genutzt.

Hemiparese: Lähmung einer Körperhälfte.

Hippocampus: Gehirnstruktur, die vor allem an der Gedächtnisbildung beteiligt ist.

Homologe Strukturen: Kriterium der Lage: Strukturen sind homolog, wenn sie trotz unterschiedlicher Ausprägung in Gestalt und Anzahl in einem vergleichbaren Gefügesystem die gleiche Lagebeziehung aufweisen.

Hyperton: mit erhöhtem (Blut-)Druck.

Inhibition: Hemmung oder Unterdrückung

Intellektuelle Fähigkeiten: überdauerndes Potenzial eines Individuums, geistig leistungsfähig zu sein

Interactive Minds: Ein Konzept, dass die gegensätzliche Beeinflussung von Individuen bei Erwerb und Manifestation von Kenntnissen durch Interaktion beschreibt, was außerdem die bereits verfügbaren sowie die Erzeugung neuer Kenntnisse beeinflusst.

Intervention: geplante und gezielte Maßnahme, um Störungen vorzubeugen, zu beheben oder zu rehabilitieren.

Intramuskuläre Koordination: Zusammenspiel zwischen Nervensystem und Muskel und dessen Fähigkeit, möglichst viele Muskelfasern anzuspannen.

Inzidenz: Häufigkeit von Neuerkrankungen.

Karotisgeräusch: Geräusche, die auf eine Verstopfung der Halsschlagader hinweisen.

Kinästhetisches System: Wahrnehmung von den Positionen der Gelenke und von Bewegungen am Körper über Gelenke und Muskeln (Bewegungssinn).

Kohorte: eingrenzbare Population, welche dasselbe Ereignis – oder „bedeutsames Lebensereignis" innerhalb eines gleichen Zeitintervalls erfahren hat.

Kohorteneffekt: unterschiedliche Umweltkonstellationen bei Individuen, die bei altersgleichen, aber in verschiedenen Epochen Untersuchten zu differierenden Resultaten führen.

Kohortenstudie: Längsschnittstudie, mit dem Ziel, einen Zusammenhang zwischen einer oder mehreren Expositionen und dem Auftreten einer Krankheit aufzudecken.

Koronar: auf die Herzkranzgefäße bezogen.

Konfundierende Variable: Störvariable: nicht zu kontrollierende Merkmale, die verzerrte Untersuchungsergebnisse bedingen können.

Konnektivitätsmuster: Anordnung struktureller oder funktioneller neuronaler Verbindungen im Gehirn zum Verarbeiten und Speichern von Informationen.

Korrelationskoeffizient: Assoziationsmaß für die Stärke des Zusammenhangs zwischen zwei Variablen.

Kortex: Großhirnrinde.

Kortikal: die gesamte Großhirnrinde betreffend.

Kovariation: Grundvoraussetzung für Kausalschlüsse in Studien. Zwei Variablen kovariieren, wenn zwischen beiden ein Zusammenhang besteht.

Kristalline Intelligenz: erworbenes, stark durch Erfahrung und Umwelt geprägtes Wissen und kognitive Fähigkeiten (auch Pragmatik des Geistes genannt).

Laktat: Stoffwechselprodukt, ist Indikator zur Beurteilung der Ausdauerleistungsfähigkeit.

Latenz: Zeit bis zum Wirkungseintritt.

Latenzzeit EEG: Zeit zwischen Reizeintritt und Reizantwort, begründet in der speziellen Struktur der nervösen Erregungsorgane.

Leistungsmotivation: Bemühung um die Bewertung der eigenen Tüchtigkeit, deswegen erfolgt eine Auseinandersetzung mit einem Gütemaßstab.

Locus coeruleus: eine neurophysiologische Struktur im Gehirn, die an der Orientierungssteuerung und der Aufmerksamkeit beteiligt ist.

Lymphozyten: im Blut, in der Lymphe und im Knochenmark vorkommende weiße Blutkörperchen.

Makromolekül: aus tausend und mehr Atomen aufgebautes Molekül.

Makrophagen: großer Phagozyt (weißes Blutkörperchen, das eingedrungene Fremdstoffe unschädlich machen kann).

Mandelkern (Amygdala): paariges Kerngebiet des Gehirns im medialen Teil des Temporallappens, zur Verarbeitung von Emotionen, insbesondere Angst.

Maturation: Reifung.

Mentale Chronometrie: Forschungsansatz innerhalb der Kognitionspsychologie, betrachtet den zeitlichen Ablauf mentaler Prozesse.

Metaanalyse: Zusammenfassung und statistische Analyse verschiedener Untersuchungen in einem wissenschaftlichen Forschungsgebiet.

Metabolisches Äquivalent (MET): wird verwendet, um den Energieverbrauch verschiedener körperlicher Aktivitäten zu vergleichen.

Mini Mental Status Test (MMST): Screening-Verfahren zur Erfassung kognitiver Störungen (bei älteren Menschen mit Verdacht auf Demenz).

Morbidität: Erkrankungshäufigkeit (innerhalb einer Bevölkerungsgruppe).

Mortalität: Sterbewahrscheinlichkeit; Sterblichkeitsrate.

Mulitdimensionalität: Leitsatz, der besagt, dass Veränderungen im Lebensverlauf verschiedene Dimensionen von Funktion und Verhalten ganz unterschiedlich betreffen können.

Multidirektionalität: Leitsatz, der besagt, dass Veränderungen im Lebensverlauf ganz unterschiedliche Richtungen einschlagen können.

Multifaktoriell: von vielen Faktoren abhängig/beeinflusst.

Myelinisierung: die mehrfache Umwicklung eines Axons durch Gliazellen, wodurch es elektrisch isoliert wird, sodass eine schnellere Erregungsleitung möglich wird.

Myelinscheide: die eine Nervenfaser umschließende, fetthaltige, mehrschichtige Struktur.

Neurofibrillen (Alzheimersche): fadenartige Bruchstücke des Tauproteins; eine Anhäufung ist für die Alzheimer Demenz mitverantwortlich.

Neurologische Herdzeichen: Symptome, die bei fokalen pathologischen Veränderungen (z. B. Tumor, Läsion) auftreten.

Neuromodulation: Beeinflussung der Aktivität von Nervenzellen und der Weitergabe von Nervenimpulsen durch bestimmte Botenstoffe oder elektrische bzw. magnetische Stimulation.

Neuronales Rauschen: Hintergrundrauschen durch Zufälligkeit und Variabilität von Erregungsmustern in der Großhirnrinde.

Neurophysiologisch: die physiologische Funktionsweise des Nervensystems betreffend.

Neuropsychiatrisch: medizinische Disziplinen im Überschneidungsbereich von Psychiatrie, Neurologie und Psychologie betreffend.

Neurotizismus: Persönlichkeitsmerkmal, zeichnet sich durch emotionale Labilität, Schüchternheit und Gehemmtheit aus.

Neurotransmitter: Botenstoffe im Gehirn, die Signale von Nervenzellen weiterleiten und entweder eine Erregung oder Hemmung hervorrufen.

Noradrenalin: Neurotransmitter des Sympathikus, steigert Blutdruck, senkt Herzfrequenz.

Noradrenerg: mittels Noradrenalin wirkend.

Obstruktive Ventilationsstörung: Atemwegserkrankung; bei Erhöhung des Strömungswiderstandes durch intra- und/oder extrabronchiale Atemwegseinengung.

Ontogenetisch: die Entwicklung des Individuums von der Eizelle zum geschlechtsreifen Zustand (Ontogenese) betreffend.

Oszillation: Schwingung.

Oxidativer Stress: überschießende Bildung reaktiver Sauerstoffverbindungen im Körper, die unter anderem ein beschleunigtes Altern im Körper auslösen können.

Panelstudien: Langzeit- und Längsschnittstudien mit großen Teilnehmerzahlen (häufig mehrere tausend).

Periodeneffekte: Zeiteffekt; Verhaltensdifferenz, die als Reflex zeitlicher Veränderung unabhängig von Unterschieden des Alters oder des Geburtszeitpunkts gedeutet werden kann.

Plaques (Alzheimer): Eiweißablagerungen im Gehirn, Hauptmerkmal der Alzheimerkrankheit.

Plastizität des Gehirns: Eigenschaft einzelner Synapsen, Nervenzellen und ganzer Gehirnareale, sich in Abhängigkeit ihrer Nutzung zu verändern. Damit Grundlage aller Lernprozesse.

Plastizität der Entwicklung: Mögliche Entwicklungsverläufe eines Individuums und deren Beeinflussbarkeit.

Positronen: leichtes, positiv geladenes Elementarteilchen, dessen Masse gleich der Masse des Elektrons ist.

Postenzephalitisches Syndrom: dauerhafte Wesensveränderung infolge einer Hirngewebsentzündung (Enzephalitis).

Presbyakusis: eine langsam fortschreitende, altersabhängige Schallempfindungsschwerhörigkeit.

Progredient: fortschreitend.

Propriozeptiv: die Tiefenwahrnehmung (Propriozeption), d.h. die Wahrnehmungen aus dem eigenen Körper, z.B. aus Muskeln, Sehnen, Gelenken, betreffend.

Prospektive Längsschnittstudie: empirische Überprüfung einer vor dem Beginn der Studie festgelegten Hypothese bzgl. der Wirksamkeit eines medizinischen Behandlungsverfahrens.

Psychosyndrom: Bezeichnung für Muster psychischer Störungen nicht näher bestimmter Art; Organisches Psychosyndrom: bei diffusen Hirnschädigungen, äußert sich durch Hirnleistungsschwäche und Persönlichkeitsveränderungen.

Randomisiert: zufällig.

Reservekapazität, physisch: Gasvolumen, das aus der Atemruhelage noch maximal eingeatmet werden kann.

Reservekapazität, psychisch: zur Verfügung stehende psychische, neuronale Ressourcen, die zur Kompensation altersbedingter Abbauprozesse genutzt werden können, Widerstandsfähigkeit gegen die Symptome der Hirnschädigung; Gegengewicht zur Alzheimerkrankheit.

Respiratorisches System: gesamtes System der Atmungsorgane.

Rezeptor: Ende einer Nervenfaser oder spezialisierte Zelle, die Reize aufnehmen und in Nervenimpulse umwandeln kann.

Reziprozität: Gegenseitigkeit im sozialen Austausch: positive oder negative Handlungen einer anderen Person in gleicher Weise erwidern.

Säkularer Trend: langfristiger (über Generationen verlaufender) Trend zu Veränderungen, z. B. zu zunehmender Körperhöhe und zunehmendem Körpergewicht.

Selbstwirksamkeitserwartung: persönliche Einschätzung der eigenen Kompetenzen, mit Schwierigkeiten zurechtzukommen.

Selektionseffekt: unbeabsichtigte Auslese von Versuchsteilnehmern mit bestimmten Eigenschaften; begrenzt die Verallgemeinbarkeit der entsprechenden Befunde.

Semantik: Bedeutung der Sprache (Wort, Satz, Text).

Seneszenz: das (biologische) Altern und die dadurch bedingten körperlichen Veränderungen.

Serotonerges (Neurotransmitter-) System: Der Transmitter Serotonin hat Auswirkungen auf die Stimmungslage und trägt u. a. zur Angstentstehung und Angstauslösung bei.

Serumspiegel: Konzentration einer bestimmten Substanz im Blutserum.

Sklerotisierung: Verhärtung von Gewebe und Organen.

Somatisch: körperlich, zum Körper (Soma) gehörend.

Speicherung: Transfer von enkodierten Informationen ins Langzeitgedächtnis.

Spiroergometrie: Analyseverfahren zur Messung der Atemgase unter körperlicher Belastung.

Statistische Power: Teststärke, beschreibt die Wahrscheinlichkeit, den in einer Alternativhypothese festgelegten Effekt aufzudecken, um die eigentliche Hypothese zu bestätigen.

Subdurales Hämatom: unter der Hirnhaut liegende Ansammlung von Blut.

Subkortikal: unterhalb der Großhirnrinde liegend.

Substantia innominata: Teil des basalen Vorderhirns, reguliert Erregung und Schlaf und beeinflusst Lernen, Aktivierung und Denken.

Substantia nigra: Kernkomplex im Bereich des Hirnstamms, der durch einen hohen intrazellulären Gehalt an Eisen und Melanin dunkel gefärbt erscheint.

Synaptisch: die Synapse (Kontaktstelle zwischen zwei Neuronen oder Neuron und Muskelzelle, an der die Reizübermittlung stattfindet) betreffend, von ihr verursacht, zu ihr gehörend.

Systolischer Blutdruck: oberer Blutdruckwert: maximaler Druck beim Pumpvorgang des Blutes durch das Herz.

Thalamus: Hauptteil des Zwischenhirns, moduliert die ein- und ausgehenden Informationen zum Großhirn.

Thymus: hinter dem Brustbein gelegenes drüsenartiges Gebilde, das sich nach der Geschlechtsreife zurückbildet.

Top-Down/Bottom-Up-Prinzip: beschreibt, ob die Informationsverarbeitung im Gehirn eher durch die eingehenden Informationen (bottom-up, passiv) oder durch Aufmerksamkeit und kognitive Prozesse (top-down, aktiv) gesteuert wird.

Tracer: (oft radioaktiver) Markierungsstoff, mit dessen Hilfe u. a. biochemische Vorgänge im Organismus verfolgt werden können.

Trait-Ansatz der Persönlichkeitsforschung: Persönlichkeitseigenschaften (Traits) sind die Hauptdeterminanten des Verhaltens und tragen zu konsistenten Reaktionen in verschiedenen Situationen bei.

Unabhängige Variable: beeinflussbare bzw. veränderbare Einflussgröße.

Ungesättigte Fettsäuren: für den menschlichen Körper essenzielle Moleküle, die Doppelbindungen enthalten. Wesentliche Wirkung für Cholesterinspiegel, Wachstum und Entwicklung, Stoffwechsel.

Vaskulär: (Blut-)Gefäße betreffend.

Valenz: Wertigkeit.

Ventrikel: Kammer, Hohlraum besonders von Organen wie Herz und Gehirn.

Vestibulär: das Gleichgewichtsorgan betreffend.

Vestibuläres System: Gesamtheit der Wahrnehmung des Körpers zu Schwerkraft, Bewegung und Gleichgewicht.

Viskosität: Zähflüssigkeit.

Visuospatiale Leistungen: visuell-räumliche Fähigkeiten.

Vitalkapazität: Lungenvolumen zwischen maximaler Ein- und Ausatmung.

Zerebral: das Gehirn (Großhirn) betreffend.

Zytoplasma: die konzentrierte, wässrige Proteinlösung im Inneren der Zelle.

Linksammlung

Neurodegenerative Erkrankungen

Alzheimer Europe Office:
www.alzheimer-europe.org/Policy-in-Practice2/Country-compari
sons/The-prevalence-of-dementia-in-Europe/Germany.

Alzheimer Research Forum – internationales Forschungsnetzwerk:
www.alzforum.org/

Demenz Support Stuttgart gGmbH, Zentrum für Informationstransfer:
www.demenz-support.de/home

Deutsches Zentrum für Neurodegenerative Erkrankungen (DZNE):
www.dzne.de/

**Kompetenznetz Degenerative Demenzen – Netzwerk von Forschungs-
programmen zu neurodegenerativen Erkrankungen, die zu Demenzen
führen:**
www.knd-demenzen.de/

**Kompetenznetz Demenzen e.V. – Forschungsverbund, gegründet von
mehrheitlich psychiatrischen Universitätskliniken, vertreten durch deren Gedächtnissprechstunden:**
www.kompetenznetz-demenzen.de/

Das Gehirn

Hirnstrukturen und Funktionen (Atlas der Harvard School of Medicine):
http://www.med.harvard.edu/AANLIB/home.html

Schnittbildatlas des menschlichen Gehirns:
http://teaching.thehumanbrain.info/hirnatlas/

Weitere Gehirnmodelle und -atlanten (englisch):
http://thehumanbrain.info/

Bewegung und Ernährung

Deutscher Olympischer Sportbund (DOSB) – Sport der Älteren:
http://www.dosb.de/de/sportentwicklung/sport-der-aelteren/

Deutscher Turnerbund (DTB) – Fit bis ins hohe Alter:
http://www.dtb-online.de/portal/gymwelt/aus-und-fortbildung/
fort-und-weiterbildungen/akademie-vor-ort/standardisierte-pro
gramme/fit-bis-ins-hohe-alter.html

In Form – Deutschlands Initiative für gesunde Ernährung und mehr Bewegung:
www.in-form.de

Nationale Verzehrstudie II:
http://www.bmel.de/DE/Ernaehrung/GesundeErnaehrung/_Texte/
NationaleVerzehrsstudie_Zusammenfassung.html

Arbeit und Alter

ALA – Institut für Arbeiten Lernen Altern GmbH:
www.ala-institut.de

Bundesverband Initiative 50Plus:
www.bvi50plus.de

INQA – Initiative Neue Qualität Der Arbeit:
www.inqa.de

pfiff – Programm zur Förderung und zum Erhalt intellektueller Fähigkeiten für ältere Arbeitnehmer:
www.pfiffprojekt.de

WHO – World Health Organization:
www.who.int

Panelstudien und Datensätze

BIAdata Base Project: eine Datensammlung, viele altersbezogene körperliche Parameter betreffend. Die Idee ist, Normwerte für die deutsche Bevölkerung bereitzustellen:
http://www.egofit.de/biadata_org/egofit.html

SHARE – Survey of Health, Ageing and Retirement in Europe:
www.share-project.org

Seattle Longitudinal Study:
https://sharepoint.washington.edu/uwsom/sls/Pages/default.aspx

SOEP – Sozioökonomisches Panel:
www.diw.de/de/diw_02.c.221178.de/ueber_uns.html

Sonstiges

Deutsche Depressionshilfe – Depression und Alter:
www.deutsche-depressionshilfe.de/stiftung/depression-und-alter.
php#Haeufigkeit_und_Symptome_von_Depression_im_Alter

Deutsches Zentrum für Altersfragen:
www.dza.de/

Informationsdienst alter & forschung – Nachrichten zum demografi-schen Wandel:
www.alter-und-forschung.de/

Stanford Center on Longevity – Redesigning Long Life:
http://longevity3.stanford.edu/

Literatur

Achtziger, A., Gollwitzer, P., Bergius, R., Schmalt, H., 2015. Motivation, in: Wirtz, M.A. (Ed.), Dorsch – Lexikon der Psychologie.

Adams, J.M., Hoffman, L., 1994. Implications of issues in typographical design for readability and reading satisfaction in an aging population. Exp. Aging Res. 20, 61–69.

Adolphs, R., Tranel, D., Buchanan, T.W., 2005. Amygdala damage impairs emotional memory for gist but not details of complex stimuli. Nat.Neurosci. 8, 512–518.

Aichberger, M.C., Busch, M.A., Reischies, F.M., Ströhle, A., Heinz, A., Rapp, M.A., 2010. Effect of physical inactivity on cognitive performance after 2.5 years of follow-up: longitudinal results from the Survey of Health, Ageing, and Retirement (SHARE). 23, 7–15.

Allemand, M., Zimprich, D., Hendriks, A., 2008 a S. 142 Text. Age differences in five personality domains across the life span. Dev.Psychol. 44, 758.

Allemand, M., Zimprich, D., Martin, M., 2008 b S. 140 Text. Long-term correlated change in personality traits in old age. Psychol.Aging. 23, 545.

Alzheimer Europe Office, 24.2.2014. The-prevalence-of-dementia-in-Europe/Germany.

American Psychiatric Association, 2013. Diagnostic and Statistical Manual of Mental Disorders (DSM-5®). American Psychiatric Association, Arlington, VA.

Asendorpf, J., 2015. Persönlichkeit, in: Wirtz, M.A. (Ed.), Dorsch – Lexikon der Psychologie.

Austad, S.N., 2012. Ageing: Mixed results for dieting monkeys. Nature. 489, 210–211.

Avolio, B.J., Waldman, D.A., McDaniel, M.A., 1990. Age and work performance in nonmanagerial jobs: the effects of experience and occupational type. Academy of Management Journal 33, 407–422.

Bäckman, L., Farde, L., 2001. Dopamine and cognitive functioning: brain imaging findings in Huntington's disease and normal aging. Scand. J. Psychol. 42, 287–296.

Bäckman, L., Nyberg, L., Lindenberger, U., Li, S., Farde, L., 2006. The correlative triad among aging, dopamine, and cognition: current status and future prospects. 30, 791–807.

Baddeley, A., 2000. The episodic buffer: a new component of working memory? Trends Cogn. Sci. 4, 417–423.

Baddeley, A., Wilson, B., 1988. Frontal amnesia and the dysexecutive syndrome. Brain Cogn. 7, 212–230.

Bagby, R.M., Joffe, R.T., Parker, J.D., Kalemba, V., Harkness, K.L., 1995. Major depression and the five-factor model of personality. J. Personal. Disord. 9, 224–234.

Baker, L.D., Frank, L.L., Foster-Schubert, K., Green, P.S., Wilkinson, C.W., McTiernan, A., Plymate, S.R., Fishel, M.A., Watson, G.S., Cholerton, B.A., Duncan, G.E., Mehta, P.D., Craft, S., 2010. Effects of aerobic exercise on mild cognitive impairement: A controlled trial, Arch Neurol. 67–79.

Baltes, M.M., Barton, E.M., 1979. Behavioral analysis of aging: A review of the operant model and research. International Journal of Behavioral Development 2, 297–320.

Baltes, M.M., Kindermann, T., 1985. Die Bedeutung der Plastizität für die klinische Beurteilung des Leistungsverhaltens im Alter, in: Bente, D., Coper, H., Kanowski, S. (Eds.), Hirnorganische Psychosyndrome im Alter. Band 2: Methoden zur Objektivierung pharmakotherapeutischer Wirkung. Springer, Berlin, 171–184.

Baltes, P.B., 1987. Theoretical propositions of life-span developmental psychology: On the dynamik between growth and decline. Dev.Psychol. 23, 611–626.

Baltes, P. B., 1990. Entwicklungspsychologie der Lebensspanne: Theoretische Leitsätze. Psychologische Rundschau 41, 1–24.

Baltes, P. B., Baltes, M. M., 1990. Psychological perspectives on successful aging: the model of selective optimization with compensation, in: Baltes, P. B., Baltes, M. M. (Eds.), Cambridge University Press, New York, 1–34.

Baltes, P. B., Smith, J., 1990. Weisheit und Weisheitsentwicklung: Prolegomena zu einer psychologischen Weisheitstheorie. Zeitschrift Für Entwicklungspsychologie, 22, 95–135.

Baltes, P. B., Staudinger, U. M., 1996. Interactive minds: life-span perspectives on the social foundation of cognition. Cambridge University Press, Cambridge; New York.

Barberger-Gateau, P., Lambert, J. C., Féart, C., Pérès, K., Ritchie, K., Dartigues, J. F., Alpérovitch, A., 2013. From genetics to dietetics: the contribution of epidemiology to understanding Alzheimer's disease. J Alzheimer Dis. 33, Suppl. 1, 457–463.

Barnes, D. E., Yaffe, K., Satariano, W. A., Tager, I. B., 2003. A longitudinal study of cardiorespiratory fitness and cognitive function in healthy older adults. J. Am. Geriatr. Soc. 51, 459–465.

Behl, C., Moosmann, B., 2008. Molekulare Mechanismen des Alterns. Über das Altern der Zellen und den Einfluß von oxidativem Stress auf den Alternsprozess., in: Staudinger, U. M., Häfner, H. (Eds.). Was ist das Alter(n)? Neue Antworten auf eine scheinbar einfache Frage. Mathematisch-Naturwissenschaftliche Klasse der Heidelberger Akademie der Wissenschaften. Springer, Heidelberg.

Bellmann, L., 2002. Das IAB-Betriebspanel: Konzeption und Anwendungsbereiche. In allgemeines ststistisches Archiv, Bd. 86, H. 2, 177–188

Bengel, J., Jerusalem, M., 2009. Handbuch der Gesundheitspsychologie und medizinischen Psychologie. Hogrefe, Göttingen.

Bengtson, V. L., 2008. Handbook of Theories of Aging. Springer Publishing Company, New York.

Berg, E. A., 1948. A simple objective technique for measuring flexibility in thinking. J. Gen. Psychol. 39, 15–22.

Berlin, J. A., Colditz, G. A., 1990. A meta-analysis of physical activity in the prevention of coronary heart disease. Am. J. Epidemiol. 132, 612–628.

Beyer, D., 1997. Biologie des Alterns – der physiologische Tod. Gesundes Leben 74, 8–15.

Birbaumer, N., Schmidt, R. F., 2010. Biologische Psychologie. Springer Medizin, Heidelberg.

Blumenthal, J. A., Babyak, M. A., Moore, K. A., Craighead, W. E., Herman, S., Khatri, P., Waugh, R., Napolitano, M. A., Forman, L. M., Appelbaum, M., Doraiswamy, P. M., Krishnan, K. R., 1999, Effects of exercise training on older patients with major depression. Arch. Intern. Med., 159. 2349–2356.

Bogg, T., Roberts, B. W., 2004. Conscientiousness and health-related behaviors: a meta-analysis of the leading behavioral contributors to mortality. Psychol. Bull. 130, 887.

Bond, J., Dickinson, H. O., Matthews, F., Jagger, C., Brayne, C., MRC CFAS, M., 2006. Self-rated health status as a predictor of death, functional and cognitive impairment: a longitudinal cohort study. Eur. J. Ageing 3, 193–206.

Bookwala, J., Schulz, R., 1996. Spousal similarity in subjective well-being: the Cardiovascular Health Study. Psychol. Aging. 11, 582.

Borkenau, P., Ostendorf, F., 2008. NEO-FFI: NEO-Fünf-Faktoren-Inventar nach Costa und McCrae, Manual.

Bowen, C.E., Staudinger, U.M., 2011. Die Bedeutung des Arbeitsklimas und seiner Facetten für das Personalmanagement im demografischen Wandel, in: Staudinger, U.M., Godde, B., Heidemeier, H., Kudielka, B.M., Schömann, K., Stamov-Rossnagel, C., Voelcker-Rehage, C., Voelpel, S. (Eds.). Betriebliche Herausforderungen des demografischen Wandels meistern: Eine Frage der Passung. Ergebnisse des „demopass" Projektes. Bertelsmann, Bielefeld.

Boyle, P.A., Buchman, A.S., Wilson, R.S., Leurgans, S.E., Bennett, D.A., 2010. Physical Frailty Is Associated with Incident Mild Cognitive Impairment in Community Based Older Persons. J Am Geriatr Soc. 58, 248–255.

Brandtstädter, J., 2009. Goal pursuit and goal adjustment: Self regulation and intentional self-development in changing developmental contexts. Advances in Life Course Research 14, 52–62.

Brandtstädter, J., Rothermund, K., Kranz, D., Kühn, W. 2010. Final decentrations: Personal goals, rationality perspectives, and the awareness of life's finitude. European Psychologist, 15, 152–163.

Brant, L.J., Fozard, J.L., 1990. Age changes in pure-tone hearing thresholds in a longitudinal study of normal human aging. J. Acoust. Soc. Am. 88, 813–820.

Braun, J., Claussen, F., 1997. Freiwilliges Engagement im Alter: Nutzer und Leistungen von Seniorenbüros. Kohlhammer, Stuttgart.

Brun, A., Englund, B., Gustofson, L., Passant, U., Mann, D., Neary, D., Snowden, J. (1994). Clinical and neuropathological criteria for frontotemporal dementia. The Lund and Manchester Groups. Journal of Neurology, Neurosurgery & Psychiatry, 57 (4): 416–418.

Bunce, D., MacDonald, S.W., Hultsch, D.F., 2004. Inconsistency in serial choice decision and motor reaction times dissociate in younger and older adults. Brain Cogn. 56, 320–327.

Bundesministerium für Familien, Soziales, Frauen und Jugend BMFSFJ, 2002. Vierter Altenbericht zur Lage der älteren Generation in der Bundesrepublik Deutschland: Risiken, Lebensqualität und Versorgung Hochaltriger – unter besonderer Berücksichtigung demenzieller Erkrankungen.

Burdette, J.H., Laurienti, P.J., Espeland, M.A., Morgan, A., Telesford, Q., Vechlekar, C.D., Hayasaka, S., Jennings, J.M., Katula, J.A., Kraft, R.A., Rejeski, W.J., 2010. Using network science to evaluate exercise-associated brain changes in older adults. Front. Aging Neurosci. 2, 2, 23

Burns, J.M., Cronk, B.B., Anderson, H.S., Donnelly, J.E., Thomas, G.P., Harsha, A., 2008. Cardiorespiratory fitness and brain atrophy in early Alzheimer disease. 71, 210–216.

Burr, H., Kersten, N., Kroll, L., Hasselhorn, H.M., 2013. Self-rated general health by occupation and age in the working population in Germany. Bundesgesundheitsblatt Gesundheitsforschung Gesundheitsschutz. 56, 349–358.

Busch, M.A., Maske, U.E., Ryl, L., Schlack, R., Hapke, U., 2013. Prävalenz von depressiver Symptomatik und diagnostizierter Depression bei Erwachsenen in Deutschland: Ergebnisse der Studie zur Gesundheit Erwachsener in Deutschland (DEGS1). 56, 733–739.

Cabeza, R., 2002. Hemispheric asymmetry reduction in older adults: the HAROLD model. Psychol. Aging. 17, 85–100.

Cacioppo, J.T., Berntson, G.G., Bechara, A., Tranel, D., Hawkley, L.C., 2011. Could an aging brain contribute to subjective well-being? The value added by a social neuroscience perspective, in: Todorov, A., Fiske, S., Prentics, D. (Eds.), Social neuroscience: Towards understanding the underpinnings of the social mind. Oxford University Press, New York, 249–262.

Calder, A.J., Young, A.W., Keane, J., Dean, M., 2000. Configural information in facial expression perception. 26, 527.

Carlson, N.R., 2004. Physiologische Psychologie. Pearson Studium, München; Boston.

Camp, C.J., Foss, J.W., Stevens, A.B., Reichard, C.C., McKitrick, L.A., O'Hanlon, A.M., 1993, Memory training in normal and demented elderly populations: the E-I-E-I-O model. Exp. Aging Res., 19, 277–290.

Carriere, J.S., Cheyne, J.A., Solman, G.J., Smilek, D., 2010. Age trends for failures of sustained attention. Psychol. Aging. 25, 569.

Carstensen, L.L., Isaacowitz, D.M., Charles, S.T., 1999. Taking time seriously: A theory of socioemotional selectivity. Am Psychol. 54, 165–181.

Carstensen, L.L., Mikels, J.A., 2005. At the intersection of emotion and cognition aging and the positivity effect. Curr. Dir. Psychol. sci. 14, 117–121.

Caserta, M.S., Gillett, P.A., 1998. Older women's feelings about exercise and their adherence to an aerobic regimen over time. Gerontologist. 38, 602–609.

Castel, A.D., 2007. Aging and memory for numerical information: the role of specificity and expertise in associative memory. J Gerontol. B Psychol. Sci. Soc. Sci. 62, P194–P196.

Cerella, J., 1990. Aging and information processing rate, in: Birren, J.E., Schaie, K.W. (Eds.), Handbook of the psychology of aging. Academic Press, San Diego, 201–221.

Chang, Y.K., Pan, C.Y., Chen, F.T., Tsai, C.L., Huang, C.C., 2012. Effect of resistance-exercise training on cognitive function in healthy older adults: a review. 20, 497–517.

Charles, S.T., Carstensen, L.L., 2008. Unpleasant situations elicit different emotional responses in younger and older adults. Psychol. Aging. 23, 495.

Charles, S.T., Mather, M., Carstensen, L.L., 2003. Aging and emotional memory: the forgettable nature of negative images for older adults. J. Exp. Psychol.: Gen. 132, 310.

Circelli, K.S., Clark, U.S., Cronin-Golomb, A., 2013. Visual scanning patterns and executive function in relation to facial emotion recognition in aging. Neuropsychol. Dev. Cogn. B Aging Neuropsychol. Cogn. 20, 148–173.

Clarenbach, P., 2006. Schlaf und Schlafstörungen, in: Günnewig, T., Erbguth, F. (Eds.), Praktische Neurogeriatrie. Kohlhammer, Stuttgart, 522–534.

Colcombe, S.J., Kramer, A.F., Erickson, K.I., Scalf, P., McAuley, E., Cohen, N.J., Webb, A., Jerome, G.J., Marquez, D.X., Elavsky, S., 2004. Cardiovascular fitness, cortical plasticity, and aging. Proc. Natl. Acad. Sci. U.S.A. 101, 3316–3321.

Colcombe, S., Kramer, A.F., 2003. Fitness effects on the cognitive function of older adults: a meta-analytic study. Psychol. Sci. 14, 125–130.

Costa, P.T., McCrae, R.R., 1998. Trait theories of personality, in: Barone, D.F., Hersen, M., Van Hasselt, V.B. (Eds.), Advanced personality. Plenum, New York, pp. 103–121.

Costa, P.T., Jr., Herbst, J.H., McCrae, R.R., Siegler, I.C., 2000. Personality at midlife: stability, intrinsic maturation, and response to life events. Assessment. 7, 365–378.

Coubard, O.A., Duretz, S., Lefebvre, V., Lapalus, P., Ferrufino, L., 2011. Practice of contemporary dance improves cognitive flexibility in aging. Front. Aging Neurosci. 3, 13.

Craig, M.C., Murphy, D.G., 2010. Estrogen therapy and Alzheimer's dementia. Ann N. Y. Acad. Sci. 1205, 245–253.

Craik, F.I.M., Lockhart, R.S., 1972. Levels of processing: A framework for memory research. J Verbal Learn. Verb. Behav. 11, 671–684.

Craik, F.I.M., Rose, N.S. (2012). Memory encoding and aging: A neurocognitive perspective. Neuroscience and Biobehavioral Reviews, 36, 1729–1739.

Cross, S., Markus, H., 1991. Possible selves across the life span. 34, 230–255.

Cumming, E., Henry, W.E., 1961. Growing old: the process of disengagement. Basic Books, New York.

Dahlin, E., Neely, A.S., Larsson, A., Backman, L., Nyberg, L., 2008. Transfer of learning after updating training mediated by the striatum. Science. 320, 1510–1512.

Danek, A., 2011. Pick-Komplex: frontotemporale Lobärdegenerationen, in: Förstl, H. (Ed.), Demenzen in Theorie und Praxis. Springer, Berlin, Heidelberg, 155–172.

Davis, S.W., Dennis, N.A., Daselaar, S.M., Fleck, M.S., Cabeza, R., 2008. Qué PASA? The posterior-anterior shift in aging. Cereb. Cortex 18, 1201–1209.

De Ribaupierre, A., Ludwig, C., 2003. Age differences and divided attention: Is there a general deficit? Exp. Aging Res. 29, 79–105

Depner, C.E., Ingersoll-Dayton, B., 1988. Supportive relationships in later life. Psychol. Aging. 3, 348–357.

Deutsche Depressionshilfe. Depression und Alter. http://www.deutsche-depressions hilfe.de/stiftung/depression-und-alter.php, (2.2.2016)

Deutsches Institut für Medizinische Dokumentation und Information, 2005. ICD-10 GM Version 2005. Systematisches Verzeichnis: Internationale statistische Klassifikation der Krankheiten und verwandter Gesundheitsprobleme 10. Revision – German Modification. Niebüll, Videel.

Diamond, A., 2013. Executive functions. Annu. Rev. Psychol. 64, 135–168.

Diener, E., Emmons, R.A., Larsen, R.J., Griffin, S., 1985. The satisfaction with life scale. J. Pers. Assess. 49, 71–75.

Dilling, H., Mombour, W., Schmidt, M.H., 2014. Internationale Klassifikation psychischer Störungen. ICD-10 Kapitel V (F): Klinisch-diagnostische Leitlinien. Huber, Bern

Dittmann-Kohli, F., Baltes, P.B., 1983. Toward a neofunctionalist conception of adult intellectual development wisdom as a prototypical case of intellectual growth. Max-Planck-Institut für Bildungsforschung, Berlin.

Dittmann-Kohli, F., Van der Heijden, B., 1996. Leistungsfähigkeit älterer Arbeitnehmer – interne und externe Faktoren. Zeitschrift für Gerontologie. 29, 323–327.

Donati, A., Studer, J., Petrillo, S., Pocnet, C., Popp, J., Rossier, J., von Gunten, A., 2013. The evolution of personality in patients with mild cognitive impairment. Dement. Geriatr. Cogn. Disord. 36, 329–339.

Ebner, N.C., He, Y., Johnson, M.K., 2011. Age and emotion affect how we look at a face: Visual scan patterns differ for own-age versus other-age emotional faces. Cogn. Emot. 25, 983–997.

Edwards, J.D., Wadley, V.G., Meyers, R.S., Roenker, D.R., Cissell, G.M., Ball, K.K., 2002. Transfer of a speed of processing intervention to near and far cognitive functions. Gerontology. 48, 329–340.

Eriksen, B.A., Eriksen, C.W., 1974. Effects of noise letters upon the identification of a target letter in a nonsearch task. Percept. Psychophys. 16, 143–149.

Fiatarone, M.A., Marks, E.C., Ryan, N.D., Meredith, C.N., Lipsitz, L.A., Evans, W.J., 1990. High-intensity strength training in nonagenarians. Effects on skeletal muscle. JAMA. 263, 3029–3034.

Fisk, J.E., Sharp, C.A., 2004. Age-related impairment in executive functioning: updating, inhibition, shifting, and access. J. Clin. Exp. Neuropsychol. 26, 874–890.

Fletcher, G.F., Balady, G.J., Amsterdam, E.A., Chaitman, B., Eckel, R., Fleg, J., Froelicher, V.F., Leon, A.S., Pina, I.L., Rodney, R., Simons-Morton, D.A., Williams, M.A., Bazzarre, T., 2001. Exercise standards for testing and training: a statement for healthcare professionals from the American Heart Association. Circulation. 104, 1694–1740.

Folstein, M.F., Folstein, S.E., McHugh, P.R., 1975. "Mini-mental state". A practical method for grading the cognitive state of patients for the clinician. J. Psychiatr. Res. 12, 189–198.

Fong, D.Y., Chi, L.K., Li, F., Chang, Y.K., 2014. The benefits of endurance exercise and Tai Chi Chuan for the task-switching aspect of executive function in older adults: an ERP study. Front. Aging Neurosci. 6, 295.

Förstl, H., 2011. Rationelle Diagnostik, in: Förstl, H. (Ed.), Demenzen in Theorie und Praxis. Springer, Berlin Heidelberg, pp. 265–315.

Förstl, H., Kurz, A., Hartmann, T., 2011. Alzheimer-Demenz., in: Förstl, H. (Ed.), Demenzen in Theorie und Praxis. Springer, Berlin Heidelberg, 47–72.

Förstl, H., Lang, C., 2011. Was ist Demenz? in: Förstl, H. (Ed.), Demenzen in Theorie und Praxis. Springer, Berlin Heidelberg, 3–9.

Fotenos, A.F., Snyder, A.Z., Girton, L.E., Morris, J.C., Buckner, R.L., 2005. Normative estimates of cross-sectional and longitudinal brain volume decline in aging and AD. Neurology. 64, 1032–1039.

Freude, G., Falkenstein, M., Zülch, J., 2009. Förderung und Erhalt intellektueller Fähigkeiten für ältere Arbeitnehmer. Abschlussbericht des Projekts „Pfiff". INQA, Berlin.

Fries, J.F., 2005. The Compression of Morbidity. Milbank Q. 83, 801–823.

Gajewski, P., Falkenstein, M., 2009. Fluide kognitive Funktionen bei Beschäftigten in der Automobilindustrie, in Förderung und Erhalt intellektueller Fähigkeiten für ältere Arbeitnehmer. INQA, Dortmund

GEDA, 2012. Daten und Fakten: Ergebnisse der Studie „Gesundheit in Deutschland aktuell 2010". Beiträge zur Gesundheitsberichterstattung des Bundes. Robert-Koch-Institut, Berlin.

Gasecki, D., Kwarciany, M., Nyka, W., Narkiewicz, K., 2013. Hypertension, Brain Damage and Cognitive Deline. Curr. Hypertens. Rep.15, 547–558.

Gerstorf, D., Hoppmann, C.A., Anstey, K.J., Luszcz, M.A., 2009. Dynamic links of cognitive functioning among married couples: longitudinal evidence from the Australian Longitudinal Study of Ageing. Psychol. Aging. 24, 296–309.

Gescheider, G.A., 1997. Psychophysics: the fundamentals. L. Erlbaum Associates, Mahwah, N.J.

Ghez, C., Gordon, J., 1996. Einführung in die Motorik, in: Kandel, E.R., Schwartz, J.H., Jessell, T.M. (Eds.), Neurowissenschaften. Spektrum, Akademischer Verlag, Heidelberg, 499–511.

Godde, B., Berkefeld, T., David-Jürgens, M., Dinse, H.R., 2002. Age-related changes in primary somatosensory cortex of rats: evidence for parallel degenerative and plastic-adaptive processes. 26, 743–752.

Goffaux, P., Phillips, N.A., Sinai, M., Pushkar, D., 2008. Neurophysiological measures of task-set switching: effects of working memory and aging. J. Gerontol. B Psychol. Sci. Soc. Sci. 63, P57–P66.

Gomez-Pinilla, F., 2011. The combined effects of exercise and foods in preventing neurological and cognitive disorders, Prev. Med. 75–80.

Greenwood, P.M., 2007. Functional plasticity in cognitive aging: review and hypothesis. Neuropsychology. 21, 657–673.

Grond, E., 2014. Pflege Demenzkranker: Impulse für eine wertschätzende Pflege. Brigitte Kunz Verlag, Hannover.

Gruber-Baldini, A.L., Schaie, K.W., Willis, S.L., 1995. Similarity in married couples: a longitudinal study of mental abilities and rigidity-flexibility. J. Pers. Soc. Psychol. 69, 191–203.

Grühn, D., Kotter-Grühn, D., Röcke, C., 2010. Discrete affects across the adult lifespan: Evidence for multidimensionality and multidirectionality of affective experiences in young, middle-aged and older adults. Journal of Research in Personality 44, 492–500.

Gunning-Dixon, F.M., Raz, N., 2000. The cognitive correlates of white matter abnormalities in normal aging: a quantitative review. Neuropsychology. 14, 224–232.

Gutzmann, H., Mahlberg, R., 2011. Rationelle Therapie, in: Förstl, H. (Ed.), Demenzen in Theorie und Praxis. Springer, Berlin Heidelberg, 299–315.

Gutzmann, H., Steenweg, L., 2011. Rationelle Beratung, in: Förstl, H. (Ed.), Demenzen in Theorie und Praxis. Springer, Berlin Heidelberg, 285–298.

Haase, C.M., Heckhausen, J., Silbereisen, R.K., 2012. The interplay of occupational motivation and well-being during the transition from university to work. Dev. Psychol. 48, 1739.

Haberl, R.L., 2011. Morbus Binswanger und andere vaskuläre Demenzen, in: Anonymous, Demenzen in Theorie und Praxis. Springer, 93–112.

Hahn, H.P.v., 1998. Ursachen des Alterns. Spektrum der Wissenschaft Digest 2: Altern, Krebs und Gene, 8–19.

Hardman, A.E., Stensel, D.J., 2009. Physical activity and health. Routledge, New York.

Harman, D., 1956. Aging: a theory based on free radical and radiation chemistry. J. Gerontol. 11, 298–300.

Hasher, L. & Zacks, R.T., 1988. Working memory, comprehension, and aging: A review and a new view, in: Bower, G.H. (Ed.), The Psychology of Learning and Motivation, Vol. 22. Academic Press., New York, 193–225.

Hasselhorn, H.M., Burr, H., 2014. Arbeit und Alter. Vortrag beim Deutschen Zentrum für Altersfragen, Berlin.

Hayflick, L., 2007. Biological aging is no longer an unsolved problem. Ann. N.Y. Acad. Sci. 1100, 1–13.

Hayflick, L., Moorhead, P.S., 1961. The serial cultivation of human diploid cell strains. Exp. Cell Res. 25, 585–621.

Heckhausen, J., Wrosch, C., Schulz, R., 2010. A motivational theory of life-span development. Psychol. Rev. 117, 32.

Hellbrück, J., 1996. Psychologie des Hörens im Alter, in: Tesch-Römer, C., Wahl, H.W. (Eds.), Seh- und Höreinbußen älterer Menschen: Herausforderungen in Medizin, Psychologie und Rehabilitation. Steinkopff, Darmstadt, 33–51.

Helson, R., Kwan, V.S., 2000. Personality development in adulthood: The broad picture and processes in one longitudinal sample. Advances in personality psychology 1, 77–106.

Hertzog, C., Kramer, A.F., Wilson, R.S., Lindenberger, U., 2008. Enrichment Effects on Adult Cognitive Development. Psychological Science in the Public Interest. 9, 1–65.

Hess, T.M., Auman, C., Colcombe, S.J., Rahhal, T.A., 2003. The impact of stereotype threat on age differences in memory performance. J. Gerontol. B Psychol. Sci. Soc. Sci. 58, P3–P11.

Hillman, C.H., Erickson, K.I., Kramer, A.F., 2008. Be smart, exercise your heart: exercise effects on brain and cognition. Nat. Rev. Neurosci. 9, 58–65.

Ho, A.D., Wagner, W., Eckstein, V., 2008. Was ist Alter? Ein Mensch ist so alt wie seine Stammzellen, in: Staudinger, U.M., Häfner, H. (Eds.), Was ist Alter(n)? Springer, Heidelberg, 33–46.

Hötting, K., Reich, B., Holzschneider, K., Kauschke, K., Schmidt, T., Reer, R., Braumann, K.M., Röder, B. 2011, Differential cognitive effects of cycling versus stretching/coordination training in middle-aged adults. Health Psychol. 31, 145–155.

Hooker, K., McAdams, D.P., 2003. Personality reconsidered: a new agenda for aging research. J. Gerontol. B Psychol. Sci. Soc. Sci. 58, 296–304.

Hottenrott, K., Hoos, O., 2013. Sportmotorische Fähigkeiten und sportliche Leistungen – Trainingswissenschaft, in: Krüger, M., Güllich, A. (Eds.), Sport – Das Lehrbuch für das Sportstudium. Springer Verlag, Berlin, 439–500.

Hultsch, D.F., Strauss, E., Hunter, M.A., MacDonald, S.W.S., 2007. Intraindividual variability, cognition, and aging. in: Craik, F.I.M. & Salthouse, T.A. (Eds.), The handbook of aging and cognition. Psychology Press, New York, NY, 491–556.

Ingersoll-Dayton, B., Antonucci, T.C., 1988. Reciprocal and nonreciprocal social support: contrasting sides of intimate relationships. J.Gerontol. 43, S65–S73.

Ivemeyer, D., Zerfaß, R., 2002. Demenztests in der Praxis: ein Wegweiser. Urban & Fischer, München.

Jackson, J.J., Hill, P.L., Payne, B.R., Roberts, B.W., Stine-Morrow, E.A., 2012. Can an old dog learn (and want to experience) new tricks? Cognitive training increases openness to experience in older adults. Psychol.Aging. 27, 286.

Jahn, D.R., Cukrowicz, K.C., 2012. Self-rated health as a moderator of the relation between functional impairment and depressive symptoms in older adults. Aging Ment. Health. 16, 281–287.

Jazwinski, S.M., 1996. Longevity, Genes, and Aging. Science. 273, 54–59.

Jette, A.M., Branch, L.G., Berlin, J., 1990. Musculoskeletal impairments and physical disablement among the aged. J. Gerontol. 45, M203–M208.

Johnson, N.F., Kim, C., Clasey, J.L., Bailey, A., Gold, B.T., 2012. Cardiorespiratory fitness is positively correlated with cerebral white matter integrity in healthy seniors. NeueoImage 59, 1514–1523.

Johnson, M.H., de Haan, M., 2011. Developmental Cognitive Neuroscience, 3rd Edition ed. Wiley-Blackwell.

Kaasinen, V., Vilkman, H., Hietala, J., Någren, K., Helenius, H., Olsson, H., 2000. Age-related dopamine D2/D3 receptor loss in extrastriatal regions of the human brain. Neurobiol. Aging. 21, 683–688.

Kalbe, E., Kessler, J., 2009. Gerontopsychologie – Grundlagen und Pathologie, in: Sturm, W., Herrmann, M., Münte, T.F. (Eds.), Lehrbuch der Klinischen Neuropsychologie. Spektrum, Heidelberg, 789–819.

Kandel, E., Schwartz, J., Jessell, T., 2012. Neurowissenschaften: Eine Einführung. Spektrum Akademischer Verlag Gmbh, Heidelberg.

Karbach, J., Kray, J., 2009. How useful is executive control training? Age differences in near and far transfer of task switching training. Dev. Sci 12, 978–990.

Kattenstroth, J.C., Kalisch, T., Holt, S., Tegenthoff, M., Dinse, H.R., 2013. Six months of dance intervention enhances postural, sensorimotor, and cognitive performance in elderly without affecting cardio-respiratory functions. Front. Aging Neurosci. 5, 5.

Kattenstroth, J.C., Kolankowska, I., Kalisch, T., Dinse, H.R., 2010. Superior sensory, motor, and cognitive performance in elderly individuals with multi-year dancing activities. Front. Aging Neurosci. 2, pii: 31.

Kawai, N., Kubo-Kawai, N., Kubo, K., Terazawa, T., Masataka, N., 2012. Distinct aging effects for two types of inhibition in older adults: a near-infrared spectroscopy study on the Simon task and the flanker task. Neuroreport. 23, 819–824.

Kern, M.L., Friedman, H.S., 2008. Do conscientious individuals live longer? A quantitative review. Health Psychol. 27, 505.

Kessler, E.M., Kruse, A., Staudinger, U.M., 2010. Produktivität durch eine lebensspannenorientierte Konzeption von Altern in Unternehmen, in: Kruse, A. (Ed.). Potenziale im Altern. Chancen und Aufgaben für Individuum und Gesellschaft. Akademische Verlagsgesellschaft, Heidelberg, 271–284.

Kessler, E.M., Staudinger, U.M., 2007. Intergenerational potential: Effects of social interaction between older adults and adolescents. Psychol. Aging. 22, 690–704.

Kessler, J., Calabrese, P., Kalbe, E., Berger, F., 2000. DemTect: ein neues Screening-Verfahren zur Unterstützung der Demenzdiagnostik. Psycho. 26, 343–347.

Ketcham, C.J., Stelmach, G.E., 2001. Age-related declines in motor control, in: Birren, J.E., Schaie, K.W. (Eds.) Handbook of the Psychology of Aging. Academic Pr., San Diego.

Klein, R.M., 2000. Inhibition of return. Trends Cogn. Sci. 4, 138–147.

Kliegel, M., Ramuschkat, G., Martin, M., 2003. Executive functions and prospective memory performance in old age: an analysis of event-based and time-based prospective memory. Z. Gerontol. Geriatr. 36, 35–41.

Kliegl, R., Smith, J., Baltes, P.B., 1989. Testing-the-limits and the study of adult age differences in cognitive plasticity of a mnemonic skill. Dev. Psych. 25, 247–256.

Kohli, M., Künemund, H., Motel, A., Szydlik, M., 2000. Families apart? Intergenerational transfers in East and West Germany, in: Arber, S., Attias-Donfut, C. (Eds.) The myth of generational conflict: Family and state in ageing societies. Routledge, London. 88–99.

Kopelman, M.D., 1985. Multiple memory deficits in Alzheimer-type dementia: implications for pharmacotherapy. Psychol.Med. 15, 527–541.

Kramer, A.F., Hahn, S., Gopher, D., 1999. Task coordination and aging: Explorations of executive control processes in the task switching paradigm. Acta Psychol. 101, 339–378.

Krampe, R.T., 1994. Maintaining excellence: Cognitive-motor performance in pianists differing in age and skill level. edition sigma, Berlin.

Kubeck, J.E., Delp, N.D., Haslett, T.K., McDaniel, M.A., 1996. Does job-related training performance decline with age? Psychol. Aging. 11, 92–107.

Kühl, K.P., Baltes, M.M., 1988. Zur testpsychologischen Diagnostik der Demenz: Aspekte traditioneller Vorgehensweisen und der „Testing-the-Limits"-Ansatz. Zeitschrift f. Gerontopsychologie und -psychiatrie 1, 83–93.

Künemund, H., 2012. Ehrenamt und bürgerschaftliches Engagement. Vortrag beim Deutschen Zentrum für Altersfragen, Berlin.

Künemund, H., Schupp, J., 2008. Konjunkturen des Ehrenamts – Diskurse und Empirie, in: Erlinghagen, M., Hank, K. (Eds.), Produktives Altern und informelle Arbeit in modernen Gesellschaften. Theoretische Perspektiven und empirische Befunde. VS Verlag für Sozialwissenschaften, Wiesbaden, 145–163.

Künemund, H., Hollstein, B., 2000. Soziale Beziehungen und Unterstützungsnetzwerke. Springer, Berlin Heidelberg.

Kunz, R., 2002. Palliative Medizin für ältere Menschen, Schweiz Med Forum, 5, 100–105.

Kunzmann, U., Grühn, D., 2005. Age differences in emotional reactivity: the sample case of sadness. Psychol. Aging. 20, 47.

Kunzmann, U., Richter, D., Schmukle, S.C., 2013. Stability and change in affective experience across the adult life span: Analyses with a national sample from Germany. Emotion. 13, 1086.

Kwok, T.C., Lam, K.C., Wong, P.S., Chau, W.W., Yuen, K.S., Ting, K.T., Chung, E.W., Li, J.C., Ho, F.K., 2011. Effectiveness of coordination exercise in improving cognitive function in older adults: a prospective study. Clin. Interv. Aging. 6, 261 – 267.

Labouvie-Vief, G., 2003. Dynamic Integration Affect, Cognition, and the Self in Adulthood. Curr. Dir. Psychol. Sci. 12, 201 – 206.

Labouvie-Vief, G., Grühn, D., Studer, J., 2010. Dynamic Integration of Emotion and Cognition: Equilibrium Regulation in Development and Aging, in: Lerner, R.M., Lamb, M.E., Freund, A.M. (Eds.), The Handbook of Life-Span Development, Vol. 2, Social and Emotional Development. John Wiley & Sons, Inc., Hoboken, 79 – 115.

Lam, L.C., Chau, R., Wong, B.M., Fung, A.W., Lui, V.W., Tam, C.C., Chan, W.M., 2011. Interim follow up of a randomized controlled trial comparing Chinese style mind body (Tai Chi) and stretching exercises on cognitive function in subjects at risk of progressive cognitive decline. Int. J. Ger. Psy. 26, 733 – 740.

Lang, F.R., Staudinger, U.M., Carstensen, L.L., 1998. Perspectives on socioemotional selectivity in late life: how personality and social context do (and do not) make a difference. 53, P21 – P30.

Lee, D.C., Sui, X., Artero, E.G., Lee, I.M., Church, T.S., McAuley, P.A., Stanford, F.C., Kohl, H.W., 3rd, Blair, S.N., 2011. Long-term effects of changes in cardiorespiratory fitness and body mass index on all-cause and cardiovascular disease mortality in men: The Aerobics Center Longitudinal Study. Circulation. 124, 2483 – 2490.

Leonhart, R., 2008. Psychologische Methodenlehre/Statistik. Ernst Reinhardt-Verlag, München, Basel.

Lerner, R.M., 1998. Completing the Construction of the Life Span. Human Development. 41, 288 – 294.

Lerner, R.M., Overton, W.F., 2010. The Handbook of Life-Span Development: Cognition, Biology, and Methods.

Li, S.C., Schmiedek, F., Huxhold, O., Röcke, C., Smith, J., Lindenberger, U., 2008. Working memory plasticity in old age: practice gain, transfer, and maintenance. Psychol. Aging. 23, 731.

Lien, M., Allen, P.A., Ruthruff, E., Grabbe, J., McCann, R.S., Remington, R.W., 2006. Visual word recognition without central attention: Evidence for greater automaticity with advancing age. Psychol. Aging. 21, 431.

Linden, M., Kurtz, G., Baltes, M.M., Geiselmann, B., Lang, F.R., Reischies, F.M., Helmchen, H., 1998. Depression bei Hochbetagten. Ergebnisse der Berliner Altersstudie. Nervenarzt. 69, 27 – 37.

Lindenberger, U., Marsiske, M., Baltes, P.B., 2000. Memorizing while walking: increase in dual-task costs from young adulthood to old age. Psychol.Aging. 15, 417 – 436.

Lindenberger, U., 2001. Lifespan theories of cognitive development, in: Anonymous, International encyclopedia of the social and behavioral sciences. Elsevier Science, 8848 – 8854.

Lipinska, B., Bäckman, L., Herlitz, A., 1992. When Greta Garbo is easier to remember than Stefan Edberg: Influences of prior knowledge on recognition memory in Alzheimer's disease. Psychol. Aging. 7, 214.

Liu-Ambrose, T., Nagamatsu, L.S., Voss, M.W., Khan, K.M., Handy, T.C., 2012. Resistance training and functional plasticity of the aging brain: a 12-month randomized controlled trial. 33, 1690 – 1698.

Lustig, C., Shah, P., Seidler, R., Reuter-Lorenz, P.A., 2009. Aging, training, and the brain: a review and future directions. Neuropsychol. Rev. 19, 504–522.

MacDonald, S.W.S., Hultsch, D.F., Dixon, R.A., 2003. Performance Variability Is Related to Change in Cognition: Evidence from the Victoria Longitudinal Study. Psych & Aging 18, 510–523.

MacDonald, S.W.S, Nyberg, L., Bäckman, L., 2006. Intra-individual variability in behavior: links to brain structure, neurotransmission and neuronal activity. Trends in Neurosciences. 29, 474–480.

Mammen, G., Faulkner, G., 2013, Physical activity and the prevention of depression: a systematic review of prospective studies. Am. J. Prev. Med., 45, 649–657.

Marks, B.L., Katz, L.M., Styner, M., Smith, J.K., 2011. Aerobic fitness and obesity: relationship to cerebral white matter integrity in the brain of active and sedentary older adults. Br. J. Sports Med. 45, 1208–1215.

Marks, B.L., Madden, D.J., Bucur, B., Provenzale, J.M., White, L.E., Cabeza, R., Huettel, S.A., 2007. Role of aerobic fitness and aging on cerebral white matter integrity, 171–174.

Mars, G.M., Proot, I.M., Janssen, P.P., Van Eijk, J.Th.M., Kempen, G.I., 2007. How do people with COPD or diabetes type 2 experience autonomy? An exploratory study. Disabil. Rehabil. 29, 485–493.

Masunaga, H., Horn, J., 2001. Expertise and age-related changes in components of intelligence. Psychol. Aging. 16, 293–311.

Mather, M., Canli, T., English, T., Whitfield, S., Wais, P., Ochsner, K., Gabrieli, J.D., Carstensen, L.L., 2004. Amygdala responses to emotionally valenced stimuli in older and younger adults. Psychol. Sci. 15, 259–263.

Mather, M., Carstensen, L.L., 2003. Aging and attentional biases for emotional faces. Psychol. Sci. 14, 409–415.

Mather, M., Carstensen, L.L., 2005. Aging and motivated cognition: the positivity effect in attention and memory. Trends Cogn. Sci. 9, 496–502.

Mather, M., Knight, M., 2005. Goal-directed memory: the role of cognitive control in older adults' emotional memory. Psychol. Aging. 20, 554.

Mayer, J.D., Salovey, P., 1997. What is emotional intelligence?, in: Salovey, P., Sluyter, D.J. (Eds.), Emotional development and emotional intelligence. Basic Books, New York.

Mazza, M., Pomponi, M., Janiri, L., Bria, P., Mazza, S., 2007. Omega-3 fatty acids and antioxidants in neurological and psychiatric diseases: an overview. Prog. Neuro-Psychopharmacol. Biol. Psychiatry. 31, 12–26.

McAuley, E., Rudolph, D.L., 2010. Physical activity, aging, and psychological well-being. J Aging Phys. Activity JAPA, 3, 67–96.

McCoy, S.L., Tun, P.A., Cox, L.C., Colangelo, M., Stewart, R.A., Wingfield, A., 2005. Hearing loss and perceptual effort: Downstream effects on older adults' memory for speech. J. Exp. Psych. A. 58, 22–33.

McCrae, R.R., Costa Jr., P.T., 1999. A five-factor theory of personality. 2, Handbook of Personality: Theory and Research. 139–153.

McEvoy, G.M., Cascio, W.F., 1989. Cumulative evidence of the relationship between employee age and job performance. J. Appl. Psych. 74, 11–17.

McKitrick, L.A., Camp, C.J., Black, F.W., 1992. Prospective memory intervention in Alzheimer's disease. J. Gerontol. 47, 337–343.

Mensink, G., 2002, Körperliches Aktivitätsverhalten in Deutschland. in: Samitz, G., Mensink, G. (Eds.) Körperliche Aktivität in Prävention und Therapie. Hans Marseille Verlag, München, 35–44.

Milham, M.P., Erickson, K.I., Banich, M.T., Kramer, A.F., Webb, A., Wszalek, T., Cohen, N.J., 2002. Attentional control in the aging brain: insights from an fMRI study of the stroop task. Brain Cogn. 49, 277–296.

Miyake, A., Friedman, N.P., Emerson, M.J., Witzki, A.H., Howerter, A., Wager, T.D., 2000. The unity and diversity of executive functions and their contributions to complex "Frontal Lobe" tasks: a latent variable analysis. Cogn. Psychol. 41, 49–100.

Möller, J., 1999. Sport im Alter. Auswirkungen sportlicher Betätigung auf die Gesundheit Erwachsener ab 50 Jahren: eine Meta-Analyse, Sportwissenschaft 29, 440–454.

Mora, F., Segovia, G., del Arco, A., 2007. Aging, plasticity and environmental enrichment: structural changes and neurotransmitter dynamics in several areas of the brain. Brain Res. Rev. 55, 78–88.

Morrell, R.W., Park, D.C., 1993. The effects of age, illustrations, and task variables on the performance of procedural assembly tasks. Psychol. Aging. 8, 389.

Morrow, D.G., Hier, C.M., Menard, W.E., Leirer, V.O., 1998. Icons improve older and younger adults' comprehension of medication information. J. Gerontol. B Psychol. Sci. Soc. Sci. 53, P240–P254.

Morrow, D.G., Leirer, V.O., Andrassy, J.M., Tanke, E.D., Stine-Morrow, E.A., 1996. Medication instruction design: younger and older adult schemas for taking medication. Hum. Factors. 38, 556–573.

Mõttus, R., Johnson, W., Deary, I.J., 2012. Personality traits in old age: measurement and rank-order stability and some mean-level change. Psychol. Aging. 27, 243.

Mroczek, D.K., Spiro III, A., Griffin, P.W., 2006. Personality and Aging, in: Birren, J.E. & Schaie, K.E. (Ed.), Handbook oft he Psychology of Aging. Elsevier, San Diego, CA.

Mühlig-Versen, A., Bowen, C.E., Staudinger, U.M., 2012. Personality plasticity in later adulthood: Contextual and personal resources are needed to increase openness to new experiences. Psychol.Aging. 27, 855.

Müller, T., Paterok, B., 2010. Schlaf erfolgreich trainieren: ein Ratgeber zur Selbsthilfe. Hogrefe, Göttingen.

Münte, T.F., 2009. Neuropsychologische Defizite bei Demenzerkrankungen, in: Sturm, W., Herrmann, M., Münte, T.F. (Eds.), Lehrbuch der Klinischen Neuropsychologie. Spektrum, Heidelberg, 726–750.

Murphy, D.R., Craik, F.I., Li, K.Z., Schneider, B.A., 2000. Comparing the effects of aging and background noise of short-term memory performance. Psychol. Aging. 15, 323.

Nagamatsu, L.S., Handy, T.C., Hsu, C.L., Voss, M., Liu-Ambrose, T., 2012. Resistance training promotes cognitive and functional brain plasticity in seniors with probable mild cognitive impairment. Arch. Intern. Med. 172, 666–668.

Natale, B., Wohlrab, D., Förtsch, B., Förstl, H., Kurz, A., Diehl-Schmid, J., 2011. Alzheimer-Demenz mit präsenilem Beginn – Besonderheiten in Diagnostik, Therapie und Management, in: Förstl, H. (Ed.), Demenzen in Theorie und Praxis. Springer, Berlin Heidelberg, 73–92.

Neider, M.B., Gaspar, J.G., McCarley, J.S., Crowell, J.A., Kaczmarski, H., Kramer, A.F., 2011. Walking and talking: dual-task effects on street crossing behavior in older adults. Psychol.Aging. 26, 260.

Ng, T.W., Feldman, D.C., 2008. The relationship of age to ten dimensions of job performance. J. Appl. Psychol. 93, 392–423.

Niemann, C., Godde, B., Staudinger, U.M., Voelcker-Rehage, C., 2014a. Exercise-induced changes in basalganglia volume and cognition in older adults. Neurosci. 281, 147–163.

Niemann, C., Godde, B., Voelcker-Rehage, C., 2014 b. Not only cardio vascular, but also coordinative exercise increases hippocampal volume in older adults. Front. Aging Neurosci. 6.

Niklewski, G., 2006. Depressive Störungen, in: Günnewig, T., Erbguth, F. (Eds.), Praktische Neurogeriatrie. Kohlhammer, Stuttgart, 535–542.

Nilsson, L. G., Nilsson, E., 2009. Overweight and cognition. Scand. J. Psych. 50, 660–667.

Nishida, C., Uauy, R., Kumanyika, S., Shetty, P., 2004. The joint WHO/FAO expert consultation on diet, nutrition and the prevention of chronic diseases: process, product and policy implications. Public Health Nutr. 7, 245–250.

Notthoff, N., Carstensen, L. L., 2014, Positive messaging promotes walking in older adults. Psychol. Aging 29, 329–341.

Nowlan, J. S., Wuthrich, V. M., Rapee, R. M., 2015. Positive reappraisal in older adults: a systematic literature review. Aging Ment. Health. 19, 475–484.

Nyberg, L., Marklund, P., Persson, J., Cabeza, R., Forkstam, C., Petersson, K. M., Ingvar, M., 2003 a. Common prefrontal activations during working memory, episodic memory, and semantic memory. Neuropsychologia. 41, 371–377.

Nyberg, L., Sandblom, J., Jones, S., Neely, A. S., Petersson, K. M., Ingvar, M., Backman, L., 2003 b. Neural correlates of training-related memory improvement in adulthood and aging. Proc. Natl. Acad. Sci. U.S.A. 100, 13728–13733.

Ohayon, M. M., Carskadon, M. A., Guilleminault, C., Vitiello, M. V., 2004. Meta-analysis of quantitative sleep parameters from childhood to old age in healthy individuals: developing normative sleep values across the human lifespan. Sleep. 27, 1255–1273.

Olk, B., Kingstone, A., 2009. A new look at aging and performance in the antisaccade task: the impact of response selection. Eur. J. Cogn. Psych. 21, 406–427.

Olk, B., Kingstone, A., 2015. Attention and ageing: Measuring effects of involuntary and voluntary orienting in isolation and in combination. Br. J. Psychol. 106, 235–252.

Oltmanns, J., Godde, B., Staudinger, U., 2014. Don't lose your brain at work. Task-mobility is associated with greater brain volume in frontal and striatal regions. Gerontologist. 54, 144–144.

Ostendorf, F., Angleitner, A., 2004, NEO-PI-R – NEO Persönlichkeitsinventar nach Costa und McCrae – Revidierte Fassung (PSYNDEX Tests Review). Hogrefe, Göttingen.

Oswald, W. D., Fleischmann, U. M., 1995. Nürnberger-Alters-Inventar (NAI). Hogrefe, Göttingen.

Owen, A. M., Hampshire, A., Grahn, J. A., Stenton, R., Dajani, S., Burns, A. S., Howard, R. J., Ballard, C. G., 2010. Putting brain training to the test. Nature Biotechnol. 465, 775–778.

Ozkaya, G. Y., Aydin, H., Toraman, F. N., Kizilay, F., Ozdemir, O., Cetinkaya, V., 2005, Effect of strength and endurance training on cognition in older people. J. Sports Sci. Med. 4, 300–313.

Park, D. C., Lodi-Smith, J., Drew, L., Haber, S., Hebrank, A., Bischof, G. N., Aamodt, W. 2014, The impact of sustained engagement on cognitive function in older adults: the Synapse Project. Psychol. Sci., 25, 103–112.

Park, D. C., Polk, T. A., Park, R., Minear, M., Savage, A., Smith, M. R., 2004. Aging reduces neural specialization in ventral visual cortex. Proc. Natl. Acad. Sci. U.S.A. 101, 13091–13095.

Park, D. C., Reuter-Lorenz, P. A., 2009. The adaptive brain: aging and neurocognitive scaffolding. Annu. Rev. Psychol. 60, 173–196.

Pate, R.R., Pratt, M., Blair, S.N., Haskell, W.L., Macera, C.A., Bouchard, C., Buchner, D., Ettinger, W., Heath, G.W., King, A.C., 1995. Physical activity and public health: a recommendation from the Centers for Disease Control and Prevention and the American College of Sports Medicine. JAMA. 273, 402–407.

Penven, D., Teske, D., Tomczak, J., 2012. The BIAdata Base Project.

Persson, J., Reuter-Lorenz, P.A., 2008. Gaining control: training executive function and far transfer of the ability to resolve interference. Psychol. Sci. 19, 881–888.

Peters, A., 2002. Structural changes that occur during normal aging of primate cerebral hemispheres. Neurosci. Biobehav. Rev. 26, 733–741.

Petersen, R.C., Stevens, J.C., Ganguli, M., Tangalos, E.G., Cummings, J.L., DeKosky, S.T., 2001. Practice parameter: early detection of dementia: mild cognitive impairment (an evidence-based review). Report of the Quality Standards Subcommittee of the American Academy of Neurology. Neurology. 56, 1133–1142.

Phillips, L.H., Kliegel, M., Martin, M., 2006. Age and planning tasks: the influence of ecological validity. Int. J. Aging Hum. Dev. 62, 175–184.

Pinquart, M., 2001a. Age differences in perceived positive affect, negative affect, and affect balance in middle and old age. 2, 375–405.

Pinquart, M., 2001b. Correlates of subjective health in older adults: a meta-analysis. Psychol. Aging. 16, 414.

Platt, D., 1991. Alternstheorien, in: Platt, D. (Ed.), Biologie des Alterns. de Gruyter, Berlin, 7–21.

Prinzinger, R., 1990. Lebensalter und physiologische Zeit – der feine Unterschied. Betrachtungen zur Begrenzung der Lebenszeit aus der Sicht eines Stoffwechselphysiologen. In: Lebensenergie, EKH Heft 1, 51–60.

Raz, N., Ghisletta, P., Rodrigue, K.M., Kennedy, K.M., Lindenberger, U., 2010. Trajectories of brain aging in middle-aged and older adults: regional and individual differences. Neuroimage. 51, 501–511.

Raz, N., Gunning, D., Head, D., Dupuis, J.H., Acker, J.D., 1998. Neuroanatomical correlates of cognitive aging: evidence from structural magnetic resonance imaging. Neuropsychology. 12, 95–114.

Raz, N., Rodrigue, K.M., 2006. Differential aging of the brain: patterns, cognitive correlates and modifiers. Neurosci. Biobehav. Rev. 30, 730–748.

Raz, N., Rodrigue, K.M., Acker, J.D., 2003. Hypertension and the brain: vulnerability of the prefrontal regions and executive functions. Behav. Neurosci. 117, 1169–1180.

Reed, A.E., Carstensen, L.L., 2012. The theory behind the age-related positivity effect. 3.

Reeves, S., Bench, C., Howard, R., 2002. Ageing and the nigrostriatal dopaminergic system. Int. J. Geriatr. Psychiatry. 17, 359–370.

Reuter, E.M., Voelcker-Rehage, C., Vieluf, S., Godde, B., 2012. Touch perception throughout working life: effects of age and expertise. Exp. Brain Res. 216, 287–297.

Reuter-Lorenz, P.A., Lustig, C., 2005. Brain aging: reorganizing discoveries about the aging mind. Curr. Opin. Neurobiol. 15 (2), 245–251.

Robert-Koch-Institut, Hrsg., 2010. Gesundheitsberichterstattung des Bundes. Daten und Fakten: Ergebnisse der Studie „Gesundheit in Deutschland aktuell 2009".

Robert-Koch-Institut, 2002. Gesundheit im Alter. Gesundheitsberichterstattung des Bundes. 10.

Roberts, B.W., 1997. Plaster or plasticity: are adult work experiences associated with personality change in women? J. Pers. 65, 205–232.

Roberts, B.W., DelVecchio, W.F., 2000. The rank-order consistency of personality traits from childhood to old age: a quantitative review of longitudinal studies. Psychol. Bull. 126, 3.

Roberts, B.W., Walton, K.E., Viechtbauer, W., 2006. Personality traits change in adulthood: reply to Costa and McCrae. Psychol. Bull. 132, 29–32.

Robins, R.W., Trzesniewski, K.H., Tracy, J.L., Gosling, S.D., Potter, J., 2002. Global self-esteem across the life span. Psychol. Aging. 17, 423.

Rösler, A., Billino, J., Kleinschmidt, A., Steinmetz, H., 2004. Neuropsychologische Diagnostik und kognitive Profile bei Demenzerkrankungen. 31, 490–497.

Rossi, S., Miniussi, C., Pasqualetti, P., Babiloni, C., Rossini, P.M., Cappa, S.F., 2004. Age-related functional changes of prefrontal cortex in long-term memory: a repetitive transcranial magnetic stimulation study. J. Neurosci. 24, 7939–7944.

Roth, M., Huppert, F.A., Tym, E., Mountjoy, C.Q., 1994. CAMDEX – The Cambridge Examination for Mental disorders of the elderly. Hogrefe Testzentrale, Göttingen.

Rowe, J.W., Kahn, R.L., 1998. Successful aging. Pantheon Books, New York.

Royall, D.R., Lauterbach, E.C., Cummings, J.L., Reeve, A., Rummans, T.A., Kaufer, D.I., LaFrance, J., Curt, W., Coffey, C.E., 2002. Executive control function: a review of its promise and challenges for clinical research. A report from the Committee on Research of the American Neuropsychiatric Association. J. Neuropsychiatry Clin. Neurosci. 14, 377–405.

Rubin, D.C., Rahhal, T.A., Poon, L.W., 1998. Things learned in early adulthood are remembered best. Mem.Cognit. 26, 3–19.

Rubner, M., 1908. Das Problem der Lebensdauer und seine Beziehungen zu Wachstum und Ernährung. Verlag R. Oldenburg, München.

Salthouse, T.A., 1991. Theoretical perspectives on cognitive aging. Lawrence Erlbaum Associates, Hillsdale, New Jersey.

Schaefer, S., Schumacher, V., 2011. The interplay between cognitive and motor functioning in healthy older adults: findings from dual-task studies and suggestions for intervention. Gerontology. 57, 239–246.

Schaie, K.W., 1996. Intellectual development in adulthood. In: Handbook of the Psychology of Aging 4, 266–286.

Schaie, K.W., Baltes, P.B., 1996. Intellectual development in adulthood: the seattle longitudinal study. Cambridge University Press, Cambridge.

Schaie, K.W., 2005. Developmental influences on adult intelligence: The Seattle longitudinal study, Oxford University Press, New York.

Schmidt, R.F., Lang, F. & Heckmann, M. (2011). Physiologie des Menschen. Springer, Berlin Heidelberg.

Schmidt, R.F., Unsicker, K., Birbaumer, N., 2003. Lehrbuch Vorklinik: integrierte Darstellung in vier Teilen. Dt. Ärzte-Verl., Köln.

Schmiedek, F., Lovden, M., Lindenberger, U., 2010. Hundred Days of Cognitive Training Enhance Broad Cognitive Abilities in Adulthood: Findings from the COGITO Study. Front. Aging Neurosci. 2, 27.

Schneider, W., Lindenberger, U., 2012. Entwicklungspsychologie.

Schooler, C., 1990. Psychosocial factors and effective cognitive functioning in adulthood, in: Schaie, K.W. (Ed.), Handbook of the psychology of aging. Academic Press, San Diego, 347–358.

Seidler, R.D., Bernard, J.A., Burutolu, T.B., Fling, B.W., Gordon, M.T., Gwin, J.T., Kwak, Y., Lipps, D.B., 2010. Motor control and aging: links to age-related brain structural, functional, and biochemical effects. Neurosci. Biobehav. Rev. 34, 721–733.

Settersten, R.A., Mayer, K.U., 1997. The measurement of age, age structuring, and the life course. Ann. Rev. Soc. 23, 233–261.

Shumway-Cook, A., Woollacott, M.H., 2001. Motor control: theory and practical applications. Lippincott Williams & Wilkins, Philadelphia.

Singer, T., Lindenberger, U., Baltes, P.B., 2003. Plasticity of memory for new learning in very old age: a story of major loss? Psychol. Aging. 18, 306.

Sjösten, N., Kivelä, S.L., 2006. The effects of physical exercise on depressive symptoms among the aged: a systematic review. Int. J. Geriatr. Psychiatry 21, 410–418.

Sofi, F., Valecchi, D., Bacci, D., Abbate, R., Gensini, G.F., Casini, A., 2011. Physical activity and risk of cognitive decline: a meta-analysis of prospective studies. J. Intern. Med. 269, 107–177.

Spirduso, W.W., Francis, K.L., MacRae, P.G., 2005. Physical Dimensions of Aging. Human Kinetics, Champaign, IL.

Squire, L.R., 2004. Memory systems of the brain: a brief history and current perspective. Neurobiol. Learn. Mem. 82, 171–177.

Statistisches Bundesamt, o.J. Durchschnittliche weitere Lebenserwartung nach Altersstufen 1871–81 bis 2010–12, www.destatis.de/DE/ZahlenFakten/GesellschaftStaat/Bevoelkerung/Bevoelkerung.html (2.2.2016)

Staub, B., Doignon-Camus, N., Després, O., Bonnefond, A., 2013. Sustained attention in the elderly: What do we know and what does it tell us about cognitive aging? Ageing Res. Rev. 12, 459–468.

Staudinger, U.M., 1990. Lebensrückblick: Ein Weg zur Weisheit? Psychologie Heute 17, 60–64.

Staudinger, U.M., 1996. Wisdom and the social-interactive foundation of the mind. in: Baltes, P.B., Staudinger, U.M. (Eds.), Interactive Minds: Life-span perspectives on the social foundation of cognition. Cambridge University Press, New York, 276–315.

Staudinger, U.M., 2008. Produktives Leben im Alter. in: Petermann, F., Schneider, W. (Eds.), Enzyklopädie der Psychologie Vol. 7. Hogrefe, Göttingen, 885–915.

Staudinger, U.M., Godde, B., Heidemeier, H., Kudielka, B.M., Schömann, K., Stamov-Rossnagel, C., Voelcker-Rehage, C., Voelpel, S., 2011. Betriebliche Herausforderungen des demografischen Wandels meistern: Eine Frage der Passung. Ergebnisse des „demopass" Projektes. Bertelsmann, Bielefeld.

Staudinger, U.M., Marsiske, M., Baltes, P.B., 1993. Resilience and levels of reserve capacity in later adulthood: Perspectives from life-span theory. Dev. Psychopath. 5, 541–566.

Steel, P., Schmidt, J., Shultz, J., 2008. Refining the relationship between personality and subjective well-being. Psychol. Bull. 134, 138.

Steinhagen-Thiessen, E., Borchelt, M., 1996. Morbidität, Medikation und Funktionalität im Alter, in: Mayer, K.U., Baltes, P.B. (Eds.), Die Berliner Altersstudie. Akademie Verlag, Berlin, 151–183.

Stone, A.A., Schwartz, J.E., Broderick, J.E., Deaton, A., 2010. A snapshot of the age distribution of psychological well-being in the United States. Proc. Natl. Acad. Sci. U.S.A. 107, 9985–9990.

Stoppe, G., 2007. Demenz: Diagnostik, Beratung, Therapie. Ernst Reinhardt, München Basel.

Stroop, J.R., 1935. Studies of interference in serial verbal reactions. J. Exp. Psychol. 18, 643.

Stuart, M., Turman, A.B., Shaw, J., Walsh, N., Nguyen, V., 2003. Effects of aging on vibration detection thresholds at various body regions. BMC Geriatr. 3.

Stuss, D.T., Alexander, M.P., 2000. Executive functions and the frontal lobes: a conceptual view. Psychol.Res. 63, 289–298.

Sunderland, T., Hill, J.L., Mellow, A.M., Lawlor, B.A., Gundersheimer, J., Newhouse, P.A., Grafman, J.H., 1989. Clock drawing in Alzheimer's disease. A novel measure of dementia severity. J. Am. Geriatr. Soc. 37, 725–729.

Sze, J.A., Goodkind, M.S., Gyurak, A., Levenson, R.W., 2012. Aging and emotion recognition: Not just a losing matter. Psychol. Aging. 27, 940.

Taulbee, L.R., Folsom, J.C., 1966. Reality orientation for geriatric patients. Hosp. Community Psychiatry. 17, 133–135.

Taylor, D.H., Hasselblad, V., Henley, S.J., Thun, M.J., Sloan, F.A., 2002. Benefits of smoking cessation for longevity. Am. J. Public Health. 92, 990–996.

Thalmann, B., Monsch, A.U., Bernasconi, F., Schneitter, M., Aebi, C., Camachova-Davet, Z., Stähelin, H.B., 2000. The CERAD Neuropsychological Assessment Battery (CERAD-NAB) – A Minimal Data Set as a Common Tool for German-speaking Europe. International Conference on Alzheimer Disease and Related Disorders.

Toga, A.W., Mazziotta, J.C., 2002. Brain Mapping: The Methods. Academic Press, San Diego.

Torres, S.J., Lautenschlager, N.T., Wattanapenpaiboon, N., Greenop, K.R., Beer, C., Flicker, L., Alfonso, H., Nowson, C.A., 2012. Dietary patterns are associated with cognition among older people with mild cognitive impairment. Nutrients. 4, 1542–1551.

Trautmann, M., Voelcker-Rehage, C., Godde, B., 2011. Alter und Altern im Kontext der Arbeit, in: Staudinger, U.M., Godde, B., Heidemeier, H., Kudielka, B.M., Schömann, K., Stamov-Rossnagel, C., Voelcker-Rehage, C., Voelpel, S. (Eds.), Betriebliche Herausforderungen des demografischen Wandels meistern: Eine Frage der Passung Ergebnisse des „demopass" Projektes. W. Bertelsmann, Bielefeld, 17–36.

Trautner, H.M., 1978. Lehrbuch der Entwicklungspsychologie, Göttingen, Hogrefe.

Troyer, A.K., Häfliger, A., Cadieux, M.J., Craik, F.I., 2006. Name and facelearning in older adults: effects of level of processing, self-generation, and intention to learn. 61, 67–74.

Tulving, E., 1983. Elements of episodic memory. Clarendon Press; Oxford University Press, Oxford Oxfordshire; New York.

Turiano, N.A., Chapman, B.P., Gruenewald, T.L., Mroczek, D.K., 2015. Personality and the leading behavioral contributors of mortality. Health Psych. 34, 51.

Unverzagt, F.W., McClure, L.A., Wadley, V.G., Jenny, N.S., Go, R.C., Cushman, M., Kissela, B.M., Kelley, B.J., Kennedy, R., Moy, C.S., Howard, V., Howard, G., 2011. Vascular risk factors and cognitive impairment in a stroke-free cohort. Neurology. 77, 1729–1736.

Verhaeghen, P., Marcoen, A., Goossens, L., 1992. Improving memory performance in the aged through mnemonic training: a meta-analytic study. Psychol. Aging. 7, 242.

Voelcker-Rehage, C., 2012. Gesundheit. in: Schneider, W., Lindenberger, U. (Eds.), Entwicklungspsychologie, vormals Oerter & Montada, 7. vollständig überarbeitete Auflage, Beltz, Weinheim, 716–732.

Voelcker-Rehage, C., Alberts, J.L., 2005. Age-related changes in grasping force modulation. Exp. Brain Res. 166, 61–70.

Voelcker-Rehage, C., Godde, B., Staudinger, U.M., 2010. Cardiovascular and motor fitness are both related to cognition in old age. Eur. J. Neurosci. 31, 167–176.

Voelcker-Rehage, C., Godde, B., Staudinger, U.M., 2011. Cardiovascular and coordination training differentially improve cognitive performance and neural processing in older adults. Front. Human Neurosci. 5, 26.

Voelcker-Rehage, C., Niemann, C., 2013. Structural and functional brain changes related to different types of physical activity across the life span. Neurosci. Biobehav. Rev. 37, 2268–2295.

Voelcker-Rehage, C., Wiertz, O., 2003. Die Lernfähigkeit sportmotorischer Fertigkeiten im Lichte der Entwicklungspsychologie der Lebensspanne, in: Cachay, K., Kurz, D., Willimczik, K., Zimmermann, E. (Eds.), Bielefelder Reihe. Universität Bielefeld, Bielefeld.

Voelcker-Rehage, C., Reuter, E., Vieluf, S., Godde, B., 2013. Influence of age and expertise on manual dexterity in the work context: The Bremen-Hand-Study @ Jacobs, in: Anonymous Age-differentiated work systems. Springer, Berlin Heidelberg, 391–415.

Voss, M.W., Chaddock, L., Kim, J.S., Vanpatter, M., Pontifex, M.B., Raine, L.B., Cohen, N.J., Hillman, C.H., Kramer, A.F., 2011. Aerobic fitness is associated with greater efficiency of the network underlying cognitive control in preadolescent children. Neurosci. 199, 166–176.

Voss, M.W., Erickson, K.I., Prakash, R.S., Chaddock, L., Malkowski, E., Alves, H., Kim, J.S., Morris, K.S., White, S.M., Wójcicki, T.R., Hu, L., Szabo, A., Klamm, E., McAuley, E., Kramer, A.F., 2010. Functionalconnectivity: a source of variance in the association between cardiorespiratory fitness and cognition? Neuropsychologica. 48, 1394–1406.

Wagner, M., Schütze, Y., Lang, F.R., 1996. Social relationships in old age. in: Baltes, P.B., Mayer, K.U. (Eds.), The Berlin Aging Study: Aging from 70 to 100. Cambridge University Press, Cambridge, 282–301.

Waltz, E.M., 1981. Soziale Faktoren bei der Entstehung und Bewältigung von Krankheit – ein Überblick über die empirische Literatur. in: Soziale Unterstützung und chronische Krankheit. Zum Stand sozialepidemiologischer Forschung. Suhrkamp, Frankfurt. 40–119.

Warr, P., 1994. Age and employment. in: Triandis, H.D., Dunette, M.D., Hough, L.M. (Eds.), Handbook of industrial and organizational psychology. Consulting Psychologists Press, Palo Alto, CA, 485–550.

Wegner, M., Helmich, I., Machado, S., Nardi, A.E., Arias-Carrión, O., Budde, H., 2014. Effects of exercise on anxiety and depression disorders: review of meta-analyses and neurobiological mechanisms. CNS & Neurol. Disorders – Drug Targets, 13, 1002–1014.

Wei, M., Kampert, J.B., Barlow, C.E., Nichaman, M.Z., Gibbons, L.W., Paffenbarger, R.S., Blair, S.N., 1999. Relationship between low cardiorespiratory fitness and mortality in normal-weight, overweight, and obese men. JAMA. 282, 1547–1553.

Weindruch, R., Keenan, K.P., Carney, J.M., Fernandes, G., Feuers, R.J., Floyd, R.A., Halter, J.B., Ramsey, J.J., Richardson, A., Roth, G.S., Spindler, S.R., 2001. Caloric restriction mimetics: metabolic interventions. J. Gerontol. A Biol. Sci. Med. Sci., 56, 20–33

West, R.L., 1996. An application of prefrontal cortex function theory to cognitive aging. Psychol. Bull. 120, 272–292.

Weston, S.J., Jackson, J.J., 2015. Identification of the healthy neurotic: Personality traits predict smoking after disease onset. J Res. Personality 54, 61–69.

Wetzel, M., Huxhold, O., Tesch-Römer, C., 2015. Transition into Retirement Affects Life Satisfaction: Short-and Long-Term Development Depends on Last Labor Market Status and Education. Soc. Indicators Res., 1–19.

Weyer, G., Ihl, R., Schamabach, M., 1992. Alzheimer Disease Assessment Scale.

Weyerer, S., 2005. Gesundheitsberichterstattung des Bundes – Altersdemenz. Robert-Koch-Inst., Berlin.

Whelan, J., 2008. (n-6) and (n-3) Polyunsaturated fatty acids and the aging brain: food for thought. J. Nutr. 138, 2521–2522.

Whitbourne, S., K., Whitbourne, S., 2001. Adult development & aging: biopsychosocial perspectives. Wiley, New York.

WHO, 2006 a. Gesundheit im Schlaglicht: Deutschland 2004.

WHO, 2006 b. The World Health Report 2006 – working together for health.

WHO, 2009. Global health risks: mortality and burden of disease attributable to selected major risks. World Health Organization.

Wilson, R.S., Mendes de Leon, C.F., Bienias, J.L., Evans, D.A., Bennett, D.A., 2004. Personality and mortality in old age. J. Gerontol. B Psychol. Sci. Soc. Sci. 59, P110–116.

Windle, G., Hughes, D., Linck, P., Russell, I., Woods, B., 2010. Is exercise effective in promoting mental well-being in older age? Aging Ment. Health 14, 662–669.

Wingfield, A., Stine-Morrow, E.A., 2000. Language and speech. In: Craik, F.I.M., Salthouse,T.A. (Eds.), The handbook of aging and cognition. Lawrence Erlbaum Associates, New Jersey, 373–443.

Winneke, A.H., Godde, B., Reuter, E.M., Vieluf, S., Voelcker-Rehage, C., 2012. The association between physical activity and attentional control in younger and older middle-aged adults: an ERP study. J. Gen. Psychol. 25, 207–221.

Wollesen, B., Voelcker-Rehage, C., 2013. Training effects on motor-cognitive dual-task performance in older adults. Eur. Rev. Aging Phys. Activity. 11, 5–24.

Yesavage, J.A., Brink, T.L., Rose, T.L., Lum, O., Huang, V., Adey, M., Leirer, V.O., 1983. Development and validation of a geriatric depression screening scale: a preliminary report. J. Psychiatr. Res. 17, 37–49.

Zaudig, M., 1995. Demenz und „leichte kognitive Beeinträchtigung" im Alter: Diagnostik, Früherkennung und Therapie. Huber, Bern.

Zaudig, M., 1999. Die „leichte kognitive Beeinträchtigung" im Alter, in: Müller, W.E. (Ed.), Dementielle Erkrankungen: Erkennen und Behandeln. Lingua Med, Neu-Isenburg, 35–62.

Zaudig, M., 2005. Prodromes and early detection of Alzheimer's disease, in: Maj, M., Lobez-Ibor, J.J., Sartorius, N., Sato, M., Okasha, A. (Eds.), Early Detection and Management of Mental Disorders. Wilex, Chichester, 276–294.

Zaudig, M., 2011. „Leichte kognitive Beeinträchtigung" im Alter, in: Förstl, H. (Ed.), Demenzen in Theorie und Praxis. Springer, Berlin Heidelberg, pp. 25–46.

Zaudig, M., Mittelhammer, J., Hiller, W., Pauls, A., Thora, C., Morinigo, A., Mombour, W., 1991. SIDAM – A structured interview for the diagnosis of dementia of the Alzheimer type, multi-infarct dementia and dementias of other aetiology according to ICD-10 and DSM-III-R. Psychol. Med. 21, 225–236.

Zelinski, E.M., 2009. Far transfer in cognitive training of older adults. Restorative Neurol. Neurosci. 27, 455–471.

Zhu, N., Jacobs, D.R., Schreiner, P.J., Yaffe, K., Bryan, N., Launer, L.J., Whitmer, R.A., Sidney, S., Demerath, E., Thomas, W., Bouchard, C., He, K., Reis, J., Sternfeld, B., 2014. Cardiorespiratory fitness and cognitive function in middle age: the CARDIA study. Neurology. 82, 1339–1346.

Zwijsen, S.A., Kabboord, A., Eefsting, J.A., Hertogh, C.M., Pot, A.M., Gerritsen, D.L., Smalbrugge, M., 2014. Nurses in distress? An explorative study into the relation between distress and individual neuropsychiatric symptoms of people with dementia in nursing homes. Int.J.Geriatr.Psychiatry. 29, 384–391.

Sachregister

Die Psychologie der seelischen Widerstandskraft

Bernhard Leipold
Resilienz im Erwachsenenalter
2015. 240 Seiten. 17 Abb. 7 Tab.
Mit einem Geleitwort von
Werner Greve.
Unter Mitarbeit von Tim Loepthien.
utb-M (978-3-8252-4451-4) kt

Resilienz ist in mehreren Fächern der Psychologie ein wichtiges Thema und auch außerhalb der Universitäten längst ein Trend.

Dieses Lehrbuch stellt Konzepte und Forschungsergebnisse über Resilienz im Erwachsenenalter vor: von den Ursachen und Rahmenbedingungen bis hin zur Förderung in der späteren Berufspraxis. Die Psychologie der Lebensspanne bildet dabei den fächerübergreifenden Rahmen, der zu einem umfassenden und vertieften Verständnis psychischer Widerstandsfähigkeit beiträgt.

 reinhardt
www.reinhardt-verlag.de

Kurzlehrbuch Gesundheitspsychologie

Nina Knoll / Urte Scholz /
Nina Rieckmann
**Einführung
Gesundheitspsychologie**
(PsychoMed compact; 5)
3. Auflage 2013.
256 Seiten. 26 Abb. 5 Tab.
Mit 52 Fragen zum Lernstoff
und einem Vorwort von
Ralf Schwarzer.
utb-M (978-3-8252-3930-5) kt

Diese Einführung informiert über gesundheitspsychologische Theorien, Modelle und Forschungsergebnisse:

- Welche Faktoren beeinflussen die Gesundheit (z.B. Stress, Resilienz, soziale Unterstützung)?
- Wie entsteht Risikoverhalten (z.B. Rauchen, mangelnder Sonnenschutz)?
- Wie kann man gesundheitsschädliche Verhaltensweisen verändern (z.B. Prävention, Rückfallvermeidung)?

Am Beispiel von Herzerkrankungen und Krebs wird gezeigt, wie gesundheitspsychologisches Wissen bei Vorsorge und Therapie umgesetzt werden kann. Gesundheitsprogramme werden kritisch unter die Lupe genommen.

ℝ/ reinhardt

www.reinhardt-verlag.de